KB141153

통일한반도의 헌법적 이념과 구현방안

통일인문학 연구총서 **032**

통일한반도의 헌법적 이념과 구현방안

초판 인쇄   2019년 5월 24일
초판 발행   2019년 5월 31일

지은이 김선택 · 박정배 · 박영균 · 박민철 · 김현철 · 이재승 · 정철 · 최관호 · 문병효
펴낸이 박찬익 **┃ 편집장** 황인옥 **┃ 책임편집** 유동근
펴낸곳 패러다임북 **┃ 주소** 서울시 동대문구 천호대로 16가길 4
전화 02) 922-1192~3 **┃ 팩스** 02) 928-4683 **┃ 홈페이지** www.pjbook.com
이메일 pijbook@naver.com **┃ 등록** 2015년 2월 2일 제305-2015-000007호

ISBN 979-11-965234-4-2 (93340)

* 책값은 뒤표지에 있습니다.

* 이 책은 2009년 정부(교육부)의 재원으로 한국연구재단의 지원(NRF-2009-361-A00008)을
  받아 제작되었습니다.

032
통일인문학
연 구 총 서

통일한반도의 헌법적 이념과 구현방안

건국대학교
통일인문학연구단 기획

김선택 · 박정배 · 박영균
박민철 · 김현철 · 이재승
정 철 · 최관호 · 문병효 지음

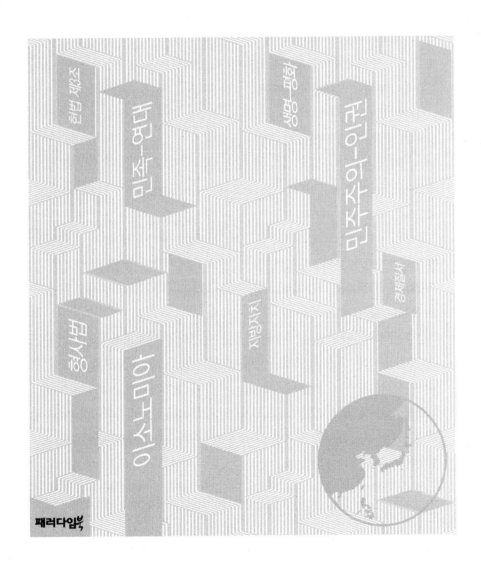

패러다임북

'통일인문학'은 분단된 한반도의 현실에 뿌리를 내린 인문학, 통일에 대한 새로운 패러다임을 모색하는 데에서 시작되었습니다. 기존의 통일담론은 체제 문제나 정치·경제적 통합에 중점을 두거나 그것을 전제로 했기 때문에 남북관계의 변화나 국내정세의 변화에 따라 부침을 거듭해 왔습니다.

하지만 통일은 정파적 대립이나 정국의 변화를 벗어나 있어야 합니다. 통일은 특정 정치적 집단들이 다루어야 할 문제가 아니라 한반도에 살고 있는 모든 사람의 삶과 직간접적으로 연루되어 있는, 바로 그들이 다루어야 할 문제입니다. '사람의 통일'이라는 통일인문학의 모토는 바로 이와 같은 정신을 표현하고 있습니다.

통일은, 여기에 살고 있는 사람들의 삶 그 자체와 관련된 문제이자 그들이 해결해 가야 하는 문제로서, 남북이라는 서로 다른 체제에 살면서 서로 다른 가치와 정서, 문화를 가진 사람들 사이에서 소통과 치유를 통해서 새로운 삶의 체계와 양식들을 만들어가는 문제입니다.

통일인문학은 이와 같은 '사람의 통일'을 인문정신 위에 구축하고자 합니다. 통일인문학은 '사람의 통일'을 만들어가는 방법론으로 '소통·치유·통합의 패러다임'을 제안하고 이를 중심으로 한 연구를 진행하고 있습니다.

첫째, '소통의 패러다임'은 남북 사이의 차이의 소통과 공통성의 확장을 모색하는 것입니다. 이것은 '동질성 대 이질성'이라는 판단 기준에 따라 상대를 부정적으로 규정하는 것이 아닙니다. 그것은 차이의 인정을 넘어서, 오히려 '소통'을 통해서 차이를 나누고 배우며 그 속에서 민족적 연대와 공통성을 만들어가는 긍정적 패러다임입니다.

둘째, '치유의 패러다임'은 분단의 역사가 만들어낸 대립과 마음의 상처를 치유하는 패러다임입니다. 이것은 통일된 민족국가를 건설하지 못한 한민족의 분단이 만들어내는 다양한 트라우마들을 분석하고, 이런 마음의 상처를 치유하는 과정에서 상호 분단된 서사를 하나의 통합적 서사로 만들어가는 패러다임입니다.

셋째, '통합의 패러다임'은 분단체제가 만들어내는 분단된 국가의 사회적 신체들을 통일의 사회적 신체로, 분단의 아비투스를 연대와 우애의 아비투스로 전환시키는 것입니다. 이것은 남과 북의 적대적 공생구조가 만들어 낸 내면화된 믿음체계인 분단 아비투스를 극복하고 사회문화적 통합을 만들어내는 패러다임입니다.

이러한 방법론으로부터 통일인문학은 철학을 기반으로 한 '사상이념', 문학을 기반으로 한 '정서문예', 역사와 문화콘텐츠를 기반으로 한 '생활문화' 등 세 가지 축을 기준으로 사람의 통일에 바탕을 둔 사회문화적 통합을 실현하는 데 연구 역량을 집중하고 있습니다. 통일이 남북의 진정한 사회통합의 길이 되기 위해서는 정치·경제적인 체제 통합뿐만 아니라 가치·정서·생활상의 공통성을 창출하는 작업, 다시 말해 '머리(사상이념)', '가슴(정서문예)', '팔다리(생활문화)'의 통합을 필요로 하기 때문입니다.

그동안 통일인문학연구단은 이와 같은 새로운 패러다임 위에 새로운 연구 방법론과 연구 대상을 정립하는 한편, 다른 한편으로 이와 같은 연구를 통해 생산된 소중한 성과들을 사회적으로 확산하기 위해 노력해왔습니다.

통일인문학연구단은 1단계 3년 동안 인문학적인 통일담론을 학문적으로

체계화하고 정립하기 위해 '통일인문학의 인식론적 틀과 가치론 정립'을 단계 목표로 삼고 이론적 탐색에 주력하였습니다. 이를 구체화하기 위한 방안으로 재중, 재러, 재일 코리언 및 탈북자와 한국인들 사이에 존재하는 가치·정서·문화적 차이를 규명하는 '민족공통성 프로젝트'를 추진하여 국내외에서 주목하는 성과를 산출하였습니다.

나아가 2단계 3년 동안에는 전 단계에 정립한 통일인문학 이론을 사회적으로 확산하는 한편, 다른 한편으로 민족공통성 프로젝트를 기반으로 하여 통일의 인문적 가치와 비전을 정립하는 데 주력하였습니다. 게다가 더 나아가 '통일인문학 세계포럼' 등, '통일인문학의 적용과 확산'을 단계 목표로 삼아 교내외는 물론이고 해외에까지 통일인문학 개념을 확산하고자 하였습니다.

마지막으로 지난 6년간 쉼 없이 달려온 통일인문학연구단의 성과를 3단계 4년간에는 1차적으로 갈무리하는 방향으로 목표를 설정하였습니다. '포스트-통일과 인문적 통일비전의 사회적 실천'을 단계 목표로 설정하고, 통일을 대비하여 통일 이후의 '사람의 통합', '사회의 통합', '문화의 통합'을 위한 인문적 비전을 제시하고자 합니다.

앞으로 통일인문학연구단은 '민족적 연대', '생명·평화', '민주주의와 인권', '통일국가의 이념' 등과 같은 통일 비전을 연구하는 한편, 이러한 비전을 사회적으로 실현할 수 있는 방안들을 모색하고 그 실천에 나서고자 합니다.

그동안 통일인문학연구단은 통일인문학이란 아젠다의 사회적 구현과 실천을 위해 출간기획에 주력해 왔습니다. 특히 통일인문학 아젠다에 대한 단계별·연차별 연구성과가 집약되어 있는 것이 바로『통일인문학 총서』시리즈입니다. 현재『통일인문학 총서』시리즈는 모두 다섯 개의 영역으로 분류되어 출간 중입니다.

본 연구단의 학술연구 성과를 주제별로 묶은『통일인문학 연구총서』, 분단과 통일 관련 구술조사 내용을 정리한『통일인문학 구술총서』, 북한 연구 관련 자료와 콘텐츠들을 정리하고 해제·주해한『통일인문학 아카이브총서』, 남북한 연구에 도움을 줄 수 있는 희귀 자료들을 현대어로 풀어낸『통일인문학 번역총서』, 코리언의 역사적 트라우마와 그것에 대한 인문학적 치유를 모색하는『통일인문학 치유총서』등이 그것입니다. 오랜 시간 많은 연구진들이 밤낮을 가리지 않고 만들어 낸 연구서들이 많은 독자들께 읽혀지길 소망합니다. 바로 그것이 통일인문학의 사회적 확산이 아닐까 생각해봅니다.

마지막으로 통일인문학의 정립과 발전을 사명으로 알고 열의를 다하는 연구단의 교수와 연구교수, 연구원들께 고마움을 전합니다. 아울러 본 총서에 기꺼이 참여해주신 통일 관련 국내외 석학·전문가·학자들께도 심심한 감사를 드립니다. 또한 통일인문학의 취지를 백분 이해하시고 흔쾌히 출판을 맡아주신 출판사 관계자분들께도 감사드립니다.

사람의 통일, 인문정신을 통한 통일을 지향하며
건국대학교 통일인문학연구단장 김성민

평화는 통일의 시작, 통일헌법 논의를 본격화해야 하는 시점

법(法)을 만든 것은 사회를 구성하고 국가를 만든 시민들이다. 지금도 의회에서는 수많은 법안들이 논의되고 개정되고 있다. 그렇게 법은 '물(水)'처럼 흘러가는 것(去)이다. 하지만 많은 사람들은 법을 지키고 보존해야 할 것으로 생각하지 그것을 시대와 상황의 변화 속에서 끊임없이 바뀌는 것이라는 생각을 하지 않는 경향이 있다. 흔히 말하는 '법물신주의((法物神主義)'란 이것을 가리킨다. '법'은 주권자인 시민들이 만든 것임에도 불구하고 시민들은 오히려 법을 숭배의 대상으로 신격화(神格化)한다. 이런 신격화가 가장 잘 나타나는 것이 바로 '헌법(憲法)'이다.

헌법은 법률들 중에서도 최고의, 최상의 법이다. 그래서 사람들은 헌법을 무조건 준수해야 할 최고의 규범 체계로 간주하며 각각의 헌법 조항들을 '신의 명령'처럼 '절대명령'으로 간주하는 경향이 있다. 이들은 그렇기에 헌법 개정 논의조차 불법적인 것으로 간주한다. 특히, 분단체제에서 빨갱이 사냥으로 재미를 본 정치권은 법물신주의를 극대화하는 경향이 있다. 이들은 사회적 논쟁이 되어야 할 쟁점이 발생하면 무조건 '법'을 가져다 대면서 '체제부정'이나 '헌정파괴'를 들먹인다. 하지만 헌법의 수정이나 개정은 이전부터 있었고 앞으로도 그러할 것이다.

대한민국의 헌정 질서에서 헌법은 9차례나 개정되었으며 지금의 헌법은 1987년 6.10민주항쟁 이후, 수정된 9차 개정 헌법이다. 따라서 문제는 헌법을 시대나 상황에 맞게 고치자는 데 있는 것이 아니다. 오히려 문제는 이들 헌법이 모두 다 분단체제 하에서 만들고 개정된 헌법들로, 주로 권력 구조를 개편하는 데에만 초점이 맞춰 수정이 이루어졌다는 점에 있다. 분단체제는 역사적으로 변화해 왔으며 지금도 변하고 있다. 특히, 2018년 4.27 판문점 선언 이후, 남북이 모두다 '평화와 공동번영'을 이야기하는 시대이다. 하지만 헌법만은 이런 시대변화를 전혀 고려하지 못하고 있다.

1991년 8-9월 사이에 유엔(UN)은 남북의 유엔 동시 가입을 공식적으로 승인하는 절차를 진행했고 총회에서 이를 통과시켰다. 이것은 국제사회가 한 반도에 두 개의 국가가 존재한다는 것을 공식적으로 승인하는 것이다. 남북 유엔 동시 가입이란 '휴전선 이남에는 대한민국이라는 국가가, 이북에는 조선민주주의인민공화국이라는 국가가 존재한다'는 것을 공식 승인하는 것이기 때문이다. 따라서 남북 유엔 동시 가입은 한반도에 두 개의 국가가 공식적으로 존재한다는 것을 국제사회가 공표하는 것이다.

하지만 그렇기 때문에 이것은 한반도에 유일한 국가로서 대한민국만을 승인하는, 현행 대한민국의 헌법을 위배하는 것이다. 이런 점에서 '헌법 조항'을 가지고 매번 '헌정 질서 교란' 및 '체제부정'을 들먹이는 사람들의 입장에서 보면 남북 유엔 동시 가입 정책을 추진한 자들은 '체제전복세력'이자 '헌정파괴세력'이라고 할 수 있다. 하지만 이들은 이 문제를 이야기하지 않는다. 왜냐 하면 남북유엔동시가입을 맨 처음 꺼내고 추진한 세력이 북쪽이거나 대한민국의 야당이 아니라 박정희정권을 중심으로 하여 전두환-노태우정권으로 이어지는 '군부집권세력'이었기 때문이다.

물론 이것이 당시 군부집권세력에 의해 추진되었기 때문에 당시의 야당 일각이나 재야 및 북쪽에서 비판하듯이 남북유엔동시가입정책이 '분단의 영구화 획책 음모'의 산물이라고 주장하는 것이 옳다는 것을 의미하지 않는다. 오히려 이것은 군부집권세력에 의해 이루어졌음에도 불구하고 분명 한반도의 긴장 완화 및 평화구축을 위해 필요한 정책이었다. 따라서 문제는 군부정권이 이를 통치 수단으로 활용했는가에 있지 않다. 문제는 남북 유엔 동시 가입이 대한민국의 헌법과 괴리, 모순과 충돌을 야기하고 있음에도 불구하고 이를 해소하기 위한 논의가 제대로 진행하지 않았다는 점에 있다. 그래서 남북관계 및 국제적인 환경의 변화에도 불구하고 이에 적극적으로 대응할 수 없는, 현행 대한민국의 헌법과는 모순적인 채로, 어정쩡하게 남아 있다.

'평화'의 출발점은 둘의 존재성을 인정하는 것이다. 둘이 서로의 존재를 인정하지 않을 때, 둘은 서로를 부정함으로써 폭력을 생산한다. 따라서 평화는 둘 사이의 존재를 인정함으로써 상호 간의 폭력을 제거하고 대화와 타협을 통한 공존의 길을 만들어감으로써 시작될 수 있다. 하지만 한반도에서의 평화는 결코 '둘의 논리'에 머무르지 않는다. 그것은 상호 공동번영을 추구하며 '하나'가 되는 길을 모색한다. 왜냐 하면 상호 간에는 다른 나라들 사이에 없는, 특별한 감정을 가지고 있기 때문이다. 마치 동독과 서독이 서로의 체제를 인정한 이후, 상호 공동번영을 추구하는 과정을 통해서 통일로 나아갔듯이 말이다.

이런 점에서 우리는 2018년 4.27 남북정상회담과 판문점선언 이후, 남북의 평화와 공동번영에 대한 모색이 본격화하고 있는 현(現)시점이야말로, 남북이 함께 만들어갈 미래를 위한 '통일헌법'에 대한 논의가 시작되어야 할 때라고 생각했다. 독일은 통일 이전부터 통일헌법에 대한 논의가 있었음에도 불구하고 통일 이후, 오랫동안 많은 사회적 갈등을 겪었다. 따라서 현행헌법에 대한 성격 규정에서부터 출발하여 통일헌법에 대한 제·개정 문제까지를 포함하여 제반의 문제들에 대한 성역이나 한계 없는 전면적인 논의가 시작되어야 할 것이다. 이 책은 이를 위한 디딤돌을 놓는 성격을 갖는 것이라고 할 수 있다.

건국대학교 통일인문학연구단의 사상이념팀은 그동안 '민족—연대(2016)', '생명—평화(2017)', '민주주의—인권(2017)' 등 위의 6가지 주요 가치들을 통일의 인문적 이념으로 삼고 한반도에서 이와 같은 가치들을 통일 과정 속에서 어떻게 구현해갈 것인가의 문제들을 다루어왔다. 하지만 통일의 인문적 가치 및 이념을 구체화하는 과정은 궁극적으로는 '통일헌법'으로 구체화될 수밖에 없다. 남과 북이 서로 차이를 통해 연대하면서 '통일의 장기적 과정' 속에서 '민족공통성'을 만들어간다면 '통일헌법'은 이런 과정 속에서 그 결과물로서 탄생할 수밖에 없기 때문이다.

그러므로 2018년 진행된 본 연구팀의 '통일한반도의 헌법적 이념'이라는 연구과제는 지난 3년 동안 이루어진 연구 전체를 총괄하면서 이를 '통일한반도의 헌법적 이념'이라는 형식으로 구체화하는 것이라고 할 수 있다. 이 책은 지난해 있었던 민주주의법학연구소 소속 연구자들과의 학술대회까지의 본 연구단의 연구성과 및 통일헌법 논의에 많은 영향을 미친 논문들로 구성되어 있다. 또한, 책 전체는 '역사 속에서 본 통일헌법(1부)'로부터 시작하여 '통일헌법의 이념적 기초들과 원리들(2부)'를 거쳐 '통일헌법의 각론적 쟁점들과 구현방안(3부)'이라는 세부적인 논쟁들까지 포함하는 방식으로 구성되어 있다.

1부 "역사 속에서 본 통일헌법"은 2개의 글로 구성되어 있다. 이 2개의 글은 김선택의 「분단과 통일, 헌법의 정당성」과 박정배의 「통일대비 독일과 예멘의 통일헌법체제에 관한 법적 고찰」이다. 우선, 김선택은 분단국가의 특성상, 분단국헌법은 정당성 문제에서 매우 복잡한 문제들을 가지고 있다고 하면서 헌법의 정당성을 판단하는 기준으로, 주체적 정당성, 형식적·절차적 정당성, 내용적 정당성, 결과적 정당성을 제시하고 이를 중심으로 하여 각각의 문제들을 다루고 있다. 또한, 이를 통해서 분단국가가 통일국가를 형성할 경우, 그 전체 국가의 헌법이 어떻게 정당성을 획득하느냐의 문제를 독일통일의 사례를 가지고 다루면서 그것이 신헌법 제정방식이든 기존 헌법으로의 흡수방식이든 간에 가장 좋은 정당성의 획득방식으로 남북 주민 전체를 대상으로 한 국민투표를 제안하고 있다.

박정배는 통일헌법을 연구하기 위한 선행 작업으로서 독일과 예멘의 통일사례를 다루고 있다. 독일은 동독 주민들이 서독연방으로의 편입이라는 방식을 통해 서독기본법이 통일헌법으로 된 경우라면 예멘은 남북이 서로 협의를 통해서 통일헌법을 만들고 이를 통해서 통일을 한 경우이다. 그는 이를 통해 다음의 두 가지 교훈을 이끌어 낸다. 첫째, 독일통일 사례가 보여주듯이 통일을 대비해서 헌법의 모순적 조항들, '평화통일조항(제4조)'과 '영토조항(제3

조)' 등을 재검토해야 한다. 둘째, 예멘의 통일사례가 보여주듯이 통일헌법이 남북 합의에 의해 만들어진다고 하더라도 엘리트간의 기계적인 권력 배분에 따른 통합은 더 큰 문제를 야기한다는 점에서 보다 중요한 것은 통일의 사회적 기반 확보라는 점이다.

2부 "통일헌법의 이념적 기초들과 원리들"에는 모두 3개의 글이 실려 있다. 박영균의 「통일헌법의 딜레마와 제헌으로서 통일」은 이제까지의 논의들이 다루어 온 통일헌법 논의들의 문제점을 지적하면서 '과정으로서 통일'이라는 관점 하에서 통일헌법의 논의 방향을 제시하고 있다. 통일은 남/북이라는 두 국가에 대한 상호인정을 통한 '통일−만들기'라는 점에서, 통일헌법 논의는 남과 북이라는 두 국가에 근거하면서도 이들 두 국가의 헌법을 뛰어넘어야 하는 딜레마를 가지고 있다. 따라서 그는 이 딜레마를 극복하는 과정이 '과정으로서 통일'이라고 규정하면서 통일국가의 이념과 주권을 만들어가는 실천적 과정으로서 아래로부터 '통일헌법 만들기'를 제안하고 있다.

박민철은 「통일헌법의 이념적 기반과 제정의 원칙들」에서 통일헌법의 가치와 근본이념, 나아가 통일헌법제정의 방법론적 원리들을 다루고 있다. 그는 한반도의 통일과 헌법을 연관시킨 연구들이 기본적으로 독일통일을 선도적 모델로 다루는 방향에서 진행되었다고 하면서 무엇보다 중요한 것은 통일헌법이 담고 있는 이념과 제정 원칙들이라는 점을 분명히 하고 있다. 이에 그는 통일헌법의 지향성은 '과정으로서의 통일'과 '정치적 주체의 복원'이라는 과제를 수행하는 것으로, 통일헌법의 근본이념은 이념적 포용력을 갖춘 '민주주의 그 자체'이며 제정 방향은 분단체제의 폭력성 해체 및 치유과정이어야 한다고 주장하고 있다.

세 번째로, 김현철의 「이소노미아」는 민주주의라는 개념 자체가 가진 문제들로부터 시작하여 통일헌법의 문제를 '이소노미아'라는 개념 속에서 다루고 있다. 민주주의는 데모크라티아, 즉 대중의 지배라는 점에서 지배의 범주에 속한다. 하지만 누구도 지배하지 않고 누구도 지배받지 않는 정치체제를 상상해 볼 수 있으며 이와 같은 상상을 개념적으로 보여줄 수 있는 것이 그가 보기에 '이소노미아'이다. 이 글에서 그는 이소노미아와 관련된 논쟁을 다루면서 우리나라에서도 더 나은 헌정을 위한 헌정투쟁이 필요하다고 주장하고 있다. 또한, 이를 통해 주권 개념을 비판적으로 재음미하면서 이소노미아를 비판적 법실증주의의 정치철학적 배경이론으로 다루고 있다.

3부 "통일헌법의 각론적 쟁점들과 구현방안"에서는 앞의 1-2부에서 다룬 논의들을 기반으로 하여 각론들을 다루고 있는 4개의 글로 구성되어 있다. 이재승은 「통일과 경제질서」에서 웅거의 자유사회주의 비전에 근거하여 한국사회의 동반성장과 통일 한국의 경제체제를 논의해가고 있다. 웅거는 시장경제냐 계획경제냐, 사유화냐 국유화냐 사이의 양자택일적 이분법에서 벗어나 양자의 관계를 프로그램적으로 사고한다. 즉, 개인의 역량 강화와 민주주의의 심화는 점진적이고 연속적이면서 누적적이기 때문에 현실 제도를 쇄신하면서 양자의 관계를 조정해가는 것이다. 이에 이재승은 남쪽은 공유경제를 강화하고, 북은 사회주의 시장경제를 도입함으로써 자본주의도, 사회주의도 아닌 유연한 '실험주의적' 혼합경제를 통일한국의 경제비전으로 제시하고 있다.

정철은 「통일헌법의 권력 구조」라는 제하의 글에서 통일헌법의 권력 구조 형성의 기본원리와 지방분권형 권력 형태들을 다루고 있다. 통일헌법은 남북의 대립을 벗어나 한반도 전체 주민이 주권자가 되는 새로운 국가의 헌법이다. 그렇기에 그는 통일헌법의 권력 구조 형성의 기본원리로, ① 민주주의와 실질적인 국민주권의 실현, ② 민주공화국에서의 법치주의 원리 및 권력 구조의 다층적 실현을 통한 권력 분립, ③ 지방자치를 통한 민주주의의 구현 및 지방의 발전 등을 제시하고 있다. 또한, 그는 이런 원칙에 근거하여 통일국가의 형태로 연방제도의 도입과 21세기 지방분권형 국가발전을 제안하고 있다.

최관호는 「통일과정에서 형사법 조정」에서 통일이 되었을 때, 발생할 수 있는 상황들을 미리 상정함으로써 이후 남북 간에 발생할 수 있는 형법 사건들의 문제에서 공히 적용될 수 있는 법적 원칙이나 해석의 문제들을 다루고 있다. 이를 위해 그는 기존의 논의들인 '대한민국 형법 전면 적용설', '지역간 형법 적용설', '국제형법 원칙 적용설' 등을 각각 검토하면서 각 논의가 가진 문제점을 지적한 이후, 헌법 제3조와 4조 간의 모순을 해결하는 방향에서 상호 체제 인정 및 영토조항의 수정을 제안하고 개성공업지구 및 금강산관광지구에서 발생한 형사 사건들을 사례로 하여 이를 처리할 수 있는 법적 지침들을 독일이나 국제법 등을 활용하여 논의해가고 있다.

마지막으로 문병효는 「통일과 지방자치」라는 제하의 글에서 통일과 관련하여 지방자치의 역할, 대안으로서 분권화, 지방자치의 제도화 방향을 제시하고 있다. 여기서 그는 통일의 인문학적 가치를 실현할 수 있는 방식으로 지방자치제도가 고안되어야 한다고 하면서 다음의 원칙들을 제시하고 있다. 첫째, 각 연방의 주별로 다양한 제도설계가 가능할 수 있도록 해야 하며 둘째, 연방 주들의 구성원인 민중들이 자율적으로 연방의 결정 과정에 참여할 수 있도록 해야 하며 셋째, 연방 전체 차원에서의 법제화는 남북이 수렴 가능한 틀에서 이루어져야 한다는 것 등이다. 또한, 그는 지역균형발전이 중요하다고 하면서 지방자치가 수도권집중을 완화하는 강력한 조치들을 포함해야 한다고 주장하고 있다.

이번에 발행하는 총서 3권으로, 건국대 통일인문학연구단은 10년 차 연구를 성공적으로 마무리하는 셈이 되었다. 그동안 통일인문학연구단은 3년(1단계) - 3년(2단계) - 4년(3단계)으로 나누어 각 단계별 아젠다를 수행했다. 각 단계별 아젠다의 수행은 "통일인문학의 인식론적 틀과 가치론(1단계)"의 정립으로부터 시작하여 그 후, "통일인문학의 적용과 확산(2단계)"을 거쳐 지난 4년 동안 "'포스트-통일'과 인문적 통일 비전의 사회적 실천(3단계)"이라는 주제로 연구를 수행하는 과정으로 진행되었다.

1단계에서 통일인문학연구단은 분단트라우마와 분단아비투스, 차이와 공통성 등 '통일인문학의 이론적 패러다임'을 구축하기 위해 '분단의 인문학적 성찰을 통한 통일인문학의 이론적 패러다임(1년 차)'을 세우고 이에 근거하여 '민족공통성 연구방법론에 따른 코리언들에 대한 실증조사 및 가설 검증을 수행(2년 차)'했다. 또한, 이런 연구 성과를 기반으로 3년 차에서는 '통일인문학의 이론적 토대 정립'이라는 통일인문학의 이론적 패러다임을 만들었다. '민족공통성시리즈 4권'의 출판은 이런 연구의 최종판이었다.

2단계에서는 1단계의 연구성과를 기반으로 하여 '1차 설문조사연구'에 이어 '2차 심층 면접 및 구술-현장조사연구'를 수행하면서 미시적 생활세계로 연구를 확장함과 동시에 '코리언 디아스포라'를 포함하는 남/북 분단극복의 실천적이고도 대안적인 정책들을 마련하고자 했다. 이에 1단계의 양적 연구와 2단계의 질적 연구를 결합하는 '코리언의 민족공통성 비교연구에 기초한 심층조사연구방법론(1년 차)'에 제출한 이후, 2년 차에는 '코리언의 가치-정서-생활문화의 심층조사연구'를 수행했다. 또한, 이와 연구성과를 기반으로 하여 3년 차에서는 '코리언의 민족공통성 창출을 통한 남북의 소통·치유·통합 방안'을 제시했다.

3단계에서는 2단계 3년 차에서 최종적으로 제출한 '코리언의 민족공통성 창출을 통한 남북의 소통·치유·통합 방안'을 기반으로 하여 통일의 인문적 비전을 제시하고자 했다. 포스트 통일은 통일을 이룩한 다음 단계를 가리키는 것이 아니다. 어떤 사람들은 통일도 안 된 상태에서 포스트 통일을 이야기하는 것은 이미 통일된 다음 단계, 즉 남이 북을 흡수 통일할 것을 전제하는 통일론이라고 반발을 한다. 하지만 단계론적인 것은 그들이다. 게다가 통일이 어떤 방식으로 일어날지는 아무도 가정할 수 없는데, 자꾸만 흡수통일을 들먹이는 것은, 그들이야말로 진짜 통일을 관념적으로 사고하는 것이다.

포스트는 남북이 통일된 다음을 가리키는 것이 아니다. 그것은 정치 경제 적인 제도나 체제가 통합된 다음에 발생할 것이라고 예견되는 문제를 미리 가정함으로써 '사회문화적 통합', 또는 '마음의 장벽'을 허무는 '사람의 통일' 을 만들어가는 방안을 연구하는 것이다. 바로 이런 점에서 '포스트'는 제도나 체제 통합을 넘어서라는 의미에서 '포스트'이다. 물론 영어 'post'는 '-이후' 라는 의미도 가지고 있다. 하지만 그것은 '-넘어서'라는 의미도 가지고 있다. 따라서 통일인문학연구단은 '포스트 통일'이라는 관점 하에서 '민족적 연대(1 년 차)', '생명-평화(2년 차)', '민주주의-인권(3년 차)' 등을 주제로, 가치- 정서-문화적 측면에서의 갈등 및 통합 방안들을 연구하고자 했다.

사상이념팀의 3단계 4년차 연구목표는, "통일한반도의 헌법적 이념(4년 차)"이었다. 이것은 앞에서 말한 바와 같이 3단계 1-2-3년차에 이루어진 '민족적 연대', '생명평화', '민주주의와 인권'을 '통일한반도의 헌법'으로 구체 화하는 작업이다. 물론 이번의 연구로 이들 연구 자체가 완결된 것은 아니다. 이들 연구는 앞선 연구들과 마찬가지로 '출발선'에 서 있을 뿐이다. "소통 · 치유 · 통합의 통일인문학"이라는 아젠다로 지난 10년 동안을 연구했지만 여 전히 미진한 것들이 많다. 앞으로 더 긴밀하게 여러 후배 동학 및 연구자들, 그리고 선생님들과 이 길을 함께 가야 할 것이다.

그럼에도 불구하고 통일인문학연구단은 '사람의 통일'과 '소통 · 치유 · 통 합의 길'을 찾기 위해 노력해왔다. 한편으로 뿌듯하면서도 다른 한편으로 부 끄럽다. 하지만 현재 당면한 우리의 실천적 과제들을 헤쳐가는 과정에서 우리와 함께 토론하면서 고민을 나누고 난제에 봉착해 실의에 빠진 우리들을 일으켜 세운 것은 언제나 이 길을 함께 했던 여러 동료 연구자들과 선생님들이었다. 비록 부족하지만 부족함을 질책하는 대신에 그것을 채워주신 여러 선생님들께 우선 머리 숙여 감사를 드린다.

특히, 이번 4년 차 연구총서는 처음에 기획을 같이 해주신 이재승 선생님을 비롯하여 이계수, 한상희 선생님과 법민주주의법학연구소 소속 선생님들이 있었기에 가능했다. 이들은 우리와 함께 학술대회를 꾸려 토론했고, 같이 고민했다. 깊은 감사를 드린다. 이 책은 이분들이 없었다면 나오지 못했을 것이다. 마지막으로, 이 책에 선생님들의 옥고를 실을 수 있도록 해주시고 학술대회에 함께 하신 모든 분들에게 깊은 감사의 말씀을 드리며 이 책의 서문을 갈음하고자 한다.

2019년 4월 15일
사상이념팀장 박영균

| 차례 |

발간사 • **4**
서문 • **8**

제1부 역사 속에서 본 통일헌법

분단과 통일, 헌법의 정당성   **25**

통일대비 독일과 예멘의 통일헌법체제에
관한 법적 고찰   **83**

제2부 통일헌법의 이념적 기초들과 원리들

통일헌법의 딜레마와 제헌으로서 통일   **111**

통일헌법의 이념적 기반과 제정의 원칙들   **137**

이소노미아   **161**

제3부 통일헌법의 각론적 쟁점들과 구현방안

통일과 경제질서 **193**

통일헌법의 권력구조 **249**

통일과정에서 형사법 조정 **285**

통일과 지방자치 **305**

역사 속에서 본
통일헌법

분단과 통일, 헌법의 정당성

김선택

Ⅰ. 문제의 제기 – 가정맹어호(苛政猛於虎)

어느 날, 공자(孔子, B.C 551~479)가 태산 옆을 지나는데 어떤 부인이 묘소 앞에서 슬프게 곡을 하고 있었다. 곡소리가 심상치 않다고 생각한 공자가 제자인 자로(子路)를 시켜 이유를 물으니, "시아버지께서 호랑이에게 물려서 돌아가셨는데, 남편도 호랑이에게 물려 죽었고, 이제 아들마저 호랑이에게 물려 죽었습니다."라고 대답하였다. 공자가 그런데도 왜 이곳을 떠나지 않느냐고 물으니, "가혹한 정치가 없기 때문입니다."라고 하지 않는가! 공자가 제자들에게 말하되 "명심하거라. 가혹한 정치는 호랑이보다 무섭다는 것을…"[1]

이 이야기에서 호랑이로 비유된 것은 아마도 국민들에게 닥친 자연재해라든가 전쟁과 같은 위급상황일 것이다. 선정(善政)이 베풀어지고 있다면 어떠

---

1   《예기(禮記)》〈단궁편(檀弓篇)〉 孔子過泰山側 有婦人哭於墓者而哀 夫子式而聽之 使子路問 之 曰子之哭也 壹似重有憂者 而曰 然 昔者 吾舅死於虎 吾夫又死焉 今吾子又死焉 夫子曰 何 爲不 去也 曰 無苛政 夫子曰 小子 識之 苛政猛於虎也 (Tyrannei ist härter als ein Tiger)

한 위난이 닥쳐와도 조국을 떠나려 하기보다는 힘을 모아 극복하려고 할 것이다. 어떠한 위난보다도 더 끔찍한 것이 악정(惡政)이기 때문이다.

과거에도 전쟁이나 기근과 같은 재난이 발생하면 유이민(流移民) 현상이 나타나곤 했지만, 전 세계가 국경을 서로 맞대고 있는 국민국가들로 채워져 있는 오늘날 유이민 현상이 정상적인 것은 아니다. 그런데도 오늘날 대규모의 난민이 전 세계에 걸쳐 나타나고 있다. 최근 우리가 목도하고 있다시피, 시리아, 알바니아, 코소보, 아프가니스탄 등지의 난민들이 조국을 탈출하는 긴 행렬을 이루고 있다. 난민 유입을 막는 국가들의 국경통제로 육로가 막히자 이제 그들은 지중해에서 목숨을 건 여정을 이어가고 있다. 그들이 목적지로 삼은 곳은 거의 일치한다. 바로 독일, 영국 등 서유럽국가들과 스웨덴 등 북유럽국가들이다. '독일의 통일'은 동독인들의 서독으로의 대규모 탈출과 결국에는 그러한 탈출을 막으려고 설치한 베를린 장벽의 붕괴가 전기가 되었다. 우리 한반도에서도 탈북자가 줄을 잇고 있다. 이들은 어딘가로부터는 떠나고 싶어 하고 어딘가로는 들어가고 싶어한다.

자신이 살고 있는 공동체가 단지 무의미한 연명만을 허락한다면 그것을 막연히 견디기보다는, 그곳을 떠나 새로운 둥지를 찾아 의미 있는 삶의 기회를 모색하는 것이 더 나은 선택일 수 있다. 사람들이 공동체에 대한 믿음을 버렸을 때 더 이상 그 공동체 내에서의 삶을 견딜 수 없게 된다. 구성원들이 살만한 곳이 아니라고 판단하여 믿음을 버린 공동체(국가)는 실패한 것이고 그 공동체(국가)의 운영 메커니즘을 규율하는 기본법질서(헌법)는 실패한 것이다.

헌법은 국가공동체의 구성원들의 공동체적 실존의 원칙들과 형태를 구현한 '공동체적 삶의 형식'이다. 국가공동체의 삶을 유지하는데 정치적 지배가 불가피한 반면에 그러한 정치적 지배가 오남용될 가능성도 상존하기 때문에, 헌법이 국가라는 공동체에 특정한 존재형식을 부여하는 중요한 역할을 담당한다. 위의 고사에 연결하여 말하자면, 선정(善政)을 통치자 개인의 인격이나 고래(古來)의 전통에 맡길 것이 아니라, 영속하는 객관적 체제로 제도화하고자 한 것이 헌법이다. 헌법의 고유한 기능은 정치적인 힘(Macht)을 통제하는 질서를 짜고 유지하는 것이다. 그리고 우리가 국가라고 하는 정치적 공동체를 조직하고, 국가라면 언제나 존재하기 마련인 정치권력을 배분하고 통제하는 것이야말로 헌법의 기본적 임무이다.

정치권력의 의지가 무력이나 폭력과 같은 강제력에 의하여만 관철된다면, 국가는 여타의 폭력단체와 다름없을 것이다. 단순한 실력은 굴종을 낳을 뿐, 자발적 복종을 담보하는 의무를 낳지 못하기 때문이다. 정치적 지배가 정당한가 그 여부를 알아보려면 정치권력의 성립의 근거이며 행사의 한계를 정한 헌법, 즉 국가적 삶의 형식을 국민들이 어떻게 수용하느냐를 살펴보아야 한다. 국가와 국가의 특수한 존재형식 내지 국가적 삶의 형식인 헌법의 성공과 실패를 가르는 궁극적 바로미터는 바로 국민의 헌법에 대한 믿음(Belief)이다. 공동체의 삶의 형식, 즉 헌법이 과연 받아들일 만한가, 그 헌법에 의한 삶이 진정성이 있다고, 또는 인간적인 삶의 실현을 가능하게 한다고 믿을 수 있는가 하는 것이다. 만약 이러한 믿음이 국민 속에 더 이상 존재하지 않는다면 이때 우리는 헌법이 정당성을 잃었다고 말할 수 있다. 이 자리에서 말하고자 하는 것이 바로 '국민의 헌법에 대한 믿음', 즉 '헌법에 의하여 형성·운영되는 국가 공동체의 삶의 형식이 그 안에서 살 만하다고 국민이 믿을 만한 것인가, 다시 말해서 국민에게 그렇게 인정받을 만한 것인가(Anerkennungswürdigkeit)'에 관한 것이다. 나아가 그러한 판단을 근거짓기 위한 기준, 즉 헌법의 정당성의 근거 기준을 검토하는 것이 이 논의의 첫 번째 과제이다(아래 Ⅱ.).

헌법이 국가라는 공동체를 규율대상으로 하는 법질서라는 점에서, 헌법은 국가를 전제로 해서만 성립한다. 물론 법적 관점에서는 헌법을 통하여 국가가 비로소 법적으로 조직되기 때문에 헌법 없이는 국가를 파악할 수 없다는 의미에서 오히려 헌법이 국가에 선행하는 것으로 볼 수도 있겠으나, 이는 논리일 뿐 현실은 아니다. '하나의 헌법'은 '하나의 국가'를 전제로 한다. 여기에서 '하나의 헌법'이란 오로지 하나의 문서로 된 이른바 헌법전을 가리키는 것은 아니다. 헌법의 법원(source)이 단일한 문서로 되어 있든 수 개의 문서로 되어 있든, 성문의 법전이든 불문의 관행이든, 가리지 않고 국가의 기본적 법질서를 형성하는 규범체계를 헌법이라고 부르는 것이다. 법질서 전체의 통일성을 유지하기 위하여는, 한 나라의 법질서에 있어서 최고단계에 놓이는 헌법은 '하나'여야 한다. 그리고 '하나의 헌법'이 규율하는 대상도 '하나의 국가'이다. 게오르그 옐리네크(Georg Jellinek) 이래 하나의 주권(내지 하나의 정부), 하나의 국민, 하나의 영토는 '하나의 국가'가 성립하기 위한 세 개의 요소로 널리 인정받아왔다(국가 3요소설). '하나의 국가'의 내부에서 일어나는 온갖 법적 문제를 규율하는 규범의 총체를 국내법이라고 부르고, 복수의 '국가'들이 상호 간에 형성하는 각종 법률관계를 규율하는 규범의 총체를 국제법이라고 부른다.

그런데, '하나의 국가'로 유지되다가, 그 성립요소(주권 또는 정부, 국민, 영토) 중 어느 것이 둘 이상으로 분열되어 더 이상 '하나의 국가'라고 하기도 곤란하고, 그렇다고 하여 두 개 또는 그 이상의 국가로 완전히 분리되기에 이르지도 않은 상태에 있는 국가들이 문제가 되는 것이다. 이와 같은, 즉 제2차 세계대전 이후 중국, 독일, 베트남, 한국 등에서 발생한 '분단국(divided states) 현상'은, '하나의 국가' 상태는 벗어났지만 아직 '새로운 두 개의 국가들' 상태에 이르거나, 또는 분열된 요소들이 재결합하여 다시 '하나의 국가'상태로 복귀하기에 이르기 전의 국가상태를 말한다. 분단국에서는 '하나의 국가'를 전제로 하는 '하나의 헌법'이라는 공식이 깨집니다. 분단된 국토의 양쪽에 각각 헌법이 성립함으로써 '하나 이후 두 개 이전의 끼인(in-between)[2] 국가상태'에 '두 개의 헌법'이 병립하는 교묘한 현상이 발생한다. 거기에 더하여 분단국 내에서 경합하는 두 정치실체(아래에서는 '분단실체'라고 부릅니

---

2   Johan Galtung, "Divided Nations as a Process: One State, Two States, and In-between: The Case of Korea", *Journal of Peace Research* Vol.9, No.4, 1972, pp.345~360.

다)가 서로 분단 이전의 '하나의 국가'와 자신이 동일한 인격이라고 주장하는 경우, 어느 쪽이든 나머지 다른 하나의 정치실체는 종전의 '하나의 국가' 내지 '타방 정치실체'로부터 분리되기를 시도하는 세력으로 규정된다. 이때 분리를 시도하는 세력으로 규정된 어느 일방은 타방의 입장에서는 이른바 반란단체 내지 교전단체에 해당하게 될 것이다. 따라서 분단실체는 서로 상대방에 대하여 합법성도 정당성도 인정할 수 없는 상태에 놓이게 된다. 어느 일방이 자기주장대로 '하나의 국가'로서 수립하고 있는 - '하나의 국가' 내의 통일적인 법질서를 뜻하는, 헌법을 비롯한 - 국내법이 타방의 실효적 지배하에 놓여있는 국민 일부 또는 영토 일부에 대하여는 말할 것도 없고, 분단실체 쌍방 간의 관계를 규율할 수 없다는 것은 두말할 나위 없다.

문제를 더욱 복잡하게 하는 것은 분단국 현상의 대표적인 특징으로서, 분단국 내에 경합하는 두 정치실체 각각에 대하여 제3국들 다수가 국가로서 승인을 함으로써 - 양쪽 다에 대하여 이중으로 승인하는 경우도 있다. - 분단실체 양자 모두 국제 사회에서는 이미 두 개의 국가로서 대우받고 있다는 점이다. 즉 국제사회에서는 두 분단실체 모두 이미 두 개의 '국가'들이 되어 결국 제3국과의 관계에서는 - 또는 국제조직에 가입한 경우 당해 국제조직과의 관계에서는 - 온전히 국가로서 인정되고 결국 국제법의 적용영역이 된다는 점이다. 그럼에도 불구하고 분단'국'의 성질상 분단실체는 각각 상대방을 '하나의 국가'로서 인정할 수 없고 따라서 양자 간의 관계에서는 국제법규범을 원칙적으로는 적용하지 않으려고 한다. 분단실체 간에 다양한 상호교류가 있을 경우 그때그때의 필요에 따라 예외적으로 국제법에 준하는 관계를 설정하고 국제법규를 원용하는 경우가 있으리라는 점은 충분히 예상할 수 있기 때문이다.

여기에서 분단국의 어느 일방의 분단실체가 제정한 헌법이 합법적인 것인가 내지 정당한 것인가 하는 문제가 제기될 수 있다. 분단국헌법의 문제는 분단되기 이전의 '하나의 국가', 현존하는 두 개 이상의 경합하는 분단실체들

등 3개의 '국가 내지 그에 준하는 정치실체'가 얽히고 설켜서, '하나의 국가' 내에서 제기되는 헌법의 정당성의 문제보다 복잡한 문제가 제기된다는 것이다. 이는 검토해야 할 두 번째 과제이다(아래 Ⅲ.).

분단국은 본질상 유동성과 잠정성을 특징으로 한다. 분단국은 완성된, 그리고 종료된 어떤 상태가 아니다. 완전히 분리된 두 개의 새로운 국가들로 공고해져 가는 중이든, 역으로 원래 있었던 상태, 즉 '하나의 전체국가'에로 수렴되어가는 중이든, 아니면 지그재그로 두 방향을 오락가락할 수도 있다. 분단국의 잠정적 상태가 종료되는 '경우의 수' 가운데 두 개의 국가로 완전히 분리되는 경우에는 각국의 헌법 정당성 문제로 돌아갈 것이어서 별도로 취급할 필요가 없다. 원래의 '하나의 국가' 상태로 복원되는 경우, 이를 달리 표현하면 바로 이번 국제학술회의의 중심 테마인 '국가적 통일'이 이에 해당할 것인데, 분단실체 중 어느 일방의 헌법이 통일된 국가의 헌법으로 되는 경우도 있을 수 있고, 두 분단실체의 헌법을 타협적으로 섞은 것이든 아니면 양자를 지양한 완전히 새로운 것이든 헌법을 제정하는 경우도 있을 수 있을 수 있다. 이러한 '통일과정 내지 통일 후 헌법의 정당화' 문제는 분단으로 인하여 어느 정도 양극화된 통일국민들을 통합하는데 어떠한 방안이 가장 바람직할 것인지에 대한 숙고를 요구한다.

분단국마다 역사적 · 정치적 상황이 너무 다양해서 공통점을 추출해내기도 어렵고 설혹 공통점이 있다 하더라도 구체적으로 형성된 모습이 제각각이어서, 분단국들 모두를 묶을 수 있는 '분단국'이라는 학문적 카테고리 자체를 설정할 수 없거나 설정하는 것이 무용하다고 보는 것이 국제법학계의 최근의 입장인 것으로 보인다.[3]

그동안 분단국 중에서 1975년 베트남이, 1990년에는 독일이 통일되었다. 예멘의 경우 남북이 협상을 통해 평화적으로 통일되기는 했으나 무력분쟁이

3　James R. Crawford, *The Creation of States in International Law*, Oxford University Press, 2007, p.451.

일어난 끝에 북예멘이 우월한 군사력으로 남예멘을 굴복시켜 합쳐진 상태이다(예멘의 경우 애초부터 남예멘과 북예멘이 별도로 독립국가로 성립되었기 때문에 분단국의 전형적 사례도 아니다). 중국의 경우 여전히 분단국 범주에 들어가기는 하지만 제3국의 승인 여부를 기준으로 할 때 중국 본토와 타이완 간의 분단이 예전처럼 주목받지 못하고 있다. 북부의 터키계와 남부의 그리스계가 각축하고 있는 키프로스의 경우 종족분쟁의 양상이어서 분단국의 전형적 사례는 아니라고 할 수 있다.

결국 현재 세계에서 한국을 제외하고는 유의미한 분단국을 찾기가 어렵고, 분단국으로서의 한국의 특수한 지정학적 · 역사적 · 정치적 맥락을 고려할 때 다른 사례에서는 찾아볼 수 없는 독특한 점이 적지 않다는 것이다. 그래서 이 논의에서는 분단국 '한국'의 특수성을 주로 검토하여 통일과정 및 통일 후 헌법의 정당성 문제를 규명하는 것을 이 발제의 세 번째 과제로 하였다(아래 Ⅳ.).

Ⅱ. 헌법의 정당성

1. 법에 있어서 정당성의 문제

법이 적용되는 공동체 내에서 그 법이 공동체 구성원들에 의하여 어떻게 평가되고 받아들여지고 하는가 하는 점이 법의 정당성의 문제라면, 정당성의 문제는 법논리적 일관성을 주로 문제 삼는 좁은 의미의 법학의 지평에 가둘 수 있는 문제가 아니다. 왜냐하면 특정한 법률규정이 법적으로 유효한 조건을 모두 갖추고 있고 현실에 있어서도 사법적으로 집행되어 관철되고 있다 하더라도 이는 합법성을 충족시키고 나아가 실효적으로 적용되고 있다는 것을 나타낼 뿐, 그것이 수범자로부터 도덕적으로도 받아들일 만하다든가 정성적으로도 - 이 말이 객관성이 너무 없다고 생각한다면 - 문화적으로도 기꺼이 받아들일 만하여 자발적인 복종을 얻어내고 있는지 여부는 단언할 수 없는 것이기 때문이다. 이처럼 정당성을 판단하는 것에 있어서 평가의 대상이 될 요소들도 다양할 뿐만 아니라, 그 요소들이 충족되는 정도에 있어서도 과연 정당화될 수 있는지, 즉 정당성을 이미 갖추고 있는지, 갖추어가고 있는 중인지, 아직 정당하다고 볼 수준이 못 되는지 여부에 대하여 접근이 다양하게 이루어질 수밖에 없다.

여기에서는 헌법의 정당성 문제를 본격적으로 논의한 하버드대 로스쿨의 리처드 팔론(Richard Fallon) 교수와 마찬가지로 (헌)법의 정당성을 세 종류, 즉 법적 정당성, 사회학적 정당성, 도덕적 정당성으로 나누어 고찰할 것이다.[4]

첫째로, 법적 관점에서 보면 법의 정당성은 우선 법규범의 효력(Geltung, legalvalidity)의 문제로 나타난다. 즉 법규정이 법적 구속력(Rechtsverbildlichkeit)을 가지고 수범자에 대하여 복종을 요구할 수 있는가, 즉 이른바 효력주장(Geltunganspruch)이 가능한가 하는 문제이다. 법적 정당성의 판단 기준은 규범이다. 국내외를 불문하고 법의 통일성을 확보하기 위하여 법은 질서를 형성하고 그러한 질서에는 상하의 단계로 구성된 규범체계(위계질서)가 형성된다. 하위규범은 상위규범에 근거를 두고 제정되며 상위규범이 허용하는 수준의 효력을 주장할 수 있다. 따라서 하위규범은 상위규범과 합치하는 한도 내에서 효력을 가진다. 상위규범에 규정되어 있는 제정 및 개정절차에 맞게 제정 내지 개정되어야 하고, 내용상 상위규범의 내용과 어긋나지 않아야 비로소 그 한도 내에서 법적 구속력을 발휘할 수 있다. 법리적 합치성이 판단의 기준이 되므로 여기에서는 정당성 문제가 합법성 문제로 치환된다.

문제는 합법성을 가지고 헌법의 정당성을 설명하는 것은 헌법개정의 결과 물부터는 가능할지 모르지만 헌법의 제정, 또는 그에 버금가는 어떠한 헌법

---

4 Richard H. Fallon Jr., *Legitimacy and the Constitution*, 118 Harv. L, Rev., 2005, p.1787.

적 변동에 대하여는 속수무책이라는 점이다. 아래에서 다시 언급하겠으나, 법체계에 있어서 최고단계의 규범으로 설정된 헌법의 경우, 더 이상의 상위 규범이 없으므로 규범의 위계에 의존하는 효력설명은 곧바로 벽에 부딪칠 수밖에 없다. 결국 헌법의 경우 그것이 법으로서 효력을 가지는 근거부터 벌써 안개에 쌓이게 된다. 헌법은 최고법일 뿐만 아니라 기초법이다. 헌법이 우선 있고 나서야 그 위에 다른 법령이 쌓여서 법질서라는 집을 지을 수 있다. '최고법으로서의 헌법 위에는 무엇이 있을까요?'라고 묻는 것에 대해서 만큼이나 '기초법으로서의 헌법 아래에는 무엇이 있을까요?'라고 묻는 것에 대해서도 대답이 궁하기 짝이 없다. 더 이상은 법이 아닌 다른 세계에서 답을 구해야 하는 이 한계문제 앞에서 법률가들은 고개를 숙일 수밖에 없다. 이는 법의 메타적 차원의 세계는 우리의 영역이 더 이상 아니기 때문인가? 사실의 세계와 법의 세계, 존재의 세계와 당위의 세계, 정치의 영역과 법의 영역이 만나는 접점으로서 헌법의 제정행위를 해명하는 것은 우리 헌법법률가들의 고유한 사유가 시작되는 지점이기도 하다. 헌법문제의 궁극의 키(key)가 이곳에 있기 때문이다. 그렇다면 헌법성으로 치환되는 법적 정당성을 가지고는 헌법의 정당성의 문제를 부분적으로만 해명할 수 있다는 결론을 내리게 된다.

둘째로, 현실적 관점에서 보면 법이 정당화되었다는 것은 법이 사회학적 정당성을 획득했다는 말이다. 이는 규범이 실제로도 유효한가(Wirksamkeit), 실제로 관철되고 있는가, 즉 수범자 내지 수규자가 법규정을 자발적으로 받아들여 법규정의 요청 내지 금지를 자신의 의무로 여기는가, 그리하여 법규정이 실제로도 지켜지고 있는가를 기준으로 판단한다. 이 때 정당성이 인정되는 경우로는 충분한 정보를 가지고 기꺼이 동의하는 것(informed conset)과 같이 적극적으로 수용(Akzeptanz)하는 경우에만 인정할 수 있다는 견해도 있고, 단지 귀찮거나 저항이 성공할 가능성이 너무 적어서 차라리 받아들이고 만다는 의미에서의 묵인(Acquiesce)으로 족하다는 입장도 있다.

이때 법규범의 요청 내지 금지를 이렇게 수용하는 근거가 무엇인지 다시 문제가 된다. 즉 사회학적 정당성의 근거를 어디에서 찾을 수 있는가 하는 문제이다. 이에 대하여 이상형적으로 순수한 3개의 근거를 유형화한 막스 베버(Max Weber)의 설명은 잘 알려져 있다. 즉 (계승적) 전통, (개인적) 카리스마, (제도 자체의) 합리성-합법성이 그것이다.[5] 이 3개의 순수형식은 실제로는 밀도가 다양하게 형성되어 같은 유형이라도 그때그때 동일하지 아니할 뿐만 아니라, 3유형이 각각 독립되어 작용하기 보다는 상호 뒤섞여서 힘을 발휘하는 것이 상례이다. 또 어느 한 유형이 가장 큰 힘을 발휘하다가도 다른 유형에 영향력을 빼앗기기도 하고 성격이 다른 유형으로 변질되기도 하는 등 실제에 있어서는 상호 분명하게 구분하기도 어렵고, 나타나는 모습이 무척 다양할 것으로 설명되고 있다. 헌법의 정당성의 문제에 있어서도, 헌법의 제정과 개정에 영향력을 행사한 개인의 카리스마에 빠진다거나 또는 헌법전에 담겨있는 내용이 전통합치적이기 때문에 수범자인 국민이 헌법을 정당한 것으로 받아들일 수 있다. 그러나 무엇보다도 헌법도 법인 이상 합리성을 갖추었을 때 정당한 것으로 받아들여질 가능성이 가장 높다고 하겠다. 이때 합리성 판단의 기준은 판단 주체의 관점에 따라 다양한 조합이 나타나겠지만 절차, 내용, 결과 등 다양한 요소가 있을 것이다.

셋째로, 법이 정당하기 위하여는 해당 법규정이 도덕적 정당성을 획득하여야 한다. 리처드 팔론(Richard Fallon) 교수는 (헌)법의 도덕적 정당성에 관한 학자들의 주장을 이상주의적 이론(Ideal Theory)과 최소주의적 이론(Minimal Theory)으로 나누고 있다. 이상주의적 이론에 속하는 견해로서는 제정자를 기준으로 하여 (Urheber-oriented) 피치자의 동의가 있는지 여부를 검토하는 견해와 규정 내용을 기준으로 하여(Contents-oriented) 정의실현이 가능한지 여부를 검토하는 견해를 들고 있다. 특히 피치자의 동의

---

5   Max Weber, *Die drei reinen Typen der legitimen Herrschaft*, Preussische Jahrbücher 187, 1922, ss.1~12.

(Consent of the governed)는 공동체 구성원의 만장일치를 원칙으로 하는데, 누구에게나 받아들여질 것으로 예상되는 원칙적인 내용을 담고 있어서 동의가 추정된다는 의미에서의 가정적 동의(hypothetical consent)나 암묵적 동의(tacit consent)로도 가능하다고 한다. 최소주의적 이론은 '더 나은 대안이 불분명한 상태에서', 현재의 정치적 지배상태가 무정부상태보다 낫다면, 결국 '받아들일 수 있을 만큼만 충분히 좋은' 정도라면 정당성을 획득할 수 있다는 것이다.

이에 따라 그는 미국 정부의 경우 최소주의적 시작에서 정당화될 수 있다고 말한다. 헌법에 의해 구현되는 국가적 삶의 양식 내지 정치적 지배형식이 국민들에게 수용되기 위하여 필요한 요청은 최소수준(minimal-level)으로부터 최대수준(maximal-level)까지 다양할 수 있다. 피치자의 동의도 얼마나 많은 주체의 의사가 수렴되어야 하는지, 내용이 정의에 얼마나 합치하여야 하는지 다양한 조합이 가능할 수 있다. 물론 최소수준에 미달할 경우 정당하지 않다고 판단하는데 큰 문제가 없어 보이지만, 그 이상의 수준에서는 어느 정도가 (헌)법의 정당성을 담보해줄 수 있을지를 둘러싸고 논란의 여지가 있을 것이다. 미국의 헌법학자들은 최소주의적 시각을 가지고, 결국 헌법의 정당성을 논하는 실익이 크지 않다고 결론을 내리는 경향이 있다. 그러나 헌법은 헌법으로 소급함으로써 법리적으로 정당성을 추정받을 수 있는 일반 법률과 달리 더 이상 소급할 법적 근거가 없으며, 그렇다고 하여 헌법이 자기 스스로를 자력으로 정당화할 수도 없다. 이것이 '헌법의 정당성'이 특별히 다루어져야 하는 까닭이다.

2. 헌법의 정당성(및 효력근거) 문제의 특수성

헌법의 정당성 문제는 일반 법률의 정당성 문제와 다른 차원에 있다. 우선 법적 정당 성의 관점에서만 보더라도, 국회법률을 포함한 모든 헌법 하위규범들은 결국 헌법으로 소급하여 법적 효력 내지 법적 정당성을 획득할 수 있다 (나아가 - 국가가 정상적인 법치국가로서 작동하고 있다면 - 정당성을 추정받을 수도 있다). 이처럼 헌법은 모든 다른 법을 - 법적으로 - 정당화하는 원천이지만, 정작 자기 자신을 스스로 정당화할 수는 없다. 이것을 '정당성의 갭(Legitimacy gap)'이라고 부르기도 하고, 헌법의 딜레마라고 부르기도 한다.

또한, 헌법의 차원에서도 다시 헌법제정과 헌법개정은 취급이 전혀 달라진다. 헌법개정은 이미 헌법규범에 의하여 조직된 권력인 헌법개정권력자가 헌법에 이미 정하여진 절차에 따라 헌법을 변경하는 것이다. 다른 일반 법률이 헌법에 정하여진 입법자가 헌법에 정하여진 절차에 따라 입법한 경우 대개 합헌성이 추정되는 것처럼, 헌법개정의 경우에도 개정의 주체와 절차에 관한 기존 헌법규범이 준수되었을 경우, 헌법을 최고법으로 하는 국내법 질서의 위계구조에 비추어 '내용의 문제'만을 가지고 그 효력이나 정당성을 법적 절차 안에서 다투기가 대단히 어렵다.

그런데, 헌법제정행위의 경우, 여기에서 한 발 더 나아간다.[6] 헌법 이전과 헌법 이후는 마치 빅뱅 이전의 우주와 빅뱅 이후의 우주와 같다. 빅뱅 이후의 우주는 팽창현상이라는 명확한 증거를 가지고 물리법칙에 따라 설명될 수 있지만, 빅뱅 이전은 과학적으로 논의할 수 없다. 헌법도 이와 같다. 헌법이 제정되고 난 이후 그 헌법의 개정작용으로부터 그 아래의 입법, 행정, 사법의 모든 작용은 헌법으로부터 도출되는 합법성을 기초로 하여 우선 정당성을 추정받을 수 있다.

---

6   정치적 지배가 있는 곳에 국가가 있고, 국가가 있는 곳에 헌법이 있다. 그렇다면 근대 입헌주의 이래 성문헌법제정행위와 무관하게 헌법 자체의 정당성에 대한 질문이 가능하다고 할 수 있다. 즉 어떻게든 그리고 어떠한 형식으로든 일정한 정치공동체의 일정한 정치적 지배질서가 성립되고 존속할 때, 그 기본질서가 정당한가 하는 질문이 되는 것이다. 물론 한국과 독일과 같이 성문의 헌법제정행위를 기초로 헌법이 성립된다면 그러한 제정행위의 정당성의 근거를 묻게 되므로 질문이 보다 간명해지긴 한다. 그러나 영국이나 뉴질랜드와 같은 불문헌법국가라 하더라도 헌법의 정당성에 대한 질문을 제기하는 데는 아무런 문제가 없다.

그러나 헌법의 제정 그 자체는 헌법이 없는 상태 - 사회계약론자들이 가정한 자연상태가 이에 비견될 수 있다 -를 전제로 한다. 제정된 헌법이 정당화되는 근거는 무엇이고, 그것이 기초법으로서 모든 법질서의 원천이 되고 최고법으로서 모든 법의 기준이 되는 (법적) 효력의 근거는 어디에서 나오는 것인가? 여기에서 (법적) 효력이라는 용어 자체가 적실할지도 의심스럽다. 헌법(제정)의 효력의 문제, 정당성의 문제는 실정법의 세계보다는 그 이전의 세계, 즉 규범적으로 보는 사람에게는 도덕의 세계에 그리고 현실중심적 사고를 가진 사람에게는 정치의 세계에 속할 것이다. 그렇다면 헌법도 법인 이상 헌법의 효력근거를 정당성의 근거와 마찬가지로 도덕이나 정치에서 구해오는 것이 과연 옳은가?

3. 헌법의 효력근거에 관한 법실증주의적 입장(H. Kelsen)과 결단주의적 입장(C. Schmitt)

법적 정당성 내지 법적 효력 획득의 논리로부터 헌법의 정당성을 확보하는 것이 가능한가? 이러한 방식으로 문제를 해결한 대표적인 사람이 미국에 망명한 오스트리아 법학자 한스 켈젠(Hans Kelsen)이다. 그는 규범과학으로서 법학의 학문적 독자성을 정립하려고 노력하였다. 또한 존재와 당위를 엄격히 구분하고, 인과적 사실관계를 설명하는 자연과학과 다른 규범 논리 일원주의를 법학의 방법으로 확립하려고 하였다. 나아가 그는 이데올로기의 색깔을 피할 수 없는 모든 인문사회과학과도 절별하여 이데올로기로부터 중립적인, 그러한 의미에서 순수한 법학을 수립하려고 노력하였다.

당위는 존재에서 나올 수 없고, 따라서 규범은 오로지 다른 규범에서만 나올 수 있다고 보는 그의 순수법학이론에 따르면 모든 규범의 효력은 다른 규범에 의지할 수밖에 없다. 규범에 일정한 위계를 인정할 경우 아래 단계의 규범의 효력은 그보다 높은 단계의 규범에 의존한다. 결국 위계질서의 정점에 놓인 규범이 마지막 - 규범논리적 - 근거가 될 수 있는데, 다시금 그 규범의 효력은 또 어디에서 오는가 묻게 되면 무한 소급을 피할 수 없게 된다. 이를 피하려면 정점에 놓은 규범을 마지막 효력근거로 인정하고 '전제하는' 것이 논리를 깨뜨리지 않을 수 있는 유일한 방법일 것이다. 이 '전제된' '가설적인' 최후의 규범을 켈젠은 "근본규범(Grundnorm)"이라고 불렀다.[7] 근본규범은 법질서 전체를 규범논리적으로 순수하게 해명 가능하게 만들기 위한 '논리적인 전제'일 뿐 어떤 실물이 아니다.[8] 켈젠에 따르면, 헌법의 효력도 근본규범에 의존하는 것으로 설명된다. 즉 켈젠은 객관적 인식이라는 과학적 목표와 법학고유의 논리적 사고 체계를 유지하기 위하여 근본규범을 주춧돌로 놓고 그 위에 법의 질서체계를 수립한 것이다. 위에서 언급한 것처럼 마치 우주의 기원에 관한 빅뱅이론처럼, '첫 존재' 이전을 묻지 않고 그 이후만을 논리적으로 설명해내는 것으로 만족하는 것, 법학의 사명을 순수한 법논리 안에서 찾는 것으로 만족하는 이러한 태도는 그러나 정치와 법의 경계선에서 법의 세계로 진입하는 입구에 해당하는 헌법의 효력을 설명하는 데는 한계가 있다. 헌법의 상위에 그 효력근거가 되는 근본규범을 상정하여 그로부터 규범논리적으로 헌법과 그 이하의 법질서를 설명하는 데는 성공할 수 있었으나, 근본규범은 논리적 가설일 뿐 실존하는 것이 아니라는데 문제가 있다. 근본규범은 기원에 관한 질문을 빨아들이는 블랙홀 같은 것에 지나지 않는다. 이론적으로 보면 이데올로기적으로 중립이지만, 실제에 있어서는 이데올로기적인 무방비상태를 초래한다는 비판을 면할 수 없을 것이다.

켈젠의 반대쪽 극에 독일의 헌법학자 칼 슈미트(Carl Schmitt)가 있다. 슈미트는 방법적으로 보면 사회학적 실증주의라고 부를 만한 결단주의(Dezisionismus)에 입각한 헌법이론을 주장한 것으로 알려져 있다. 그는 헌

---

7   Hans Kelsen, *Reine Rechtslehre*(1. Aufl., 1934). 2. Aufl., 1960, s.196.

8   T. C. Hopton, *Grundnorm and Constitution: The Legitimacy of Politics*, 24 McGill L.J., 1978, p.72, p.82.

법의 효력근거로서 정치적 주권자의 의지 내지 비상사태에서 내리는 주권자의 결단을 내세웠다. 슈미트 자신도 인정하고 있는데, 이러한 태도는 저 유명한 토마스 홉스(Thomas Hobbes)의 경구(Siktum) "Auctoritas, non veritas, facit legem(진리가 아니라, 권력이 법을 만든다)"를 떠올리게 한다. 홉스는 종교의 교리와 같은 (개인적인) 진리 간의 다툼으로 발생한 종교적 전쟁상태를 종식시켜 평화와 안전을 확보하고자, 국가적 권위에 의한 법의 제정과 법을 통한 질서를 옹호하고자 하였던 것이다.[9] 홉스에게 있어서 출발점이자 목표는 개인의 자기보전과 안전, 평화와 같은 자연법적인 이익이었다는 점에서 어떤 사람들은 그를 '자연법사상가'라고 부르기도 한다. 반면에 슈미트가 "Auctoritas, non veritas, facit constitionem(진리가 아니라, 권력이 헌법을 만든다)"라고 말한다면, 그것은 단지 '헌법을 만들 수 있는 힘', '그 힘을 가진 자의 의지'를 '날 것 그대로' 헌법의 효력근거라고 주장하는 것이라는 점에 유의해야 한다.

주지하다시피 헌법 이전의 힘으로서 '헌법을 만드는 권력(pouvoir constitutiant)'과 헌법이 제정된 이후 '헌법에 의하여 만들어진 권력(pouvoir constitué)'을 구별하는 전통은 쉬예스(Emmanuel-Joseph Sieyès)에게서 비롯된 것이다. 프랑스혁명 전야에 제3신분(오늘날의 시각에서 보면 일반 국민)에게 구체제하의 기성 권력층에 도전할 수 있는 용기를 불어 넣어주기 위하여, '권력 이전의 권력', '모든 권력을 낳는 어머니 권력'을 상정하고 이것을 그들의 손에 쥐어 주었던 것이다. 다시 말해 입법권, 행정권, 사법권 등 그동안 인정되어온 국가권력의 원천이 혁명의 소용돌이 속에서 떠올랐던 것이다. 카톨릭 신부답게 쉬예스는 헌법을 만드는 권력, 즉 헌법제정권력은 어

---

9 Hobbes의 생각과 그것에 대한 Schmitt의 해석을 비판한 것으로 Martin Rhonheimer, "4. Chapter Auctoritas non veritas facit legem: Thomas Hobbes, Carl Schmitt, and the Idea of the Constitutional State", *The common Good of constitutional Democracy*, Catholic University of America, 2013, p.142 이하 참조.

떠한 다른 권력도 근거로 하지 않으므로 시원적인 것이며, 국가구성원의 절대다수를 차지하는 제3신분(현재의 일반 국민)에게 속하는 것이고, 심지어 국민은 이 권력을 행사함에 있어 절대적이고 오류도 있을 수 없다(무오류성)는 주장까지 하였다. 슈미트도 헌법제정권력과 헌법개정권력을 구별하고, 헌법이 헌법으로서 효력을 발휘하게 되는 근거는 헌법제정권력, 따라서 헌법제정권력이 귀속되는 주권자의 의지라고 본 것이다.[10] 핵심문제는 누가 헌법제정권력자 내지 주권자인가 하는 것인데, 시대와 장소에 따라 달라져 오긴 하였지만, 슈미트가 활동하던 당시 독일의 바이마르 헌정체제에서는 주권자(헌법제정권력자)가 국민이라는 점에 하등의 의문이 없다고 하였다.

슈미트 이론의 문제점은, 바이마르 헌법 당시 헌법제정권력자가 국민이라고 한 설명 때문에 잘 드러나지 않는 것 같다. 그러나 슈미트 이론에서 중요한 것은 주권자(헌법제정권력자)가 누구인가가 아니라 누구이든 주권자로 인정받기만 한다면 '결단'을 할 수 있는 힘이 부여된다는 것이었다. '결단(Entscheidung)'이라는 용어는 그 자체로 이미 '내용이 여하하든' 더 이상 다툴 수 없는 궁극적인 결론을 내린다는 의미가 내포되어 있다. 이 결단하는 힘을 가진 자의 의지가 결국 중심에 서 있는 것이 슈미트의 이론이다. 슈미트가 스스로는 적극적인 것은 아니었다고 해명하였음에도 불구하고, 슈미트의 사고 안에 이미 독일 제3제국(나치스)의 망령이 자리잡고 있었던 것이다. 헌법이 정치권력의 의지를 모태로 한다면 정치권력의 통제라는 헌법의 사명을 다하기에는 역부족일 것이다. 슈미트의 '결단'은 일견 현실에 솔직한 것으로 보이지만, 거시적으로 보면 인간존재의 복잡성과 역사의 진보에 대한 성찰이 부족한 것이었다.

---

10 Carl Schmitt, *Verfassungslehre*, 8.Aufl., Duncker&Humblot, 1993, s.9: "진실로, 헌법은 헌법제정 권력(즉, 힘 또는 권위)으로부터 나왔고 그의 의지에 의하여 정립되었기 때문에 효력이 있다. '의지'라는 단어는, 단순한 규범과 대조적으로, 당위의 원천으로서 존재적인 크기이다. 의지는 실존적으로 존재한다. 의지의 권력 또는 권위는 의지의 존재 속에 놓여있다."

순수한 규범논리는 객관적 인식이라는 과학적 태도를 유지하려는 정신은 평가받을 만하지만, 정치와 법의 경계영역에 있는 헌법(특히 제정행위)을 대상으로 펼치기에는 한계가 있는 이론이었다. '근본문제'를 '근본규범'으로 대치시킨다고 하여 근본문제에 대한 질문이 봉인될 수 없다. 반면에 순수한 힘의 논리는 (자연적 권리로서의 자기보존과 안전, 평화를 지향한 홉스와 달리 슈미트의 경우) 규범적 지향을 포기함으로써 상황 법학으로 전락하는 것을 피할 수 없었다.

4. 헌법의 효력근거로서 '국민의 의사'를 둘러싼 신화논쟁(Mythos-Streit)

미국 예일대학교의 브루스 애커만(Bruce Ackerman) 교수는 현재 제3권까지 출간된 저서 "We, the People"에서 유럽 헌법학으로부터 독립하여 미국에 고유한 헌법이론을 정립한다면서, 이원적 민주주의(Dualist Democracy)론을 주장하고 있다.[11] 그는 통상정치학(Normal Politics)과 헌법정치학(Constitutional Politics)을 구분하고, 보통 일상적으로 의회에서 이루어지는 입법과는 다른 차원에서, 헌법적 모멘트(Constitutional Moment)라고 부를 만한 특별한 시기에 헌법이 자신의 의미를 재확정하게 된다고 주장한다. 헌법의 형식적인 텍스트 자체가 개정되는 경우뿐만 아니라, 헌법이 특수한 정치적 · 경제적 · 사회적 상황에서 종래 의미한 바와 전혀 다른, 경우에 따라서는 반대의 의미를 갖게 되는 경우도 일종의 '헌법적 혁명'으로 보아야 한다는 것이다.

그는 남북전쟁 때나 뉴딜시대 같은 예외적인 상황에서 헌법규정에 대한 이해가 혁신적으로 변경되는 현상을 주목하였다. 독일이나 한국 같은 대륙법계

---

11   Bruce Ackerman, *We the People*, Vol.1, Foundations, 1993, p.6 이하; Bruce Ackerman, *Constitutional Politics/Constitutional Law*, 99 Yale L.J., 1989, p.453, p.461.

(법전법) 국가와 달리 미국과 같은 영미법계(판례법) 국가에서는 헌법전 자체보다는 헌번전에 담겨 있고, 해석을 통해서 도출되는 '헌법적 결정규범'을 헌법으로 이해하는 경향이 있으리라는 점에서 이해가 되는 이론이다. 즉 헌법의 문언에는 변함이 없다 하더라도, 사정의 변경으로 촉발되어 일반 국민이 그 문언의 의미를 종전과 전혀 달리 이해하기 시작했고, 이를 헌법집행기관, 즉 연방대법원판례가 국민에 의해서 큰 저항 없이 수용될 때 헌법은 - 형식적인 개정이 없었다 하더라도 - 새로운 헌법이 된다는 주장이다. 이미 알려져 있듯 애커만 교수는 국민입헌주의(Popular Constitutionalism)의 입장에 서 있는 학자다. 그는 위에서 말한 '새로운 헌법'의 정당성을 '국민의 의사'에서 찾는다. 그가 외국에서 문제 된 헌법성립절차에 대하여 충고할 때, 최대한 다수의 국민의 의사를 반영할 수 있는 가중 다수(Super majority)에 의한 헌법개정이 헌법정책적으로 바람직한 것이라고 말하고, 미국 헌법의 경우 개정절차의 지나친 엄격함으로 형식적으로는 개정에 이르지 못하였다 하더라도 국민의 의사에 따라서 헌법의 의미 내용이 변경되는 경우 그렇게 얻어진 헌법의 의미 내용이 당해 국민의 의사에서 정당화된다고 설명하는 것은 논리적으로 일관성이 있는 것으로 보인다.

반면에 애커만 교수의 이러한 설명에 대하여 조지타운 대학의 랜디 바넷(Randy Barnett) 교수는 헌법을 정당화하는 '국민의 의사'란 '만장일치의 동의(unanimous consent)'를 전제로 하는 것인데(바넷은 동의하지 않은 소수가 다수의 의사에 왜 굴복해야 하는지 계약론에 입각한 설명으로는 해명되지 않는다고 본다) 이는 현실성이 전혀 없는 허구이며 하나의 신화에 불과하다고 비판하고 있다.[12] 바넷 교수는 결국 국민 개인의 권리를 침해하지 않으면서 다른 개인의 권리를 보장하는 입법의 절차를 보장하는 헌법규정이 정당화되는 것이라고 하면서, 허구적인 국민(People)의 주권이 아니라 개개인

---

12 Randy E. Barnett, *Constitutional Legitimacy*, 103 Colum. L. Rev., 2003, p.111, 및 그의 책 *Restoring the Lost Constitution: the Presumption of Liberty*, 2004 참조.

(each and every one)의 주권을 기초로 헌법의 정당화 여부를 파악하자고 주장한다.[13] 바넷 교수의 이러한 주장은 이른바 '권리근본주의(Rights Fundamentalism)'에 가깝게 다가가는 주장으로 보이는데, 실천적인 견지에서는 내용 중심적 정당화론의 일부로 흡수될 수 있을 것으로 보이고, 애커만 교수의 국민중심적, 즉 주체중심적 정당화론을 배척하는 근거로서는 충분하지 않다고 할 것이다.

5. 헌법의 정당성의 기준

헌법의 정당성에 관한 위의 설명에서 확인된 것은 다음과 같다. 첫째, 헌법의 정당성이 의미하는 바는 일정한 정치적 공동체 내지 국가의 삶의 형식에 대하여 그 구성원들이 가지는 믿음 내지 동의라는 점, 둘째, 헌법의 정당성은 법적 효력이나 법적 정당성의 수준이 아니라 사회학적 정당성 내지 그 기반이 되는 도덕적 정당성의 성격을 가진다는 점, 셋째, 헌법의 정당성은 정상적인 법치국가상황에서는 보통 여부(Ob)의 문제가 아니라 정도(Wie)의 문제일 것이나, 최소수준 이하일 경우에는 구성원들이 공동체에 대한 믿음을 버리고 떠나는 상황이 올 수도 있다는 점 등이다.

그렇다면 헌법의 정당성을 판단하는 기준은 무엇일까? 첫째, 주체적 정당성으로서 헌법을 제정하거나 헌법의 의미를 재확정하는 주체는 헌법제정·개정권력자인 국민이어야 한다. 미국 헌법에도 그러하고 한국 헌법에도 그렇지만, 많은 헌법들이 헌법 전문에서 '우리 국민들(We, the People)'이 헌법의 주체임을 천명하고 있는 것을 볼 수 있다. 통일조약을 통하여 개정된 독일 헌법 전문도 "독일국민은 자신의 헌법제정권력의 힘으로 이 기본법을 제정하였다."고 선언하고 있다. 결국 주권자인 국민이 가지는 의사가 중요하다는

---

13 Randy E. Barnett, *We, the People: Each and Every One*, 123 Yale L.J., 2014, p.2576, p.2599.

것인데, 국민의 의사가 드러나는 방법으로서는 국민이 직접적으로 자신의 의사를 국민투표 등을 통하여 드러낼 수도 있지만, 대의제 원리에 따라서 대표기관의 선출을 통하여, 즉 헌법제정의회를 선출·구성하거나 국민이 선출한 의회에 헌법 제·개정업무를 맡김으로써 그들의 의사를 통하여 간접적으로 국민의 의사가 드러날 수도 있다. 이에 대해 필자는 대의기관을 통한 의사의 비틀림 현상이 전혀 없을 수는 없기 때문에 헌법과 같은 기본적 질서를 확정함에 있어서는 국민이 직접 자신의 의사를 결정하는 방법이 더 옳다고 생각한다.

둘째, 내용적 정당성으로서 헌법의 개정의 경우 기존 헌법에서 이미 한계를 설정한 것 외에도 동 헌법의 동일성을 해하지 않는 범위 내에서 이루어져야 정당한 헌법이라고 할 수 있겠다. 헌법제정의 경우, 재량결정의 범위가 훨씬 더 넓어지겠지만, 그래도 문명국가의 국민들로서는 넘을 수 없는 '정의의 최소한'이라는 경계는 무시할 수 없다고 생각한다. 이러한 내용적 경계에 대하여 그 내용을 구체적으로 확정하기는 어렵지만, 어떤 국민이든 지나간 역사를 통하여 자신의 기억 속에 깊이 각인된 정의감 내지 - 반대로 - 불의감은 헌법제정에서도 한계로 작용할 것이다. 또한 전쟁에서 패전한 국가들에게 승전국들이 연합을 형성하여 일정한 내용을 가진 헌법의 성립을 봉쇄하는 경우 이는 헌법(제정)의 국제법적 한계로 작용하게 될 것이다.

셋째, 절차적·형식적 정당성인데, 원칙적으로 헌법제정행위는 어떠한 선행(先行)하는 법적 크기를 전제로 하지 않기 때문에 준수하여야 할 절차나 형식이 따로 존재하는 것은 아니다. 그러나 대표기관에 의하여 간접적으로 참여하는 것이든, 아니면 국민투표 등 국민이 직접 의사를 결정하는 것이든, 그 결정의 결과를 국민의 의사로 귀속시키기 위해서는 일정한 절차적·형식적 요건을 확인할 수는 있을 것이다. 예컨대 '헌법전'의 형식, 대표의 적정성을 담보하기 위한 '질적 다수결' 등의 절차는 지켜져야 한다는 것이다.

넷째, 결과 정당성으로서 새로운 헌법에 의한 국정운영 결과가 성공적이었는지 여부에 따라서, 즉 동 헌법 아래에서 정부가 경제개발 내지 복지정책에 성공했는지 여부를 묻는 것이다. 예컨대 독일의 경우 1949년 제정된 독일 기본법은 제정 당시 각주 정부에서 파견한 대표들로 구성된 의회협의회에서의 논의를 거쳐 제정된 것으로 처음에는 심각한 '민주적 정당성의 결핍(Lack of democratic legitimacy)'이 문제 되기도 하였다. 그러나 그러한 기본법 하에서 독일정부가 이른바 '라인강의 기적'으로 일컬어지는 고도경제성장과 강력한 사회보장체계를 실현함으로써 기본법은 사후적으로 국민들로부터 헌법으로서의 정당성을 인정받기에 이르렀다고들 말한다. 성립과정에서 충족되지 못한 정당성 요청을 사후적으로 추인하게 만들었다는 의미에서 이를 성과중심적 정당성 기준이라고 부를 수 있다. 그러나 이러한 방식의 정당성 기준 판단은 성과 여부를 측정하기 위한 적절한 기간의 경가가 필요할 뿐만 아니라, 국정의 성공적 수행은 법적 기초인 헌법의 정당성 외에도 대내외의 여러 가지 요인이 함께 작용한 결과이기도 하기 때문에, 특정 헌법이 정당한지 여부가 유동적이 될 우려가 있다. 때에 따라서 헌법의 정당성 여부가 달리 평가될 수 있는 것은 아닐 것이다. 헌법이 내용도 훌륭하고 국민적 지지를 받아 정당한 것으로 평가받고 있을지라도 정부의 국정수행능력의 부족으로 성과가 부족할 수도 있고, 반대로 헌법의 오류와 국민의 부정적 평가에도 불구하고 정부 담당자의 뛰어난 능력으로 훌륭한 성과를 낼 수도 있다. 결과 정당성은 헌법의 정당성 판단에 있어 유일한 내지는 독자적인 기준이라기보다는 부차적인 내지는 보충적인 기준이 될 수 있을 것이라고 생각한다.

이와 같은 주체적 정당성, 내용적 정당성, 절차적·형식적 정당성, 결과 정당성 등 네 가지의 정당성 판단 기준들 중 어느 하나만 충족시켜서는 안 되고, 궁극적으로는 모든 기준들이 일정 수준 이상으로 충족되어야만 헌법이 안정적으로 정당성을 획득하여 국가질서의 기준 역할을 잘 수행할 수 있을 것이다. 그리고 네 가지 정당성 판단기준 가운데 가장 우선적이고 또 가장 중요한 것은 역시 주체적 정당성, 즉 민주적 정당성이다. 민주적 정당성이 어느 정도 충족되지 않고서는 국민이 헌법을 '자신의 헌법'이라고 의식하지 못할 것이고, 그 결과 그것을 준수하거나, 심지어 위기에 빠졌을 때 수호해야 겠다는 의지를 국민들 속에서 불러일으키지 못할 것이다. 즉, 헌법에 있어서 민주적 정당성의 위기는 헌법 자체의 위기가 된다.

6. 특수한 헌법례들과 동 헌법의 정당성의 문제

헌법의 민주적 정당성과 관련하여 특수한 사례군이 있다. 첫째, 이른바 강요된 입헌주의(imposed constitutionalism)를[14] 하고 있는 것으로 분류되는 국가들이 있다. 무엇보다도 제2차 세계대전 이후 연합국들에 의하여 점령당한 후 그들의 공동관리 하에서 1949년 기본법을 제정했던 독일의 경우, 또는 미국 군정하에서 1947년 헌법을 제정했던 일본의 경우가 대표적이다. 독일의 경우 - 비록 독일 전역에 효력을 미치는 영구적인 헌법이 아니라 점령 기간에 미·영·불 3국 점령지역에 잠정적으로 적용될 기본법률을 제정한 것에 불과했다고 하지만 - 그래도 독일인들이 중심이 되어 의회협의체를 구성하고 논의를 한 후 기본법의 내용을 결정하였고, 점령국의 요구사항들을 반영하는 정도였지만, 일본의 경우에는 아예 맥아더사령부에서 초안을 작성하여 주었다는 사실은 과연 일본 헌법이 주체적 정당성 내지 민주적 정당성을 충족할 수 있는 헌법이었는지 의문이 들게 한다.[15] '강요된 입헌주의'의 문제는 과거에 속해있기만 한 것은 아니고, 최근에도 이라크나 아프가니스탄 등

---

14 Noah Feldman, *Imposed Constitutionalism*, 37 Connecticut L. Rev., 2005, p.857.

15 Yasuo Hasebe, "The August Revolution Thesis and the Making of the Constitution of Japan, in: Werner Krawietz/Enrico Pattaro/Alice Erh-Soon Tay(eds.)", *Rule of Law: Political and Legal Systems in Transition*, Rechtstheorie Beiheft 17, 1977, pp.335~342; Keigo Komamura, "Legitimacy of the Constitution of Japan: Redux, Is an imposed constitution legitimate? Chaihark Hahm/Sung Ho Kim", *To make "We the people": Constitutional founding in postwar Japan and South Korea*, I·CON 8, 2010, p.800.

지를 점령한 미국의 영향 하에 헌법이 새로이 제정되는 과정에서 계속 문제가 되고 있기도 하다. 이들 국가의 헌법은 과연 '누구의 의사'를 담아낸 것이며, 결국 정당성을 어디에서 끌어낼 것인가 하는 문제가 있으며, 이러한 상태에서 그 헌법들이 해당 국가를 안정적·영속적으로 지탱시켜줄 기초법의 역할을 제대로 해낼 수 있을지 우려되는 점이 있다.

둘째, 종래 헌법은 국가라는 정치적 공동체를 전체적으로 규율하는 법질서로 이해되어 왔음에도, 최근에 국가 간 결사 내지 국가공동체의 성격을 갖는 유럽연합에서 '유럽 헌법'을 제정하려는 움직임이 있었다. 개념본질적으로 유럽의 기본법질서를 반드시 '헌법'이라는 명칭을 써서 제정해야만 하는 것인지 의문이 있었다. 무엇보다도 통화통일 등 경제적 통합에 이어서 하루라도 빨리 정치적 통합까지 성사시켜서 미국과 중국을 일컫는 이른바 G2와 어깨를 나란히 하는 정치적 파워를 갖고자 하는 마음은 이해할 수 있다. 그러나 이른바 유럽 헌법의 추진과정에서 유럽 각국 정부의 의사를 주로 반영하였을 뿐, 유럽의 기층 시민들의 의사를 적절히 반영하는 메커니즘이 결여되어 있었던 까닭에 헌법의 주체적 정당성, 즉 민주적 정당성이 흠결되었다는 강력한 비판에 직면하고 있다.

셋째, 이른바 분단국(divided states)이라는 특수한 국가현상과 결부된 헌법들의 정당성 문제입니다. '하나의 국가' 안에 '두 개(또는 그 이상)의 국가들'이 들어있는 기묘한 구성으로 인하여, 그들의 국가적 삶의 형식인 헌법도 '하나의 전체국가', '어느 일방의 분단체제', '다른 일방의 분단체제'의 세 가지로 분열되어 나타난다. 여기에서, 통상적인 입헌주의 국가의 경우 '하나의 국가'에 '하나의 헌법'이라는 공식이 깨진다. 아래에서는 이 분단국과 분단국의 헌법 문제를 집중하여 다룰 것이다.

Ⅲ. 분단국헌법의 정당성

1. 분단국의 현실

세계 제2차대전 이후 분단국가로서 중국, 독일, 한국, 베트남, 예멘, 키프로스가 거론되어왔다. 그러나 이미 베트남은 1975년 북베트남이 남베트남을 무력으로 합병하였고, 독일은 1990년 10월 3일 동독이 서독에 가입하면서, 더 이상 분단국가가 아니게 되었다. 중국의 경우 여전히 타이완과의 관계에서 분단국가임에는 틀림없으나, 국제사회의 대부분의 국가에서 타이완에 대한 승인을 거두어들임으로써 분단국가로서의 의미가 많이 퇴색하였다. 그 외에도 분단국가로서 논의되었던 예멘은 전체국가로서의 예멘이 있었다가 분단된 것이 아니라 독립국가로서 북예멘과 남예멘이 각각 출발하였다는 점에서 처음부터 분단국에 포함되는 사례인지 의문이기도 하고, 어쨌든 1990년 5월 22일 남북협상에 의해 평화적으로 통일을 이루었고 - 이어서 1994년 남·북예멘 사이에 발생한 무력충돌에서 군사력이 압도적 우위에 있었던 북예멘군이 남예멘군을 굴복시킴으로써 - 더 이상 분단국가가 아니게 되었다.[16]

지중해의 키프로스의 경우 북키프로스는 터키계가 남키프로스는 그리스계가 장악하여 종족분쟁의 성격이 강하여 - 최근까지도 통일을 위한 남·북 키프로스 정부 간 협상이 계속되고 있다고는 하지만 - 전형적인 분단국가와는 거리가 있다고 하겠다.[17] 결국 동서 간 냉전으로 '분단된 세계'의 '분단된 국가'가 되었다가 냉전이 종식되고도 수십 년이 흐른 현재에 이르기까지 여전히 분단의 고통 - 내지 수치 -을 벗어나지 못하고 있는 것은 한국뿐이다. 따라서, 이제 분단, 분단국, 분단국헌법에 대하여 논리를 개발하고 분단 현실

---

16 조상현, 「예멘 내전과 남북한 통일교훈 분석 - 통일유형을 중심으로」, 「중동연구」 제31권 제2호, 한국외국어대학교 중동연구소, 2012, 49~78쪽.

17 우덕찬, 「키프로스통일 문제에 관한 연구」, 「지중해지역연구」 제10권 제2호, 부산외국어대학교 지중해연구소, 2008, 33~53쪽.

의 관리든 통일을 위한 방안 모색이든, 그 어느 나라도 아니고 한국 자신의 몫일 수밖에 없다는 점을 한국의 법학자들은 명심하여야 할 것이다.

2. 한국분단의 특수성 - 역사적 맥락으로부터

한국분단을 이해하기 위하여는 분단의 결정적 계기가 된 미소 양국군대의 한반도 진주의 빌미가 된 일본의 한반도 불법점령(식민지화)을 간략하게 살펴보아야 한다. 이어서 세계 제2차대전의 결과 패망한 일본 대신에 일본제국주의의 희생자에 불과했던 한국이 왜 분단되게 되었는지 사실관계를 검토할 필요가 있다. 그 후에야 분단 전 한국의 국가성과 분단 이후 한국의 국가성, 남북 양 정치체제의 성격 등에 대하여 이야기할 수 있다.

한반도에 정치공동체가 수립되어 자치적으로 운영되어온 역사는 한국 측 문헌에 의거하면 기원전 2333년부터 4천 년이 넘고, 중국 측 문헌에 의해도 기원전 1122년부터 3천 년을 넘는다. 한반도 전체가 통일된 국가 아래 기간도, 서기 668년 삼국통일에 성공한 통일신라(내지 늦어도 서기 936년 고려 건국)로부터 서기 1910년 일본에 합병되어 국토를 잃기까지 1,242년이나 된다.[18] 자치능력이 있는 통일된 정치체제가 한반도에 이렇게 오래 지속되었다는 역사적 사실은 누구도 한국인들의 자치능력에 의심을 가질 수 없다는 결론에 이르게 한다.

제국주의가 한창이던 시기, 중국과 1년에 서너 번 사절을 교환하는 외에는 일체 외부와의 접촉이 없었던 '은둔의 왕국', 한국(당시 명칭 '조선')은 1860년대와 1870년대 영해를 침략한 미국과 프랑스를 격퇴하였고, 이에 고무된

---

18 동양의 전통적인 외교 관계로 알려진 중국과 주변 국가들 간의 조공관계에 한국도 들어있었으나 이것이 - 한국이 최소한 중국과의 관계에서 완전한 독립상태였다고는 할 수 없다고 볼 근거가 될 여지는 있을지 모르지만 - 한국민의 자치능력까지 의심할 만한 근거라고 보기는 어려울 것이다. 조공관계는 중국이 주변 국가의 왕의 책봉을 통해 종주국으로 인정받되, 조공 국가들의 내치나 외교에는 관여하지 않는 체제였기 때문이다.

나머지 당시 엘리트들은 제국주의로부터 자국을 안전하게 지키는 방책으로서 '쇄국정책'을 고수하는 오판을 하였다. 결국 한국은 1876년 일본의 함포외교에 굴복하여 일본과 처음으로 근대적인 외교조약을 체결함으로써 국제사회로 끌려 나오게 되었습니다. 개국 이후에도 내부갈등으로 한국의 근대화 노력은 지지부진한 상태였다.

1894~1895년 청나라와 벌어진 전쟁에서 승리한 일본은 청나라와의 강화조약(시모노세키조약) 제1조에서 조선이 그동안 청나라와 맺어왔던 전통적인 조공관계를 부인함으로써 한국침략의 발판을 놓았다.[19] 이 기회에 1897년 조선의 왕 고종은 청나라와의 조공관계를 단절하고 '대한제국'의 이름 하에 독립제국을 선포하여 스스로 황제가 되었다. 이로써 한국은 외형상으로만 보면 청나라 · 일본과 마찬가지로 '제국'으로서 평등하게 되었지만 이미 국운은 돌이킬 수 없을 정도로 기운 상태였다. 1882년 미국을 시작으로 1900년경까지 한국은 주요 서양국가들과도 외교관계 및 통상관계를 수립하여 국제사회의 독립적인 일원의 모양새를 갖춘 듯 했으나, 제국을 선포한지 8년도 되지 않아 일본의 보호령이 되고 말았던 것이다.

사실, 이미 1896년에 일본과 러시아는 한국을 각자의 세력권으로 분단하자는 비밀논의를 하기까지 했었다.[20] 양국은 논의 결과 분단 대신에 법률적

---

19 Treaty of Shimonoseki (Signed at Shimonoseki 17 April 1895 Entered into Force 8 May 1895) Article 1: "China recognises definitively the full and complete and autonomy of Korea, and, in consequence, the payment of tribute and the performance of ceremonies and formalities by Korea to China, in derogation of such independence and autonomy, shall wholly cease for the future."

20 1896년 현대 일본군의 창설자 야마가타 아리토모(Yamagata Aritomo) 장군이 러시아 정부에 38도선을 경계로 남북 각각을 일본과 러시아의 영향 지역으로 분단하자고 제안하였으나, 당시 러시아는 한국 전체에 대한 통제권을 획득할 희망을 가지고 있었기 때문에 이 제안을 거절하였다고 한다. 1904년 1월에도 러시아는 러시아 극동군에게 38도선 이북으로 일본이 침입하는 경우 무력으로 막으라고 명령하기도 했다. 38도선을 경계로 한국을 분단하려는 과거 강대국들의 시도가 있었다는 사실에 대하여 미국 국방부의 관리들은 무지하였고, "순전히 임시의 군사적 결정"으로 38도선을 정하였다고 한다. Arthur L. Grey. Jr., *The Thirty-Eighth Parallel*, Foreign Affairs 29, 1951, p.482(485).

으로는(de jure) 한국의 독립성을 존중하되, 러시아와 일본이 각각 상대방에 대하여 한국과 만주의 사실상(de facto)의 지배권을 인정하는 식으로 논의를 마무리했던 것이다. 일본이 1904년 2월 Port Arthur에 있던 러시아 해군기지를 공격하여 개시된 러-일전쟁은 1905년 일본의 승리로 끝났다. 미국의 시어도어 루즈벨트(Theodor Roosevelt) 대통령의 중재로 러-일간에 강화조약(포츠머스조약)이 체결되었고, 시어도어 루즈벨트 대통령은 이 공적으로 1906년 - 미국대통령으로서 뿐만 아니라 미국인으로서도 최초로 - 노벨평화상을 수상하였다.

그러나 내막을 잘 들여다보면 러시아가 물러간 협상 공간에 미국이 들어온 셈이었고, 미국 전쟁부 장관 태프트(William Taft)와 일본 수상 가쓰라(Katsura) 사이에 비밀협상이 진행되어 1905년 태프트-가쓰라 밀약(Taft-Katsura Memorandum)이 체결되었다. 여기에서 한국에 대한 일본의 지배권과 필리핀에 대한 미국의 지배권이 교환되었다(이 밀약이 공식적인 성격을 가지는지 여부에는 논란이 있다). 그러나 1908년 미국과 일본 간에 서명된 루트-타카히라(Root-Takahira) 협정은 명백하게 하와이왕국과 필리핀의 미국 합병을 일본이 승인하고, 그 대가로 북중국과 한국에 대한 일본의 이익을 승인한 공식 협정이었다.[21]

청나라와 러시아는 일본과의 전쟁에서 패전하여 물러났고, 미국과 영국은 각자 자신의 이익을 위하여 일본의 한국 지배권을 인정하고 있었다. 이로써 한국은 주변의 어떠한 국가로부터도 도움을 받을 수 없는 고립무원의 상태에 빠지게 되었다. 1907년 헤이그 만국평화회의에 고종이 파견한 밀사들(이준, 이상설, 이위종)이 일본만이 아니라 영국의 반대로 회의장에 입장조차 못하

---

21 Jeong-Ho Roh, "The Limits of Legal Order in an Evolving World Order on the Korean Peninsula, in: Jong-Chul Park/Jeong-Ho Roh", *Law and Policy on Korean Unification: Analysis and Implications*, Korea Institute for National Unification, 2014, p.95.

게 된 것은 당시 한국이 국제사회에서 완전히 고립되었음을 역설적으로 보여준다. 일본은 이미 자국의 보호령으로 전락한 한국을 1910년 한국병합조약에 의하여 공식적으로 합병, 자신의 영토로 편입시켰다.

일본의 한국병합은 합법적인 것이었을까? 한국학자들은 대부분, 일본이 한국을 보호령화한 을사보호조약부터 조약체결권자에 대한 강압으로 이루어진 것이어서 조약체결행위 자체가 무효라는 입장이고, 동 조약에 입각한 한국병합조약도 당연히 무효라는 입장이다. 따라서 일본의 한국지배는 일본의 힘에 의한 불법적인 점령, 즉 '강점(强占)'에 지나지 않는다고 보는 것이다. 반면에 당시의 주요 강대국들은 한국의 일본식민지화를 'a feat accompli(완성된 사실)'로 받아들였다.[22]

우리가 다 알다시피 1919년 3월 1일 한반도 전체의 한국인들은 한국의 독립을 선언하고 비폭력 평화시위를 대대적으로 진행하였다. 일본에 의하여 무자비하게 진압되고만 3.1운동에서 드러난 한민족의 독립의지는 국외에서 결실을 맺게 된다. 1919년 4월 중국 상해에서 3.1운동으로 표명된 한민족 전체의 의지를 수렴한 한국 임시정부가 수립되었다. 이때 처음으로 종전의 '대한제국' 대신에 '대한민국'이라는 국호를 제정하였고, 한반도 역사상 처음으로 민주공화국체제가 탄생하였다. 그러나 유감스럽게도 한국임시정부는 어떠한 중요한 외국에 의하여도 독립된 한국의 정당성 있는 정부로 공식적으로 인정받는데 성공하지 못하였다. 이것이 전후 한국의 자격있는 대표가 한국의 전래의 영토에 대한 한국인의 권리, 즉 자기 결정권을 행사하는데, 결정적인 장애가 되었다. 임시일지언정, 행위능력이 있고 자기 결정에 책임을 질 수 있는, 합법적인 정부를 가지고 있지 못한, 민족에게 천형이 기다리고 있었다.

---

22 Charles K. Armstrong, "An unfinished Project: Challenges and Struggles of Korea to Become a Modern Sovereign Nation-State, in: Jong-Chul Park/Jeong-Ho Roh", *Law and Policy on Korean Unification: Analysis and Implications*, Korea Institute for National Unification, 2014, p.72.

제2차 세계대전이 막바지에 들어설 무렵, 대일본전쟁과 아시아의 전후질서에 대한 최초의 연합국 회담이 1943년 11월 카이로에서 열렸다. 이 회담의 주요 참석자로는 미국 대통령 프랭클린 루즈벨트(Franklin Roosevelt), 영국 수상 윈스턴 처칠(Winston Churchill), 중국 총통 장개석(Chiang Kai-shek)이 있었다(소련 지도자 스탈린(Stalin)은 일본과 중립조약을체결한 상태였으므로 불참하였다). 카이로 회담에서 주요 의제로 거론된 것은 중국-버마-인디아였고, 한국은 단지 짧게 언급되는 정도에 머물렀다. 카이로 회담에서 발표된 카이로선언(Cairo communiqué)에는 전후 한국의 운명에 결정적이었던 구절, 즉 "적당한 시기에(in due course)"가 들어있었다.

"3대국은 일본의 공격을 억제하고 징벌하기 위하여 이 전쟁에서 싸우고 있다. 3대국은 그들 자신을 위한 어떠한 이익도 구하지 아니하며, 영토확장에 대한 아무런 생각도 없다. 3대국의 목적은 일본이 1914년 제1차 세계대전 초 이래 장악하거나 점령해온 태평양의 모든 영토들을 중국에 돌려주는 데 있다. 일본은 그들이 폭력과 탐욕으로 취한 모든 다른 영토들로부터도 축출될 것이다. 3대국은, 한국인들이 처한 노예상태에 유념하면서, 적당한 시기에 한국이 자유롭게 되도록 그리고 독립하도록 결정하였다."[23]

미국 대통령 루즈벨트의 자문관이었던 해리 홉킨스(Harry Hopkins)가 작성한 초안에는 "가능한 한 이른 시일 내에(at the earliest possible moment)" 한국에 독립이 부여될 것이라고 되어 있었다고 한다. 그런데 루즈벨

---

23 "The Three Great Allies are fighting this war to restrain and punish the aggression of Japan. They cover no gain for themselves and have no thought of territorial expansion. It is their purpose that Japan shall be stripped of all the islands in the Pacific which she has seized or occupied since the beginning of the first World War in 1914, and that all the territories Japan has stolen from the Chinese, such as Manchuria, Formosa, and The Pescadores, shall be restored to the Republic of China. Japan will also be expelled from all other territories which she has taken by violence and greed. The aforesaid three great powers, mindful of the enslavement of the people of Korea, are determined that in due course(emphasis added) shall become free and independent."

트가 이 문구를 - 종전 후에도 자신의 식민지를 계속 유지하고자 한 - 영국의 압박으로 "적당한 시기에(in due course)"로 바꾸었다고 한다.[24] 루즈벨트 자신은 일본의 식민지든 유럽의 식민지든 독립을 옹호하는 입장이었으나, 한국인들이 다른 식민지주민들처럼 완전한 독립 이전에 완전한 자치능력을 훈련할 "신탁통치(tutelage)" 기간을 염두에 두고 있었다. 그리하여 루즈벨트는 미국 · 영국 · 소련 · 중국에 의해 관리되는 '4대국 신탁통치'(1945년 12월 모스크바의 외교장관회담에서 동의를 받게 됨)의 기초가 될 '미국과 소련에 의한 신탁관리'를 1945년 얄타(Yalta)회담에서 제안하였던 것이다.[25] 천 년 이상 자치정부를 운영해온 한국인들이 자치능력을 의심받고, 전쟁에 아무런 책임도 없이 오히려 전쟁을 일으킨 국가(일본)의 침략 피해자였던 한국인들에게 다시 외국인에 의한 신탁통치를 받아야 한다는 주장은 엄청난 모욕으로 느껴졌을 것이 명약관화하다. 즉각 독립되는 것이 당연하다고 믿어온 한국인들이 신탁통치안에 대하여 격렬하게 반대함으로써 신탁통치 아이디어는 금방 묻혀버리게 되었다. (여기에서 1945년 미 · 영 · 불 · 소에 의하여 점령되었던 오스트리아가 1955년 영세중립국을 선언하면서 - 국토분단 없이 - 독립국가가 되는데 성공한 사례를 돌아보게 된다.[26] 한반도처럼 미국과 소련이 남북으로 국토를 양분하여 점령하는 체제에서 4대 점령국이 공동으로 관리하던 오스트리아와 같은 행운이 찾아오기를 기대하기는 어려웠을 것이라는 생각이 들기는 합니다만 아쉬움을 감출 수 없다.)

일본의 항복조건이 구체화된 1945년 포츠담선언에서는 한국독립을 약속한 카이로선언을 재확인하였다. 독일의 법학자 에른스트 프랭켈(Ernst

---

24 Charles K. Armstrong, *op. cit.*, p.73.
25 Jeong-Ho Roh, *op. cit.*, p.98.
26 미국의 오스트리아 점령과 독립국가화 과정에 대하여 자세한 것은 Walter M. Hudson, *Diplomacy: American Military Occupation and Foreign Policy after World War II*, 2015, p.201~228 참조.

Fraenkel)은 카이로선언과 포츠담선언에서 한 연합국의 약속은 단순히 신사협정으로서가 아니라 국제법적으로 한국독립(을 위하여 노력할)의무를 그들에게 지우고 있다고 말한 바 있다.

"카이로선언은 본래 미국, 영국, 중국만을 구속한다. 그러나 그것은 동시에 한국민에게 권리를 부여하는 것이다. 왜냐하면 카이로선언은 제3자를 위한 국제법적 협정이기 때문인데, 이 제3자가 - 즉 한국민이 - 선언이 공표될 때에 아직 국가적 통일체로 공고화되지 않았다는 사실이 아무런 차이도 가져오지 않는다. 국제법은 오늘날 주권적 국가들 간의 법 이상이다. 개인들도, 개인들의 단체도 국제법적 권리와 의무의 주체가 될 수 있다. … 따라서 카이로선언에 기초하여 한국민은 자유와 독립을 청구할 국제법적 청구권을 가진다. 나는 말한다. 한국민(das koreanische Volk). 그렇지만 카이로선언은 민족적 지리적 통일체로서 한국을 말하고 있다. 이로부터 도출하건대, 한국민은 전체로서 자유롭고 독립적이 될 (청구)권리를 제기할 수 있다. 한국의 분단은 영속적인 해결책이 아니고 카이로선언에 규정된 기본원칙과도 합치하지 않는다."[27]

어쨌든 일본은 본토 내의 두 도시 히로시마와 나가사키에 대한 미국의 핵무기공격을 받고 1945년 8월 15일 연합국의 요구대로 무조건항복을 하기에 이르렀다. 이 항복선언은 1946년 또는 그 이상의 기간 전쟁이 계속될 것이라는 미국의 예상을 뒤집는 것이었다. 만주와 한반도에 주둔하고 있는 수많은 일본군의 격렬한 저항을 제압하기 위하여 소련의 참전을 뒤늦게 이끌어 냈던 미국으로서는 뜻밖의 결과였다. 이제 미국으로서는 패전국 일본 본토와 일본에 의해 점령상태에 있는 한반도에 미국군을 진주시켜 일본군의 항복을 받고 무장해제를 시켜야 할 필요에 직면하게 되었다. 이때까지도 여전히 미국은

---

27 Ernst Fraenkel, "Korea - ein Wendepunkt im Völkerrecht? (1951), in: Alexander v. Brünneck/ Hubertus Buchstein/ Gerhard Göhler (Hrsg.)", Ernst Fraenkel Gesammelte Schriften Bd. 3, 1999, s.492~493.

일왕과 본토의 일본군 본부의 항복에도 불구하고 한반도에 주둔하고 있는 무려 27만 명에 달하는 일본군이 본토의 지시에 불응하여 저항을 계속할 수 있다는 걱정을 하고 있었다. 게다가 참전을 결정한 소련군대가 이미 한반도 북쪽으로 진입하여 남쪽으로 계속 내려오고 있었다. 그대로 두면 한반도 전체가 소련군의 수중에 들어갈 상황이 된 것이다. 미국은 전쟁이 좀 더 지속될 것으로 믿었고, 전쟁이 종료될 경우에 대비해서는 일본 본토에 대한 점령계획에만 신경을 썼지 한반도에 대하여는 아무런 준비도 계획도 없었다.

갑작스러운 상황에 직면한 미국에서는 영관급 장교 두 사람(훗날 국무장관이 된 러스크(Dean Rusk) 소령과 훗날 4성 장군까지 진급한 부베스틸(Charles Bobesteel) 소령)이 지도를 펼쳐놓고 단지 몇 시간 급하게 논의한 결과 - 단지 수도 서울을 미국의 관할구역 안에 두는 것을 중요하게 생각하여 - 북위 38도선을 경계로 이남은 미국군이, 이북은 소련군이 점령하는 안을 내놓았고 이것이 정부의 승인을 받아 실행에 옮겨진 것이다. 여전히 일본군의 저항을 걱정하였기 때문에 북위 38도선은 미국군과 소련군 사이의 군사작전구역의 경계를 표시하는 선 같았다고 보는 것이 옳을 것이다. 38도선은 야전군의 군사작전에만 편리한 것이었을 뿐, 행정구역간 경계로 보기에는 지나치게 자의적이고 편의적인 것이었다. 따라서 암묵적으로라도 국경선으로 의도되었을 것이라고는 전혀 의심조차 할 수 없다. 오직 순전히 군사적 목적만을 가진 경계선이었고, 주목적은 일본군의 무장해제를 위한 업무분담을 염두에 둔 것으로 보인다.[28] 실제로 한반도 점령에 동원된 미국군은 단지 한반도에서 이동 거리가 가장 가깝다는 이유로 오키나와에 주둔해있던 제24사단으로 결정되었다. 사단장 하지(John Hodge) 장군은 야전 출신이었고 '태평양의 패튼'으로 불리울 정도로 전투에는 능했지만 민·정·군의 문제가 뒤섞여 복잡하기 이를 데 없는 점령업무를 수행하는 데는 역부족이었다.[29]

---

28 Walter M. Hudson, *op. cit.*, Chap.7, p.239, 243 이하.

이 모든 사실은 북위 38도선이 국경으로 발전할 것이라고는 아무도 기대하지 않았던 것이고, 실제로도 1948년 남북 양측에 정부가 수립된 이후까지도 국제법상의 국경의 의미를 획득하지 못했다. 38도선은 한국전쟁 후 설정되어 오늘날까지도 유지되고 있는 군사분계선보다도 훨씬 더 성격이 모호한 경계선이었다.

그러나 38도선을 경계로 하여 남측에서 미군정청에 의한 사실상의 신탁통치가 행해졌다. 미군정이 한반도의 38도선 이남에서 스스로 '유일한 정부'로서 기능한다고 주장한 것에는 법적 근거가 있었던 것일까? 앞서 언급했듯 당시 한국은 제2차 세계대전 발발에 책임이 있는 당사국이 아니라, 오히려 그들의 침략으로 영토와 국권을 침탈당한 피해국가였을 따름이다. 만약 대부분의 한국학자들이 주장하고 있는 바와 같이 1905년 보호조약과 1910년 병합조약이 다 원천무효라고 한다면, 한국은 국가로서는 존속하였던 것이고 다만 정부가 없어서 행위능력을 상실하고 있었을 뿐인데, 1919년 상해에서 임시정부가 수립되어 행위능력도 부분적으로 회복하고 있었다고 보아야 한다.

광복 직후 서울에서 미군정청의 법률고문으로 복무했던 법학자 에른스트 프랭켈(Ernst Fraenkel)은 1948년 미군정청의 지위에 관한 글에서, 한국은 일본의 식민지로서 주권이 일본에 귀속된 상태였다가 일본이 패전 후 항복함으로써 한국에 대한 주권을 상실하게 되었고, 그 결과 한국은 주권의 귀속자가 없는 상태가 되었으므로, 이른바 '무주지(無主地, terra nullius)'의 법리를 들어, 미국군이 점령하여 정부를 수립할 수 있었다고 주장한다.[30] 과연 그런가? 서기 668년(신라의 삼국통일)부터 한반도를 영토로 하여 무려 1,000년이 넘는 장구한 세월 동안 독립적인 정치적 실체가 계속되었는데, 법적 근

29 James I. Matray, "Hodge Podge: American Occupation Policy in Korea, 1945-1948", *Korean Studies* Vol.19, 1995, p.18.

30 Ernst Fraenkel, "Structure of United Army Military Government in Korea (1948), in: Alexander v. Brünneck/Hubertus Buchstein/Gerhard Göhler (Hrsg.)", Ernst Fraenkel Gesammelte Schriften Bd. 3, 1999, s.427.

거 없는 강점으로 일시적인 정부 공백상태가 되었다고 하여 '무주지'라고 할 수는 없는 일이다. 프랭켈의 당시 지위로 보아 그의 주장은 당시 미군정의 공식적인 입장이었을 것으로 사료된다. 재미있는 것은 프랭켈이 1951년에는 이와 다른 주장을 한 것이다.

"한국이 아직 주권을 인수할 수 있는 어떠한 조직된 정부권력도 갖고 있지 못했던 중간기간에 누가 주권의 주체가 되어야 했는가? 무주지(Terra nullius)? 주인없는 영토? 그러나 이는 국제법적으로 불가능한 것이다. 주권은 결코 공중에 부유할 수 없다. … 패전국의 국가영토의 일부가 승전국에 의하여 합병된 경우에 완전히 유효한 주권의 변경은 오로지 강화조약을 통해서만 이루어질 수 있다는 것이 국제법상 인정된 원칙이다. … 한국에서는 주권문제가 다른 시각으로 제기된다. 주요문제는 다음과 같다: 하나의 제국으로부터 분리된 국가조직의 일부가 – 병합국과의 연결이 유효하게 끊어지자마자 – 본래적 주권을 획득할 수 있는지 여부이다. 내가 보는 바로는, 이는 결코 이론적으로 다투어진 적이 없었고, 한국의 경우에 실제로도 모든 관련 국가들에 의하여 인정되었다."[31]

38도선 이남 지역의 미국군에 의한 점령과 미군정의 수립을 '완성된 사실(a fait accompli)'로 인정하는 견해도 있다. 일본의 한국 식민지화를 '완성된 사실'이라고 하더니 다시 미국에 의한 한반도 점령과 미군정 실시 역시 '완성된 사실'이라고 주장한다. 제2차 세계대전 후 미국군이 점령한 4개의 국가가 있다. 그중 패전국 독일은 1945년부터 미·영·불·소에 의하여 분할 점령되었다가 미·영·불 점령지역은 통합되어 서독(독일연방공화국)이 되었고 소련 점령지역은 동독이 되었다. 그러다가 분단 45년만인 1990년 통일을 맞았다. 역시 1945년부터 미·영·불·소에 의하여 분할 점령되었던 오스트리아는 1955년에 영세중립국으로서 – 국토분단 없이 – 독립국가가 되었

---

31 Ernst Fraenkel, *op. cit.(1999a)*, s.494~495.

다. 1945년 9월 일본은 사실상 미국의 단독 점령지가 되어 미군정의 지배를 받다가 1951년 9월 8일 샌프란시스코에서 체결되어 1952년 4월 28일 효력을 발휘한 평화조약에 기하여 미군정이 종료됨으로써 완전한 자치권을 회복하였다(그 전부터 일본 정부가 존재하였고 미군정은 간접적인 통치를 하였다). 이렇게 보면 1945년 미·소의 분할점령의 타겟이 된 한국만이 동서냉전의 희생물이 된 후, 냉전이 종식되고도 수십 년이 흐른 오늘날까지도 분단이 계속되고 있는 유일한 국가다. 실로 한국의 분단이 한국민들과 협의된 바도, 한국민들의 동의를 받은 바도 없이 이루어진 것은 중대한 하자이며, 바로 여기에 '한국문제(Korean question)'의 핵심이 놓여있는 것이다.[32]

나아가 무력으로라도 한반도를 통일하겠다는 욕심으로 1950년 6월 25일 북한 정권이 남침하여 발발한 한국전쟁은 수백만 명의 사상자를 낸 채로 1953년 7월 27일 정전협정의 체결로 미봉되고 말았다. 한국문제를 해결하고자 계획된 1954년의 제네바 정치회담도 아무 소득 없이 끝났다. 정전 당시 장악하고 있던 지역의 중간에 군사분계선을, 그리고 군사분계선 남북으로 비무장지대를 두고, 남과 북은 분단을 이어가게 되었다. 전쟁의 종료를 뜻하는 평화조약(강화조약)이 아니라, 단지 군사력 사용을 일시적으로 중지하는 것을 뜻하는 정전협정이 체결되었을 뿐이므로 법적으로만 보면 남북한을 오늘날에도 여전히 '전쟁상태'에 있다고 보아도 과언이 아니게 되었다. 그렇다면 군사분계선은 말 그대로 군사력으로 지배하는 지역을 나눈 경계선에 불과할 뿐 그 어떤 의미에서건 확정된 국경으로는 볼 수 없을 것 같다. 어떤 학자는 명목상 정전협정이라고는 하지만, 협정체결 후 오랜 세월이 흐르면서 이미 그 역할이 강화조약에 준하는 것으로, 즉 종국적인 교전의사의 포기로, 따라서 이제 일방이 무력행사를 하면 이는 중지된 적대행위를 재개한 것이 아니라 새로운 침략행위로 간주될 수 있다고 주장한다.[33] 그렇다면 별도의 평화

---

32 Jeong-Ho Roh, *op. cit.*, p.98.

협정을 체결할 필요가 없어졌다고 보아야 할 것인데, 실제 남북 간에 평화조약체결 시까지 현재의 군사분계선을 준수한다고 합의한 것이 있는 것으로 보이[34] 그 주장은 관철되기 어려울 것 같다.

심지어 제임스 크로포드(James Crawford) 같은 국제법학자는, 국제법이론에 따라 판단해보건대, 한국의 경우, 현재는 분단국이 아니라 두 개의 독립된 국가가 병렬적으로 존재하고 있다고 보아야 하고, 실제 분단국이었던 적은 아주 짧은 기간에 불과 하다고 주장한다. 즉 1945년 북위 38도선을 사이에 두고 미국과 소련 양국이 한반도를 분할 점령하였으나 이는 군사적 목적의 편의적 경계설정이었을 뿐이었고, 법적으로만 보면 한반도에 대한 일본의 주권적 지배는 1951년 샌프란시스코 강화조약 체결시까지 지속된 것으로 볼 수 있으므로, 동 강화조약이 발효된 1952년에 와서야 비로소 한국이 전체로서 주권을 회복하게 된 것이고 그때에야 비로소 남한 정부와 북한 정부의 대립이 법적으로도 의미를 가질 수 있게 된 것으로 보아야 한다는 것이다. 따라서 남북의 분단은 그때부터 시작된 것이고, 1953년 7월 한국전쟁이 정전협정으로 중단되면서 군사분계선을 사이에 두고 남북이 두 개의 국가로 완전히 분리되었으므로 분단이 종료되었다는 것이다.[35] 그러나 군사분계선이 실질적으로는 국경과 같은 역할을 할지 모르지만, 정전협정 하의 군사분계선이 두 개의 국가를 나누는 국경이라고 말하기는 어려울 것이다. 국제법의 견지에서만 보면, 한반도에 있는 두 개의 정치적 실체 모두 각각 다수의 제3국들로부터 국가성을 승인받아 널리 국가로 인정받고 있다는 현실을 중시하여 두 개의 독립된 국가로 볼 여지가 있다. 그러나 분단국은 그 국가 내에 존재하는

---

33 이근관, 「한반도 종전선언과 평화체제 수립의 국제법적 함의」, 『서울대학교 법학』 제39권 제2호, 서울대학교 법학연구소, 2008, 181~182쪽.

34 1992년 2월 19일 발효된 '남북 사이의 화해와 불가침 및 교류·협력에 관한 합의서'(남북기본합의서) 제5조: "남과 북은 현 정전상태를 남북 사이의 공고한 평화상태로 전환시키기 위하여 공동으로 노력하며 이러한 평화상태가 이룩될 때까지 현 군사정전협정을 준수한다."

35 James R. Crawford, op. cit., pp.466~472, p.476.

정치실체 중 어느 일방이라도 다른 일방에 대하여 국가적 성격을 부인하고 통일을 자신의 정당한 (국가)목표라고 주장할 경우 여전히 분단국인 것이지 독립 별개의 두 국가가 되었다고 할 수 없다.

3. 분단국임을 인정받기 위한 표지

분단국가의 표지(징표)는 분단되지 않은 국가가 전에 존재했다는 점, 현재는 몇 개의 부분으로 나누어져(분단되어) 있다는 점, 그 부분들에게 통일이 정당한 목적으로 간주된다는 점, 부분들 각자가 제3국들에 의하여 광범하게 승인을 받았다는 점 등이다.[36] 또한 분단국은 성질상 잠정적인 상태(잠정적 지위)에 놓여있고, 그 잠정적 상태는 옛 (전체)국가의 궁극적인 분할, 분단체 일방의 분리, 또는 분단체 쌍방이 하나의 정치공동체로 통일됨으로써 종료된다. 한국의 경우 이러한 분단국의 표지를 다 갖추고 있는 전형적인 사례이다.

4. 분단국헌법의 문제

분단국헌법의 문제는 분단국의 국가성 문제와 관련되어 있다. 분단국의 경우 최소한 3개의 국가성이 맞물려 있다. 정체국가, 그 국가의 영토 안에 있는 두 개 이상의 (부분)국가들이 그것이다. 우선 전체국가가 존속하고 있어야 한다. 전체국가의 계속성(Kontinuität)이 분단국가의 전제이다. 만약 전체국가가 몰락하고 없다면 분단도 종료되고 과거의 전체국가의 영토 안에 존재하는 두 개(이상)의 정치적 실체는 신생국가가 된다.

전체국가와 그 영토 위에 각각 존재하는 분단실체 간의 관계를 살펴보기로 한다. 분단실체들 중 일방이 자신이 전체국가와 동일성(Identität)을 가진다

---

36 국제법의 관점에서 분단국에 공통된 표지들을 기술한 것으로 Markku Suksi, *Divided States*, Oxford Public International Law(http://opil.ouplaw.com), 2015 참고.

고 주장하면 다른 일방은 전자로부터 분리(Session)를 시도하고 있는 중이라고 할 수 있을 것이다. 만약 분단실체들 중 일방이 전체국가와 부분적 동일성(Teilidentität)을 가진다고 주장하면 다른 일방도 부분적 동일성을 가질 수 있다고 보게 되며, 이때 분단실체 쌍방이 전체국가의 지붕 밑에 모여 있는 양상이라고 할 수 있다.

헌법을 이 관계에 대입하여 보자. 전자일 경우 일방이 자기헌법을 전체헌법이라고 주장하는데 다른 일방도 역시 자기헌법을 전체헌법이라고 주장하는 경우가 있다. 분단실체 각자가 자신의 헌법에 대하여 전체헌법으로서의 성격, 영구 헌법으로서의 성격을 주장하면서 맞서있는 경우 각자 실지수복명령으로서 통일의 요청을 헌법적으로 지배하는 지역 내에서만 효력을 가진다고 주장할 수 있는데, 여기에서는 헌법이 부분헌법 내지 잠정헌법이 된다.

한국의 경우 남과 북 모두 한반도 전체에 대한 영토고권을 주장하고 있고, 자신들의 헌법 이념이 한반도 전체에서 실현될 것을 국가목표로 규정하고 있다. 결국 남과 북의 헌법 모두 한반도 전체에서 규범적으로나 실제에 있어서나 적용되길 원하고 있다. 이렇게 보면 남과 북은 자신이 분단 이전의 전체 한국(조선에서 대한제국으로 그리고 대한제국의 판도를 영토로 규정했던 임시정부로 이어지는 한반도 전체를 정치적으로 지배하는 정치공동체)의 유일한 계승자로서 그것과 동일한 실체라고 주장하는가 여부와 별도로, 또한 현재에도 전체 한국을 대표하는 유일한 정치단체라고 주장하는가 여부와 별도로, 어쨌든 남과 북이 완전히 분열된 별도의 국가성을 가지고 병립하는 것은 아니고 결국에는 하나의 국가로 통일되어야 한다는 점에 대하여 확고한 의지를 가지고 있음을 명백히 하고 있는 것이다. 여기에서 한국이 분단국이고 남과 북이 분단실체로서만 병존하고 있음이 분명해진다. 군사분계선은 그것을 중심으로 사실상 양측에 실효성 있는 법적 관할권이 나누어 분배되는 경계인 것은 명백하지만, 확정된 국경이 아니라 성격이 모호한 잠정적인 분단경계선에 불과한 것이라고 할 수 있다. 여기에서 분단국 내에 실재하는 정치단체로서의 분단 실체는 각각 '하나의 국가'인가? 그리고 그들이 각자 제정하여 집행하고 있는 헌법은 '하나의 헌법'이 범주에 들어갈 수 있는가? 그들 분단실체의 헌법들이 자기의 효력범위 내지 적용범위와 관련하여 사실상 실효성 없는 규범적 주장을 하고 있는 것인데, 그렇다면 그들의 정당성은 위에서 말한 정당성 기준을 어떻게 충족할 수 있는가? 등이 문제가 된다. 이 문제에 대해서는 아래에서 일반적인 분단국에 대한 적용법리를 살펴 본 후에 다시 검토한다.

5. 분단국에 대한 적용법리와 분단국헌법의 정당성

우선 분단국에 고유한 문제는 국내법적인 문제가 아니다. 일방의 분단실체가 자신을 전체국가와 동일시하는 경우 전체국가를 적용범위로 하는 법을 제정할 것이다. 이 경우 다른 일방이 실효적으로 지배하고 있는 지역에서 이 법은 관철될 수 없다. 이 경우 동 지역에서 이 법은 법으로서 효력이 있다고 할 수 있을까? 도대체 여기에서 '국내'법이라고 말하는 지역적 범주는 어디까지일까? 일방의 분단 실체가 전체 한국과 자신을 동일시하든 아니면 전체국가와 별도로 새로운 국가로 창설되었다고 하든, 자신에 대하여 국가성을 주장할 것인데, 이 '국가'의 주권이 미치는 범위, 주권과 통치권에 기하여 제정되는 법의 적용범위는 '규범적 주장'과 '규범이 실현되는 현실' 사이에 반드시 불일치가 발생할 것이다. 이는 분단국의 성질상 불가피하게 초래되는 결과다. 물론 통일전의 서독 기본법처럼 헌법의 적용범위를 서독 정부의 실효적 지배하에 있는 지역에 국한하는 것으로 명시하면 규범과 현실의 간극을 줄일 수 있는 것으로 보이지만, 이 경우에는 분단실체 일방의 국가로서의 정통성 주장 내지 자기 헌법의 정당성 주장을 약화시킬 우려도 있다. 통일 전 독일기본법의 전문에서는 "(서독 정부의 지배하에 있는 주들의) 독일 국민(즉 서독인들)은 참여가 봉쇄된 독일인들(즉 동독인들)을 위하여도 행동하였다(즉 이

기본법을 의결하였다).”고 규정하고 이어서 “전체 독일국민은 자유로운 자기 결정으로 독일의 통일과 자유를 완성하도록 요청받고 있다.”고 규정함으로써 이 문제에 대비하였던 것으로 보인다. 어쨌든 분단실체 일방이 주장하는 대로, 그것이 국가로서의 지위에서 주권(헌법제정권력)을 행사하여 제정한 헌법, 그 헌법을 근거로 제정된 법령이, 동 분단실체의 실효적 지배지역 내의 법으로서, 즉 ‘국내’법으로서, 적용되고, 그러한 국내법의 자기체계와 법적 위계의 논리하에서 적용될 수 있을 것이다. 그러나 분단실체 쌍방에 함께 관련된 문제라든가, 전체국가성과 연관된 문제에 관하여 그러한 ‘국내’법이 결정의 규준이나 근거가 되기는 어려울 것입니다. 그렇다면 이러한 문제들에 대하여는 분단실체 쌍방을 국가로 간주하고, ‘국가’들간의 법적 관계를 규율하는 국제법을 적용하면 될 것인가?

그러나 분단국에 고유한 문제는 국제법적인 문제도 아니다. 국제사회에서 볼 경우 분단국가는 이미 두 개의 국가이다. 따라서 이 두 개의 국가는 각각 국제법 주체로서 국제사회에 등장하고, 그들을 국가로 승인한 제3국들이든, 그들이 가입한 국제조직에 대해서건 법적 관계에 대하여 모두 국제법이 적용된다. 그러나 여기에서도 여전히 분단국에 고유한 문제는 안개에 쌓인 채 남아있다. 즉 분단실체 각각의 법적 지위, 그들 상호간의 법적 관계, 쌍방간의 교역의 성격, 분단실체 주민들의 국적 등등 통상적인 국가들 간에 적용되는 국제법의 법리로 해결하기는 어렵다. 특히 통일과정에서 분단실체 상호 간에 발생하는 유동적인 복잡한 관계를 법적으로 규율함에 있어서, 양자를 포괄하는 전체국가의 입장에서 국내법적 질서로 규율할지, 아니면 여전히 두 개의 분단실체가 존재하므로 양자를 ‘국가’ 내지 최소한 ‘국가에 준하는 지위’를 가진 정치단체로 보고 국제법규로 규율할지 또 둘 사이의 경계가 어디인지 분간하기도 어렵다.

그렇다면 (ⅰ) 분단실체 각각의 법적 지위, (ⅱ) 분단실체 상호간의 관계, (ⅲ) 국적, (ⅳ) 분단되기 전의 전체국가의 계속성 여부, (ⅴ) 분단되기 전 전체국가의 계승 여부, 즉 분단실체 일방의 전체국가와의 동일성 내지 부분동일성과 그것을 근거로 한 국가승계문제, (vi) 민족자결권(right of self-determination)[37] 등 분단국에 고유한 문제를 다루는 분단국에 특유한(sui generis) 법리가 있어야 한다. 분단국에 고유한 문제들은 분단국헌법의 지위와 성격과도 깊은 관련 하에 놓인다.

우선, 분단국헌법 - 더 정확하게 말하면 분단실체 일방의 헌법 - 이 자기가 실효적으로 지배하는 지역만을 기준으로 합법적인 것이냐 내지 정당한 것이냐를 판단하는 문제는 통상적인 국가의 헌법의 경우와 다르지 않을 것이므로 여기서 별도로 다시 다루지 않기로 한다.

그런데, 분단국헌법이 분단 이전의 전체국가와의 관계에서 내지 다른 일방의 분단실체와의 관계에서와 같은 분단국에 고유한 문제영역에서도 합법적인 내지 정당한 기준의 역할을 할 수 있느냐는 간단하지 않은 문제다. 위에서 언급한 정당성(판단) 기준을 가지고 보면, 주체적 정당성의 관점에서는 전체국가적 문제에 대한 결단도 담게 되는 헌법의 성립과정에 국민의 일부(타방의 주민)가 참여하지 못하고 배제되는 문제가 발생하고, 이와 관련하여 형식적 · 절차적 정당성의 충족에도 문제가 있게 되며, 내용적 정당성의 관점에서도 결과정당성의 관점에서도 분단으로 인한 왜곡 현상을 피할 수 없을 것으로 생각된다.

그럼에도 불구하고, 우리 대한민국 헌법의 경우 비록 분단국 한국의 분단실체 일방의 헌법이라는 점은 부인할 수 없는 현실이지만, 역사적 맥락을 살

---

37 분단 이전의 전체국가 국민의 의사에 반한 국가분단은 자기결정권의 법적 주체를 변화시키지 못한다. 공통의 언어 · 혈통 · 역사 · 문화를 공유하고 있을 뿐만 아니라 통일에 대한 확고한 의지를 가지고 분단의 다른 쪽에 대하여 상호 국가적 성격을 부인하고 있는 상황에서 분단으로 인하여 - 각자 민족자결권을 가지는 - 서로 다른 두 개의 '국민'이 창설된다고 볼 수는 없다. 두 개의 분단실체가 각각 제3국가들에 의하여 국가로서 승인받은 경우, 통일은 분단된 양측 중 어느 일방의 주민의 명시된 의사에 반하여 이루어질 수는 없을 것이다. Meinhard Hilf, *Divides States*, Encyclopedia of Disputes Installment 10, p.130.

펴보면, 헌법, 즉 국가적 삶의 형식으로서의 정당성을 인정받을 만한 점이 적지 않다는 것을 알 수 있다. 즉, 한반도 안에서 통일적인 정치체제가 통일신라로부터 대한제국까지 천 년 넘게 지속되면서 내려온 것, 비록 1910년 일본제국주의에 의한 한국병합이 있었으나 단지 한반도에 대한 불법적인 강제점령에 지나지 않는 행위로서 원천무효로 보아야 하기 때문에 전체 한국의 국가성(국가로서의 권리능력)은 계속되었다는 것, 다만 1910년부터 1919년까지 정부가 더 이상 존재하지 않아 한국은 행위능력을 상실한 상태로 있었다는 것, 1919년 3월 1일 한민족 전체의 독립의지가 적극적으로 표명되었고 이에 바탕한 한민족의 위임으로 상해에 대한민국이 건국되고 그 정부가 국권회복 때까지의 임시정부의 형식으로나마 수립되어 한국의 행위능력이 일부나마 회복되었다는 것, 1945년 일본의 패망으로 광복이 되었고 미군정이 수립되었으나 이는 '완성된 사실(a fait accompli)'로서 인정될 뿐 한국의 국가로서의 계속성을 방해할 수 없다는 것, 결국 1948년 수립된 대한민국 정부는 대한민국 임시정부를 계승한 정부로서 한국의 행위능력을 완전히 회복하였다는 것, 그리고 1948년 38도선 이북 소련점령지역에 수립된 북한 정권은 주민의 자유선거에 기초한 정부가 아니었기 때문에 막대한 피해를 안겨주어 더욱더 정당성있는 정부로부터 멀어지게 되었다는 것, 1953년 체결된 정전협정과 군사분계선 설정으로 분단이 더욱 공고화되어 남북이 각자 자신의 헌정체제를 조직하여 지난 70년 남짓을 각자의 이념과 논리에 따라 경쟁해왔지만 소연방의 해체와 동구권의 붕괴가 보여주었듯이 자유민주주의체제가 내용적으로도 우수함이 실증되었고, 남한이 우여곡절을 겪었지만 정치적으로나 경제적으로나 결과적으로나 비교할 수 없을 만큼 더 성공적인 결실을 맺었다는 것도 부인할 수 없다. 따라서, 주체적 정당성, 형식적·절차적 정당성, 내용적 정당성, 결과정당성 등 어떠한 정당성 기준을 갖다 대어도 대한민국이 북한 정권보다는 헌법적으로 더 정당화된다고 볼 수 있을 것이다.

IV. 통일과정 내지 통일 후에 있어서의 헌법의 정당화

1. 남북관계의 현재 상황

1953년 정전협정 후 수십 년간 남북 간에는 적대적인 대결이 지속되었다. 중국과 소련 사이에 분쟁이 있은 후 이에 압박을 느낀 중국이 미국과의 사이에 화해 분위기(데탕뜨)로 옮겨가는 상황이 되자 위기를 느낀 남북이 1972년 대화를 시작하였다. 북은 북대로 남은 남대로 독재권력을 강화하는 것으로 결말지어진 것을 보면 대화의 진정성이 의심스럽기는 하지만, 어쨌든 통일의 기본원칙(3대 원칙, 즉 자주, 평화통일, 민족대단결)에 대한 양측의 합의를 담고 있는 공동성명(7.4 남북공동성명)을 발표한 것이 그나마 의미있는 결실이라고 할 수 있다. 왜냐하면 그 후 남북 간 통일을 지향한 대화에서 그 원칙들이 언제나 기초가 되어왔기 때문이다. 1980년대 말 동구권이 민주화되고 소연방이 해체 수순에 들어가자, 1988년 남한이 서독의 동방정책(Ostpolitik)을 모방한 북방정책을 선언하고(이른바 7.7선언, "민족자존과 통일번영을 위한 특별선언"), 체제생존에 위기를 느낀 북한이 이에 호응하여 수차에 걸친 남북고위급회담이 있은 후에 1991년 남북기본합의서(1992년 발효, "남북사이의 화해와 불가침 및 교류협력에 관한 합의서")가 체결되고 1992년 "한반도의 비핵화에 관한 공동선언"이 채택되는 등 남북관계에 상당한 진전이 있었다.

드디어 2000년 남한의 대통령(김대중)이 북한을 방문하여 남북정상회담이 이루어지고 6.15 남북공동선언이 나왔고, 다시 2007년 다시 남한의 대통령(노무현)이 북한을 방문하여 제2차 남북정상회담이 이루어져 10.4 남북공동선언이 나왔다. 뿐만 아니라 그동안 총 227개의 남북합의서가 체결되고 개성공단 등지의 남북경협관계가 지속되는 등 언뜻 보면 괄목할 만한 진전이 있었던 것 같이 보인다. 그러나 북한의 핵개발, 권력세습을 비롯하여 군사적 충돌이 빈번하게 발생하고 있는 현재의 남북관계를 돌아보면, 대화와 분쟁이

번갈아 반복되는 지그재그적 상황이고, 남북 간 대화에 의한 통일은 여전히 요원해 보인다. 그러나 현실적 상황이 어렵다 하더라도, "우리 대한국민은 … 평화적 통일의 사명"(헌법 전문)을 가지고 있으며, "대한민국은 통일을 지향하며, 자유민주적 기본질서 있음을 잊어서는 안 된다.

2. 통일헌법의 정당성 확보의 문제

분단국이 통일된다는 것은 분단 이전의 전체 국가가 복원되거나, 두 개의 분단실체가 '하나의 국가'로 통일되거나, 또는 무력이든 협상이든 – 분리를 시도하던 – 어느 일방의 분단실체가 더 이상 존재하지 않게 되는 경우에 이루어진다. 통일국가의 헌법으로서는 분단 이전의 전체 국가에 적요되었던 헌법을 복원하여 다시 사용할 수도 있을 것이고, 통일로 일체가 된 – 양측 분단실체의 전체 주민이 함께 구성하는 – '새로운 국민'이 그동안 존속하던 분단실체 일방의 헌법을 새로운 국가의 헌법으로 인정하거나 아니면 분단 실체 쌍방의 헌법 모두 결함이 있었던 점을 보완, 보충하여 어느 정도 새로운 헌법을 제정할 수도 있을 것이다.

어느 경우이든 가장 중요한 문제는 헌법의 결정 과정에서 배제되는 국민(부분)이 없어야 한다는 점이다. 분단국상황에서 분단국 국민들은 분단실체 어느 쪽에 속했든 다른 일방의 헌법의 결정 과정에서 완전히 배제(Exclusion)되었다. 따라서 분단 이전의 전체 국가 시절의 헌법이 지금도 적실성이 있고, 그 헌법의 성립과정에 국민의 참여가 있어서 다시 헌법으로서 수용할 만하다면 모르지만(한국의 경우 선택할 수 없는 선택지다). 그렇지 않다면 분단 실체 중 어느 일방의 헌법을 일부 수정하여 다른 일방의 지역으로 확장하거나(통일 독일의 경우가 이에 해당한다) 새로운 헌법을 제정하는 수밖에 없을 것인데, 이 경우 종전에 배제되었던 국민(부분)을 어떻게 '주인으로서' 헌법의 결정 과정에 포용(Inclusion)할 것인가 하는 방법 문제가 중요하다.

3. 독일 통일의 경우

독일의 경우 동독지역이었던 라이프치히에서 일어난 대규모 시위 때 "우리는 국민이다!(Wir sind das Volk!)"라는 구호가 외쳐졌고, 이 구호 하에 동독의 민주화 혁명이 진행되었다. 이 구호는 동독인들이 그동안 국가의 구인으로서, 즉 국민주권국가에서 살지 못했다는 것을 보여준다. 동독공산당을 중심으로 하는 지배 엘리트들의 의사결정에 따라 순응하는 객체로서의 삶을 강요당했던 것을 보여준 것이다. 동독인들은 그때 국가의사를 결정하는 국가의 진정한 주인, 즉 '국민'이 되고자 했던 것이고, 실제로 인민의회선거가 동독 역사상 최초로 자유롭게 치러짐으로써 그렇게 되었다.

그러나 동독인들은 그 구호에 머무르지 않고, "우리는 하나의 국민이다!(Wir sind ein Volk!)"라는 구호를 외치기 시작하였다. 즉 '동독의 국민'이 된 것에 만족하지 않고 '서독의 국민'과 함께, '하나의 국민'이 되어 '하나의 국가(독일 전체 국가)' 안에서 살겠다고 결단한 것이다. 슈미트의 말처럼 주권자인 국민은 의지만 있으면, 자신이 살고 있는 정치적 공동체의 실존의 종류와 형태를 결단할 권력, 즉 헌법제정권력이 있다. 문제는 과연 그들이 '하나의 국민'을 구성하는가, 그리하여 '하나의 국가'의 '하나의 헌법'을 만들 주체로서 정당화되는가다. 분단국의 본질상 분단실체 양측의 주민은 '하나의 국민'이 되는 것, 더 정확히 말하면 이미 '하나의 국민'인 것을 당연히 전제하고 있다. 동독의 주민들뿐만 아니라 서독의 주민들도 이를 당연히 전제하고 있었던 것이다. "'하나의 국민'에게 '하나의 국가'를 달성하는 통일은 단순히 하면 좋고 안 해도 그만인 과제인 것이 아니라, 반드시 달성해야 할 의무다." 이는 동독인들과 서독인들 모두에게 다 적용되는 의무이다. 일부 동독의 반체제운동가들은 동독이 민주화 혁명에 성공한 후 동독국민들이 이상적인 헌법을 만든 후에 서독과 통일논의를 차근차근 진행하는 것이 더 나았을 것이라고 생각하기도 하는 것 같지만, 그것은 국가분단의 본질, 즉 통일을 지향하여 언제나 잠정적이고도 유동적인 상태이고, 통일을 통하여 지양될 운명에 놓여있는 불완전한 상태라는 점을 충분히 이해하지 못한 것이다. 통일이 가능한 상황에서 분단을 지속하는 것은 동독인들뿐만 아니라 서독인들에게도 견디기 힘든 수치가 되었을 것이다.

그렇다면 이제 독일이 통일하는 과정에서 헌법의 정당성을 어떻게 확보하였는가하는 점을 물어보아야 한다. 법은, 특히 헌법은 정치의 산물이다. 헌법이 정치권력을 통제한다고는 하지만 헌법의 생성을 지배하는 것은 정치다. 그리고 정치는 자기법칙적으로 움직이는 살아있는 생물체와도 같다. 안정성과 예측 가능성을 생명으로 하는 법과는 매우 다르게, 언제 어떻게 물길이 바뀔지 예측하기가 어려운 것이 정치다. 또한 분단국의 운명을 결정지은 것은 대개가 국제적인 세력관계였다. 국제적 역학관계야말로 수시로 변동하는 것으로, - 소련방 붕괴 후 형성되었던 단극적 국제질서 하의 미국과 같은 초강대국이 아닌 한 - 어떤 한 나라의 힘으로는 언제든 자기에게 유리한 환경을 조성할 수 있다고 장담할 수 없을 것이다. 더군다나 독일은 전후 점령국가들에 의하여 '전체 독일국가의 문제'를 스스로 결정할 수 없도록 (국제)법적으로 묶여있는 상태였다. 다행히도 소련의 지도자(고르바초프, Mikhail Gorbachev)가 동독주둔 소련군의 불개입 입장을 확고히 해주었기 때문에, 서독 지도자들에게 운신이 폭이 생겼다. 통일로 향하는 역사의 문은 열렸지만, 상황의 불확실성(Uncertainty)과 긴급성(Urgency)으로 인하여 이상과 현실, 규범적 요청과 사항강제(Sachzwang) 사이에서 타협을 할 수밖에 없었을 것이다.

독일 통일 이후 서독 기본법이 전체 독일국민에게 적용되게 되었지만, 국민투표를 통한 헌법 제·개정절차를 밟지 않은 채, 헌법개정에 필요한 정족수인 국회의원 3분의 2의 찬성을 얻은 통일조약으로 종전 서독 헌법인 기본법을 개정하는데 그쳤으므로, 헌법의 성립절차를 통하여 동·서독의 주민을 '하나의 국민'으로 화학적으로 결합할 '역사적 기회'를 상실한 것이 아닌가 아

쉬워하는 목소리도 있는 것 같다.[38]

그러나 우리가 깊이 살펴볼 것은, 독일이 분단상황에서 제정된 기본법에서 동서독 통일의 방법으로 예정해 놓았던 제146조에 따른 헌법제정 방식을 버리고, 자를란트지방의 서독편입을 위하여 규정해둔 제23조에 따른 가입방식을 택하였는지, 그러면서도 통일조약 제4조에서 종전 기본법 제146조를 "이 기본법은 독일의 자유와 통일의 완성 후에 전체 독일 국민에게 적용되는데, 이는 독일 국민에 의하여 자유로운 결정으로 의결된 헌법이 발효되는 날 효력을 잃는다"로 개정하고, 제5조에서 "조약의 양 당사자인 (동서독)정부는 통일독일의 입법기관에 대하여, 2년 이내에, 독일통일과 관련하여 제기된 기본법의 개정 또는 보충 문제를 다룰 것을 권고한다"고 규정하면서 특히 "기본법 제146조의 적용문제와 그것의 틀 내에서 국민투표의 문제"를 규정한 것이 무엇을 시사하는지 하는 점이다. 정치적 상황을 무시하고 규범적 요청에 일관하는 것은 비현실적이다. 그렇다고 상황 논리에 굴복하여 일체의 규범적 요청을 부정하는 것은 맹목적이다. 독일의 선택이 반드시 옳았는지, 아니면 다른 선택지가 더 가능하였을지는 현장에서 직접 판단을 하였던 정치인들도 다 헤아리기 어려웠을 것이다. 어쨌든 선택해야 했고, 그들은 '통일을 하기로' 마음먹었던 것 같다. 그리고 그 한도 내에서 규범적 요청을 수용하기로 했던 것 같다. 이에 대해 어떤 사람들은 동독의 인민의회 선거 전에 시행된 여론조사에서 동독인들과 소독인들 모두 압도적인 다수가 가입방식의 신속한 통일을 찬성했다는 점, 동독인들의 자유로운 선거로 구성된 동독 인민의회가 정식으로 가입을 선언했다는 점, 그 후 통일 독일의 의회 선거가 개정된 기본법 하에서 무사히 치러졌다는 점, 독일의 역사를 살펴보면 헌법이 국민

---

38 남아프리카공화국의 헌법제정과정과 독일의 통일과정에서의 기본법개정을 비교하면서, '국민'을 재구성할 헌법적 기회 내지 새로운 헌법시민을 창조할 기회에 '동화(assimilation)'보다는 '절차적 포용(procedural inclusion)'이 중요했었다는 점을 강조한 Simone chambers, "Democracy, Popular Sovereignty, and Constitutional Legitimacy", *Constellations* Vol.11, No.2, 2004, p.153 이하 참조.

투표의 대상이 된 적이 없다는 점 등을 이유로 통일 독일의 국민들로부터 기본법이 통일 독일의 헌법으로서 인정받아 정당화된 것이라고 설명하기도 한다. 이에 대하여 여론조사가 국민투표와 같다고 할 수 없고, 동독 인민의회선거가 독일통일방식을 직접 대상으로 한 것도 아니며, 통일 독일의 의회 선거가 개정기본법의 정당성을 직접 묻는 것도 아니었다고 반대하는 견해도 있다.

필자가 독일의 사례에서 주목하는 것은 현실적으로 가능한 것의 한계 내에서 규범적 요청을 견지하려는 신중한 태도다. 꼭 해야 할 일이라고 하더라도 '당장에' 할 수 있는 일이 아닌 것을 강행하려고 해서는 안 된다. 그렇다고 해서 아주 안 해도 되는 것으로 만들어서도 안 된다. 그러한 일은 '시간을 두고' 할 수 있도록 관리하여야 한다. 사정이 변경되어 그러한 일이 더 이상 필요없게 될 수도 있을 것이고, 반대로 요청이 더 강하게 되어 더 이상은 미룰 수 없게 될 수도 있을 것이다. 국토분단으로 분리된 지역의 주민으로만(내지 각각의 '지역의 국민'으로만) 살아오다가 이제 '하나의 국민'이 될 사람들에게 그들을 '하나의 구긴'으로서 묶어줄 '하나의 헌법'을 새로이 제정하는 과정에 참여하게 하는 것이 이상적이라는 점은 누구도 부인할 수 없을 것이다. 다만, 통일과 함께 '당장' 그래야만 하는 것은 아닐 것이다. 통일 후 통합의 과정에서 그러해도 될 것이라는 점을 독일의 사례에서 배울 수 있다는 것이다. 물론 독일의 경우 통일 이후 결과 정당성의 관점에서 강력한 정당성을 부여받고 있는 기본법을 대체할 헌법제정의 필요성이, 통일 25주년을 맞는 현재 시점에서 볼 때 더 이상 진지하게 그리고 경청할 만큼 강력하게는 제기되지 않고 있는 것 같다.

4. 한국의 경우

한국의 통일이 만약 이루어진다면 어떠한 방식이 될 것인가를 두고 많은 가정적인 주장들이 있으나, 여기에서는 단지 헌법이 어떻게 될 것인가 내지는 헌법의 정당성을 확보하는 방안에 관심을 둔다. 남북이 각각 분단실체로서 통일의 주체가 될 수 있겠지만, 어느 일방이 주체가 되고 다른 일방이 종속되는 상황과 쌍방이 상호 대등하게 협상하고 합의하여 '하나의 국가'로 합쳐지는 상황을 예상할 수 있겠다. 이때 전자의 경우 주체가 된 일방의 헌법이 종속되는 다른 일방이 지배하던 지역에 그 효력을 – 종래 규범적 요청에 불과하던 것을 – 확장하여 실제로 미치게 될 것이고(헌법 효력의 확장), 후자의 경우 상호 간에 합의하는 바에 따라 달라지겠지만 원칙적으로는 어느 일방의 헌법을 주로 하여 다른 일방의 헌법 내용이 보완되거나 아니면 아예 새로운 헌법안을 양측의 합의 하에 성안하거나 할 것이다(헌법의 재조직 내지 신헌법의 제정).

어느 경우이든 그 헌법은 우선적으로 주체적 정당성, 즉 민주적 정당성을 획득하여야 한다. 그리고 정당성획득에 유리한 형식과 절차를 취해야 한다. 과거 근대 입헌주의 초창기 헌법의 경우 제·개정작업이 일반 입법과 마찬가지로 의회에 맡겨지되, 다만 발의 정족수 내지 의결 정족수를 가중하여 어렵게 하였을 뿐이었다. 다시 말해서 국가의사결정 일반에 미치던 대의제 원리가 헌법의 제·개정도 지배했던 것이다. 독일도 위에서 본 것처럼 독일 상하원 의회에서 국회의원 3분의 2의 가중다수로 헌법 문제를 의결하고 있다. 헌법이 국민의 직접적인 의사를 내용으로 한다는 점, 헌법이 모든 국가기관과 그들이 행사하는 권력의 최종적 근거라는 점을 기준으로 하면, 헌법에 의하여 구성된 국가권력기관인 의회에 헌법을 제·개정할 최후의 책임이 있다고 하는 것은 납득하기 어렵다. 한국 헌법은 헌법개정에 있어서 국회의 가중다수에 의한 의결과 더불어 국민투표에서의 찬성표결을 필수요건으로 하고 있다(헌법 제130조[39]).

---

39 헌법 제130조: 국회는 헌법개정안이 공고된 날로부터 60일 이내에 의결하여야 하며, 국회의 의결은 재적의원 3분의 2의 찬성을 얻어야 한다(제1항). 헌법개정안은 국회가 의결한 후 30일 이내에 국민투표에 붙여 국회의원 선거권자 과반수의 투표와 투표자 과반수의 찬성을 얻어야

그런데 1949년 독일 기본법이 잠정적 효력을 갖는 법적 문서를 지향하였던 것과는 달리 1948년 한국 헌법은 영구적이고도 완전한 헌법으로 구상되었다.[40] 그리고 처음에는 헌법에 대한 제·개정 모두 국회의 소관으로 하고 있었다. 헌법개정국민투표가 헌법에 정식으로 도입되어 국민의 의사를 직접 묻게 된 것은 제5차 개헌(1963년) 이후이다. 국민표결 형식의 국민투표야말로 국민의 의사를 직접적으로 드러내는 데 매우 유용한 도구다. 남북이 국가통일을 계기로 헌법을 통일할 때 남한의 헌법(대한민국 헌법)을 중심에 놓고 그것을 개정하여 통일 헌법화하는 방식을 취하게 된다면, 현행 헌법 제130조의 국민투표를 적용하여야겠지만, 남북이 완전히 새로운 헌법을 제정하는 방식을 취하게 된다면, 통일헌법의 내용을 구상하는 데 있어서나 그것을 제정하는 절차에 있어서나 종전 헌법의 구속으로부터 자유로워져서 보다 광범한 재량의 여지를 발휘할 수 있게 될 것이다. 그러나 통일 후 통일국가의 '하나의 국민'으로 합쳐진 남북주민들이 통일헌법의 헌법제정권력의 주체가 될 것이므로, 그들의 의사를 수렴하는 절차를 생략할 수는 없을 것이다. 물론 구체적인 사정에 따라서 통일 전이든 통일 시든 또는 통일 후든 적절한 시기를 고를 수 있을 것이다. 그리고 의사수렴방식으로는 간접적으로 대의기관, 예컨대 헌법제정의회를 구성하여서든 아니면 새로 선출된 정규 의회에서든 국민의사를 수렴하는 방식도 불가능한 것은 아니겠지만, 이미 오랫동안 헌법개정에 국민투표를 필수적 절차로 인식해온 남한 국민들 입장을 고려할 때, 통일의 맥락에서도 역시 국민표결이라는 직접적 의사수렴방식을 취하는 것이

한다(제2항). 헌법개정안이 제2항의 찬성을 얻은 대에는 헌법개정은 확정되며, 대통령은 즉시 이를 공포하여야 한다(제3항).

40 김도창, 「헌법과 국가통일문제」, 『서울대학교 법학』 제8권 제2호, 서울대학교 법학연구소, 1966, 42쪽: "1948년에 제정된 대한민국헌법은, 서독의 기본법의 경우와는 달리, 우리나라 고유의 영토전부와 한민족전체를 기초로 하는 완전헌법의 형식을 취하고, 북한지역의 수복문제는 단지 하나의 사실상의 문제로 남겨놓았을 뿐이었다.", 47쪽: "한국의 그 완성국가적 특징으로 말미암아, 통일문제에 관하여 현재의 대한민국정부에게 허용되는 원칙적인 방향이 현행의 대한민국헌법의 절차에 따라 통일을 추진하는 일임을 알 수 있다."

바람직할 것으로 보인다.

또한 국민투표가 헌법성립의 형식적인 요건으로 규정되어 있다고 하더라도, 다시 문제는 어떠한 형식과 절차로써 국민투표를 진행하느냐로 간다. 과거에는 기술적 사정상 헌법 제 · 개정에도 대의기관이 관여하는 것으로 충분하다고 볼 여지도 있었지만, 오늘날에는 시야를 넓혀서 국민전체로부터 직접 헌법의 정당성을 수렴해올 수 있게 되었다. 따라서 가능한 한 많은 국민이 헌법성립에 관여하도록 하여야 과거 사회계약론자들, 자연법론자들이 주장했던 대로 - 만장일치적 도의에 가능한 한 접근하는 - 최대다수에 가까운 동의를 획득할 수 있게 되어 헌법의 주체적 정당성 획득이 가능해질 것이다. 나아가 헌법의 제 · 개정에 있어서 국민이 대의기관 등에 의하여 사전에 완성한 헌법안에 대하여 찬반투표만을 하는 것만으로는 부족하고, 헌법 문제로 논의되어야 할 의제의 설정과 헌법안(draft) 자체의 작성에까지 소급하여 국민들의 의사가 수렴되어야 최종적으로 결정된 헌법의 민주적 정당성이 인정될 수 있다고 보는 견해가 많이 제기되고 있다.[41] 더 나아가 본격적으로 엘리트로 구성된 대의기관의 견해보다 평범한 일반국민 다수의 견해가 다 올바를 수 있다면서 "민주적 이성(democratic reason)"의 힘을 주장하는 견해도 제시되고 있다.[42] 이 견해에서는 일반 법률의 제 · 개정까지도 대의기관인 의회의 의사에만 맡겨둘 것이 아니라 일반 국민들이 그 성안 과정에까지 참여할 길을 열어야 한다고 주장한다. 분명한 것은 헌법이든 법률이든 그 수범자인 국민에게 입법의 가능한 한 앞 단계부터 참여할 수 있게 해줄수록 정당성이 강화된다는 점이다. 특히 분단국이 통일과정 내지 통일 후 헌법을 제정할 경우 이러한 국민참여 과정을 거치게 되면 '하나의 국민'을 형성하는데도, 나아

---

41 이에 관하여는 김선택, 「헌법개정과 국민참여 - 국민의 영혼으로 통하는 창, 어떻게 열 것인가 -」, 「공법연구」 제41집 제2호, 한국공법학회, 2012, 125쪽 이하 참조.

42 Hélène Landemore, *Democratic Reason: Politics, Collective Intelligence, and the Rule of Many*, Princeton University Press, 2013.

가 통일 후 그 헌법하에서 국민을 화학적으로 통합하는 데에도 큰 도움이 될 것이다.

한국 헌법은 국가의 통일지향의무를 비롯하여 다수의 통일조항들을 헌법 전 내에 규정하고 있으면서도, 기이하게도 통일의 방법론에 관하여는 침묵으로 일관하고 있다. 그런데 한국 헌법 제722조에서는 "대통령은 필요하다고 인정할 때에는 … 통일 … 기타 국가안위에 관한 중요정책을 국민투표에 붙일 수 있다."고 규정하고 있다. 이 규정이 국민입법, 심지어 국민헌법제정을 제도적으로 인정한 규정으로 해석하기에는 무리가 있을 것으로 보이지만, 최소한 국가의 운명을 결정할 주요한 사안 – 여기에는 통일이 당연히 포함될 것이고 이미 헌법이 명시해놓고 있다. – 에 관하여 주권자로서 직접적 당사자라고 할 국민의 직접적 의사를 수렴하는 제도인 것은 분명하다. 따라서 통일헌법의 제정에로 나아가기 전에 통일헌법에 담길 주요한 내용 관련 의제라든가, 아니면 통일헌법 논의를 위한 기본 프레임의 설정 원칙 등을 정할 때 국민의 의사를 묻는데 유용한 도구로 사용될 수 있을 것이다. 외국의 헌법제정례를 보면 본격적인 헌법제정논의에 앞서서 헌법원칙이나 헌법논의원칙을 먼저 임시헌장의 형식으로 규정하는 사례가 발견되는바, 한국 통일의 경우 통일헌법 논의의 전제가 되는 틀을 우선 국민에게 물어서 바탕을 마련하기 위한 방편으로 국민투표제도가 활용될 수 있을 것이다.

결국 한국이 통일과정에 들어갈 경우 한국 헌법상으로는 먼저 헌법 제72조의 국민투표를 통하여 통일헌법논의의 원칙들에 관한 민주적 정당성을 확보할 수 있을 것이고, 다음으로는 구체적인 통일 헌법논의과정에서는 헌법 제130조의 국민투표제도를 고리로 하여 헌법안의 성안에서부터 확정국민표결에 이르기까지 광범한 국민참여를 가능하게 함으로써 통일헌법의 민주적 정당성을 확보할 수 있을 것이다. 이로써 배제되는 국민(부분) 없이 '하나의 한국'에 참여함으로써 '하나의 국민으로의 통합', 즉 우리가 오랜 세월 '미완의 프로젝트'로서 염원해왔던 '국민형성(Nation Building)'에 성공할 수 있을 것이다. 통일은 분단된 영토를 하나로 합치는 것만이 아니라 그 위에 살고 있는 국민들을 하나로 합치는 것이며, 그 영토와 그 국민을 하나의 국가적 삶의 형식, 즉 하나의 헌법의 지배 아래 - 기꺼이 - 살게 만드는 것이다. 따라서 이 헌법에 대하여 통일국가의 국민들이 존중할 만하다고 인정하여 자발적으로 준수하게 되는 것, 즉 헌법이 정당성을 획득하는 것은 통일을 '완성'하는데 불가결한 것이다.

V. 결론

이 논의의 서두에서 악정이 호랑이보다도 무섭다는 공자의 고사를 언급하였다. 또 오늘날 긴 난민 행렬의 끝 지점에 독일을 비롯한 서유럽국가들이 있다고 하였다. 어떠한 나라가 '떠나고 싶지 않은 나라', '떠났다 하더라도 언제든 기꺼이 돌아오고 싶은 나라', 그리고 '누구든, 심지어 조국을 떠난 사람들조차도 들어와 정착하고 싶은 나라'일까? 서유럽국가들을 살펴보면, 그러한 나라는 '인정할 만하고 나아가 존중할 만한 헌법'을 가진 나라들이라고 할 수 있다. 즉 정당성을 확보한 헌법으로 국정이 운영되고 있는 나라들이다. 따라서 우리 한국도, 분단 상황에서든, 통일 과정에서든, 그리고 통일 후에도, 헌법이 우리 국민들이 기꺼이 수용할 만한 수준의 정당성을 계속 확보하도록 하여야 한다.

과거에는 헌법이 국민의 의사를 확정하는 것인데도 직접 의사를 수렴하는 방식 대신에 대의제 원리에 의존할 수밖에 없었다. 이제는 사정이 많이 달라졌다. 헌법을 정당화하기 위하여 주체적 정당성, 형식적 · 절차적 정당성, 내용적 정당성을 강화하기 위하여 헌법의 성립과정 전반에 국민들을 광범하게 참여시키는 방안을 연구하여야 할 때이다. 이는 통일과정에서도 마찬가지다. 종래 분단국상황에서 불가피하게 헌법제정과정에서 배제되던 국민들을 포용하는 헌법성립과정을 연구하여야 한다. 통일을 통하여 '전체 국가'가 복원되는 것인 만큼 '하나의 국가'의 주인으로서 진정한 '하나의 국민(a people, ein Volk)'을 완성하여야 한다. 그래야만 통일의 과정도 통일 후의 통합과정도 원만하게 이루어질 것이다. 나아가 그것이 헌법의 결과 정당성도 수월하게 확보하게 해줄 것이다.

한국 통일의 경우 한국 헌법 제72조와 제130조에 규정된 국민투표제도를 활용하여 통일한국의 국민이라는 점에서 동일한 지위를 가지게 될 남북주민 모두를 통일 헌법의 제정과정에 참여시킴으로써 헌법을 정당화하는 방안을 모색하여야 한다. 헌법의 정당화를 통하여 비로소 인민이 진정 '국민'이 될 수 있다.

참고문헌

Arthur L. Grey. Jr., The Thirty-Eighth Parallel, Foreign Affairs 29, 1951.

Bruce Ackerman, *We the People*, Vol.1, Foundations, 1993.

Bruce Ackerman. *Constitutional Politics/Constitutional Law*, 99 Yale L.J., 1989.

Carl Schmitt, *Verfassungslehre*, 8.Aufl., Duncker&Humblot, 1993.

Charles K. Armstrong, "An unfinished Project: Challenges and Struggles of Korea to Become a Modern Sovereign Nation-State, in: Jong-Chul Park/Jeong-Ho Roh", Law and Policy on Korean Unification: Analysis and Implications, Korea Institute for National Unification, 2014.

Ernst Fraenkel, "Korea – ein Wendepunkt im Völkerrecht? (1951), in: Alexander v. Brünneck/ Hubertus Buchstein/ Gerhard Göhler (Hrsg.)", Ernst Fraenkel Gesammelte Schriften Bd. 3, 1999a.

Ernst Fraenkel, "Structure of United Army Military Government in Korea (1948), in: Alexander v. Brünneck/Hubertus Buchstein/Gerhard Göhler (Hrsg.)", Ernst Fraenkel Gesammelte Schriften Bd. 3, 1999b.

Hans Kelsen, *Reine Rechtslehre*(1. Aufl., 1934). 2. Aufl., 1960.

Hélène Landemore, *Democratic Reason: Politics, Collective Intelligence, and the Rule of Many*, Princeton University Press, 2013.

James I. Matray, "Hodge Podge: American Occupation Policy in Korea, 1945-1948", *Korean Studies* Vol.19, 1995.

James R. Crawford, *The Creation of States in International Law*, Oxford University Press, 2007.

Jeong-Ho Roh, "The Limits of Legal Order in an Evolving World Order on the Korean Peninsula, in: Jong-Chul Park/Jeong-Ho Roh", *Law and Policy on Korean Unification: Analysis and Implications*, Korea Institute for National Unification, 2014.

Johan Galtung, "Divided Nations as a Process: One State, Two States, and In-between: The Case of Korea", *Journal of Peace Research* Vol.9,

No.4, 1972.

Keigo Komamura, "Legitimacy of the Constitution of Japan: Redux, Is an imposed constitution legitimate? Chaihark Hahm/Sung Ho Kim", To make "We the people": Constitutional founding in postwar Japan and South Korea, I · CON 8, 2010.

Markku Suksi, Divided States, Oxford Public International Law (http://opil.ouplaw.com), 2015.

Martin Rhonheimer, "4. Chapter Auctoritas non veritas facit legem: Thomas Hobbes, Carl Schmitt, and the Idea of the Constitutional State", *The common Good of constitutional Democracy*, Catholic University of America, 2013.

Max Weber, *Die drei reinen Typen der legitimen Herrschaft*, Preussische Jahrbücher 187, 1922.

Meinhard Hilf, *Divides States*, Encyclopedia of Disputes Installment 10.

Noah Feldman, *Imposed Constitutionalism*, 37 Connecticut L. Rev., 2005.

Randy E. Barnett, *Constitutional Legitimacy*, 103 Colum. L. Rev., 2003.

_____, *We, the People: Each and Every One*, 123 Yale L.J., 2014.

Richard H. Fallon Jr., *Legitimacy and the Constitution*, 118 Harv. L. Rev., 2005.

Simone chambers, "Democracy, Popular Sovereignty, and Constitutional Legitimacy", *Constellations* Vol.11, No.2, 2004.

T. C. Hopton, *Grundnorm and Constitution: The Legitimacy of Politics*, 24 McGill L.J., 1978.

Walter M. Hudson, *Diplomacy: American Military Occupation and Foreign Policy after World War Ⅱ*, 2015.

Yasuo Hasebe, "The August Revolution Thesis and the Making of the Constitution of Japan, in: Werner Krawietz/Enrico Pattaro/Alice Erh-Soon Tay(eds.)", *Rule of Law: Political and Legal Systems in Transition*, Rechtstheorie Beiheft 17, 1977.

김도창, 「헌법과 국가통일문제」, 『서울대학교 법학』 제8권 제2호, 서울대학교 법학연구
　　소, 1966.

김선택, 「헌법개정과 국민참여 – 국민의 영혼으로 통하는 창, 어떻게 열 것인가 –」,
　　『공법연구』 제41집 제2호, 한국공법학회, 2012.

우덕찬, 「키프로스통일 문제에 관한 연구」, 『지중해지역연구』 제10권 제2호, 부산외국
　　어대학교 지중해연구소, 2008.

이근관, 「한반도 종전선언과 평화체제 수립의 국제법적 함의」, 『서울대학교 법학』 제39
　　권 제2호, 서울대학교 법학연구소, 2008.

조상현, 「예멘 내전과 남북한 통일교훈 분석 – 통일유형을 중심으로」, 『중동연구』 제31권
　　제2호, 한국외국어대학교 중동연구소, 2012.

《예기(禮記)》〈단궁편(檀弓篇)〉

통일대비 독일과 예멘의 통일헌법체제에 관한 법적 고찰

박정배

I. 서 론

한반도의 통일문제와 관련한 통일법제를 연구함에 있어서 독일과 예멘의 통일헌법체제와 통일사례를 고찰함으로써 얻을 수 있는 교훈은 분명히 존재한다. 그럼에도 불구하고 이러한 외국사례의 연구를 통한 통일문제와 관련한 통일법제의 발전방향을 모색하는 노력과 연구가 미흡한 것이 아쉬운 점이다. 이들 통일국가의 법제통합과 관련하여서 남북의 통일문제와 관련한 법제의 방향을 모색하는 연구에 많은 관심을 두어야 할 것이다.[1] 이러한 점에서 독일과 예멘의 통일헌법체제와 통일사례를 고찰함은 한반도의 통일과정에 있어서 통일이후의 수많은 난제들을 미리 대비할 수 있을 것이라는 점에서 큰 의미가 있을 것이다.[2]

---

1   장명봉, 「통일관련법 연구의 성찰과 방향」, 「국제법학논총」 제49권 제3호, 대한국제법학회, 2004, 260쪽.
2   본 논문에서 쓰는 '한반도'의 의미는 통일 이전 시점에서는 '남북한의 통칭적 의미'이고, 통일

독일과 예멘의 통일헌법체제와 통일사례를 고찰함에 앞서 먼저 기본적으로 독일의 경우에는 흡수형 통일사례를 택하였다. 동서독 상호간 전쟁경험의 부재 덕분에 적대감이 약하고 교류가 용이하였으며, 서독의 경제력과 선진적 민주주의는 동독민을 끌어들이는 자석으로 기능하기에 충분하였으나 남한이 과연 그런 수준에 도달해 있는지 의문점이 있다.[3] 또 통일 준비의 실질적 기간이 절대적으로 부족했던 것이 독일의 가장 큰 문제점이었다. 이로 인해서 결국 내적 통합으로 이어지지 못하고 동독민들의 '이등 시민화' 등의 갈등이 아직도 해결되지 못하고 있는 실정이다.

현실적으로 한반도의 통일이 성공하려면 주변 4대국이 동의해야 하고, 남북한이 모두 동의해야 하며, 국내여론의 지지를 얻어야 할 것이다. 기회의 불확실성에 대응하기 위해서는 설득력 있는 다자간 관계가 중요할 것이다.[4] 다만 이러한 국제현실의 조건을 모두 충족시키는 것은 상당히 힘든 과정이 아닐 수 없다. 한편 예멘의 경우에는 "일대일"의 합의형 통일방식을 택하였다. 북예멘은 남예멘과 비교해서 여러 면에서 우위를 보이고 있었으나, 권력배분 시 남예멘의 균등한 권력배분요구에 응함으로써 통일을 이룩한 경우이다.

남북예멘의 "일대일" 통합원칙은 최고권력기관인 대통령평의회부터 의회, 내각, 그리고 각 행정부처에 이르기까지 철저히 적용되었으며, 지휘체계가 엄격해야할 군마저 이런 원칙에서 벗어나지 못하고, 국방장관은 남예멘출신, 참모총장은 북예멘출신으로 임명되었다. 그러나 형식적 통합에도 불구하고 군은 여전히 통일 이전의 지휘체계 하에 있었고 결국 권력 갈등을 초래하였으며 북예멘이 통일하게 된다. 한반도의 통일에 있어서도 남북한이 과연 모

이후 시점에서는 우리 통일국가의 국가명칭 미정으로 인하여 임의적으로 쓰는 '한시적인 통일국가 명칭'의 용어임을 밝혀 둔다.

3 박정원, 「한반도 통일모델의 탐색: 중립화통일론의 적용가능성」, 『통일연구논총』 제16권 제2호, 통일연구원, 2007, 78쪽.

4 Harnisch, Sebastian W., "Embedding Korea's unification multilaterally", *Pacific Review*, Vol.15, Issue.1, 2002, p.54.

든 권력을 "일대일"의 통일방식으로 행하는 것이 어떤 장단점이 있는지를 진지하게 고찰하여야 할 것이다.

결국 독일과 예멘의 통일헌법체제를 고찰하여 한반도 통일과정에서 생길 여러 가지 문제점과 갈등을 최소화하는 방향으로 통일헌법체제와 통일과정이 진행되어야 한다고 본다. 이하에서는 이러한 측면에서 고찰해 보고자 한다.

II. 독일의 통일헌법체제

1. 개관

독일통일 후 민주적 행정체제가 이식되기 전까지 동독은 행정이 국가권력의 속성을 가지는 사회주의적 관료주의 행정체제를 유지하였다. 한편, 체제붕괴 직전에는 내부 상황의 악화로 인해 동독 행정체제가 더 이상 기능하지 못하였다.[5] 이에 따라 동독의 마지막 수상 로타르 드 메지어는 서독의 행정지원을 가능케 하기 위해 서독 관료의 동독 입국 및 국정 보조업무 수행을 승인하였다. 이를 통해 통일 이전인 1990년 6월부터 서독의 행정지원이 동독에 제공되었다. 동독 말기에 통과된 법률·규정들은 대개 서독의 본이나 서베를린에서 온 공직자에 의해 제정되었다.[6]

서독의 행정인력이 동독에 대거 투입되어 동서독 인력이 함께 협력하는 방식으로 진행되었고, 전체적으로 통일 초기인 1990년 210만 명에 이르던 동독 행정인력은 1995년 150만 명 수준으로 크게 감축되었다. 감원은 연방, 주, 지방자치단체 등의 모든 행정단위 수준에서 진행되었는데, 특히 연방수

---

5 손기웅, 『독일통일 20년 : 현황과 교훈』, 통일부 통일교육원, 2010, 20~21쪽.
〈통일 전·후 동독의 전개상황〉
동독정부의 제한적 개혁·개방⇒동독주민의 전면적 개혁·개방요구⇒동독정부의 보수 회귀⇒소요사태발생⇒동독주민의 대량탈출⇒베를린장벽의 붕괴(1989.11.9.)⇒동독정권의 붕괴⇒자유 총선거 실시(1990.3.18.)⇒독일통일(1990.10.3.)

6 손기웅, 위의 글, 43쪽.

준에서 많이 이루어져 중앙 행정인력의 절반 이상에 해당하는 자리가 체제개편 과정에서 없어졌다.

그리고 행정통합 과정에서 구서독에서 파견된 행정인력이 무엇보다 중요한 역할을 수행하였다. 서독 행정기관은 통일조약 제15조에 의거하여 행정자문단을 조직해 동독지역에 전문 인력을 상주시키면서 동독지역의 행정조직 구성에 필요한 조언 및 자문을 제공하였다. 이러한 지원방식은 이후 구 동독지역에 인력을 상주하면서 행정재건 작업을 지원하는 형태의 방식으로 바뀌었다. 1991년 1만여 명이 구동독의 연방정부기관에서 근무한 이래 1992년에는 2만 6천 명, 1995년 말에는 3만 5천 명이 구 동독지역에 파견되었다.

서독 각 주는 물적 지원, 재교육 실시, 인력 파견, 상담 등의 다양한 방식으로 구 동독지역 행정체제 구축을 지원하였다. 이러한 지원은 시기별로 다른 모습을 띠었는데, 초반에는 주 사무실 설비, 물품 등의 물적 지원이 주를 이뤘고, 1990년대 중반까지 자문, 회의 개최, 직원파견 등이 전체 지원의 65%를 차지하였다.[7]

전체적으로 보면 200개 이상의 기관과 직원 56만 명이 연방정부로 이관되었으며, 철도, 체신, 국방 분야를 포함하여 구동독지역에 4,183개의 특별행정기관(국방성 1,240개, 철도청 1,353개, 체신청 1,300개, 국경수비대 91개, 기타 199개 등)이 설치되었다. 통일 후 동독문제 전문가들인 내독관계성과 전독문제연구소의 직원들이 전문분야별로 관련부처 전담부서에 배치되어 통합업무에 있어 실질적인 핵심역할을 담당한 점은 우리에게도 시사하는 바가 크다.[8]

한편, 독일이 취했던 통일방식은 서독 기본법 제23조와 제146조에 따른 합병 형식의 통일이었다. 즉, 독일은 구체적인 법조문에 따라 통일을 이루었

---

7 손기웅, 위의 글, 44~49쪽.

8 통일원, 「독일통일 6년, 동독재건 6년 -분야별 통합성과와 향후과제-」, 1996, 106~125쪽.

다. 서독 기본법 제23조는 "기본법의 효력범위"(Geltungsbereich des Grundgesetzes)를 정하고 있었다. 즉 그들은 서독 기본법의 적용범위로 당시 서독의 12주(州)를 나열하고, "독일의 다른 부분에는 그들의 편입 후에 효력이 발생한다(in anderen Teilen Deutschlands ist es nach deren Beitritt in Kraft zusetzen)"라고 명시하고 있었다.

그리고 서독 기본법 제146조 "기본법의 효력정지"(Ende der Gueltigkeit des Grundgesetzes) 조항에는 "독일민족의 자유로운 결정에 의해 새로운 헌법이 효력을 발생하게 되는 날, 이 기본법은 그 효력을 상실한다"고 정하고 있었다. 즉, 서독 기본법 제23조와 제146조에 근거한 동독의 서독연방 귀속방식이란 동독의 집권당이 적당한 시기에 개헌 또는 의회의 결의를 통하여 서독연방에 귀속하는 결정을 내리고, 양 독일국민들의 총선에 의해서 새 정부가 구성되고 새로운 헌법이 제정되면 독일은 통일이 된다는 것이었다.[9]

1990년 8월 23일은 동독이 통일의 방법을 결정한 매우 의미 있는 날이었다. 당시 동독의회는 동독이 "서독의 기본법 제23조에 따라 1990년 10월 3일에 서독에 편입된다"는 안을 294대 62로 가결함으로써 독일은 완전히 통일될 수 있었다.[10] 그리고 독일통일은 조약과 협정에 의한 통일이었다.

2. 독일의 통일헌법체제

독일 통일헌법의 근간은 서독의 기본법(Grundgesetz)이며, 독일 통일헌법은 약간 수정한 서독기본법이라 할 수 있을 정도이다. 동서독의 통일은 구서독기본법 제23조에 의해 구동독의 서독연방으로의 편입이라는 흡수적 통

---

9 정용길, 「독일 통일과정에서의 동서독관계와 남북관계에서의 시사점」, 『저스티스』 통권 제 134-2호, 한국법학원, 2013, 473쪽.

10 서병철, 「독일 정치통합의 과정과 원동력」, 『통일문제연구』 제20권, 평화문제연구소, 1993, 18~19쪽.

일방식으로 이루어짐으로써, 통일조약에 따라 개정된 서독기본법이 통일독일의 헌법으로 발전하였다.[11] 따라서 서독기본법의 기본원칙 및 질서가 독일 통일헌법의 내용의 근간이 되었다. 이하에서는 독일의 통일헌법상 기본원칙 및 질서에 관하여 살펴본다.

첫째, 구 서독기본법은 제20조 및 제28조에서 연방국가 원리와 공화적·민주적·사회적 법치국가원칙을 명시하고 있었는데, 이는 여전히 통일헌법의 원칙으로 되어있다. 이를 위해 '통일조약'[12]은 전문에서 "법치국가적·민주적 및 사회적 연방국가에서 함께 평화와 자유를 누리며 살고자 하는 양 독 국민의 염원에 따라…" 라고 하여 통일을 성취했음을 선언하였다. 이에 따라 구 서독기본법 제23조에 의거하여 독일연방으로 동독이 편입되기 위해서는 헌법원칙에 기속되어야 하므로 구동독이 서독의 체제를 수용하여야 한다는 한계가 지적되었다. 이는 동독이 서독체제를 수용하는 헌법개혁을 이룸으로써 해결될 수 있었다. 즉, 동독은 1989년 12월 1일 헌법 개정을 통해 1974년 헌법 제1조에서 규정하고 있었던 '마르크스-레닌주의'의 국가이념을 삭제하였다. 이로써 노동자계급과 공산당의 영도 하에 운영되던 동독의 국가체제에 변화가 일어나 사회주의를 포기하고 정치적 다원주의가 도입되게 되었다.[13]

둘째, 독일의 통일헌법상 정치적 기본질서는 이른바 자유민주적 기본질서에 입각한 민주주의에 토대를 두고 있다. 민주주의에 대한 개념은 다양하게

---

11 서독 기본법 제23조는 "기본법의 효력범위"(Geltungsbereich des Grundgesetzes)를 정하고 있었다. 즉, 그들은 서독 기본법의 적용범위로 당시 서독의 12주(州)를 나열하고, "독일의 다른 부분에는 그들의 편입 후에 효력이 발생한다(in anderen Teilen Deutschlands ist es nach deren Beitritt in Kraft zusetzen)"라고 명시하고 있었다. 정용길, 앞의 글, 472쪽.

12 Vertrag zwischen der Bundesrepublik Deutschland und der Deutschen Demokraischen Republik über die Herstellung der Einheit Deutschlands –Einigungsvertrag– vom 31. 8. 1990, BGBl Ⅱ, 889 ff.

13 장명봉, 「남북한 헌법체제의 비교와 통일헌법의 지향점 및 과제」, 『공법연구』 제37집 제1호, 한국공법학회, 2008, 205쪽.

나타나지만 일반적으로 여기서의 민주주의 내지 민주적 기본질서는 인간의 생명 및 인격권의 존중, 국민주권, 권력분립, 다수의 지배, 복수정당제원칙, 법치국가적 지배질서의 확립 등의 내용을 포함하는 것이다.

셋째, 독일 통일헌법의 중요한 정치이념으로서 사회적 법치국가원칙을 들 수 있다. 독일의 통일헌법은 사회적 법치국가성을 규정하고 있다.[14] 사회적 법치국가의 이념은 복지국가성과 사회적 정의의 실현을 그 목표로 한다. 이를 통해 독일은 사회적 안전화를 꾀하고 인간의 존엄성을 존중하며 자유로운 인격발전을 보장하려고 한다.

넷째, 독일 통일헌법상 경제적 기본질서로는 이른바 사회적 시장경제주의를 표방하고 있다. 사회적 시장경제는 경제재의 생산과 분배가 자유경쟁체제의 원칙에 의해 행해지되, 경제에 대한 국가의 통제가 정당한 권리일 뿐만 아니라 사회정의를 실현하고 사회질서를 유지하고 사회적 약자를 보호하기 위한 범위 내에서는 국가의 의무로 인정되어있는 경제헌법 체제를 말한다. 이러한 자유시장질서에 입각한 경제체제로의 전환을 위해 동독은 1990년 1월 12일 헌법 개정을 통해 소유제도의 근본원리를 변경하여 사적 소유를 인정하였다. 즉, 구 헌법 제12조에서 사적소유를 금지하는 조항을 삭제하고, 새로운 소유형태로써 법률에 근거한 인민재산의 사적소유를 인정함으로써 자본주의경제질서에 따른 소유권제도의 도입과정을 헌법에 명시한 것이다. 또 개정헌법은 제14a조를 신설하여 외국기업에 대해 설립의 자유를 보장하고 노동자의 경영참여권을 인정하였다. 이로써 동독은 사회주의적 경제 질서에 입각한 소유제도를 포기하고 자유 시장경제원리를 실현하기 위한 법적조치를 취하였다.

다섯째, 독일의 통일헌법 상 사회문화적 기본질서는 이른바 '사회복지주의'에 두고 있다고 볼 수 있다. 이 사회복지주의는 사회적 법치국가의 원리와

---

14 통일헌법 제28조.

사회적 시장경제주의의 실현과 밀접한 관계가 있다.[15]

3. 독일 통일의 한계

모든 사람들이 동의하는 '완성되지 않은 통일'이란 무엇을 뜻하는 것일까? 레나테 겐트 하노버대 교수는 주간으로 발행되는 〈의회〉지(43/44회 15쪽)에서 이 물음에 대해 "완성되지 않은 통일이란 동독인들의 사고방식이 서독인들의 그것과 비슷해지지 않았음을 의미 한다"며, 냉철한 답변을 제시하였다. 서독은 많은 노력을 들여서 그들의 제도를 동독에 이식하고 전파시키는 데에 성공했으며, 무엇보다 널리 확산된 것은 서독의 경제 혹은 사업과 관련된 요소들이었다.[16]

독일의 경우에는 통일 이후에 전혀 상이했던 두 사회의 구성원들이 어떻게 조화롭게 살아나가야 할 것인가에 관한 합의가 전혀 이루어지지 않았다. 이러한 문제는 경제활성화라는 과제에 가려 제대로 다루어지지 않았다. 만일 한국이 독일과 같은 태도로 견지한다면, 2 : 1이라는 남북한 간의 인구비례를 감안할 때, 한국은 통일과정에서 서독과 동독간의 인구비례가 4 : 1이었던 독일에 비해 훨씬 더 큰 어려움을 겪게 될 것이다. 이러한 통일비용의 문제자체가 국민정서상 통일에 대한 부정적 반응을 가지게 하는 이유 중의 하나이다.[17] 또 단순히 정부기구나 정치·경제제도의 이양만 가지고는 진정한 의미의 통일을 달성할 수 없다.

그리고 독일의 내부통합을 방해하는 또 하나의 요인은 동독출신의 국민들이 현재 내심으로는 그들의 개인적인 운명과 공산주의정권 하에서의 업적에

---

15 장명봉, 앞의 글(2008), 206쪽.

16 Gerhard Michels, 「내부통합을 위한 준비 -경계해야 할 상업주의 일변도의 통일과정」, 「통일한국」 제195호, 평화문제연구소, 2000, 36쪽.

17 Macris, Gregory., 「A Focus on Costs, Not Benefits, Dampens Koreans' Desire for Reunification」, JFQ: Joint Force Quarterly, 2012, p.49.

대한 평가절하로부터 자신들을 지키려고 하는 일종의 저항의식을 갖고 있다는 점이다. 그들은 서독식 경쟁사회의 기준에 따라 능력을 평가받게 되는데, 상당수의 사람들이 이러한 상황에 잘 적응하지 못하고 있다.[18]

게다가 지난 40년간 그들이 간직해 온 가치들은 더 이상 아무런 쓸모가 없다는 사실을 서독사람들을 통해서 너무나 잘 알게 되었다.[19] 만일 이러한 작업이 제대로 이루어지지 않는다고 한다면, 통일이 되어도 북한은 여러 세대가 지나도록 융화되지 못한 채 겉돌게 될 것이다.

4. 한반도 통일에의 시사점

독일통일은 서독기본법 제23조의 편입(Beittritt)방식에 의한 흡수통일로 이루어졌다. 다만 '통일조약'을 체결함으로써 급속도로 추진되는 가운데에서도 법적·제도적 절차와 방법에 의해 통일을 완성하여 규범적 통일의 선례를 보여주고 있다. 그리고 이러한 방식의 통일은 예상보다 심각한 통일후유증이 나타났다. 법적 분야에서도 그러한 현상이 나타났는데, 그 핵심문제는 '기본법 제146조의 적용문제'가 헌법의 개정문제인가 아니면 헌법제정의 문제로 이해하여야 할 것인가 하는 것이다. 즉 통일 후 기본법 제146조는 통일조약 제4조 6호에 따라 "독일의 통일과 자유가 성취된 후 전 독일국민에게 적용되는 이 기본법은 독일국민이 자유로운 결정으로 의결한 헌법이 효력을 발생하는 날에 그 효력을 상실한다"라고 개정되어 존속하게 되었다.[20]

이 기본법 신 제146조는 임시법적 성격이 그대로 남아 있어 통일 후에도 신헌법의 제정가능성을 배제하지 않고 있고, 통일조약 제5조는 기본법의 개

---

18 Gerhard Michels, 앞의 글, 37쪽.
19 Gerhard Michels, 위의 글, 38쪽.
20 장명봉, 「통일3주년에 즈음해서 본 독일에서의 헌법문제」, 『통일한국』 제119호, 평화문제연구소, 1993ㄱ, 82쪽.

정이나 보완과 관련하여 통일독일의 입법기관이 2년 이내 '기본법 제146조의 적용과 이에 따른 투표문제'를 처리할 것을 권고하고 있었다. 이에 따라 독일 통일 후 기본법이 통일헌법의 유보 하에 놓여 있다는 기본법 구 제146조가 가졌던 의미를 신 제146조가 계속 지닐 수 없다는 점에서 신 제146조의 적용에 따른 국민투표의 시행 여부 및 그 절차에 관해서도 정책론적, 해석론적으로도 가장 어려운 문제였다.

이유는 통일 후 계속되는 기본법 제146조에 관한 헌법논쟁은 근본적으로 기본법 제146조와 통일조약 제5조가 서로 모순되는 듯한 내용을 담고 있기 때문이다. 결국 기본법 제146조와 통일조약 제5조를 통합하여 해석하는 것이 타당할 것이다. 다만 새로운 통일국가건설에 따라 새로운 역사적 사명의식을 독일민족이 자각할 때는 신헌법의 제정이 절실히 필요할 것이라는 입장[21]이 타당해 보인다. 그러나 오늘날까지 이루어지지 않고 있다.

이러한 독일통일과정과 통일 후의 헌법개혁논의를 통해 한반도 통일에서도 시사점을 얻을 수 있다. 전체적인 면에서 독일의 선례에는, 먼저 우리 헌법이 서독 기본법상의 잠정헌법적 성격이 없기 때문에 독일에서와 같은 헌법개혁문제가 제기되기는 어렵지만, 현행헌법 하에서 '평화통일조항(제4조)'의 효력확보를 위해 대결논리에 입각하고 있는 '영토조항(제3조)'에 대한 검토가 통일지향적 방향으로 이루어져야 할 것이다.[22] 둘째로는 독일의 경우 1972년 기본조약 체결 이전에도 동·서독간의 통행, 우편 및 통신 등 각종 분야별 협상이 추진되었으나, 기본조약 체결 이후 본격적으로 활성화되었다는 점을 보건대 책임 있는 당국 간의 기본조약이 바로 교류·협력의 보장을 위한 출발점이라 할 수 있다. 이에 비하여 남북관계에 있어서는 화해·협력을 위한 합의가 이루어지더라도 국내법적 효력을 확보할 근거가 없어 남북당사자 간

---

21 장명봉, 위의 글(1993ㄱ), 83~84쪽 참조.
22 장명봉, 위의 글(1993ㄱ), 86쪽.

의 합의만 있을 뿐 안정적 관계보장을 위한 제도적 장치가 미비된 것이 오늘의 현실이다. 따라서 남북기본합의서 등을 남북관계의 대장전으로서 기능을 발휘할 수 있도록 규범력을 부여하고, 이를 기본으로 하여 그 위에 남북 교류·협력관계를 해결해 나가는 방향을 모색하여야 할 것이다.[23] 다만 '남북관계 발전에 관한 법률'에 남북합의서의 법적 성격 및 효력에 관한 규정을 두고 있지 않는 점이 난점이다. 이는 남북합의서의 국제법상의 법적인 성격은 남북한의 각각의 영역에서 문제될 수도 있고 남북한 사이에서도 문제될 수 있다. 또한 남북한이 합의한 분쟁해결절차에서 문제될 수 있으며 국제중재나 국제재판에서 문제될 수도 있다. 신사협정과 조약의 명확한 구별기준이 존재하지 않는 이상 어느 특정한 남북합의서의 법적 성격에 대해 판단하는 주체마다 다른 입장을 취할 수 있다.[24] 이러한 문제점에 대해 남북간의 협의를 통한 결과가 있어야 실질적인 남북관계의 대장전으로의 역할을 이행할 수 있을 것이다.

결국 한반도 통일과정에서는 독일헌법의 제정과 같은 자유민주적 기본질서와 법치주의를 바탕으로 한 통일헌법이 제정될 것이다. 다만 남북간의 실질적인 통일헌법을 포함하는 통일법제의 이론과 계획 등이 통일한반도에 적용·시행됨에 있어서 "현실 격리감"의 폭을 얼마나 줄일 수 있는가 하는 점이 중요한데,[25] 이런 측면에서 통일법제의 준비기간이 짧았던 독일보다는 더 긴 준비기간을 통한 점진적 통일방향에 맞추어 단계적·점진적인 통일법제

---

23 신현윤, 「독일의 통일관련 법체계와 남북관계의 제도적 발전을 위한 시사점」, 『법조』 제1집 제568호, 법조협회, 2004, 79~80쪽.

24 이규창, 「남북합의서의 법적 성격 및 효력에 관한 연구」, 『통일연구논총』 제15권 제2호, 통일연구원, 2006, 187~188쪽 참조.

25 북한의 통치 문제를 둘러싼 국가들 간의 이견이나 외교적인 알력을 살펴보면 무엇보다도 인상적인 것은 "현실 격리감"이다. 즉, 북한에서 전개되고 있는 여러 차원에 걸친 현실, 정치적인 혼란 상태나 시급한 민생문제들, 행정적인 공백, 주민들의 예상이나 기대 그리고 두려움 등과 국가들 특히 외교 정책 담당자들의 현실인식과 이에 따른 대책과는 너무 현격한 차이가 나는 것이다(나종일, 『북한통치의 경험』, 통일원 통일정책실, 1997, 25쪽).

를 계획·실행하여야 남북간의 불평등이 최대한 해소될 것이다.

Ⅲ. 예멘의 통일헌법체제

1. 개관

예멘의 통일과정은 지나친 지역 안배식 권력구조로 인하여 합의에 의한 통일이 실패하고 내전을 겪게 된 예이다. 남북예멘은 1990년 5월 22일 통일을 선언하고 30개월의 한시적 과도정부를 출범시켰다. 남북예멘이 통일에 합의할 수 있었던 것은 여러 가지 이유가 있었지만, 남북예멘 간 균등한 권력배분을 보장하는 권력구조에 합의할 수 있었던 것이 통일의 주요한 촉진요인이라고 할 수 있다.[26] 북예멘은 남예멘과 비교해서 여러 면에서 우위를 보이고 있었으나, 권력배분 시 남예멘의 균등한 권력배분요구에 응함으로써 통일을 이룰 수 있었던 것이다.[27]

남북예멘의 "일대일" 통합원칙은 최고 권력기관인 대통령평의회부터 의회, 내각, 그리고 각 행정부처에 이르기까지 철저히 적용되었으며, 지휘체계가 엄격해야할 군마저 이런 원칙에서 벗어나지 못하고, 국방장관은 남예멘출신, 참모총장은 북예멘출신으로 임명되었다. 뿐만 아니라 형식적 통합에도 불구하고 군은 여전히 통일 이전의 지휘체계 하에 있었다.[28]

---

26 예멘이 통일을 달성할 수 있었던 것은 고르바초프의 개혁·개방정책에 영향을 받아 남예멘이 개혁·개방정책을 추진하였고, 남북예멘 국경지역에서 석유가 개발됨으로써 통일이 가져올 막대한 경제적 이익에 대한 기대가 높았으며, 남북예멘 주민들 간의 이질화와 적대감이 비교적 심하지 않았고, 남북예멘의 군사력이 소규모로 유지된 채 일방이 타방을 압도할 만큼 우세하지 않았으며, 사우디아라비아와 소련의 개입이 줄어들어 예멘인들의 통일논의에 대한 외세의 반대가 없었기 때문이다(김국신, 『예멘 통합 사례연구』, 민족통일연구원, 1993, 85~90쪽).

27 인구에 있어서 북예멘은 950만 명으로 남예멘의 250만 명에 비해 4배, 무역량은 19억 달러로 남예멘의 7억 달러에 비해 2.7배, 1인당 GNP는 682달러로 남예멘의 420달러에 비해 1.5배에 달하였다(통일원, 『예멘 통일과정과 부문별 통합실태』, 1991, 3쪽).

이와 같이 철저히 남북예멘 정치엘리트와 관료들의 기득권을 침해하지 않는 권력안배가 통일을 촉진시킨 결정적 요인이었음을 부인할 수 없으나, 결과적으로 기계적이고 형식적인 통합은 중앙정부의 행정조직을 사실상 이원화시킴으로써 행정의 비대화와 비효율성을 초래하였다.[29] 또한 정치적 통합은 중앙행정조직에 국한되었을 뿐 부족사회와 지방행정조직은 여전히 통일 이전의 상태에 머물러 있었다. 특히 통일정부가 군, 경찰 등 물리력을 통일적으로 장악하지 못한 채 이들 조직이 여전히 과거 남북예멘의 지휘체계 하에서 각기 움직이고 있었기 때문에 남북예멘 간의 물리적 충돌 가능성은 항상 존재하고 있었다. 과도기가 종료되면서 북예멘이 주도한 새로운 권력구조가 남예멘의 기득권을 크게 위축시키는 방향으로 나아가자 남예멘은 새로운 권력구조에 참여하기를 거부하고 분단 상태로 복귀하기를 희망하게 되었다. 북예멘은 남예멘의 통일국가로부터의 탈퇴를 인정하지 않고 남예멘을 무력으로 굴복시킴으로써 예멘통일은 결국 합의에 실패하고 내전으로 결말을 맺고 말았다.[30]

결과적으로 갈등의 완전한 치유가 이루어지지 못한 상태에서 급진적인 합의형 통일을 이룩함으로써 통일 이후 다른 갈등을 양산하였다.[31] 또 지역적 분열 상황에서 분단국의 통일은 어려울 뿐만 아니라 비참한 결과를 초래할 수 있다는 것을 절감하게 한다.[32]

---

28 통일예멘의 권력구조는 대통령, 대통령평의회, 각료평의회 등으로 구성되는데, 최고의사결정
기구인 대통령평의회는 5인으로 구성되어 통치권을 행사한다. 대통령평의회의 의장은 대통령으로서 북예멘의 대통령인 알리 압둘라 살레(Ali Abdullah Saleh)가 맡았고, 부의장인 부통령은 남예멘의 예멘사회당 서기장인 알베(AliSalim-alBaydh)가 맡았다(김국신, 앞의 글(1993), 85~91쪽).

29 김국신, 위의 글(1993), 110쪽.

30 김국신, 위의 글(1993), 112~124쪽.

31 이동윤, 「분단과 갈등, 그리고 통일: 독일, 예멘, 베트남의 갈등관리 사례비교」, 『통일연구논총』 제11권 제2호, 통일연구원, 2002, 194쪽.

32 유지호, 「예멘 통일의 국제적 성격」, 『통일연구논총』 제11권 제1호, 통일연구원, 2002, 52쪽.

2. 예멘의 통일헌법체제

2.1. 예멘 통일헌법의 내용

남북예멘은 일방의 힘에 의한 것이 아니라 실질적 · 평화적인 방법에 의한 합의통일을 모색하였다. 이와 같은 기본적인 통일원칙에 입각하여 남북예멘은 통일국가 이념을 공화주의 · 민족주의 · 민주주의로 하였고, 정치체제를 대통령제 · 의회와 행정부 및 사법부로 구성하기로 하여 3권 분립에 기초한 자유 민주체제에 가까운 정부형태를 취하였다.

이하에서는 예멘통일헌법[33]에 규정된 내용을 중심으로 예멘공화국의 국가체제와 관련한 통일헌법의 기본질서에 관하여 살펴본다. 첫째, 예멘통일헌법의 정치적 기본질서에 관하여 보면, 통일헌법은 제1부 제1장에서 「예멘공화국」의 정치기조에 관하여 규정하였다. 이에 의하면, 예멘공화국은 독립주권국가로서 분리될 수 없는 단일국가임을 선언하고, 예멘국민은 아랍인 및 이슬람세계의 일부임을 밝혔다.[34] 국교는 이슬람이며 공용어는 아랍어이고,[35] 이슬람율법(샤리아: Sharia)이 모든 입법의 근원이라 하였다.[36] 그리고 "예멘국민은 정당성과 권력의 근원이다. 국민은 국민투표와 총선을 통해 주권을 직접 행사하거나 또는 입법·행정 및 사법기관과 선거로 구성된 지방기관을 통해 주권을 간접적으로 행사 한다"고 하여[37] 국민주권주의를 규정함과 동시에 대의제 민주주의와 직접민주주의를 도입하였다. 이는 구 남예멘헌법이 국가가 모든 권력의 근원이라고 한 규정[38]에서 발전한 것이며, 남예멘헌법에서

---

33 장명봉, 「분단국가의 통일과 헌법−독일과 예멘의 통일사례와 헌법자료」, 국민대학교출판부, 2001, 397~420쪽.
34 예멘통일헌법 제1조.
35 예멘통일헌법 제2조.
36 예멘통일헌법 제3조.
37 예멘통일헌법 제4조.
38 예멘통일헌법 제4조.

의 중앙집권적 민주주의, 즉 마르크스-레닌주의를 포기하였음을 나타낸 것이다. 그리고 통일헌법은 UN헌장, 국제인권선언, 아랍연맹헌장 및 국제법상 일반원칙의 준수를 규정[39]하여 국제법 존중주의를 표방하였다.

둘째, 경제적 기본질서에 관하여 예멘통일헌법은 제1부 제2장에서 규정하였다. 먼저 국가경제원칙으로 사회 및 생산관계에 관한 이슬람 사회정의, 기본 생산시설을 소유할 수 있는 공공부문의 설립, 공공이익과 법률에 따른 공정한 보상 없는 사유권침해의 금지, 강력하고 자립적인 국가경제의 건설 및 사회주의적 관계를 보장하여 포괄적인 성장을 실현할 수 있도록 하는 관계와 잠재성의 지표 등을 정하였다.[40]

그리고 국가의 경제 활성화 및 경제운용원칙,[41] 조세법률주의,[42] 자연자원 및 공공산업개발권 부여의 법률주의[43] 등을 규정하였다. 통일헌법상의 경제원칙을 보면, 남예멘이 사회주의 계획경제체제를 포기[44]하였음을 알 수 있다. 이는 남예멘에서 민족의 열망과 분단극복에 대한 열정과 함께 경제적 난국의 탈피라는 현실적 이유가 통일의 추진배경이 되었음을 보여 주는 것이기도 하다.

셋째, 예멘공화국의 사회 및 문화적 기본질서에 관하여 통일헌법은 제1부 제3장에서 규정하였다. 여기서 국가는 헌법정신과 목적에 부합되는 과학연구, 문학, 기술 및 문화적인 창작의 자유를 보장하고 이를 성취하기 위한 필요한 수단을 제공하며, 과학과 예술의 발전을 위해 모든 지원을 한다고 하였다.[45] 또한 국가는 국민에게 정치·경제·사회·문화적으로 균등한 기회를

---

39 예멘통일헌법 제5조.
40 예멘통일헌법 제6조.
41 예멘통일헌법 제7조~11조.
42 예멘통일헌법 제12조.
43 예멘통일헌법 제17조.
44 예멘통일헌법 제15조.
45 예멘통일헌법 제18조.

보장하며, 이를 실현하기 위한 법률을 제정하여야 한다고 하였다.[46] 근로에 대해서는 권리이자 명예이며 사회발전을 위한 필수적인 것이라고 강조하고 법률의 범위 내에서의 직업선택의 자유를 인정한다[47]고 하였다.[48]

2.2. '과도기합의서'의 내용과 통합과정

예멘공화국 선포 후 30개월간 과도기를 설정하고 과도기조직에 대해 규정한 '과도기합의서'의 채택은 예멘통일헌법의 체계 및 효력과 관련하여 두드러진 특색을 띤다. '과도기합의서'는 통일 직후 양국통합에 따른 혼란을 막고 통일헌법상의 경과조치를 구체화하기 위한 것이라 할 수 있다. 통일헌법과 별도로 헌법과 동등한 효력을 지닌 이러한 '과도기합의서'를 채택한 이유는 첫째, 신속한 통일국가의 필요성에 따른 것이다. 양국정상의 정치적 합의에 의한 통일을 지체 없이 달성하기 위하여 통일국가수립에 중요하지 않은 부수적 절차의 번거로운 조치를 가급적 피하기 위한 것이었다. 둘째로는 과도기의 설정과 통일헌법에 근거하지 않은 '과도기 통합기구'의 구성에 대한 헌법적 효력을 부여하기 위한 것이었다. 통일헌법에 대한 국민투표가 실시되지 않은 상황에서 헌법절차를 결여한 과도기조직의 구성과 권한에 대한 '헌법공백상태'를 방지하기 위한 것이었다. 그래서 '과도기합의서'는 통일헌법에 대한 국민투표시기를 정하고, 통일국가체제의 확립을 위한 총선거 준비절차를 대통령평의회에서 위임한 전담반이 수행하도록 하였다.[49]

셋째로는 과도기라고 하더라도 모든 조직과 체제가 헌법적 기초에 입각하고 이를 준수하도록 하기 위한 것이었다. 통일국가수립과 동시에 남북예멘의 기존헌법들은 폐지되는데, 이때부터 통일헌법이 국민투표로 최종 확정될 때

---

46 예멘통일헌법 제19조.
47 예멘통일헌법 제21조.
48 장명봉, 앞의 글(2008), 207~208쪽.
49 과도기합의서 제6조.

까지의 헌법공백기 방지를 위하여 '과도기합의서'는 슈라회의와 최고인민회의가 이 합의서 및 통일헌법안을 승인함으로써 발효된다[50]고 하고, 동시에 남북예멘의 기존헌법은 폐지된다[51]고 하였다. 이는 과도기조직의 업무가 통일헌법의 합법성에 의거하여 이루어지고 헌법의 권한이 부여되지 않은 어떠한 기관으로부터 헌법의 침해와 불법적인 헌법 개정을 방지하기 위한 대책이기도 한 것이었다. 이렇듯 '과도기합의서'는 통일헌법상 경과조치를 구체화한 것으로서 과도기의 통일업무를 일관되게 수행하고, 통일국가 헌법기관구성의 준비에 완벽을 기하는 동시에 통일국가의 헌법공백상태를 방지하여 통치의 민주적 절차와 합법성을 확보함에 그 의미가 있는 것이다. 또 이 합의서가 통일헌법과 동등한 효력을 가진다는 점에서 과도기 동안 '임시헌법적 성격'을 갖는 것으로 볼 수 있다.[52]

이 합의서와 더불어 예멘공화국의 과도기 동안 통일이전 정치조직위원회와 공동각료위원회에서 정한 통합방식에 의거하여 분야별로 통합작업이 이루어져 통일국가의 기반을 형성하였는데, 먼저 정치적 통합에 관해서는 의회, 대통령평의회, 각료회의 및 대통령평의회각료회의 등이 과도기의 통치기관으로 구성되었다. 또한 단일정부조직위원회는 통일국가에서 정치업무수행에 적합한 정치조직형태를 국민의회당과 예멘사회당 및 9월·10월 양 대혁명목표를 신봉하는 민족세력을 포함하는 광범위한 민족단선 형태로 구성하고, 각각의 세력들은 독립성을 유지하며 "통일국가는 모든 정치체제의 권리를 보장한다"는 원칙을 천명하였다. 그리고 법적·제도적 통합에 관해서는 예멘공화국의 수립이 통일헌법에 의거한 것이었으며, 통합의 세부과정도 각종 법률에 의거하여 진행됨으로써 순조롭게 진행되었다. 양국 각료회의 제1

---

50 과도기합의서 제8조.

51 과도기합의서 제10조.

52 장명봉, 「남북예멘 통일헌법에 관한 연구 ─남북한 통일헌법 구상을 위한 한 도식」, 『공법연구』 제21집, 한국공법학회, 1993ㄴ, 138쪽.

차(1990. 1. 20-22)결의안에서는 남북예멘의 정치기구·단체·기관의 통합에 관한 제도·법률·방안을 마련하여 그 절차를 완성하도록 하고 각 분야위원회를 통하여 관련 법률과 제도를 마련하도록 하는 동시에 자유왕래와 기본권 보장을 위한 법제도 정비와 통일헌법에 반하는 법제도의 철폐를 결의하였다.[53]

또한 양국 각료회의 제2차 회의(1990. 3. 20-22)결의안에서는 45개 법안, 14개항의 집행규정안, 예멘 중앙은행설립안, 48개항의 부처 기구 회사 단체통합에 관한 조직 및 규정안 등을 채택하였다. 이를 바탕으로 양국각료회의 공동회의(1990. 5. 1-4)에서는 통일국가 수립을 위한 집행절차 및 준비로써 통화·예산·민원과 노동·이동 및 거주에 관한 사항을 결정하고 통일회의의 최초회의에서 승인될 법률안을 결정토록 하였다. 이처럼 남북예멘은 통일국가 선포 이전에 통합을 위한 법률 및 제도를 정비 또는 제정함으로써 법제도적으로 통일국가의 기틀을 닦았다.

이상에서 예멘의 경우 과도기의 통합조직들이 대등한 안배원칙에 의해 구성되고, 기존의 국가조직을 최대한 흡수함으로써 통일추진세력의 저변을 확대할 수 있었고, 또한 통일국가체제 완성을 위한 시간을 확보할 뿐만 아니라 양국간 정치·경제·사회·문화의 제 분야에서 통합작업을 원활히 할 수 있었다는 면에서 과도기 설정은 매우 중요한 의미를 지닌다고 할 수 있다.[54]

3. 예멘통일의 한계

예멘통일은 남북정상 간의 합의에 따라 두 정체를 기계적으로 병합시키는 병합과정과 그 후 장기간 이질화된 체제들을 통합시키는, 거의 실패할 뻔했던 과도기 통합과정을 통해 달성된 것이었다. 예멘통일의 문제는 대부분 차

---

53 통일원, 「예멘통일관계 자료집 Ⅱ」, 1990, 36쪽~43쪽.
54 장명봉, 앞의 글(1993ㄴ), 141쪽.

질이 통합과정에서 표출되었다. 그중의 하나가 주변 주요국가의 통일반대에 대해 무리수로 대처해서 병합과정을 성사시켰기 때문에 그 다음의 통합과정에 큰 지장을 초래했다는데 있다. 장기간 분단되었던 나라들 간의 통합은 주변국들의 이해관계에 여러 가지 영향을 줄 수 있다는 점에서 통합될 분단국끼리 상호 이해관계를 탐색하고 조율하고 협상하듯이 주변국들과의 충분한 사전 양해가 중요하다. 특히 당초 분단의 과정이 복잡하고 그 기간이 길수록 내적 통일 환경에 못지않게 외적 통일 환경의 관리를 소중히 할 필요가 있다.[55]

예멘사례를 통해서 얻을 수 있는 교훈은 엘리트간의 기계적인 권력배분과 성급한 통합이 능사가 아니라는 것이다. 권력안배를 고려한 권력구조는 통일의 촉진제가 될 수는 있지만, 장기적으로 보아서 산적한 문제를 효율적으로 해결할 행정개편 문제, 권력구조의 제도화문제 등이 제기될 경우 첨예한 이해의 대립이 야기되고 이를 해결할 방법이 없으므로 정치적 혼란을 초래할 가능성이 높다. 더욱이 물리력에 대한 통일된 지휘체계가 없다면 정치적 이해갈등이 내전으로 발전되는 것을 방지할 수 없는 것이다.[56]

따라서 한반도의 통일과정에 있어서도 남북 간 권력의 안배를 단순히 기계적인 일대일 대응의 통일방식으로 진행하는 것은 자칫 예멘의 사례처럼 또 다른 갈등의 원인으로 인한 실패한 통일방식이 될 가능성이 크므로[57] 먼저 한반도 신뢰구축을 통한 다각적인 연구를 통하여 남북 간 권력안배를 행하는 것이 타당할 것이다.

---

55 유지호, 앞의 글(2002), 54쪽.
56 최진욱, 「남북한 행정통합방안」, 『연구총서』 제10호, 통일연구원, 2000, 63쪽.
57 김국신, 「예멘통일방식이 한반도에 주는 시사점」, 『통일연구세미나시리즈』 제11권 제1호, 통일연구원, 2002, 30~31쪽.

4. 한반도 통일에의 시사점

예멘의 통일과정과 통일헌법에 비추어 한반도 통일헌법의 제정방향을 고찰해 보는 것은 의미가 있다. 다만 예멘의 통일 환경과 한반도의 상황에는 차이가 있어 그대로 적용하기에는 한계가 있으나, 예멘의 선례를 통하여 한반도 통일헌법 제정에 나름의 교훈은 존재한다.

먼저 남북한 간의 '한민족공동체 통일방안'에서는 '남북평의회'에서 '민주적 방법과 절차를 거쳐' 통일헌법을 확정 · 공포하도록 하였을 뿐 구체적인 방법과 절차에 관해서는 남북한의 협의에 맡기고 있다. 그리고 7.4 남북공동성명(1972년 7월 4일), 남북한 사이의 화해와 불가침 및 교류 협력에 관한 합의서(1991년 12월 13일), 6.15남북공동선언(2000년 6월 15일), 남북관계 발전과 평화번영을 위한 선언(2007년 10월 4일) 등에서도 구체적인 방법과 절차에 관해서는 역시 남북한의 협의에 맡기고 있다.

또, 남북관계 발전에 관한 법률(2006년 6월 30일)에서는 남북관계발전위원회를 설립(제14조)하고, 남북회담의 대표를 임명(제15조)하되, 전부를 대표하는 행위를 금지(제17조)하면서 남북합의서의 체결 · 비준(제21조)함을 규정하고 있으나, 통일헌법 제정 등에관한 구체적인 방법과 절차에 관해서는 언급이 없고 남북관계발전에 관한 사항을 수립할 수 있도록 규정(제13조 제3항 제4호)하고 있을 뿐이다. 반면 예멘의 경우에는 양국의 정상은 일찍이 1972년 카이로협정을 구체화한 트리폴리성명에서 통일원칙과 통일헌법의 기본원리를 확인하였고 이후 주요시기마다 이를 강조하였다. 한반도의 경우에도 남북평의회를 통하여 통일헌법의 기본원리와 통일헌법체계 등에 관하여 합의하는 것은 통일헌법안 마련에 크게 기여할 것이다.

둘째로는 남북평의회에서 통일헌법을 완성하여 채택한 다음 이에 대한 남북정상들의 서명이 이루어지고, 일정기간 공고 후 양측의 의회 승인만으로 확정할 수 있다. 그러나 예멘의 경우에는 남북 의회의 승인으로 통일헌법을 발효시킨 다음 국민투표로 최종 확정하였다. 한반도의 경우에도 통일헌법의 민주적 정당성의 측면에서 가급적 국민투표에 의하여 통일헌법이 확정되는 것이 바람직할 것이다.

마지막으로 예멘의 경우 처음 국민투표를 거친 후 통일헌법을 발효시킨다는 원칙에 따라 진행하였으나, 이후 양국정상의 정치적 합의에 의해 조기통일을 달성하기로 함으로 인해 '과도기합의서'를 채택하여 통일헌법을 1년 후에 실시하게 되었다. 이러한 점은 통일체제의 준비라는 측면에서 유용할 수 있다. 따라서 남북한이 국민투표를 실시하는 경우, 그 시기를 통일헌법안의 의회승인 이후 통일국가 선포 이전에 실시하는 것이 바람직 할 것이다. 그리고 통일헌법의 발효시점은 통일국가선포일과 일치하는 것이 바람직할 것이다.[58] 결국 한반도의 통일도 '자유와 평등, 민주주의와 법치주의가 조화되는 복지국가'를 지향하는 통일헌법이 제정되어야 할 것이다.

Ⅳ. 결 론

한반도의 통일은 민주주의와 법치주의를 근간으로 하는 통일헌법의 완성에 그 본질이 있다. 통일헌법을 연구하는 데에 있어서 독일과 예멘의 통일사례를 고찰함으로써 얻을 수 있는 시사점은 크다. 이상에서 살펴 본 각국의 통일사례와 통일헌법을 살펴 한반도 통일에의 적용가능성 여부를 검토해 보면, 먼저 통일독일은 구 서독기본법 제23조에 의해 구동독의 서독연방으로의 편입이라는 흡수적 통일방식으로 이루어짐으로써, 통일조약에 따라 개정된 서독기본법이 통일독일의 헌법으로 발전하였다. 이러한 서독기본법의 기본원칙 및 질서가 독일 통일헌법의 내용의 근간이 되었다.

그러나 이러한 방식의 통일은 예상보다 심각한 통일후유증이 나타났다. 법

---

58 장명봉, 앞의 글(1993ㄴ), 146~153쪽 참조.

적 분야에서도 그러한 현상이 나타났는데, 그 핵심문제는 '기본법 제146조의 적용문제'가 헌법의 개정문제인가 아니면 헌법제정의 문제로 이해하여야 할 것인가 하는 것이다. 이유는 통일 후 계속되는 기본법 제146조에 관한 헌법 논쟁은 근본적으로 기본법 제146조와 통일조약 제5조가 서로 모순되는 듯한 내용을 담고 있기 때문이다. 결국 기본법 제146조와 통일조약 제5조를 통합하여 해석하는 것이 타당할 것이다.

이러한 독일통일과정과 통일 후의 헌법개혁논의를 통해 한반도 통일에서도 시사점은 물론 서독기본법의 잠정헌법적 성격과는 다른 우리 헌법상황을 독일과 비교하기가 어렵지만 전체적인 면에서 독일의 선례에는, 먼저 우리 헌법이 서독 기본법상의 잠정헌법적 성격이 없기 때문에 독일에서와 같은 헌법개혁문제가 제기되기는 어렵지만, 현행헌법 하에서 '평화통일조항(제4조)'의 효력확보를 위해 대결논리에 입각하고 있는 '영토조항(제3조)에 대한 검토가 통일 지향적 방향으로 이루어져야 할 것이다.

한편 예멘의 통일사례가 우리에게 주는 가장 큰 교훈은 통일기반이 취약한 상태의 통일이 갖는 위험성이다. 형식적으로는 통일되었지만 진정한 사회통합에 미달하는 경우의 갈등이 더 큰 재앙을 가져올 수도 있다는 것이다. 그리고 엘리트간의 기계적인 권력배분과 성급한 통합이 능사가 아니라는 것이다. 더욱이 물리력에 대한 통일된 지휘체계가 없다면 정치적 이해갈등이 내전으로 발전되는 것을 방지할 수 없는 것이다.

그러나 예멘의 경우에는 양국의 정상은 일찍이 1972년 카이로협정을 구체화한 트리폴리성명에서 통일원칙과 통일헌법의 기본원리를 확인하였고 이후 주요시기마다 이를 강조하였다. 한반도의 경우에도 남북평의회를 통하여 통일헌법의 기본원리와 통일헌법체계 등에 관하여 합의하는 것은 통일헌법안 마련에 크게 기여할 것이다. 그리고 예멘의 경우에는 남북 의회의 승인으로 통일헌법을 발효시킨 다음 국민투표로 최종 확정하였다. 한반도의 경우에도 통일헌법의 민주적 정당성의 측면에서 가급적 국민투표에 의하여 통일헌법이 확정되는 것이 바람직할 것이다. 결국 한반도의 통일도 '자유와 평등, 민주주의와 법치주의가 조화되는 복지국가'를 지향하는 통일헌법이 제정되어야 할 것이다.

참고문헌

1. 국내문헌

김국신, 『예멘 통합 사례연구』, 민족통일연구원, 1993.

김영탁, 『독일통일과 동독재건과정』, 도서출판 한울, 1997.

나종일, 『북한통치의 경험』, 통일원 통일정책실, 1997.

손기웅, 『독일통일 20년 : 현황과 교훈』, 통일부 통일교육원, 2010.

유지호, 『예멘의 남북통일』, 서문당, 1997.

통일원, 『독일통일 6년, 동독재건 6년 -분야별 통합성과와 향후과제-』, 1996.

_____, 『예멘 통일과정과 부문별 통합실태』, 1991.

호르스트텔칙, 엄호연 옮김, 『329일: 베를린장벽 붕괴에서 독일통일까지』, 고려원, 1996.

김국신, 「예멘통일방식이 한반도에 주는 시사점」, 『통일연구세미나시리즈』 제11권 제1
　　　호, 통일연구원, 2002.

김용욱, 「예멘과 독일의 통일사례 비교와 시사점」, 『한국정치외교사논총』 제28권 제1호
　　　, 한국정치외교학회, 2006.

박정원, 「한반도 통일모델의 탐색: 중립화통일론의 적용가능성」, 『통일연구논총』 제16
　　　권 제2호, 통일연구원, 2007.

서병철, 「독일 정치통합의 과정과 원동력", 『통일문제연구』 제20권, 평화문제연구소,
　　　1993.

신현윤, 「독일의 통일관련 법체계와 남북관계의 제도적 발전을 위한 시사점」, 『법조』
　　　제1집 제568호, 법조협회, 2004.

이규창, 「남북합의서의 법적 성격 및 효력에 관한 연구」, 『통일연구논총』 제5권 제2호,
　　　통일연구원, 2006.

이동윤, 「분단과 갈등, 그리고 통일: 독일, 예멘, 베트남의 갈등관리 사례비교」, 『통일연
　　　구논총』 제11권 제2호, 통일연구원, 2002.

유지호, 「예멘 통일의 국제적 성격」, 『통일연구논총』 제11권 제1호, 통일연구원, 2002.

장명봉, 「통일3주년에 즈음해서 본 독일에서의 헌법문제」, 『통일한국』 제119호, 평화문
　　　제연구소, 1993ㄱ.

_____, 「남북예멘 통일헌법에 관한 연구 -남북한 통일헌법 구상을 위한 한 도식」,

『공법연구』제21집, 한국공법학회, 1993ㄴ.

_____, 「분단국가의 통일과 헌법-독일과 예멘의 통일사례와 헌법자료」, 국민대학교출판부, 2001.

_____, 「통일관련법 연구의 성찰과 방향」, 『국제법학논총』제49권 제3호, 대한국제법학회, 2004.

_____, 「남북한 헌법체제의 비교와 통일헌법의 지향점 및 과제」, 『공법연구』제37집 제1호, 한국공법학회, 2008.

정용길, 「독일 통일과정에서의 동서독관계와 남북관계에서의 시사점」, 『저스티스』통권 제134-2호, 한국법학원, 2013.

최진욱, 「남북한 행정통합방안」, 『연구총서』제10호, 통일연구원, 2000.

한상우, 「통일독일의 행정체제 구축과정」, 『한국정책과학학회 2003년 동계학술회』, 한국정책과학학회, 2003.

Gerhard Michels, 「내부통합을 위한 준비 -경계해야 할 상업주의 일변도의 통일과정」, 『통일한국』제195호, 평화문제연구소, 2000.

2. 국외문헌

Harnisch, "Sebastian W., Embedding Korea's unification multilaterally", *Pacific Review*, Vol.15, Issue.1, 29, 33., 2002.

Macris, Gregory., "A Focus on Costs, Not Benefits, Dampens Koreans' Desire for Reunification", JFQ: Joint Force Quarterly, 2012.

3. 참고사이트

세종연구소 http://www.sejong.org

통일법제 데이터베이스 http://world.unilaw.go.kr

통일부 http://www.unikorea.go.kr

통일부 북한자료센터 http://unibook.unikorea.go.kr

통일부 통일교육원 http://www.uniedu.go.kr

통일연구원 http://www.kinu.or.kr

통일뉴스 http://www.tongilnews.com

한반도 신뢰프로세스 http://www.trustprocess.kr

제 2부

통일헌법의 이념적 기초들과 원리들

통일헌법의 딜레마와 제헌과정으로서 통일

박영균

Ⅰ. 들어가며: 통일과 '통일헌법'

통일은, 그것이 어떤 과정과 절차를 통해서 이루어지든 간에 기본적으로 두 개 이상의 국가로 분열되어 있는 현재의 상태를 극복하고 '하나'의 국가를 건설하는 것일 수밖에 없다. 하지만 단지 이웃하고 있다는 것만으로 서로 하나의 국가가 되고자 하는 것은 아니다. 통일은 인접하고 있는 국가들 사이에서 성립하는 것이 아니라 다른 국가들 사이에는 없는, 특별한 '어떤 것', 일반적인 외교관계를 '초과하는 어떤 것'을 전제한다. 민족은, 그것이 어떻게 정의되든 간에 바로 이와 같은 '어떤 것'이라고 할 수 있다.

그것은 다른 국가의 국민들 사이에는 존재하지 않는, 두 개의 국가에 살고 있는 사람들 사이에서만 존재하는 '어떤 것'이다. 그것이 바로 '가족'이라는 은유를 통해서 표현되는, 남남이 아닌 '하나'라는 환상체계를 만들어내는 동일화의 욕망이다. 그렇기 때문에 그들은 두 개 이상의 국가로 분열되어 있는 현재의 상태를 '분단', 즉 '민족≠국가'라는 어긋남으로 인식하고 이를 극복한 상태로서 '민족=국가'를 건설하고자 하는 것이다. 따라서 통일의 문제는 민족주의적 이념의 문제가 아니라 두 국가의 국민들 사이에 존재하는 욕망의 문제이다.

하지만 통일을 이끌어 온 동력은 '민족적 동일화의 욕망'이었기 때문에 아직도 많은 사람들은 통일 그 자체를 목적으로 이념화하는 경향이 있다. 이들에게 중요한 것은 통일이다. 하지만 '동일화의 욕망'은 상대의 차이를 부정하고 '일체화하는 폭력'을 불러오기 때문에 민족주의적 정념은 서로에게 더욱 파괴적일 수 있다. 왜냐 하면 그것은 오직 통일이라는 결과만을 목적으로 삼기 때문이다. 따라서 통일문제에서 초점화되어야 할 것은 '통일이라는 목적'이 아니라 '어떤 통일인가'라는 통일의 상이다.

또한, 통일 그 자체가 아니라 '어떤 통일인가'에서의 '어떤'이 바로 이념이 되어야 한다. '어떤 통일'의 '어떤'은 현재의 분단을 극복하고 만들어갈 통일국가의 가치와 이념을 담고 있다. 이런 점에서 통일의 이념적 목표는 곧 통일헌법의 구현 문제일 수밖에 없다. 오늘날의 민주국가들은 대부분 헌정주의에 입각하여 거기서 살아가는 사람들, 즉 주권자들이 지향하고 있는 가치와 이념을 구현한 헌법을 가지고 있다. 따라서 '어떤 통일인가'의 문제는 궁극적으로 '통일헌법의 문제'로 귀결된다고 할 수 있다.

그 동안 한국사회에서 통일헌법에 관한 논의가 없었던 것은 아니다. 북한학 분야에서 이루어지는 기능주의적 통일론에 대한 논의들에 비해 적기는 하지만 많은 법학자들이 이 문제에 관심을 두고 남북헌법의 비교 및 분단국 사례들을 연구해 왔으며, 통일헌법의 주요한 이념적 기초들과 더불어 통일국가의 정치체제들에 대한 논의들을 전개해 왔다. 하지만 이들 연구들은 대부분 독일식 흡수통일을 전제하고 있으며 기능주의적 관점 또는 실용주의적 방식으로 연구를 진행하고 있으며 "남한 헌법의 확대재편이라는 방향"에서 논의를 진행하고 있다.[1]

---

1 "한국법학의 연구들은 세계적으로도 모범적인 서독 헌법으로 동독의 헌법과 법체계가 흡수된 것을 자연스럽게 받아들였다. 이는 당시의 독일 통일을 흡수통일로 이해하면서 독일 통일과

그러나 통일헌법 연구는 현재의 국가상태가 아니라 그것을 극복한 미래의 통일국가, 아직 도래하지 않는 미래를 현재로 불러들여 새롭게 만들어가는 것이다. 따라서 거기에는 '지적 상상력', 즉 "헌법적 상상력(constitutional imagination)"이 필요하다. 김선택은 '헌법적 상상력'을 이야기하면서 "한국의 통일이라는 문제가 가지는 독특함과 복잡성을 생각해보면, 해결책을 지식 속에서가 아니라 상상 속에서, 그리고 과거가 아니라 미래에서 찾는 것이 빠를 것"[2]이라는 주석을 달았다. 게다가 한국의 통일은 독일인들이 아니라 한국인들이 만드는 통일이다.

그런데도 지금까지 진행된 많은 논의들은 남쪽의 현행헌법을 기반으로 하여 북쪽을 어떻게 흡수할 것인가의 기능적이고 제도적인 문제만을 다루는 경향이 있다. 하지만 이것은 통일을 아직 도래하지 않은, 미래를 창안해가는 두 분단국가의 협력적이고 실천적인 과제로 다루는 것이 아니다. 여기서 통일은 여전히 우리가 옳다는 이분법 위에 있다. 그렇기에 성급하게 두 국가의 규범체계를 비교하고 남쪽의 우월성에 근거하여 바람직한 통일국가의 가치와 이념을 찾아낸다. 여기서 상상력은 현행적인 것(the actual)들에 의해 제한된다.

하지만 그렇게 되었을 때, 그것은 분단체제의 적대적 재생산이라는 악무한을 벗어날 수 없다. 물론 통일은 현행적인 질서의 연속으로도 가능하다. 하지만 그것이 미래지향적인 것일 수는 없다. 송두율이 말했듯이 통일은 "단순히 '과거'로 돌아가는 것이 아니라 미래지향적인 창조행위"이다.[3] 따라서 통일은

관련한 법 통일을 기능주의적 관점에서 바라보려고 했기 때문이다. 즉, 한국의 법 연구자들과 통일법제 연구 기관들은 독일의 예에 따라 조속한 통일을 기대하면서 남북한 법제 통일, 소유권 처리 방안 등을 실용주의적으로만 연구해온 경향이 강하다. 또한, 최근 일부 연구자들에 의해 진행되어온 통일헌법 제정방안 연구도 대한민국 즉 남한 헌법의 확대재편이라는 방향성에서만 검토되고 있다."(이계수, 「미완의 역사로서의 독일 통일과 '아래로부터 헌법 만들기」, 「일감법학」 제36권, 건국대학교 법학연구소, 2017, 210~211쪽).

2 김선택, 「통일헌법 논의의 Prolegomena」, 「통일법연구」 제2권, 헌법이론실무학회, 2016, 5쪽.
3 송두율, 「민족은 사라지지 않는다」, 한겨레신문사, 2000, 129쪽.

미래기획적으로 사유되어야 한다. 또한, 그렇기 때문에 통일은 더 이상 '결과'가 아니라 '과정'의 산물이며 '어떤 통일'을 만들어가는 실천적 과정의 산물로, 통일헌법은 바로 실천적 과정의 중심에 위치해 있다.

그러므로 '헌법적 상상력'에 기초한 '통일헌법'을 논의하기 위해서는 무엇보다도 먼저 '과정으로서 통일'이라는 관점 하에서 통일헌법을 '제헌의 과정'으로 사유해야 한다. 사실, 통일헌법은 분단이라는 특수상황, 남과 북이라는 두 국가에 근거하면서도 이들 두 국가의 헌법을 뛰어넘어야 하는 모순을 가지고 있다. 따라서 통일헌법은 이와 같은 딜레마를 극복하는 '실천적 과정'의 산물로서, 그것은 새로운 통일헌법을 만들어가는 것일 수밖에 없다. 이런 점에서 이 글은 분단체제의 해체와 '탈구축(deconstruction)'이라는 관점에서 아직 도래하지 않는 통일국가의 이념과 주권을 만들어가는 실천적 과정으로서 '제헌'을 제안하고 있다.

II. 과정으로서 통일과 통일헌법의 딜레마

오늘날 통일연구는 더 이상 통일이라는 '결과'에만 초점을 맞추지 않는다. 하지만 1990년 이전까지만 하더라도 통일연구는 '하나의 통일국가 건설'이라는 결과에 초점을 두었다. 그것을 이끌었던 동력은 민족주의적 정념이었다. 우리는 하나의 민족이니까 당연히 통일해야 하며 그렇기 때문에 지금 당장이라도 통일을 위해 노력해야 한다는 식의 민족대단결에 의한 통일지상주의는 결과에 초점을 맞추었다. 1972년 발표된 〈7.4남북공동성명〉은 정확히 이런 관점에서 '자주 · 평화 · 민족대단결'이라는 "조국통일 3대 원칙"에 합의했다.

하지만 이것은 분단 이후 70여 년의 세월 동안 진행되어 온 남북 분단의 역사와 현실을 고려하지 않고 있다. 그렇기 때문에 이런 막연한 민족주의적인 통일지상주의는, 그 의도와 달리 매우 상반된 결과를 낳았다. 〈7.4남북공동성명〉 발표 이후, 남과 북은 이전보다 더 적대적인 대결구도로 나아갔다.

이것은 통일이 남과 북이라는 두 국가 중 어느 하나의 승리와 패배로 끝나버리는 상황을 부추김으로써 상호 간에 목숨을 건 투쟁을 야기하기 때문이다. 따라서 문제는 통일을 '하나'라는 목표에 대한 추구가 아니라 둘이 상호 공존하면서 함께 만들어가는 '과정'으로 바꾸어 놓는 것이다.

1991년 남북이 합의한 〈남북기본합의서〉는 바로 이와 같은 관점의 전환을 가져왔다. 여기서 통일은 목표가 아니라 과정으로 재규정되었다. 과정은 둘이서 만드는 것이다. 따라서 〈남북기본합의서〉는 두 국가 간의 평화를 이룩하는 데에서부터 시작하고 있다. '과정으로서 통일'이라는 관점을 정립한 합의문[4]으로 평가받는 〈남북기본합의서〉가 "평화공존의 장전"[5]인 이유도 이 때문이다. 여기서 남북 간의 관계는 '나라와 나라 사이의 관계'가 아니라 '통일을 지향하는 과정에서 잠정적으로 형성되는 특수 관계'로 다시 규정된다.

'나라와 나라 사이의 관계'가 아니라는 것은 두 국가의 존재를 부정하는 것이 아니다. 그것은 두 국가가 존재하는 것을 인정하지만 그들의 관계가 정상적인 외교관계를 맺는 두 국가 간의 관계가 아니라는 것을 의미한다. 여기서 두 국가의 관계는 '통일을 지향하는 과정에서 잠정적으로 형성되는 특수 관계'이다. 즉, 남과 북이라는 두 국가는 서로가 독립적인 국가로서 관계하는 것이 아니라 하나의 국가 건설이라는 통일을 만들어가는 관계로서, 통일국가 건설 이후에는 사라지는 '잠정적인' 관계인 것이다.

그런데 그렇기 때문에 남 또는 북이라는 국가 내적 존재 차원에서도 모순

---

4 임동원 전 통일부장관은 〈남북기본합의서〉를 "통일을 과정으로 인식하는 토대 위에서 남북관계의 성격을 잠정적 특수 관계로 규정한 문서"로 규정(임동원, 「남북기본합의서와 6.15남북공동선언」, 『역사비평』 제97권, 역사문제연구소, 2011, 122쪽)하고 있으며, 정세현 전 통일부장관도 "기본합의서는 통일을 결과가 아닌 과정으로 전제하고, 남북한 개선과 평화공존을 위한 기본적인 특징을 제시하고 있다는 데 무엇보다도 큰 의의가 있다."(정세현, 「남북기본합의서의 법적 성격과 정치적 의의」, 『통일문제연구』 제4권 제1호, 통일문제연구소, 1992, 18쪽)고 말하고 있다.

5 송영대, 「남북기본합의서 20년과 김정은 체제」, 『통일한국』 제339권, 평화문제연구소, 2012, 8쪽.

적이다. 왜냐 하면 그들은 서로 상대를 결핍의 대상으로 하는 '분단국가'이기 때문이다. 남과 북은 현존하는 국가 상태를 벗어나 새로운 통일국가를 건설하는 '통일을 지향하는' 관계이며 통일 이후 사라질 국가이다. 따라서 여기서의 남과 북이라는 두 국가는 '분단국가'라는 현존의 상태를 극복하고자 하는 자기 부정적인 국가이다. 또한, 이런 자기 부정의 과정이 바로 '과정으로서 통일'로서, 이 과정에서 생산되는 통일국가의 정신과 이념이 바로 '통일헌법'이라고 할 수 있다.[6]

그렇기 때문에 '통일헌법'을 만드는 과정은 남북 연구자 모두에게 딜레마에 처하도록 만든다. 남과 북은 "양 실체 모두 스스로 국가임을 주장하면서 "하나의 정치적 단위를 형성"하고 있으며 "각기 고유한 헌법적 법질서"를 가지고 있다. 하지만 그러면서도 그들은 "하나의(즉, 한쪽의) 헌법을 해석하거나 하나의(즉, 한쪽의) 헌법에 대한 개선을 요구하는 수준"을 넘어서야 하며 그들 각각이 가지고 있는 "실정헌법의 구속으로부터 자유로워야" 한다. "여기서 '헌법 아래에서' '헌법을 넘어야 하는' 통일헌법 논의의 모순이 발생"하는 것이다.[7]

많은 연구자들이 길을 잃어버리는 지점은 바로 이 지점이다. 통일은 현행 국가질서를 넘어서 새로운 통일국가를 건설하는 문제인 것처럼 통일헌법 또한 현행 분단국가의 헌법적 질서를 넘어서 새로운 통일헌법을 제정하는 문제이다. 즉, 논리적으로 보았을 때, '통일헌법의 제정'이 새로운 국가를 건설하는 것과 마찬가지의 수준에서 '제헌적 질서'를 요구하는 것이다. 하지만 '제헌'은 현행적 법질서를 부정한다는 점에서 현존하는 국가를 부정하는 '위험'을 가지고 있다.

---

6 〈7.4남북공동성명〉과 〈남북기본합의서〉에 담고 있는 통일비전과 가치에 대한 논의는, 박영균, 「남북의 통일원칙과 통일과정의 기본가치: 민족과 평화」, 『시대와 철학』 제25권 제2호, 한국철학사상연구회, 2014, 116~121쪽을 참조하시오.

7 김선택, 앞의 글(2016), 8쪽.

그러므로 통일헌법을 다루는 것은 매우 어려운 일이다. 대한민국헌법 제4조에서는 "자유민주적 기본질서에 입각한 평화적 통일정책의 수립과 추진"을 규정함으로써 이미 단서 조항을 달고 있다. 그렇기에 통일헌법 논의들도 이에 근거하여 '자유민주적 기본질서' 또는 '자유민주주의체제'를 통일헌법의 기본 전제로 삼고 있다.[8] 하지만 이것은 과정으로서의 통일을 위배한다. 왜냐 하면 통일헌법논의가 "북한체제의 전환을 요구"[9]하는 데에서 보듯이 서로의 체제를 부정하면서 상호 협력적 관계를 해체하기 때문이다.

실제로, 많은 논자들이 북쪽 정권의 변고 또는 체제변환 및 흡수통일을 주장한다. 심지어 "흡수통일은 남한헌법의 통일원칙이나 통일헌법의 기본원리와 부합하지 않는다"[10]고 하면서도 "통일헌법의 기본원리"로 "자유민주주의"를 내세우기도 한다.[11] 바로 이런 점에서 통일헌법에 관한 논의는 먼저 남쪽의 법학이라는 학문의 장(field), 또는 연구전통에서 체화된 연구자 자신의 '아비투스'에 대한 비판적 성찰로부터 시작되어야 한다.

브로디외가 말했듯이 국가는 상징자본의 독점체이다. "상징적 체계는 장을 규정하는 규칙들에 따라 기능하도록 만든다. 이때 이 규칙들은 논리적이며 동시에 사회적인 하나의 구속이 지닌 전적인 힘으로 그들에게 강제된다."[12] 따라서 연구자 자신이 놓여 있는 장과 거기에서 발생하는 인식적 주체의 특

---

8 이런 프레임은 자유민주주의를 전제로 한 통일 및 북한 주민에 대한 교육을 주장하는 글(정천구, 「정치철학에 기초한 통일정책과 통일준비」, 『통일전략』 제15권 제2호, 한국통일전략학회, 2015)에서부터 시작하여 자유주의와 사회주의의 결합을 모색하지만 통일헌법의 중심은 "자유민주적 기본질서(자유민주주의)"라는 주장(도희근, 「통일헌법의 기본원리」, 『법조』 제64권 제10호, 법조협회, 2015) 및 자유민주주의를 기본 원칙으로 한 북한주민의 이익을 보호하는 장치를 고민하는 글(남광규, 「평화통일과정에서 헌법적 문제와 과제」, 『한국정치학회보』 제50권 제5권, 한국정치학회, 2016)까지 다양하게 변주되고 있다.

9 정재황·류지성, 「대한민국 통일과도기의 법적 논점」, 『공법연구』 제46권 제2호, 한국공법학회, 2017, 450쪽.

10 이효원, 『통일헌법의 이해』, 박영사, 2016, 142쪽.

11 이효원, 위의 글, 133쪽.

12 피에르 브로디외, 김웅권 옮김, 『파스칼적 명상』, 동문선, 2001, 164쪽.

권 및 경험적 주체에 내면화되어 있는 이해관계, 충동, 가정들에 대한 성찰이 선행되어야 한다.[13]

그런데 남과 북은 분단국가로서 생존을 건 체제경쟁을 해야 하기 때문에 다른 어떤 국가보다도 강력한 '분단의 아비투스'를 우리의 신체에 아로새긴다. 분단의 아비투스는 "분단이라는 역사가 만들어내는 신체와 사물, 아비투스와 장의 관계를 통해서 이루어지는 '분단 질서', '분단 구조'의 지배체제가 상징폭력에 의해 '신체'에 아로새겨지는 성향과 믿음들의 체계"[14]이다. 따라서 연구자도 그 스스로가 자기 자신에 대해 냉정한 '비판적 거리두기'를 통해 성찰하지 않는 이상, 이와 같은 분단의 아비투스를 따라갈 수밖에 없다.

III. 분단국가의 헌법들과 비판적 성찰의 대상들

분단국가는 '상상된 정치공동체'로서 민족 전체를 포괄하지 못하는 "결손국가(a broken nation states)"[15]이다. 그렇기에 분단국가는 이런 결핍을 감추기 위해서 '민족=국가'를 '국가=민족'으로 전도시킨다. 즉, '한반도(코리언)=국가'라는 도식을 '남 또는 북이라는 국가=한반도(코리언)'으로 뒤집어 놓는다. 여기서는 코리언이라는 민족 전체에 의해 국가가 '대표-재현(repre-sentation)'되는 것이 아니라 오히려 국가, 그것도 분단국가가 민족 전체를 대표-재현한다. 분단국가주의는 바로 이런 분단국가가 민족을 대표하면서

---

13 브로디외는 이처럼 특정한 연구과정에서 연구자 자신의 이해관계를 다시 객관화하는 것, 즉 자신의 아비투스와 위치, 그리고 장을 반성적으로 성찰(réflexivité)하는 것에 기초한 연구방법을 '참여적 객관화(objectivation participate)'로 규정하고 있다(피에르 브로디외, 위의 글(2001), 172~173쪽).

14 박영균, 「분단의 아비투스에 관한 철학적 성찰」, 『시대와 철학』 제21권 제3호, 한국철학사상연구회, 2010, 378쪽.

15 결손국가는 "동일한 민족으로서의 상상적 정치공동체이기는 하지만 서로 주권을 달리하는 두 개의 국가"로 나누어진 국가이다."(임현진·정영철, 『21세기 통일한국을 위한 모색』, 서울대학교 출판부, 2005, 17쪽).

상대에 대한 적대성을 재생산하는 이데올로기이다.

국가의 정치적 이념과 정신을 담고 있는 최상의 규범체계인 헌법 또한 '상징자본의 독점체'로서 국가의 이데올로기적 장 내부에 존재한다.[16] 게다가 한반도의 분단은 역사적으로 남과 북이라는 두 국가 간의 극한적인 물리적 폭력을 통해 구축되었다. 1945년 8.15해방과 더불어 진행된 분단은 극심한 정치적 대결과 이데올로기적 경쟁을 야기했고 급기야 서로를 죽이는 한국전쟁으로 비화되었다. 하지만 아직도 그 전쟁은 끝나지 않았다. '휴전'은 전쟁을 쉬는 것으로, 남북은 정치-군사적인 대립 및 군비경쟁을 지속하고 있다. 남북의 헌법들은 이들 자장 내에 존재한다.

하지만 그렇다고 해서 남북 서로 반대 방향으로만 향하는 것은 아니다. 상호 적대는 서로의 '닮음'을 생산한다. '적대적 의존관계'와 '거울이미지효과(mirror image effect)'가 그것이다. 이것은 1948년 한반도의 남쪽과 북쪽에 각각 분단국가를 수립하고 그들 각각이 최초의 제헌헌법을 채택했을 때부터 시작되었다.[17] 그래서 남북한의 제헌헌법을 이해하기 위해서는 "두 헌법이 각각 분리되어 제정되었음에도 불구하고, 서로를 의식하고 경쟁하면서 탄생된 쌍생아적 성격을 지니고" 있으며 "남북한 헌법은 서로를 참조하는 상호맥락적 성격을 가지고" 있었다는 점에서 출발할 필요가 있다.[18]

하지만 이와 같은 쌍생아적 성격, 남북 간의 거울이미지효과를 가장 잘 보

---

16 "국가는 일정한 영토와 이에 상응하는 인구 전체에 대해 물리적이고 상징적인 폭력을 합법적으로 사용하는 독점권을 성공적으로 요구하는 X(결정력이 있는)"이다(피에르 브로디외, 김웅권 옮김, 「실천이성」, 동문선, 2005, 118~119쪽).

17 남쪽과 북쪽의 최초 헌법은 각각 1948년 7월 17일과 1948년 9월 8일자로 채택된 것으로 알려져 있다. 하지만 북의 제헌헌법 채택 날짜는 북에서 공식적으로 발표한 날짜이며 실제로는 1948년 4월 29일, 제4차 임시인민회의라고 한다. 박선영에 따르면 이렇게 날짜를 1948년 9월 8일로 바꾼 것은, 그날이 제1차 최고인민대회가 열린 날로, 북의 최초 헌법에 권위와 존엄을 부여하기 위한 것이다(박선영, 「조선민주주의인민공화국 헌법의 제정과 개정 과정을 통해 본 북한헌법에 관한 연구」, 「공법학연구」 제16권 제4호, 한국비교공법학회, 2015, 31쪽).

18 서희경, 「남한과 북한 헌법 제정의 비교 연구」, 「한국정치학회보」 제41권 제2호, 한국정치학회, 2007, 48쪽.

여주는 것은 1972년 남쪽의 유신헌법과 1972년 북쪽의 조선민주주의인민공화국 사회주의헌법이다. 물론 1972년까지 남북의 두 국가에서 헌법 개정이 없었던 것은 아니다. 남쪽은 6차례, 북쪽은 5차례에 걸쳐 개헌을 했다. 하지만 1972년 개헌은 그 성격에서나 내용에서 이전의 개정들과 달랐다. 특히, 1972년은 그동안 적대적 대립만을 반복했던 남북의 최고 당국자들이 최초로 통일원칙에 합의한 〈7.4남북공동성명〉을 발표했던 해였다. 하지만 그것은 오히려 북쪽의 주체유일사상시스템과 남쪽의 유신헌법시스템을 구축하는 계기가 되었다.

북쪽은 1972년 헌법 제4조에 "조선민주주의인민공화국은 맑스-레닌주의를 우리나라의 현실에 창조적으로 적용한 조선로동당의 주체사상을 자기 활동의 지침으로 삼는다."고 규정함으로써 '주체사상'을 처음으로 국가의 지도이념으로 명기하기 시작했다. 남쪽도 분단 상황을 빌미로 '한국적 민주주의', '민주주의의 토착화'를 내세우면서 '통일주체국민회의'를 국민의 주권적 수임기관으로 만들고 대통령 간선제를 제도화함으로써 국민의 주권 행사를 제한하고 정상적인 입헌주의의 궤도를 벗어나기 시작했다. 따라서 1972년의 개헌은 분단체제가 생산하는 '적대적 상호의존성'을 통해 생산되는 쌍생아적 성격을 보여준 전형적인 사례이다.

이처럼 남과 북은 분단체제의 상호 대립과 적대성을 통해서 민족의 대표자로 자신을 내세우고 분단국가에 민족을 일치시키는 분단국가주의를 헌법화했던 것이다. 물론 남쪽은 1987년 '직선제 개헌'을 요구하는 6.10민주항쟁의 승리로, 이와 같은 분단국가주의적 궤도로부터 이탈하기 시작했다. 하지만 북쪽에서 분단국가주의의 궤도는 지속적으로 강화되어왔다. 북은 1972년 헌법에 대해서 '개정(수정)'이 아닌 '채택'이라는 단어를 사용해 제헌헌법과 같은 권위를 부여하고 있는데,[19] 이것은 북쪽의 헌법이 이후 지속적으로 주체사

---

19 박선영, 앞의 글, 37쪽.

상을 강화하는 방향으로 개정되어 왔기 때문이다.

북은 1992년 헌법에서부터 '맑스-레닌주의'를 삭제하고 '주체사상'만을 지도이념으로 규정했으며, 1998년 헌법에서는 김일성을 국가시조이자 영원한 영도자로 규정하는 '김일성헌법'을, 2012년 헌법에서는 '위대한 수령' 김일성과 더불어 김정일을 '위대한 령도자'로 지칭하고, 김일성이 '영원한 주석'인 것처럼 김정일도 영원한 국방위원장임을 밝힌 '김일성-김정일 헌법'을 내세움으로써 주체유일사상체계를 강화해갔다.[20] 하지만 그렇다고 해서 남쪽의 헌법이 분단국가주의적인 헌법으로부터 완전히 벗어난 것은 아니다.

남쪽에서 억압되었던 통일에 대한 다양한 규범적 논의가 가능해진 것은 1987년 6.10민주항쟁의 승리를 통해 얻어진 1987년 헌법부터이다.[21] 그렇지만 1987년 헌법은 제대로 된 공론화 과정 없이 대통령 직선제와 같은 통치구조들에 대한 개헌문제만 집중됨으로써[22] '평화통일'에 대한 통일원칙을 담았으나 여전히 분단국가주의 안에 있다. 즉, 남북한의 헌법조문들은 "평화통일에 대한 가치와 당위성을 긍정하면서도 실은 상대방을 자기의 체제로 흡수하겠다는 헌법조문들을 가지고" 있는 것이다.[23] 따라서 통일헌법에 대한 논의는 남과 북에 존재하는 헌법들 내부에 체현되어 있는 분단국가주의를 해체하는 데에서부터 시작되어야 한다.

대한민국 정부는 평화통일 원칙을 따라 1972년 유신헌법 전문에 '평화적 통일'이 삽입한 이후, 현행헌법에서도 평화적 통일을 명문화하고 있으며[24] 이

---

20 박선영, 위의 글, 43~58쪽.

21 전민형, 「헌법사 속에서의 통일」, 『통일법연구』 제1권 제1호, 헌법이론실무학회, 2015, 446쪽.

22 정만희, 「헌법규범과 헌법현실-한국헌법의 규범과 현실의 괴리문제」, 『안암법학』 제50권, 안암법학회, 2016, 8쪽.

23 장기붕, 「남북한 평화통일의 기초조건」, 『국제법학회논총』 제35권 제1호, 대한국제법학회, 1990, 26쪽.

24 1972년 헌법 전문은 "조국의 평화적 통일의 역사적 사명에 입각하여 자유민주적 기본질서를 더욱 공고히 하는 새로운 민주공화국을 건설함에 있어서"라고 하여 평화적 통일과 자유민주적 기본질서를 직접 연결하고 있다. 반면 1987년 헌법 전문은 "조국의 민주개혁과 평화적

에 따른 각종 조치들도 제시해 놓고 있다. 이와 같은 조항들은 제4조 "대한민국은 통일을 지향하며, 자유민주적 기본질서에 입각한 평화적 통일정책을 수립하고 이를 추진한다.", 제66조 ③항 "대통령은 조국의 평화적 통일을 위한 성실한 의무를 진다.", 제69조 대통령 취임선서 내용 중 "조국의 평화적 통일"이라는 문구, 제92조 ①항 "평화통일정책의 수립에 관한 대통령의 자문에 응하기 위하여 민주평화통일자문회의를 둘 수 있다." 등이다.

하지만 이들 조항은 평화통일에 대한 대통령의 의무를 중심으로 하고 있을 뿐, 향후 통일과 관련하여 이를 어떻게 구체화할 것인지에 대한 법적 근거를 담고 있지는 않다. 게다가 현행헌법에서 몇몇 조항들은 서로 충돌한다. 이것은 현행헌법이 상호 간의 협력을 통한 통일이라는 평화통일 원칙에도 불구하고 분단국가의 정통성 경쟁이라는 분단국가주의의 잔재를 여전히 고수하고 있기 때문이다. 그러므로 통일헌법에 대한 논의는 남 또는 북 일방의 관점에서 구현된 헌법을 따라 통일헌법의 상을 제시될 수 없으며 오히려, 분단국가주의적인 요소를 포함하고 현행헌법에 대한 해체의 작업과 함께 이루어져야 한다.

IV. 현행헌법의 해체와 통일헌법의 논의방향

대한민국 현행헌법에서 가장 쟁점이 되고 있는 것은 제3조 영토조항과 제4조 평화통일조항 간의 모순이며 제4조 내부에서의 '평화통일'과 '자유민주적 기본질서' 간의 충돌이다. "대한민국의 영토는 한반도와 그 부속도서로 한다."고 규정한 제3조는 북쪽체제를 불법적 존재로 간주하는 반면 평화통일을

통일의 사명에 입각하여 정의·인도와 동포애로써 민족의 단결을 공고히 하고 모든 사회적 폐습과 불의를 타파하며, 자율과 조화를 바탕으로 자유민주적 기본질서를 더욱 확고히 하여" 라고 하여 민주개혁과 평화적 통일을 똑같이 강조한 이후에 자유민주적 기본질서를 말하고 있다.

담고 있는 제4조는 북쪽체제와의 공존을 추구하기 때문이다. 또한, 제4조도 '자유민주적 기본질서에 입각한' 통일로 규정하여 남쪽 체제가 북쪽 체제를 흡수하는 방식의 통일을 표방하면서도 '평화적 통일정책'을 정책 방향으로 제시하여 남북체제 간의 상호존중에 근거한 통일정책을 제안하고 있다.[25]

게다가 현행헌법 제3조는 1991년 이루어진 남북유엔동시가입에 비추어 보았을 때에도 문제가 있다. 남북유엔동시가입은 국제사회에서 한반도에 두 개의 국가가 존재한다는 것, 즉 '휴전선 이남에는 대한민국이라는 국가가, 이북에는 조선민주주의인민공화국이라는 국가가 존재한다.'는 것을 공식적으로 승인받은 것이다. 따라서 대한민국 영토를 북쪽까지 포함하고 있는 헌법 제3조는 남북유엔동시가입과 충돌할 뿐만 아니라 "남과 북은 서로 상대방의 체제를 인정하고 존중한다."는 〈남북기본합의서〉의 1장 1조의 남북 간의 합의에도 위배되는 것이다.

특히, 남북유엔동시가입은 북쪽의 반대에도 불구하고 남쪽이 추진한 정책이었다는 점에서 이것은 자가당착적이라고 할 수 있다. 〈7.4남북공동성명〉이후, 1973년 박정희 정권은 〈6.23평화통일외교정책선언〉 발표를 통해 남북유엔동시가입을 주장했다. 하지만 북은 남북유엔동시가입이 '두 개의 조선정책' 및 '분단의 영구화'라고 비판하면서 "단일한 고려련방공화국 국호에 의한 유엔가입"[26]을 주장했다. 하지만 노태우정권이 '현실사회주의권의 해체' 흐름을 타고서 북방정책을 실시하고 중국, 러시아와 국교정상화를 이룩함으로써 1991년 남북유엔동시가입을 이룩해낼 수 있었다.

또한, 노태우정권은 이와 같은 남북유엔동시가입을 통해 두 체제의 상호승인과 이를 통한 선(先)평화구축 및 남북교류의 확대를 통한 통일이라는 남

---

25 제3조와 4조, 4조 내부의 규정을 모순이 없는 것으로 해석하는 사람들도 있다. 하지만 이들은 남쪽 중심의 흡수통일 또는 북쪽의 체제전환을 전제로 한 통일을 주장하는 경우이며 그 외의 연구자들은 모두 이 두 가지를 가장 시급하게 다루어야 할 문제로 보고 있다.

26 김일성, 「조국통일 5대 방침에 대하여」, 『김일성 저작집』 제28권, 조선로동당출판사, 1984, 396~398쪽.

쪽의 통일방안을 정식화했다. 따라서 남쪽의 '연합제 통일방안'의 핵심골간이 1989년 노태우정권이 제시한 "한민족공동체통일방안"이라는 것은 우연이 아니다.[27] 연합제의 핵심은 통일을 지금 당장의 과제가 아니라 남북이라는 두 국가의 평화를 구축한 이후, 이를 기반으로 화해와 협력 및 국가연합이라는 '과도기'를 두어 통일을 '과정'으로 설정하고 있다는 점이다.

연합제 통일방안은 두 국가의 상호 인정을 통한 '화해, 협력'이라는 1단계와 '2체제 2정부로 구성된 연합단계'라는 2단계를 거쳐 통일헌법을 만들고 그런 통일헌법을 통해서 통일을 달성하는 3단계의 통일방안이다. 여기서 통일은 '통일 만들기'라는 과정으로 재정립되고 여기서의 두 주체는 남과 북이라는 두 국가다. 따라서 연합제 통일방안의 출발점은 남과 북이라는 두 국가 간의 관계를 정상화하는 데에서 출발할 수밖에 없다. 이런 점에서 노태우정권은 북방정책을 통해 당시 북방삼각을 형성하고 있었던 중국, 러시아와의 관계를 정상화하고 남북유엔동시가입을 통해 남북 사이의 상호 체제인정을 통한 평화의 구축을 모색했던 것이다.

그러나 현행헌법은 이를 반영하지 못하고 있다. "평화통일조항은 분단의 현실을 전제로 하고 있는 데 반하여, 영토조항은 북한을 반국가단체로 보면서 북한 지역을 미수복 지역으로 본다는 점에서 헌법해석론만으로 양자의 충돌과 모순을 해결하는 데는 뚜렷한 한계가 있다."[28] 게다가 헌법 제4조의 "자유민주적 기본질서에 입각한 평화적 통일정책"은 남쪽체제에 의한 북쪽체제

---

27 '민족화합민주통일방안'→'한민족공동체통일방안'→'민족공동체 통일방안'으로 변화되어 온 남쪽의 통일방안의 핵심골간은 1989년 노태우정권이 제시한 "한민족공동체통일방안"을 중심으로 하고 있다(최완규, 「남북한 통일방안의 수렴가능성 연구: 연합제와 낮은 단계의 연방제」, 『북한연구학회보』 제6권 제1호, 2002, 11쪽; 전일욱, 「역대 한국정부의 통일방안과 21세기 한국의 새로운 통일방안구상」, 『평화학연구』 제11권 제3호, 세계평화통일학회, 2010, 106쪽).

28 김승환, 「기본권규정 및 기타 분야의 개정과제」, 『공법연구』 제34권 제1호, 한국공법학회, 2005, 39쪽. 이것은 이장희(「평화공존체제를 위한 법적 수정방향」, 『통일한국』 제79권, 평화문제연구소, 1990, 54~55쪽)와 장기붕(앞의 글, 24쪽) 등이 일관되게 지적하는 것이기도 하다.

의 일방적인 흡수통일을 의미하는 것으로, 오히려 체제경쟁에 의한 대립을 강화하는 효과만 낳을 뿐이다.[29]

실제로, "자유민주적 기본질서는 대한민국 체제를 북한체제의 위협으로부터 방어하고 우리 체제에 입각한 통일을 지향할 것을—규범적으로— 요청하는 체제대립적, 체제대결적 개념으"[30]로, 분단국가주의를 체현하고 있는 개념이다. 바로 이런 점에서 헌법 제3조와 제4조에 대한 삭제 또는 개정 작업은 남북의 헌법에 존재하는 분단국가주의적 요소들을 해체하는 작업의 차원에서 진행되어야 하며 '선(先)평화'를 통한 '통일'이라는, '과정으로서 통일'이라는 개념 및 남쪽의 연합제 통일방안에 부합하는 방식으로 진행되어야 한다.

하지만 그렇기 때문에 이와 같은 작업은 헌법 제3조와 제4조를 개정하는 선에서 멈출 수 있는 것이 아니다. 제3조와 제4조를 포함하여 헌법 내에 존재하는 분단국가주의 요소들의 해체가 논리적으로 향하는 지점은 '완성헌법'으로서의 현행헌법을 분단시대에 과도기적으로 존재하는 '잠정헌법'으로 바꾸는 과정이 될 수밖에 없기 때문이다. 이에 이장희는 제3조와 제4조의 조항들이 가지고 있는 모순들을 분석하면서 최종적으로 '현행헌법을 완성헌법에서 잠정헌법으로 개정하는 것을 신중하게 검토'할 것을 제안하고 있다.[31]

또한, 그것은 제3조와 제4조를 어떻게 개정하든 간에 현실적으로 한반도에 두 개의 국가를 존재한다는 사실 그 자체를 승인하는 것으로 귀결될 수밖에 없다. 장기붕의 수정안은 이를 잘 보여준다. "대한민국은 한민족의 고유한 영토와 그 부속도서가 1953년 7월 27일의 휴전협정의 군사분계선을 경계로 2개의 정치실체로 분단되어 있다는 사실을 인정하고 가능한 한 조속히 이

---

29 이장희, 앞의 글, 54쪽; 장기붕, 앞의 글, 24쪽.
30 김선택, 「정당해산의 실체적 요건의 규범적합적 해석」, 『헌법연구』 제1권 제1호, 헌법이론실무학회, 2014, 158쪽.
31 이장희, 앞의 글, 54쪽.

분단의 현상을 평화적으로 해결하여 통일을 완수하는 것은 국가의 기본정책의 하나이다."[32] 여기서 통일은 서독처럼 분단현실에 대한 인정으로부터 시작된다.

하지만 그렇게 하기 위해서라도 남북 두 정상 간의 논의 및 합의가 필요하다. 예를 들어 북쪽의 헌법에서도 남쪽에서 '자유민주적 기본질서에 입각한'이라는 단서를 달고 있는 것과 마찬가지로 평화통일 앞에 "전국적 범위에서 외세를 물리치고 민주주의의 기초 위에서"(제5조)라는 식의 단서를 달아놓고 있다. 따라서 실질적인 평화체제구축을 위해서 이에 대한 의제화 및 남북 두 정상 간의 헌법 개정에 대한 협의도 필요하다. 또한, 그렇게 되었을 때, 남북 정상의 합의 및 남북합의문들은 실질적인 '통일 만들기'의 과정으로 전화될 수 있다.[33]

Ⅴ. 분단국의 통일헌법 사례와 제헌으로서 통일

만일 통일헌법이 남북의 현행헌법을 해체하고 통일국가의 헌법을 새로 만들어가는 과정이 된다면 그것이 향하는 방향은 명백하다. 그것은 통일국가의 '제헌 헌법 만들기'라고 할 수 있다. 하지만 이 경우, 제헌은 이전의 국가와 완전히 단절된 새로운 국가를 세우는 것이 아니라 두 국가의 상호 협력에 의해 탄생하는 것이기 때문에 연속성 또한 없는 것이 아니다. 통일헌법 논의가 딜레마에 봉착하는 것은 이 때문이다. 하지만 이것이 딜레마가 되는 것은 이것을 일거에 해결하려고 하기 때문이다.

오히려 이것을 '과정으로서 통일' 전체를 지배하는 문제이자 통일 만들기

---

32 장기붕, 앞의 글, 26쪽.

33 현재 이루어지는 연구는 주로 통일합의서에 관한 것(조재현, 「통일의 과정과 통일합의서에 관한 연구」, 「동아법학」 제66권, 동아대학교 법학연구소, 2015, 정만희, 「통일헌법을 위한 단계적 헌법개정」, 「동아법학」 제66권, 동아대학교 법학연구소, 2015)들이 주류를 이루고 있다. 하지만 남북이 합의한 합의문들에 대한 법제화는 제대로 다루어지고 있지 않다.

그 자체를 생산하는 힘으로 보는 관점의 전환이 필요하다. 역사적으로 보았을 때, 분단국이 상호협의를 통해서 통일헌법을 만들어간 가장 성공적인 사례는 예멘이었으며 이런 점에서 예멘은 통일헌법 연구자들에게 주목의 대상이 되었다.[34] 그러나 이렇게 모범적으로 보였던 예멘의 통일은, 통일된 지 4년만에 내전을 치렀다는 점에서 결코 성공적이었다고 할 수 없다. 반면 독일은 서독과 동독이 합의 하에 평화적으로 통일했으며 내전을 치르지도 않았다. 따라서 많은 사람들은 독일통일을 가장 모범적인 사례로 평가하면서 통일헌법에서 독일식의 흡수통일을 활용하거나 이를 전제로 하는 경우가 많다.

하지만 이들은 동독주민들에 의한 서독 기본법의 채택이라는 방식만을 염두에 둘 뿐, 잠정헌법으로서 서독 기본법의 정신에는 주목하지 않고 있다. 애초부터 서독의 기본법은 분단된 독일의 특수성 때문에 헌법의 과도기적 성격을 분명히 하고 있었다. 서독의 기본법 전문에는 "과도기에 있어서 국가생활에 새로운 질서를 부여하기" 위한 '잠정적인 헌법'이라는 점을 밝히고 있으며 그 스스로를 '헌법(Verfassung)'이 아니라 '기본법(Grundgesetz)'이라고 명명하고 있다.[35] 또한, 서독 기본법 제146조에는, "이 기본법은 독일 국민이 자유로운 결정으로 의결한 헌법이 효력을 발생하는 날에 그 효력을 상실한다."[36]는 폐기조항까지를 담고 있었다.

하지만 실제 진행된 독일통일은 서독의 기본법을 '과도기'에만 존재하는 헌

---

34 "남북예멘의 통일에서 중요시되는 것은 통일헌법을 통해서 규범적인 방법으로 통일을 이루었다는 점이다. 이것은 우리의 '민족공동체통일방안'에서 통일국가의 완성은 통일헌법을 제정하여 그에 정한 바에 따라 이룰 것을 제안하고 있다는 점과 관련하여 우리에게 큰 교훈을 주고 있다. … 예멘통일사례는 통일헌법을 통한 통일완성으로, 무력통일과 흡수통일이 아닌 평화적이고 규범적인 합의통일을 달성한 선례인 동시에 통일선포 후 과도기를 설정하여 통합으로 인한 후유증을 줄이고 완전한 통일국가의 법적·제도적 기틀을 마련함으로써 분단국통합의 한 모범을 보여주었다."(장명봉, 「분단국가의 통일과 헌법: 독일과 예멘의 통일사례와 헌법자료」, 국민대학교 출판부, 2001, 114쪽).

35 장명봉, 위의 글, 188~189쪽.

36 장명봉, 위의 글, 245쪽.

법이 아니라 통일 이후에도 통일독일의 정치적 이념과 정신을 담고 있는 헌법이 되었다. 이것은 동독주민들이 자신들의 헌법을 버리고 서독의 기본법을 채택함으로써 흡수되는 방식을 취했기 때문이다. 하지만 독일통일의 헌법적 정당성을 둘러싼 논쟁이 보여주듯이 이와 같은 통일 방식이 최선의 선택은 아니었다. 통일독일을 건설하는데 동독주민은 소외되었으며 통일 이후에도 동·서독주민 간의 사회문화적 갈등 및 헌정질서의 정당성을 둘러싼 논쟁[37]을 유발했기 때문이다.

물론 서독의 기본법에 의한 통일의 방법에는 서독 기본법 제146조에 의한 방법이라는 '새로운 헌법 제정'의 길만 있었던 것은 아니다. 거기에는 제23조에 의한 방법도 있었다. 서독 기본법 제23조는 "독일의 그 밖의 지역에 대해서는 편입 후에 기본법이 효력을 발생한다."[38]라고 규정함으로써 동독 주민들이 서독의 기본법을 채택하는 통일 방식도 열어놓고 있었다. 1990년 8월 23일 동독인민회의는 "서독기본법 제23조에 따라 1990년 10월 3일부터 동독이 서독기본법의 적용지역으로 가입한다."라는 내용을 의결함으로써 신헌법 제정이 아닌 서독기본법의 채택이라는 길을 선택했다.[39]

하지만 이 길은 그 당시 사람들이 이미 제기했던 것처럼 "부분적인 편입을 위한" 조항인 제23조를 동독과 서독의 통일이라는 전국적 차원에 적용한 것으로, "동독을 식민화"하는 것이자 통일국가의 주권자들의 의사가 제대로 반영되지 못한, 따라서 "민주주의 원칙에 위배"되는, 동독주민들의 '아래로부터의 참여'가 배제된 "일방적인 통합"이었다.[40] 이런 점에서 장명봉은 "서독

---

37 장명봉은 헌정 질서와 관련하여 독일통일 당시 제기되었던 문제들은 다음과 같이 들고 있다. "①통일독일의 헌법으로서의 기본법에 대한 1949년 성립 당시부터 제기되었던 민주적·절차적 정당성문제를 완전히 해결하지 못하였다. ②기본법개혁은 동서독주민 모두에게 독일의 새로운 헌법질서의 창조를 위한 기회로 활용되지 못하였다. ③기본법에는 국민발안이나 국민투표 등 직접민주주의제도의 도입이 거부되는 등 성숙된 국민의사를 반영하지 못하고 정당의 이해에만 치우친 결과를 낳았다."(장명봉, 위의 글, 184쪽).

38 장명봉, 위의 글, 196쪽.

39 이효원, 앞의 글, 149쪽.

기본법 제23조에 의한 방식보다는 제146조에 의한 방식을 택하는 것이 바람직하다"고 하면서 한반도의 "평화적 합의통일"에도 이런 방식이 보다 적절하다고 주장하고 있다.[41]

새로운 통일헌법을 제정하는 방식은 남북이 대등한 자격을 가지고서 새로운 통일국가의 건설에 합의해 간다는 것을 의미할 뿐만 아니라 "통일국가의 이념과 체제를 정하는데 있어서도 통일의 주체인 민족성원 전체의 의사를 반영해야 한다는 것"[42]을 의미한다. 게다가 독일통일이 흡수통일이 아니라고 주장하는 이효원도 신헌법을 제정하는 방식이 "통일헌법을 제정하는 과정에서 북한주민의 주권적 의사를 적극적으로 보장"할 뿐만 아니라 "통일국가의 헌법적 가치에 부합하며, 단계적·점진적 통일을 전제로 하는 남한의 통일방안에도 친화적"이라고 말하고 있다.[43]

그러므로 남북의 통일에서 가장 좋은 길은 남과 북의 헌법 중 어느 하나의 헌법을 선택하는 방식이 아니다. 이와 같은 양자택일적 방식은 남북의 적대적 체제경쟁을 반복할 뿐이다. 따라서 보다 좋은 길은 남과 북이 예멘처럼 서로 협력해서 자신들이 기존에 가지고 있었던 현행헌법의 분단국가주의 요소들을 해체하면서 이를 새로운 '통일헌법'의 제정으로 발전시키는 것이라고 할 수 있다. 이 경우, 통일의 과정은 현행헌법을 넘어서 예멘처럼 통일국가의 헌법을 만들어가는 '과정으로서 제헌'이 될 수밖에 없다. 하지만 그렇다고 이 것이 기존의 남북의 국가나 헌법과 완전히 단절된 새로운 국가나 헌법을 창조하는 것은 아니다.

이런 점에서 '제헌으로서 통일'은 '헌법 아래에서' '헌법을 넘어야 하는' '탈구축'으로 정의될 수 있다. '탈구축(deconstruction)'은 'dis+construction'

---

40 장명봉, 앞의 글, 17~18쪽.
41 장명봉, 위의 글, 46쪽.
42 장명봉, 위의 글, 476쪽.
43 이효원, 앞의 글, 154쪽.

의 합성어로, 기존의 문법적 체계나 구조(construction)로부터 풀어놓음(dis)으로써 새로운 문법이나 구조(construction)를 발견하고 만들어가는 것이다. 그런데 통일헌법의 제정 과정 또한 남과 북의 현행헌법들 내에 존재하는 분단국가주의적 요소나 분단국가주의에 의해 억압되었던 인권과 민주주의적 비전들을 풀어놓음으로써 새로운 통일헌법을 만들어가는 것이다. 데리다는 다음과 같이 말하고 있다.

"어떤 결정이 정당하고 책임감 있기 위해서는 이러한 판단은 자신의 고유한 순간에 … 규칙적이면서도 규칙이 없어야 하며, 법을 보존하면서도, 매 경우마다 법을 재발명하고 재-정당화하기 위해, 적어도 그 법의 원칙에 대한 새롭고 자유로운 재긍정과 확증 속에서 이를 재발명할 수 있기 위해 법에 대해 충분히 파괴적이거나 판단중지적이어야 한다. 매 경우가 각각 다른 것인 만큼, 각각의 결정은 상이할 뿐만 아니라 기존의 법전화된 어떤 규칙도 절대적으로 보증할 수 없고 보증해서도 안 되는 절대적으로 특유한 해석을 요구한다."[44]

물론 여기서 데리다가 문제 삼고 있는 것은 "법 바깥에 또는 법 너머에 있는 정의 그 자체"이며 "해체 불가능"하면서도 "계산 불가능한 것"으로서 정의이다.[45] 여기서 정의는 법의 근본적 한계이자 아포리아이다. 하지만 '현행법 아래에서', '현행법을 넘어서야' 하는 통일헌법이 가지고 있는 모순은 데리다가 말하는 근대적 주권의 신화 속에 빠져 있는 독단을 벗어나 보다 다양한 가치들과 세계주의적 전망을 담고 있는 법을 창설해가는 기회가 될 수도 있다.

게다가 더 나아가 '탈구축'으로서 통일헌법의 생성과정은 통일국가의 새로운 주권을 형성하는 과정이기도 하다. 데리다가 말했듯이 미국 독립선언서의 서명자들은 "인민의 이름으로", "선량한 인민"을 대표해서 서명한다. 하지만

---

44 자크 데리다, 진태원 옮김, 『법의 힘』, 문학과 지성사, 2004, 50쪽.
45 자크 데리다, 위의 글, 33쪽.

그 인민은 "실존하지 않는다. 인민은 이 선언에 앞서 그 자체로 실존하지 않는다." 인민은 서명을 통해서 비로소 탄생하며 "서명은 서명자를 발명한다."[46] 따라서 모든 근대적 헌법에는 딜레마가 있으며 이는 한국의 비판적 학자들에 의해 제기되는 문제이기도 하다.[47] 하지만 바로 그렇기 때문에 통일헌법의 제정은 단지 성문화의 과정이 아니라 서명자를 발명하는 과정, 즉 통일국가의 새로운 주권자들을 생성하는 과정이기도 하다,

VI. 나가며: 통일국가의 주권형성과 주체화의 과정으로서 통일헌법

통일은 단순히 두 국가의 정치-경제적 체제와 제도를 합치는 문제가 아니다. 그것은 양쪽의 분단국가에서 살아온 주민들을 통합시키는 과정이기도 하다.[48] 따라서 통일국가의 이념과 정신을 담고 있는 통일헌법제정 또한 단순히 헌법 조문들을 만드는 것이 될 수 없다. 오히려 그것은 '민족적 동일화'라는 욕망에 근거하면서도 그와 같은 리비도가 보다 보편적이고 연대적인 사회의 창출로 이어질 수 있도록 만들어가는 것이다. 이런 점에서 '제헌으로서 통일'은 분단국가 하에서 적대적으로 대립해왔던 분단국가의 국민들로부터 벗어나 새로운 통일국가의 주권자들을 생산하는 과정이 되어야 한다.

통일헌법을 제정하는 과정에는 두 가지의 방향이 있다. 하나는 위로부터

---

46 자크 데리다, 위의 글, 174~175쪽.

47 함재학, 「국민주권과 정치신학: 헌법이론의 탈주술화는 요원한가?」, 『법철학연구』 제19권 제2호, 한국법철학회, 2016 참조.

48 "통일 이후 동서독주민간의 경제적, 사회적 문제는 이른바 통일후유증을 불러 일으켰으며 사회적 분열현상마저 가져왔다. 따라서 중요한 과제는 40여 년간 분단 상황에서 형성된 이념과 체제의 차이에서 온 갈등을 치유하여 실질적 사회통합을 이루는 일이다. 이는 새로운 헌법의 제정을 통해 그 해결방향을 모색할 수 있는 일이었다. 새로운 독일헌법의 제정은 구동독주민에게 새로운 국가적 기본질서의 형성에 독일국민으로서 동등하게 참여하도록 함으로써 서독주민에 대한 열등감을 해소하고 국민적 통합을 이룩하는데 크게 기여할 수 있었을 것이다."(장명봉, 앞의 글, 79쪽).

헌법을 만드는 것이며 다른 하나는 아래로부터 헌법을 만드는 것이다. 하지만 이 중에서 통일국가의 주권자들을 생산하는 것은 '위로부터'가 아니라 '아래로부터'일 수밖에 없다. 즉, 아래로부터 '통일헌법 만들기'[49]를 통해서 남북의 주민들이 주권자로서 통일헌법을 만드는 과정에 적극적으로 참여의 공간을 만들고 통일헌법의 제정에 일 주체로서 그들 스스로가 통일국가의 주권자로 '주체화(subjectivation)'하는 것[50]이다.

사실, 예멘은 합의의 정신과 대등성의 원칙을 따라 통일헌법을 제정하였고 통일로 인한 충격을 최소화하기 위해 과도기간까지를 두는 세심함을 기했다. 1979년 남예멘과 북예멘은 '4개월 이내에 통일국가 헌법안을 마련한다'는 쿠웨이트성명을 내고 통일헌법위원회를 출범시켰지만 1981년 통일헌법초안을 완성하기까지는 9년 동안, 13차례의 회의를 거쳤다. 또한, 남북의 예멘은 통일선언 이후에도 30여 개월 간(1990.5.22. - 1992.11.22)의 과도기간을 두었으며 1989년 당시 250만 대 950만이라는 인구의 차이에도 불구하고 1대 1의 비율로, 대등성의 원칙을 적용해 정부를 구성했다.

하지만 그럼에도 불구하고 통일 이후 예멘은 참혹한 내전에 휩싸였다. 이것은 예멘의 통일방식이 독일의 통일방식보다 못하거나 더 많은 문제점을 가지고 있었기 때문이 아니다. 협의의 정신과 대등의 원칙이라는 측면에서 보면 예멘의 통일이 독일통일보다 결코 못하지 않았다. 문제는 남북 예멘의 지배엘리트 간의 권력배분을 통한 합의방식과 새로운 통일국가의 주권자를 만들어내는 정치적 '주체화'의 과정 없이 통일이 이루어졌다는 점이다.[51] 그렇

---

49 독일통일 당시에 이와 같은 '아래로부터의 헌법 만들기'가 없었던 것은 아니다. 이에 대해서는 이계수, 「미완의 역사로서의 독일 통일과 '아래로부터 헌법 만들기'」, 『일감법학』 제36권, 건국대학교 법학연구소, 2017을 참조하시오.

50 주권자의 형성 및 주체화의 전략은 민주주의의 급진화 전략과 깊은 관계를 가지고 있다. 이에 대한 논의는 박영균, 「통일의 민주주의적 비전과 주권의 정치적 형성 전략」, 『시대와 철학』 제29권 제2호, 한국철학사상연구회, 2018을 참조하시오.

51 "예멘 사례를 통해서 얻을 수 있는 교훈은 엘리트 간의 기계적인 권력배분과 성급한 통일이 능사가 아니라는 것이다. 권력안배를 고려한 권력구조는 통일의 촉진제가 될 수는 있지만,

기 때문에 그들은 통일 이후 4년 만에 다시 내전에 휩싸일 수밖에 없다.

그러므로 보다 중요한 문제는 현행헌법에 존재하는 분단체제의 억압적 잔재들을 해체하면서 '탈구축'을 통한 새로운 통일헌법을 만들어가는 과정 자체가 '아래로부터의 통일헌법 제정과정'이 되도록 하는 것이다. 즉, 지난 분단의 세월 동안 형성된 이념과 체제의 대립 속에서 억압되었던 민주주의를 활성화하고 남북 주민들 사이에 존재하는 적대적 정서를 극복하고 서로의 상처를 치유하면서 보다 인류보편적인 가치와 타자에 대한 윤리적 책임을 담고 있는 헌법을 만들면서 그것이 새로운 국가-사회 건설의 힘이 되는 주체들을 생산하는 과정이 되도록 만들어가는 것이다. 여기서 '제헌으로서 통일'은 향후 통일된 국가에서 제헌의 주체인 주권자들을 조직하는 운동이라고 할 수 있다.

장기적으로 보아서 산적한 문제를 효율적으로 해결할 행정개편 문제, 권력구조의 제도화문제 등이 제기될 경우 첨예한 이해의 대립이 야기되고 이를 해결할 방법이 없으므로 정치적 혼란을 초래할 가능성이 높다."(박정배, 「통일대비 독일과 예멘의 통일헌법체제에 관한 법적 고찰」, 『법학논총』 제33권, 숭실대학교 법학연구소, 2015, 155쪽).

참고문헌

김선택, 「정당해산의 실체적 요건의 규범적합적 해석」, 『헌법연구』 제1권 제1호, 헌법이
　　론실무학회, 2014.

_____, 「통일헌법 논의의 Prolegomena」, 『통일법연구』 제2권, 헌법이론실무학회,
　　2016.

김승환, 「기본권규정 및 기타 분야의 개정과제」, 『공법연구』 제34권 제1호, 한국공법학
　　회, 2005.

남광규, 「평화통일과정에서 헌법적 문제와 과제」, 『한국정치학회보』 제50권 제5호,
　　한국정치학회, 2016.

도희근, 「통일헌법의 기본원리」, 『법조』 제64권 제10호, 법조협회, 2015.

박선영, 「조선민주주의인민공화국 헌법의 제정과 개정 과정을 통해 본 북한헌법에
　　관한 연구」, 『공법학연구』 제16권 제4호, 한국비교공법학회, 2015.

박영균, 「통일의 민주주의적 비전과 주권의 정치적 형성 전략」, 『시대와 철학』 제29권
　　제2호, 한국철학사상연구회, 2018.

_____, 「남북의 통일원칙과 통일과정의 기본가치: 민족과 평화」, 『시대와 철학』 제25권
　　제2호, 2014.

_____, 「분단의 아비투스에 관한 철학적 성찰」, 『시대와 철학』 제21권 제3호, 한국철학
　　사상연구회, 2010.

박정배, 「통일대비 독일과 예멘의 통일헌법체제에 관한 법적 고찰」, 『법학논총』 제33권,
　　숭실대학교 법학연구소, 2015.

서희경, 「남한과 북한 헌법 제정의 비교 연구」, 『한국정치학회보』 제41권 제2호, 한국정
　　치학회, 2007.

송두율, 『민족은 사라지지 않는다』, 한겨레신문사, 2000.

송영대, 「남북기본합의서 20년과 김정은 체제」, 『통일한국』 제339권, 평화문제연구소,
　　2012.

이계수, 「미완의 역사로서의 독일 통일과 '아래로부터 헌법 만들기'」, 『일감법학』 제36
　　권, 건국대학교 법학연구소, 2017.

이장희, 「평화공존체제를 위한 법적 수정방향」, 『통일한국』 제79권, 평화문제연구소,
　　1990.

임동원, 「남북기본합의서와 6.15남북공동선언」, 『역사비평』 제97권, 역사문제연구소, 2011.

장기붕, 「남북한 평화통일의 기초조건」, 『국제법학회논총』 제35권 제1호, 대한국제법학회, 1990.

장명봉, 「통일관련법 연구의 성찰과 방향」, 『국제법학회논총』 제49권 제3호, 대한국제법학회, 2004.

전민형, 「헌법사 속에서의 통일」, 『통일법연구』 제1권 제1호, 헌법이론실무학회, 2015.

전일욱, 「역대 한국정부의 통일방안과 21세기 한국의 새로운 통일방안구상」, 『평화학연구』 제11권 제3호, 세계평화통일학회, 2010.

정규섭, 「남북기본합의서: 의의와 평가」, 『통일정책연구』 제20권 제1호, 통일연구원, 2011.

정만희, 「통일헌법을 위한 단계적 헌법개정」, 『동아법학』 제66권, 동아대학교 법학연구소, 2015.

_____, 「헌법규범과 헌법현실-한국헌법의 규범과 현실의 괴리문제」, 『안암법학』, 제50권, 안암법학회, 2016.

정세현, 「남북기본합의서의 법적 성격과 정치적 의의」, 『통일문제연구』 제4권 제1호, 통일문제연구소, 1992.

정재황·류지성, 「대한민국 통일과도기의 법적 논점」, 『공법연구』 제46권 제2호, 한국공법학회, 2017.

정천구, 「정치철학에 기초한 통일정책과 통일준비」, 『통일전략』 제15권 제2호, 한국통일전략학회, 2015.

조재현, 「통일의 과정과 통일합의서에 관한 연구」, 『동아법학』 제66권, 동아대학교 법학연구소, 2015.

최완규, 「남북한 통일방안의 수렴가능성 연구: 연합제와 낮은 단계의 연방제」, 『북한연구학회보』 제6권 제1호, 북한연구학회, 2002.

함재학, 「국민주권과 정치신학: 헌법이론의 탈주술화는 요원한가?」, 『법철학연구』 제19권 제2호, 한국법철학회, 2016.

김일성, 「조국통일 5대 방침에 대하여」, 『김일성 저작집』 제28권, 조선로동당출판사, 1984.

이효원, 『통일헌법의 이해』, 박영사, 2016.

임현진·정영철, 『21세기 통일한국을 위한 모색』, 서울대학교 출판부, 2005.

장명봉, 『분단국가의 통일과 헌법: 독일과 예멘의 통일사례와 헌법자료』, 국민대학교
　　출판부, 2001.

Bourdieu, Pierre, 김웅권 옮김, 『실천이성』, 동문선, 2005.

　　　　　　　　, 김웅권 옮김, 『파스칼적 명상』, 동문선, 2001.

Derrida, Jacques, 진태원 옮김, 『법의 힘』, 문학과 지성사, 2004.

통일헌법의 이념적 기반과 제정의 원칙들

박민철

Ⅰ. 통일헌법의 과거, 그리고 오늘과 미래

'80년 광주'를 짓밟은 주범은 1981년 3월 3일 대한민국 헌법이 규정하는 대통령의 자리에 스스로 올랐다. 이렇게 탄생한 '합법적' 독재자는 이듬해인 1982년 1월 국회연설에서 '통일헌법'에 대한 구상을 밝혔다. 평화통일의 가장 합리적인 길은 민족 전체의 통일의지를 한데 모아 통일헌법을 채택하고 그 헌법에 따라 통일국가를 완성시킬 때 가능하다는 것이었다. 그러면서 통일헌법의 기본 이념에 민족, 민주, 자유, 복지의 이상이 포함되어야 한다고 말했다. 또한 이러한 통일헌법은 남북의 자유로운 토의 과정에서 초안이 마련될 것이며 자유로운 국민투표를 통해 확정·공포될 것이라는 말을 덧붙였다. 통일헌법에 담겨질 이념들을 훼손한 주체로부터 대한민국 정부의 공식적인 제안으로서 통일헌법이 호명되는 '역설의 순간'이었다. 어찌됐건 통일헌법에 대한 논의는 그렇게 1980년대 중반기를 거치면서 본격화된다.[1] 그 후

---

1   그 시기 발표된 선도적인 연구들은 다음과 같다. 김철수, 「통일헌법을 생각한다」, 『고시계』, 고시계사, 1986; 김철수, 『한국헌법사』, 대학출판사, 1988; 장명봉, 「통일헌법을 위한 남북

30년이 지난 오늘날까지 통일헌법에 관한 다양한 연구들이 축적되고 있다.

세계사적 지평 속에서 분단국가들의 통일은 '최소' 분단국가들의 헌법 개정으로부터, '최대' 통일국가의 새로운 헌법의 제정까지를 필수적으로 요구해왔다. 독일통일은 서독기본법 제23조의 편입조항에 의해 규범적으로 실현될 수 있었고, 예멘통일은 그 중간과정이 어찌되었건 간에 남북예멘이 서로 합의하여 통일헌법을 채택함으로써 완성될 수 있었다. 한반도 통일과 헌법을 연관시킨 연구들의 활발한 전개 역시 이러한 1990년대 동서독과 남북예멘의 통일국가 수립이라는 계기들로서 시작되었다. 또한 1994년의 '민족공동체통일방안'의 공식적인 제기, 2000년을 기점으로 전개된 남북정상회담과 '6.15 남북공동선언' 등은 통일 대비 헌법 제정의 필요성에 대한 구체적인 연구를 진행시키는 계기가 되었다. 결과적으로 오늘날 통일헌법에 의해 통일이 시작되고 완결된다는 기본적인 관점이 동의를 받고 있다.[2]

그런데 오늘날 통일헌법에 관한 논의들은 대체로 기계적이고 도식적인 측면이 강하다는 점을 부인할 수 없다. 우선 주제별로 통일헌법에 대한 연구는 거시적인 통치구조를 중심으로 국가형태와 정부형태에 대한 논의, 내지는 헌법의 이념적 기초와 기본원리 등에 대한 논의를 중심으로 전개되어 왔다. 하지만 주류는 통일 이후의 헌법에 담겨질 국가형태와 정부형태 등 통일한반도의 권력구조에 관한 내용들이었다. 특히 여기에는 "통일헌법 더 나아가 통일을 논의하기 위한 첫 번째 과제가 국가형태이고, 그 후속과제가 정부형태라고 한다면, 그 다음의 과제는 구체적인 통치기구의 지위와 권한 등의 구체성을 띤 것이라고 할 수 있다."[3]는 관점이 전제되어 있었다. 장명봉은 이러한

한헌법 비교」, 『북한연구』 제1권 제2호, 대륙연구소, 1990.

2   대한민국 정부의 공식적인 통일방안에서도 통일은 통일헌법 제정으로부터 시작한다. 즉 남북이 협의하여 민주적 절차와 방법을 통해 통일헌법을 확정하고 이에 근거해 통일국가를 완성하는 것이다. 통일부, 『통일백서 2003』, 2003, 24쪽.

3   김민우, 「북한헌법의 개정에 따른 권력구조의 변화와 특징」, 『홍익법학』 제16권 제4호, 홍익대학교 법학연구소, 2015, 167쪽.

경향에 대해 통일헌법 연구의 대부분이 통일국가의 권력구조에 편중되어 통일헌법의 이념과 기본원리에 관한 연구는 상대적으로 부족하다고 지적하는 한편, 이러한 원인을 '과거 냉전적 이데올로기의 영향 아래 수행되었던 연구활동 및 범위의 제한과 연구목적의 통제'로 규정한다.[4]

나아가 통일헌법에 대한 연구는 대한민국의 흡수통일을 전제로 하여 남의 헌법을 북으로 확장시키거나, 남과 북의 헌법적 이념과 체계를 '현실적으로' 절충하는 방향 속에서 진행되어 왔다. 예를 들어, 자유민주주의를 근간으로 하되, 실질적 평등과 복지의 실현을 도모해야 한다든가, 시장경제질서를 기초로 하되 사회주의경제체제의 장점을 가미한다든가 하는 논의들이 주류를 이룬다. 심지어 관념적 이상주의처럼 '북한의 급변사태'를 기대하거나, 그것을 전제로 한 글들을 많이 볼 수 있다. 어찌됐건 이 속에서 서독의 기본법이 동독 지역에 적용되는 일련의 과정들이 '통일을 앞둔 우리에게 모범사례'가 된다는 관점이 강하게 긍정되고 있다.

그러나 독일 통일의 사례가 우리에게 결코 선도적 모델이 될 수 없다는 평가는 이미 일반적이다. "만약 서독이 동독혁명에 적극적으로 역사적 의미를 부여하고, 동독 주민들을 통일의 당당한 주역으로 받아들였다면, 통일독일은 생동감 넘치는 새로운 공화국으로 탄생했을 것"[5]이라는 평가는 실제 역사적 현실 속에서 그러한 새로운 공화국이 탄생하지 못했다는 것을 증명한다. 더 나아가 통일헌법과 관련되어 독일의 상황이 "서독 정권과 자본의 잠정적인 승리, 동독 신헌법의 좌절 및 동독 헌법의 소멸"[6]로 끝난다는 것을 염두에 둔다면, 한반도에서 제정될 통일헌법은 최소한 독일통일 사례와 구별될 것을

---

4 장명봉, 「통일관련법 연구의 성찰과 방향」, 『국제법학회논집』 제49권 제3호, 대한국제법학회, 2004, 259쪽.

5 김누리, 〈흡수통일은 신화다〉, 《한겨레신문》, 2016. 10. 02., http://www.hani.co.kr/arti/opinion/column/763777.html(이계수, 「미완의 역사로서의 독일 통일과 '아래로부터 헌법 만들기'」, 『일감법학』 제36호, 건국대학교 법학연구소, 2017, 225쪽에서 재인용).

6 이계수, 위의 글, 225쪽.

요구한다. 한반도의 통일헌법 문제와 연관된 독일통일의 결정적인 교훈이 있다면 바로 이 지점일지도 모른다.

따라서 중요한 것은 무엇보다 통일헌법의 이념적 기반과 원리 등에 대한 모색이 우선시 되어야 한다는 점이다. 하지만 그러한 모색이 한반도 분단의 역사적 조건과 현실적 상황을 배제한 채 이념적 차원에서 수행되어서도 안 된다. 이런 점에서 통일헌법은 분단과 통일과정의 구체적 현실 속에서 새롭게 창조가능한 정당한 법, 통일과정을 규제하는 이념적 원리, 통일한반도에서 생성되는 통일국가의 존립 근거와 기본원리를 규정하는 근본 규범이라는 성격이 다시 한 번 강조될 필요가 있다.

이러한 입장에서 아래의 글에서는 통일헌법의 가치와 근본이념, 나아가 통일헌법 제정의 방법론적 원리를 다룰 것이다. 여기에는 통일헌법이 도래할 미래의 공동체를 만들어갈 수 있는 수행적 힘을 가지고 있으며 우리들에게 실천적 규범력을 제공할 수 있다는 믿음이 전제되어 있다. 이에 따라 우선 2장에서는 통일과 헌법, 그리고 통일헌법이 공유하는 가치론적 의미를 살펴볼 것이다. 그 이후 3장에서는 통일헌법의 근본적 이념, 마지막으로 4장에서는 통일헌법 제정의 방향성과 원리 등을 살펴볼 것이다.

II. '과정으로서의 통일'과 '통일헌법 제정'의 가치지향: 정치적 주체의 복원

2000년 이후 남북의 사회문화적 교류와 협력이 본격화되는 배경 속에서 '과정으로서의 통일(Unification as the process)' 개념이 보편적으로 인정받고 있다. 이 개념은 이질적인 남북의 두 체제를 하나의 체제로 합치는 '사건으로서의 통일'을 거부하면서, 인식의 전환을 통해 통일 자체를 동태적인 '과정 그 자체로' 사유하는 것을 의미한다. 특히 '과정으로서의 통일'론은 남북의 상이한 정치−경제적 체제를 하나로 통합시키는 기존의 체제중심적 통일담론의 틀에서 벗어나, 한반도 통일이 남북의 화해협력을 통한 점진적이고 평화적인 과정 속에서 이루어져야 한다는 기본 관점에 서 있다.

하지만 그렇다고 해서 '과정으로서의 통일'은 단지 남과 북의 공통분모를 찾아 이를 확대해나가는 것, 평화공존의 가능성을 차츰 확대해나가는 것, 혹은 남북의 다양한 차이를 극복해 나가거나 남북의 사회문화적 적대와 대립을 해소해나가는 것'만'을 의미하지는 않는다.[7] 보다 정확하게 말해 '과정으로서의 통일'은 미래 통일한반도의 구성원들이 수행해야만 하는 이중적 과제를 의미한다. 하나는 분단체제의 고통과 부작용을 직접적으로 해체하는 작업이다. 또 다른 하나는 한반도 구성원들의 보다 나은 미래와 인간다운 삶이 가능한 새로운 미래공동체로 한반도를 재구성하는 작업이다. 이런 점에서 '과정으로서의 통일'은 한반도의 '未來'와 '美來'를 종합하는 과정인 셈이다.

그런데 바로 여기서 '과정으로서의 통일'은 '통일헌법 제정'과 유사성을 갖게 된다. 통일은 단순히 하나의 순간이나 사건으로 이해할 수 없으며 실제로 그것을 가능하게 하기 위한 분단국가 간의 노력과 공동작업 등의 과정 전체를 의미하듯이, 통일헌법 제정 역시 단 한 번에 완결된 형태를 구축하는 것이 아니라 통일에 대한 이해에 상응하여 동태적, 과정적, 미래지향적으로 수행되어야 하기 때문이다. 뿐만 아니라 이 양자는 동일한 가치지향성을 갖는다. 즉 헌법이 장래에 달성하고자하는 국가의 이념이나 가치를 선언적으로 담고 있는 것처럼, 통일 역시 현재의 적대적인 분단질서를 극복하고 새롭게 구성될 공동체의 평화롭고 공존적 삶을 재형성하려는 가치지향성을 내포하기 때문이다.

이와 같은 '과정으로서의 통일헌법 제정'에 대해서는 많은 이들 역시 동의해 왔다. 성낙인은 '통일과정에서의 헌법', '통일시점에서의 헌법', '통일 후의

---

7 바로 여기서 '과정으로서의 통일' 개념이 갖는 불충분성이 드러난다. '과정으로서의 통일' 개념에 대한 보다 자세한 설명 및 이와 같은 불충분성에 대한 이론적 보완에 대해서는 건국대학교 통일인문학연구단, 『통일인문학』, 알렙, 2015, 71~92쪽 참고.

헌법'을 구분하고 있으며 각 단계별로 거쳐야 할 통일헌법의 제정 과정을 제시했다.[8] 정만희 역시 통일헌법 제정을 단계적으로 접근하면서 현행 헌법에서 '통일 관련 규정 개정', '통일합의서의 헌법적 규범화', '통일이 실현되는 통일헌법의 제정' 등으로 나누어서 설명하고 있다.[9] 이들의 주장은 곧 통일헌법을 하나의 완결된 법적 규범으로 사고하는 것이 아니라, 통일이라는 과정과 함께 지속적으로 창조가능한 법률로서 헌법을 사유하려는 관점으로 요약할 수 있다.

그런데 이렇게 '과정으로서의 통일헌법 제정'을 사유하는 방식의 가장 큰 의의는, 이러한 '과정'이 곧 그동안 억압되고 좌절되었던 한반도의 정치적 주체들의 복원과 연결된다는 점에 있다. 사상사적으로 해방정국의 극심한 이념적 투쟁과 갈등은 그 자체로 이념투쟁의 한계를 노정하는 과정이었다. 하지만 동시에 이것은 일제강점의 폭력적 제국주의 아래 억압되었던 정치적 주체들이 다시 한 번 '호명(呼名)'되는 계기로서 작동했다. 좌우진영 모두에서 제기하였던 민주주의라는 원리 아래 '인민' 또는 '국민'이라는 새로운 주체들이 호명되고 그렇게 호명된 주체들은 새로운 공동체를 건설하는 주체들로서 자리매김 되었다.[10]

하지만 한반도의 현대사가 증명하듯 한반도의 정치적 주체 형성은 분단체제의 엄혹한 현실 속에서 끊임없이 좌절되어 왔다. 일제강점으로부터 해방은 잠시였고 치열한 남북의 이데올로기적 대립과 6.25전쟁은 우리 스스로 어떤 공동체를 만들어 갈 것인지에 대한 주권적 논의를 단절시켰다. 또한 '사회주

---

8   성낙인, 「통일헌법의 기본원리 소고」, 『서울대학교 법학』 제53권 제1호, 서울대학교 법학연구소, 2012, 417쪽.

9   정만희, 「통일헌법을 위한 단계적 헌법개정」, 『동아법학』 제66호, 동아대학교 법학연구소, 2015, 231~244쪽.

10   해방정국의 민주주의의 열망 속에서 새롭게 호명되는 정치적 주체의 복원, 나아가 분단체제 속에서 또 다시 좌절되는 민주주의의 열망과 주권자에 대해서는 박민철, 「남북 통합의 이념적 토대로서 민주주의: 해방정국의 민주주의 담론 분석과 그 재구성을 중심으로」, 『통일인문학』 제72집, 건국대학교 인문학연구원, 2017을 참고.

의강성대국건설'과 '조국근대화'라는 목적을 앞세웠던 전체주의적 독재정권에 의해 분단체제는 강화되어져 갔으며 이에 따라 한반도의 정치적 주체 형성은 지속적인 좌절을 경험해야만 했다.

그런데 이 과정은 대한민국 헌법과 조선민주주의인민공화국 헌법의 제정 및 그 이후의 헌법적 대립과정이 낳은 결과와도 정확하게 일치했다. 남북의 헌법은 발생기원적으로 서로가 서로를 의식하면서 만들어졌던 '쌍생아적 성격'을 지니고 있었다.[11] 이들 헌법 모두는 근대국가를 건설하는 원리로 민주주의를 채택했다는 동일성을 가지고 있었지만, 동시에 주권자의 명칭이 '인민'과 '국민'으로 철저하게 대립되듯이 '서로가 서로를 배제하는' 방식으로 전개되었다.

이러한 적대적 대립의 결정적인 장면은 '유신헌법' 그리고 '사회주의헌법'으로 공식화된 1972년의 남북 헌법 개정에서 잘 드러난다. 이것은 철저하게 상대를 의식한 개정이었다는 점, 나아가 분단체제의 실상이 헌법상 분명하게 표현되었다는 점에서 공통적이었다. 구체적으로 1972년 남북의 헌법은 '사회주의'와 '자유민주주의'를 대립적으로 명기했으며, 또한 '주체(사상)'와 '유신(체제)'이라는 이념지향 역시 대립적으로 제시했다. 또한 주권적 대리체와 기관을 명목삼아 독재에 활용하고자 했던 '주석제'와 '통일주체국민회의'를 공식적으로 선언했다. 이른바 적대적 공생관계의 헌법적 체계가 완성된 것이었다. 결과적으로 1972년은 남북 모두 영구적인 1인 지배체제를 완성시킨 해가 되었다.

이로써 분단체제 속에서 억압되고 사라진 정치적 주체들의 빈자리를 분단

---

11 서희경, 「남북한 북한 헌법 제정의 비교 연구(1947-1948)」, 『한국정치학회보』 제41집 제2호, 한국정치학회, 2007, 48~49쪽. 박명림은 더 나아가 남북의 헌법은 관계성으로서 상호성·대면성·대쌍성(對雙性)을, 국가성으로서 중앙성·독점성·유일성을, 분단성으로서 반민족성·통일지향성·잠정성·과도성을, 국제성으로서 냉전성·진영성·동맹성을 갖는다고 규정한다. 박명림, 「남한과 북한의 헌법제정과 국가정체성연구: 국가 및 헌법 특성의 비교적 관계적 해석」, 『국제정치논총』 제49집 제4호, 한국국제정치학회, 2009.

체제의 강력한 '국가성'이 차지하게 되었다. 남북이 강조해온 타자로부터의 위협은 극단적인 경쟁 상황에서 내부의 충성심과 소속감을 강화하는 효과를 불러오고, 바로 이로부터 "한 국가를 위해 결합되는, 그리고 '우리'와 직접적인 경쟁 관계에 있는 다른 국가들에게는 적대적인, 합착된 스케일의 정체성"[12]을 형성시킨다. 분단국가주의는 바로 이러한 정체성과 관계되는데, 그것은 곧 상대방에 대해 적대감을 기반으로 적대적인 우월성과 대결적인 배타성을 견지하는 태도 속에서 분단체제를 정당화하는 국가주의라고 할 수 있다.

남북 헌법의 변화 역시 이러한 분단국가주의의 강화와 궤를 같이 했다고 할 수 있다. 이를테면 대한민국 헌법 초안을 작성한 유진오는 '국민' 대신 '인민'이라는 용어를 사용했다. 하지만 그렇다고 하더라도 그가 사용한 인민이라는 개념에는 인민주권이라는 의미가 담겨져 있지 않았다. 헌법의 제정과 관련하여 주권의 핵심이 헌법 제정 권력이라고 한다면, 헌법의 제정과 개정은 국민투표로 가능하여야 한다. 그러나 제헌헌법은 국민투표 없이 제헌국회에서 제정, 공포되었으며 헌법의 개정 역시 오직 대통령과 의회에만 맡겨졌기 때문이다. 더군다나 인민이라는 용어는 제정과정에서 국민으로 급작스럽게 변경되었다. '인민주권'에서 '국민주권'으로의 급격한 수렴은 결국 '국가주권'으로의 수렴에 다름 아니었다고 할 수 있다. 유진오는 국민주권을 국가주권과 동일시하였고, 이는 해방공간의 계급투쟁을 해소하고 강력한 내부통합을 국가를 통해 이루고자 한다는 의지 속에서 진행되었다.[13]

---

12 존 앤더슨, 이영민·이종희 옮김, 『문화 · 장소 · 흔적』, 한울아카데미, 2013, 198쪽.
13 신용옥, 「대한민국 제헌헌법의 주권원리와 경제질서」, 『한국사학보』 제17호, 고려사학회, 2004, 217~223쪽. 물론 유진오는 제헌헌법 당시 헌법의 기본 이념에 대해 '인간의 기본권을 중심으로 정치, 경제, 사회의 모든 영역에서 자유로운 활동을 인정하되 단순히 자유를 주는 데 그치지 않고 국가의 적극적인 개입을 통해 경제적 균등을 실현해보고자 한 것'으로 설명한다. 특히 정치적 민주주의와 경제적 민주주의의 동시 실현을 구현하고자 하였다는 것이다. 이런 점에 따라 제헌헌법의 경제조항에서는 자유보다도 평등이 강조된다는 평가도 존재한다. 강정민, 「제헌헌법의 자유주의 이념적 성격」, 『정치사상연구』 제11집 제2호, 한국정치사상학회, 2005, 88쪽.

제헌헌법 이래 대한민국 헌법의 특징은 앞선 의미에서 분단국가주의의 국가성에 있었다. 이는 대한민국 헌법 전문에 있는 민족국가에 대한 지향에서도 잘 드러난다. 현재 헌법에서는 '민족문화의 창달'이 국가의 목적 중 하나로서 제시되고 있으며, 이는 대통령이 가지게 되는 의무이기도 하다. 특히 민족주의가 민족에 기반을 둔 근대적 독립국가의 형성을 목표로 하고 이를 확대하려는 이데올로기라는 점을 염두에 둘 때, 통일헌법에서 '민족' 개념의 활용은 충분히 예상 가능하다고 할 수 있다. 하지만 문제는 바로 거기서 발생한다. 즉 같은 민족이라는 신화적 동일성이 강조되지만, 한국의 현실만 놓고 보더라도 '조국'만큼이나 민족 개념은 군사독재정권에 대한 복종을 요구하는 데 활용되었던 대표적인 수사였기 때문이다. 이 속에서 끊임없이 은폐되었던 것은 다름 아닌 정치적 주체들의 주권이었다.

따라서 통일헌법의 가치론을 구성할 수 있다면, 그것은 바로 여기서 출발해야만 한다. 네그리와 하트의 '헌정투쟁(struggle over the constitution)'이라는 표현처럼, 주권자 스스로가 헌법의 개정 및 제정 절차에 자유롭게 참여하는 것은 분단국가주의에 의해 억압받고 소외당한 주권자들의 권리 회복의 계기인 것이다.[14] 다시 말해 남북의 주권자들을 압도했던 과도한 국가성의 전환을 이루는 작업이 통일헌법 제정의 가치인 것이다. 하지만 그러한 전환은 어려움에 직면한다. 헌법의 구성과 개정에 있어서 다음과 같은 인식들이 여전히 존재하기 때문이다. "국가형태에 비해 기본권을 모두(冒頭)에 두는 것은…아직은 안정적 국가형성이 여전히 중요한 헌법적 과제이며 이념의 대

---

14 김현철, 「이소노미아」, 『법철학연구』 제21권 제1호, 한국법철학회, 2018, 101~103쪽. 하지만 여기서 김현철이 주장하고자 하는 것은 이러한 '헌정투쟁'을 넘어선, '주권 없는 민주주의'이다. 그는 '지배'가 전제된 근대적 (국민)주권개념을 넘어서 '평화로운 공존'의 '이소노미아(isonomia)'라는 개념을 제안한다. 이러한 주장에 대해 대체로 동의하지만 '자기지배', '자기준거', '자율규제', '자기통치'와 같은 개념의 적절성을 넘어설 수 있는 현실적 가능성, 특히 뒤이은 4장에서 후술될 통일국가의 형성과 관련된 부분에서 국가(통치)성의 전적인 배제가 가능할 수 있는지에 대해선 논의가 더 필요해 보인다.

립이 아직 상당한 역할을 하는 사회적 상황에서 이러한 개정을 위한 기반이 확립되었다고 볼 수 없으므로"15와 같은 인식이 그것이다. 물론 이러한 입장에 대한 반대의 의견이 주류를 이루고 있다. 하지만 남북의 통일과정을 주도할 통일헌법에서 국가성의 강조가 여전히 핵심의제가 되고 있는 것 역시 분명한 사실이다. 실제로 많은 연구들에서 통일헌법의 주요 내용을 국가형태, 정부형태, 그리고 국가 수도, 국가, 국기 등에 대한 국가적 징표들에 대한 우선적 선정이 필요함을 주장하고 있다.

그러나 통일헌법은 분단국가주의 속에서 희생되었던 정치적 주권자들을 소환시키는 제도적 장치라는 준거점 속에서 제정되어야 한다. 통일헌법의 가치는 분단국가주의에서 상실된 정치적 주체들의 복원으로부터 확보될 수 있다. 이 속에서 북은 나름의 정당성을 갖는 분단국가의 또 다른 실체가 아니라 단순히 반국가단체이기 때문에 흡수통일 이외의 방식은 논할 필요가 없으며 헌법제정권력 실현에 있어서도 고려 대상이 아니라는 주장은 물론 받아들여질 수 없다.

프랑스 혁명은 최상의 권력인 '헌법제정권력'의 개념을 등장시켰으며 그러한 권력을 구성하는 주체들을 '전에는 아무것도 아니었으나 이제는 모든 것이 된'16 권력의 주체이자 역사의 주체로 재탄생시켰다는 의의를 갖는다. 통일헌법 제정에 참여하는 제정권력주체들은 바로 그런 의미를 갖는 한반도의 전체 구성원들이어야 한다. 이에 근거할 때 통일헌법의 제정과정은 통일한반도의 건설을 전제로 이 공간에서 구현되어야 할 정치적·이념적 원리를 마련하고 향후 실현의 의지를 분명하게 설정하는 계기이자, 이를 통해 한반도의 구성원들이 통일한반도의 실질적인 정치적 주체로서 새롭게 탄생하는 과정

---

15 전광석, 「헌법편제에 관한 연구」, 『헌법학연구』 제12권 제5호, 한국헌법학회, 2006, 29~31쪽(송인호 외, 「통일 헌법 제1조에 관한 고찰」, 『동아법학』 제66호, 동아대학교 법학연구소, 2015, 347쪽에서 재인용).

16 지그문트 바우만·카를로 보르도니, 안규남 옮김, 『위기의 국가』, 도서출판 동녘, 2014, 233쪽.

이 될 수 있다.

III. 통일헌법의 근본이념으로서 '민주주의 그 자체'

위에서 얘기한 정치적 주체들의 복원은 결국 한반도 통일 과정의 규제적
이념이자 통일 이후의 한반도가 요구하는 '진정한' 민주주의의 실현과 연결된
다. 민주주의(Democracy)가 인민을 뜻하는 그리스어 'demos'와 힘 또는 지
배를 뜻하는 'kratos'의 합성어인 'democratia'에서 유래한다고 할 때[17], 민
주주의의 실현은 자기통치를 실현시키는 정치적 주체들의 존재를 전제로 하
기 때문이다. 하지만 통일한반도의 민주주의 실현에 있어서 정치적 주체들의
복원은 필수조건이지 충분조건이 될 수 없다.

주지하듯 남북 모두는 근대국가를 건설하는 정치원리로 민주주의를 채택
했으며, 그러한 이념을 각각의 헌법에 명시하였다. 뿐만 아니라 대한민국 헌
법 제4조가 보여주듯 분단된 두 국가의 통일 원리 역시 민주주의라는 이념이
내세워지고 있다.[18] 이런 점에서 통일국가의 건설에 필요한 통일헌법 역시 민
주주의 이념에 기반할 수밖에 없다는 것은 분명하다. 하지만 중요한 것은 대
한민국 헌법이 지향하는 자유민주주의와 조선민주주의인민공화국이 지향하
는 인민민주주의 사이의 이념적 간극만큼이나 그 자체의 한계 역시 존재한다는
점이다.

북의 인민민주주의는 논의에서 제외하더라도, 남의 자유민주주의 역시 이

---

17 데이비드 헬드, 박찬표 옮김, 『민주주의 모델들』, 후마니타스, 2013, 17쪽.

18 1972년 개정된 헌법은 "대한민국은 통일을 지향하며 자유민주적 기본질서에 입각한 평화적
   통일정책을 수립하고 이를 추진한다"(제4조)고 규정하여 한반도의 통일에 관한 사항을 헌법
   상의 기본원리로 채택하였다. 즉 국가와 민족의 지상과제로서 남북통일의 기본원칙으로 평화
   통일의 원칙과 자유민주적 기본질서에 입각한 통일을 규정하고 있으며, 그 밖에 대통령의
   헌법상 의무로서 조국의 평화적 통일을 위한 성실한 의무(제66조 제3항, 제69조), 대통령의
   통일에 관한 중요정책의 국민투표부의권(제72조), 평화통일정책 수립에 관한 대통령의 자문
   기구로서 민주평화통일자문회의(제92조 제1항) 등을 규정하고 있다.

념적 오염이 분명하다는 점은 어쩌면 분명한 사실일지도 모른다. 과거 '민주'와 구별되는 '자유민주'라는 새로운 표현이 등장한 것은 1972년의 유신헌법에서였다. 위헌적 계엄과 국회해산 그리고 헌법정지의 비상조치 아래 불법적 절차에 의해 통과된 유신헌법은 직접민주주의를 부정하고 독재자에게 초법적 권력을 부여한 '불법 그 자체'였다. 이러한 유신헌법이 내세운 '자유민주적 기본질서'는 외부적으로는 북과의 적대적 경쟁을 위한 체제대결적 개념이자, 내부적으로는 군사독재에 대한 반감을 없애기 위한 체제정당화적 개념이었다. 1990년의 헌법재판소의 판결에서도 드러났듯 '자유민주적 기본질서'의 협소함과 적대성, 배타성은 현재까지도 유지되고 있는 실정이다.[19] 하지만 더 큰 문제는 이러한 '자유민주적 기본질서'가 통일헌법의 기본이념으로서 우리들에게 '강요'된다는 점이다.

통일헌법에 대한 연구들을 살펴보면 북의 '급변사태'를 이론적 전제로 삼거나, 혹은 흡수·편입·합의와 같은 다양한 통일방식을 다루면서도 남의 헌법체계를 북에 적용시키는 방식의 정당성 및 현실화 가능성을 이론화하고 있다. 동시에 이런 점에 입각해 통일헌법 제정의 난점에 대한 여러 대응논리들을 제시하는 한편, 그러한 난점을 극복할 수 있는 남쪽 헌법의 개정에 대한 논의를 제기한다. 하지만 '자유민주적 기본질서'는 통일 전 대한민국 체제를 의미하는 것이지, 통일 과정 및 통일 후의 질서까지도 일방규정할 수 있는 규제적 이념은 아니라고 보아야 한다. 물론 자유민주주의와 자본주의가 통일 한반도의 정치공동체에 자유와 번영을 보장하기 위한 필수조건이라는 인식[20]

---

19 "자유민주적 기본질서에 위해를 준다함은 모든 폭력적 지배와 자의적 지배, 즉 반국가단체의 일인독재 내지 일당독재를 배제하고 다수의 의사에 의한 국민의 자치, 자유와 평등의 기본원칙에 의한 법치주의적 통치질서의 유지를 어렵게 만드는 것이고, 이를 보다 구체적으로 말하면 기본적 인권의 존중, 권력분립, 의회제도, 복수정당제도, 선거제도, 사유재산과 시장경제를 골간으로 한 경제질서 및 사법권의 독립 등 우리의 내부체제를 파괴·변혁시키려는 것으로 풀이할 수 있을 것이다." 헌재 1990.4.2. 89헌가113, 국가보안법 제7조에 대한 위헌심판 (한정합헌)(성낙인, 앞의 글, 426쪽에서 재인용)

20 강원택, 『통일 이후의 한국 민주주의』, 나남, 2011, 19쪽.

은 나름의 정당성을 갖는다. 그러나 "자유를 적극 옹호하는 의미의 협의로 이해된 자유민주주의는, 곧 시장주의 및 반공주의로 이해될 가능성"[21] 역시 상존한다. 실제로 '자유민주적 기본질서'의 이념적 한계를 지적하면서 이러한 이념이 통일헌법에 일방 적용될 수 없다는 연구들 역시 적지 않다.[22]

이러한 연구들을 종합하면 자유민주주의는 과거도 현재도 대한민국의 이데올로기 지평을 좌지우지하는 이른바 '특권적 이데올로기'이다. 유신체제 속에서 자유민주주의는 박정희 정권이 내세웠던 절대적 기준이었고, 이러한 기준 속으로 반공주의와 국가주의가 급속하게 수렴되면서 이데올로기적 오염이 진행되었다.[23] 이 속에서 자유민주주의는 헌법의 가치와 의미마저도 변화시킨다. 즉, 자유민주주의의 기준에 따라 "헌법도 이데올로기적 대결구도를 기본 얼개로 하는 자기완결적 가치체계로 이해하기에 이른다."[24] 통일헌

---

21 강정인, 「민주화 이후 한국정치에서 자유민주주의와 법치주의의 충돌」, 『서울대학교 법학』 제49권 제3호, 서울대학교 법학연구소, 2008, 41~51쪽.

22 예를 들어, 전민형, 「헌법사 속에서의 통일」, 『통일법연구』 제1권, 헌법이론실무학회, 2015; 김선택, 「정당해산의 실체적 요건의 규범적합적 해석」, 『헌법연구』 제1권 제1호, 헌법이론실무학회, 2014; 윤성현, 「통일헌법의 기본원리로서의 민주주의 연구」, 『헌법학연구』 제24권 제2호, 한국헌법학회, 2018; 정철, 「통일헌법의 권력구조」, 『법학논총』 제25권 제2호, 국민대학교 법학연구소, 2012; 박영호, 「민주적 기본질서와 통일조항」, 『세계헌법연구』 제6호, 국제헌법학회, 2001; 김선택, 「자유민주적 기본질서와 통일」, 『통일법연구』 제3권, 헌법이론실무학회, 2017.

23 국순옥, 『민주주의 헌법론』, 아카넷, 2015, 187~190쪽. 여기서 국순옥은 박정희 정권이 내세운 반동적 이데올로기로서 자유민주주의를 '자유로운 민주주의'로 규정하면서, 그에 대항해왔던 부르주아 민주주의의 고전적 형태를 '자유주의적 민주주의'로 구분한다. 더불어 그는 이러한 자유주의적 민주주의를, 민주주의를 자유주의의 틀 안으로 끌어들여 그것을 형식적인 평등, 즉 정치적 기회의 평등으로 자유주의적 관점으로 축소한 이념으로 규정한다. 이런 점에서 자유주의적 민주주의는 이중적 의미를 갖는데, 우선 정치적 주체들의 투쟁을 가능하게 할 수 있는 정치적 교두보의 역할을 담당했다. 하지만 그러한 자유주의적 민주주의는 세계공황과 동서냉전을 기점으로 냉전자유주의적 공산주의 내지 반공주의적 민주주의의 출발점이 된다는 것이다. 여기서 후자 즉 냉전자유주의적 공산주의, 반공주의적 민주주의가 바로 그가 말하는 '자유로운 민주주의'이다. 이러한 국순옥의 '자유민주적 기본질서' 해석에 대한 반론에 대해서는 김욱, 「남북통일을 위한 헌법제정권력의 민주적 실현에 관한 연구」, 『헌법학연구』 제15권 제4호, 한국헌법학회, 2009, 167~168쪽 각주 11번을 참고.

24 국순옥, 앞의 글, 206쪽.

법의 제정에 있어서 가장 큰 난제는 바로 이렇게 특정 이데올로기가 전제된 자기완결적 가치체계로서 대한민국 헌법의 위상이다. 이 속에서 헌법이 핵심적으로 보장해야 할 기본권들은 특정 이데올로기적 시각 아래 자의적으로 규정되고 단순한 정치적 행동강령에 지나지 않게 된다. 이와 함께 통일헌법의 제정과 관련된 폭넓은 논의와 인식의 전환 역시도 제한될 뿐이다.

역사적 발전과정에 자유민주주의는 자유주의와 민주주의의 결합이었다. 이때 전자는 시민적 자유와 경제적 자유를 핵심으로 하는 기본권의 보장에 있어서 국가의 주된 역할을 둔다. 반면 후자는 공동체 구성원들의 정치경제적으로 평등한 지위의 확보에 주력했다. 하지만 대한민국 헌법의 자유민주주의적 관점에서 평등은 자유의 일부 내지 보충적 개념으로 파악될 뿐이며 평등의 원칙은 기회의 평등으로 한정되었다.[25] 실제로 통일헌법의 여러 논의들이 대체로 우리 헌법의 최고 지위를 갖는 '자유'의 이념적 위상을 확고히 하면서도, 통일 이후 발생할 수 있는 북한 주민들의 경제적 평등의 문제를 외면해서는 안 되며 그들의 상실감을 복원시켜줄 수 있도록 평등권에 대한 지분을 추가해야 한다는, 양심론적 수준의 절충적 입장에 머물고 있다는 점 역시 이와 무관하지 않다.

물론 1987년을 기점으로 한국의 자유민주주의가 과거 권위주의 통치의 이데올로기적 수단으로 활용되었다는 것을 넘어서 최소한의 절차적 민주주의를 획득하였고, 그것이 갖는 이념적 지위 역시 확고하게 구축되고 있다는 것역시 분명한 사실이다. 또한 한반도의 통일이 세계보편적 원리에 따른 평화로운 방식의 통합이 될 것이며, 특히 정치이념적으로 대한민국 위주의 통일이 될 수밖에 없다는 인식은 나름의 합리성을 가지고 있다고 할 수 있다. 하지만 통일한반도의 헌법적 체계가 현행 대한민국 헌법이 추구하는 근본이념에 따라 제정되어야 한다는 것은 전혀 다른 맥락이다. 더불어 여전히 자유민

25　안경환, 「헌정 50년과 자유와 평등의 이념」, 『서울대학교 법학』 제39권 제4호, 서울대학교 법학연구소, 1999, 37쪽 각주 18번.

주주의는 분단체제의 반공주의, 군사주의, 권위주의 아래 협소한 의미로서만 국한될 뿐 '민주주의 그 자체'가 갖는 고유한 힘을 회복하지 못하고 있다는 점 역시 고려할 필요가 있다.

하지만 그럼에도 불구하고 '민주주의'가 통일헌법의 근본이념이 되어야 한다는 사실이 결코 부정될 순 없다. 그렇다면 핵심은 어떠한 민주주의인가라는 점이다. 강정인은 민주주의를 정당한 이념으로 모두 승인하고 있지만 그 논의가 보수화된 자유민주주의에만 그치고 있는 현재 한국상황을 빗대어, "한국의 민주주의는 인식론적 회의주의를 제외한 모든 요소가 발육부진이나 결핍에 시달리고 있는 것처럼 보인다"[26]고 지적한다. 한국 민주주의의 이념적 발육부진과 결핍은 당연하게 해방 이후의 좌우의 이데올로기적 대립, 한국전쟁의 경험이 불러온 심리적 기제 이외에도 냉전 반공주의체제에 의해 강제된 민주주의의 이념적 축소과정이 있었기 때문이다.

민주주의의 이념적 축소과정은 수많은 사람들의 인권과 기본권, 평등과 존엄, 나아가 인간을 포함한 무수한 '생명' 그 전체의 권리를 부정하는 결과를 낳았다. 오늘날 대의 민주주의로 대표되는 민주주의의 형식적 조건으로만 협소하게 규정되어 버린 채 결국 그것이 갖는 이념적 추동력을 상실해버린, 그래서 이른바 '텅 빈 기표'로서 전락한 민주주의를 다시금 분단이라는 현실 속에서 불러내 통일헌법의 근본이념으로 위치시키기 위해서는 '민주주의 그 자체'가 가지고 있는 이념적 포용력이 필요하다.[27]

---

26 강정인 외, 『민주주의의 한국적 수용: 한국의 민주화, 민주주의의 한국화』, 책세상, 2002, 57쪽.

27 윤성현은 현재의 '자유민주적 기본질서'는 대의민주주의를 과도하게 강조함으로써 직접 · 참여민주주의를 제약할 수 있으며 자신이 반대하는 반공주의와 동일한 노선을 취하게 됨으로써 정치적 자유와 민주주의를 제한할 우려가 있다고 지적한다. 여기서 그는 남북의 민주주의 현실을 과감하게 개혁함으로써 민주주의의 이상과 원리를 실현시켜줄 수 있는 '더 높은 민주주의(higher democracy)' 개념, 그리고 분단극복과 사회통합을 위해 추구될 수 있는 '더 넓은 민주주의(wider democracy)' 개념을 주창한다. 윤성현, 앞의 글, 255~260쪽. 하지만 여기서 말하는 '민주주의 그 자체'는 민주주의 개념에 원래 더 높은, 더 넓은 지향이 근본적으

예컨대, 지그문트 바우만은 사적인 문제가 공적 문제로 변환되고 다시금 공공 안녕이 사적 기획과 과제로 변형되는 지속적인 '번역과정'으로서의 민주주의를 주장한다. 이때 이러한 번역은 끝없이 순환하는 동심원으로 구성되어 있기 때문에 언제나 새로운 가능성을 제시한다. 또한 그에 의하면 어떤 사회가 민주주의 사회인가라는 것은 그 사회가 아직 충분히 민주주의적이지 않다는 의심, 그 자체의 가능성이 존재하느냐에 따라 규정된다. 결국 민주주의는 나와 세계 사이에서 수행되는 지속적인 번역과정 및 민주주의 실현에 대한 끊임없는 의심을 통해 자신을 고정시키지 않고 지속적으로 확장시키는 개념이라고 할 수 있다. 즉, "민주주의 역시 결코 완벽하지 않으며 항상 개선될 수 있는 가능성"[28]을 가지고 있다는 점, 바로 이것이 '민주주의 그 자체'가 가지고 있는 이념적 포용력이다.

이러한 논의를 가져오면 한반도 분단은 사적인 것과 공적인 것의 순환적 관계를 중단시키는, 다시 말해 민주주의에 대한 다양하고 끝없는 번역을 가로막고 있는 역사적 실체이다.[29] 한반도의 헌법'들' 역시 여기서부터 결코 자유롭지 않으며 그러한 역사적 실체성을 공유하고 있을지도 모른다. 통일헌법의 근본이념을 모색한다고 할 때, 바로 이러한 민주주의 이념의 복원으로부터 출발해야 한다. 따라서 통일헌법의 제정은 모든 구성원들의 의사나 이해의 상대성과 다양성을 전제로 사적문제와 공적 문제의 지속적인 번역과정이 온전하게 제도화되는 것, 즉 '민주주의 그 자체'가 갖는 이념적 힘을 회복시키는 과정을 의미한다. 구체적으로 통일헌법의 근본이념으로서 '민주주의 그 자체'는 남북통합이라는 가치를 포함하면서 동시에 새로운 정치제도와 경제제도의 도입을 자유롭게 사유할 수 있는 이념적 기반이 되어야 한다. 그리고

로 전제되어 있다는 것을 드러내고자 하는 개념적 조어이다.

28 지그문트 바우만, 「최전선의 민주주의」, 토마스 아스호이어 · 베르너 A. 페르거 편, 『세계화 이후의 민주주의』, 평사리, 2006, 42쪽.

29 박민철, 앞의 글, 66쪽.

이 속에서 결국 통일헌법의 제정은 주권자의 자유와 평등을 확보할 수 있는 다양한 실천들, 그리고 구성원들이 가져야만 하는 기본권의 구체적이고 세부적인 영역의 확대 가능성을 만들어가는 것이다.

Ⅳ. 통일헌법 제정의 방향성: 이른바 '치유의 통일헌법'은 가능한가?

통일한반도의 모든 구성원들이 동의할 수 있는 최고의 이념과 가치를 합의하고 공유하는 과정이 통일헌법의 제정과정일 것이며, 그것은 통일헌법 제1조에 명문화될 것이다. 그런데 전 세계 나라들의 헌법 제1조를 살펴보면 '민주공화국과 국민주권'이라는 국가가 추구하는 가치와 정체성을 선언하는 경우가 있는 반면, 이와 같은 국가의 형태가 아니라 '인간의 존엄과 자유'와 같은 조항을 독자적으로 규정함으로써 국가의 존재 이유와 목적 등에 대한 설명을 추가하는 경우가 있다. 임시정부헌법에서부터 현재에 이르기까지 대한민국 헌법은 '민주공화국'의 이념을 최우선적으로 선포해왔으며, 그것은 조선민주주의인민공화국 역시 마찬가지였다. 하지만 또 다른 맥락에서 여기서 확인되는 것은 그 상징성이 선명하게 드러나는 분단국가의 국가성이다. 물론 그러한 국가성을 전적으로 부정할 순 없다. 현행 남북의 헌법에 기초할 때 한반도 두 국가의 정체성은 통일이념의 지향을 공식적으로 드러내고 있기 때문이다.

대한민국 헌법 제4조는 "대한민국은 통일을 지향하며, 자유민주적 기본질서에 입각한 평화적 통일정책을 수립하고 이를 추진한다."라는 점을, 또한 조선민주주의인민공화국 사회주의헌법 제9조는 "조선민주주의인민공화국은 북반부에서 인민정권을 강화하고 사상, 기술, 문화의 3대혁명을 힘 있게 벌려 사회주의의 완전한 승리를 이룩하며, 자주, 평화통일, 민족대단결의 원칙에서 조국통일을 실현하기 위하여 투쟁한다"는 점을 명문화한다. 이렇듯 남북한 헌법은 국가의 정체성에 있어서 통일을 당위적 과제로 위치시킨다. 하지만 조문에서도 확인할 수 있듯이 그러한 통일 지향 역시 '자유민주적 기본 질서'와 '사회주의의 완전한 승리'의 대립구도 속에서 위치 지워질 뿐이다.

따라서 남북의 헌법에서 부족한 것은 적대적 대립에 기초한 국가성에 의해 부차화 된, 즉 '인권'이라고 칭할 수 있는 한반도 구성원들의 기본권이다. 그런데 사실 인권은 남북의 분단극복과 통일, 그리고 그것을 매개하는 통일헌법이 만날 수 있는 이념적 지평이다. 왜냐하면 한반도의 통일은 개별적으로 다뤄질 수 없는 강력한 상호연계성을 갖춘 남북의 인권 현실을 극복하고 인권국가로 발돋움할 수 있는 계기가 될 수 있기 때문이다. 하지만 또 다시 분명하게 해야 할 것은 한반도의 통일에 결코 국가성을 배제할 수 없다는 점이며,[30] 통일한반도가 인권공화국이 될 수 있기 위해선 국가의 의무를 필수적으로 요구한다는 점이다.

이런 맥락에서 샌드라 프레드먼은 '인권의 대전환'을 통한 인권공화국의 가능성을 제시한다. 인권을 진정으로 향유하기 위해서는, 국가의 힘을 동원해야 한다는 사실을 인정하는 '인권의 대전환'이 필요하다는 것이다.[31] 그에 의하면 인권을 보장하고 구현하기 위한 의무 주체로서 국가가 적극적으로 기능할 때, 비로소 인권의 원칙에 의해 구성되고 인권의 보장을 국가의 최대 의무로 삼는 인권화된 국가, 혹은 인권공화국이 성립된다.[32] 이와 같은 인권공화국의 가치는 통일헌법 제정과 관련된 적절한 방향성을 제시한다.

분단역사의 과정은 분단 이후 상대방에 대한 적대성과 배타성을 의도적으로 생산하는 한편, 자신들의 정통성 확립과 집단적 결속을 위한 국가내부적

---

30 통일헌법을 다루는 여러 연구들에 따르면 헌법상 통일은 서로 다른 국가권력을 하나로 국민국가 형태로 통합하는 것, 서로 다른 두 체제를 하나의 국가체제로 통합하는 것, 정치적 통일체를 포함하여 경제와 문화의 통합을 포함하는 개념 등으로 정리된다.

31 샌드라 프레드먼, 조효제 옮김, 『인권의 대전환』, 교양인, 2009, 60쪽.

32 정정훈, 『인권과 인권들』, 그린비, 2014, 276쪽. 하지만 정정훈은 단순히 국가에 의해 제도화되고 법률화된 인권뿐만 아니라, 그것으로 포섭될 수 없는 다양하고 구체적인 현실의 인권을 구분할 것을 주장한다. 인권의 완성이 인권공화국의 수립으로 완결될 수 없다는 것이다. 같은 책, 227~228쪽.

인 폭력을 양산했던 과정이기도 했다. 이 속에서 한반도 구성원들은 국가폭력의 개별적 체험과 그 내부적인 축적을 진행시켜왔다. 우리들은 서로를 적으로 인식할 수밖에 없었던 6.25전쟁이라는 폭력적 트라우마를 직접적으로 경험해 왔으며, 나아가 이런 트라우마는 여러 세대에 걸쳐 축적된 적대감과 원한의 역사와도 뒤섞여 증폭되어 왔다. 뿐만 아니라 분단체제의 확립 이후 남북의 일상화된 국가폭력 속에서 주권자들의 희생 역시 만연되어져 왔다. 분단체제를 만들어 내고 그것을 통해 끊임없이 재생산되는 상호 적대성과 불신이 남북 구성원들의 집단 무의식에 내면화된 것 또한 이러한 과정들의 결과였다.

이런 점에서 분단체제의 직접적인 폭력과 적대적인 공생관계 속에서 고통받은 주권자들에 대한 '치유' 및 그것의 재발에 대한 철저한 반대지향을 통일헌법이 선포해야 한다는 점은 자명하다. 한반도의 진정한 인권의 실현은 일상화된 국가폭력의 구조, 비평화의 상태, 적대적인 원한감정과 불신을 치유하고 생명평화의 가치를 회복하는 과정 속에서 이뤄진다. 다시 말해 분단고통의 극복이 곧 통일의 핵심이 된다는 점에서 그것이 만약 가능할 수 있다면, 통일헌법은 분단이 낳은 상처와 고통에 대한 치유를 국가적 의무로 삼는 이른바 '치유의 헌법'이 되어야 한다.

하지만 오늘날 남북이 공통으로 경험한 역사적 아픔과 상처를 종합적으로 공감하고 이를 치유할 수 있는 헌법의 기능이 강조되기 보다는, 응징과 처벌의 통일헌법에 대한 논의가 더 활발하다. 통일헌법 관련 연구들에서는 '체제불법(Systemunrecht, Unrechtsregime)'를 "자의적이고 폭력적 지배가 주된 통치의 수단이라고 할 수 있는 비법치국가(Nicht-Rechtsstaat) 내지 전법치국가(Vor-Rechtsstaat) 또는 불법국가(Unrechtsstaat)에서 저질러진 정권 차원의 불법행위"[33]으로 정의한다. 그런 다음 '북한 정권이 저지른 각종

---

33 김하중, 『통일한국의 과거청산』, 나남, 2013, 60쪽(방승주, 「통일과 체제불법 청산」, 『통일법연구』 제1권, 헌법이론실무학회, 2015, 191쪽에서 재인용).

의 불법행위에 대하여 법적으로 어떻게 처리해야 할 것인가를 미리 연구하고 준비하는 것은 통일을 준비하는 것만큼이나 중요하며, 헌법학자를 비롯한 모든 법학자들이 각 법 분야에서 등한시해서는 안 되는 사명이요 과제라고 진단한다.'

그런데 이러한 통일헌법 제정의 방향성은 또 다른 대립과 적대를 낳을 수 있는 가능성을 갖는다. 헌법이 담아내는 인류보편적 법원리와 가치가 특정행위의 옳고 그름을 가늠할 수 있는 정당성을 담보해야만 하는 것은 분명하지만, 동시에 우리가 제정해야 하는 통일헌법이 평화로운 상호공존과 화해의 원칙을 가치지향적으로 담아내야만 하는 것 역시 분명한 사실이다. 물론 이것은 무조건적으로 옳은 통일이라는 이념을 최상위에 놓고, 그 아래로 '화해와 치유'의 가치, 다시 그 아래로 다른 이념과 원리들을 위계화시켜야 한다는 것을 의미하지는 않는다. 그럼에도 불구하고 '치유의 가치'에 따른 통일헌법 제정 방향은 그 선차성이 보장되어야 한다는 것이다.

여기서 필요한 것은 통일헌법 제정을 가능하게 만드는 일종의 '헌법적 상상력'이다. 김선택은 한반도의 통일이 가지는 독특함과 복잡성을 고려할 때 '헌법적 상상(력)'이 필요함을 역설하면서 그 출발점으로서 세 가지를 제시한다. ① 한반도의 통일은 옵션이 아닌 피할 수 없는 과제라는 점을 인식, ② 한반도의 분단은 그 사안의 구조와 성격이 독특하다는 점을 인식, ③ 통일헌법은 실정헌법 해석의 경계를 넘어서는 일이라는 점을 인식해야 한다는 것이다.[34]

특히 ②번과 연관하여 한반도 분단의 특수성과 치유라는 가치의 보편성에 주목할 필요가 있다. 분단의 고통은 단순히 인간으로만 국한될 수 없다. 한반도의 분단을 총체적으로 조망할 때, 그것은 인간-자연-사회가 맺는 일상적이고 호혜적인 상호관계의 단절로 수렴되기 때문이다. 이때 이것은 각각 남

---

34 김선택, 「통일헌법 논의의 Prolegomena」, 『통일법연구』 제2권, 헌법이론실무학회, 2016, 5~8쪽.

북 생활세계의 분열, 한반도의 자연지리적 분단, 국가와 사회의 적대적 대립에 대응한다. 이런 점에서 한반도의 분단은 인간과 자연, 사회를 포함하는 생태계 전체의 분단을 의미한다. 결국 치유는 분단국가의 구성원들을 넘어서 분단의 생태계[35] 전체에 필요한 가치가 된다. 따라서 한반도의 분단극복은 인간, 자연, 사회의 분열적 대립을 극복하고 일상적이고 호혜적인 상호관계를 회복하는 '생명계 전체의 치유 과정'일 수밖에 없으며, 통일헌법 역시 이러한 방향성에서 기획되고 구체화될 필요가 있다.

통일헌법의 본질은 결국 '우리가 살고 싶은 나라'를 꿈꾸고 그리는 미래적 기획이라고 할 수 있다. 여기에는 '지금, 이곳에서' 절실하게 필요한 다양한 가치와 권리들이 포함되어야 한다. 앞 선 논의들을 압축하면 통일헌법은 가변적이고 새롭게 창조 가능하다는 존재론적 특성을 갖는다는 점이다. 그리고 그러한 특성은 '상실된 정치적 주체들의 복원', '근본이념으로서 민주주의 그 자체', '분단고통의 치유'라는 기반 위에서 확보될 수 있다는 점이다.

---

35 박민철, 「한반도 분단극복과 생태주의의 결합」, 『서강인문논총』 제48집, 서강대학교 인문과
    학연구소, 2017.

참고문헌

강원택, 『통일 이후의 한국 민주주의』, 나남, 2011.

강정민, 「제헌헌법의 자유주의 이념적 성격」, 『정치사상연구』 제11집 제2호, 한국정치
　　　사상학회, 2005.

강정인 외, 『민주주의의 한국적 수용: 한국의 민주화, 민주주의의 한국화』, 책세상,
　　　2002.

강정인, 「민주화 이후 한국정치에서 자유민주주의와 법치주의의 충돌」, 『서울대학교
　　　법학』 제49권 제3호, 서울대학교 법학연구소, 2008.

건국대학교 통일인문학연구단, 『통일인문학』, 알렙, 2015.

국순옥, 『민주주의 헌법론』, 아카넷, 2015.

김누리, 〈흡수통일은 신화다〉, 《한겨레신문》, 2016. 10. 02.

김민우, 「북한헌법의 개정에 따른 권력구조의 변화와 특징」, 『홍익법학』 제16권 제4호,
　　　홍익대학교 법학연구소, 2015.

김선택, 「정당해산의 실체적 요건의 규범적합적 해석」, 『헌법연구』 제1권 제1호, 헌법
　　　이론실무학회, 2014.

_____, 「분단과 통일, 헌법의 정당성」, 『통일법연구』 제1권, 헌법이론실무학회, 2015.

_____, 「통일헌법 논의의 Prolegomena」, 『통일법연구』 제2권, 헌법이론실무학회,
　　　2016.

_____, 「자유민주적 기본질서와 통일」, 『통일법연구』 제3권, 헌법이론실무학회,
　　　2017.

김 욱, 「남북통일을 위한 헌법제정권력의 민주적 실현에 관한 연구」, 『헌법학연구』
　　　제15권 제4호, 한국헌법학회, 2009.

김철수, 「통일헌법을 생각한다」, 『고시계』, 고시계사, 1986.

_____, 『한국헌법사』, 대학출판사, 1988.

김하중, 『통일한국의 과거청산』, 나남, 2013.

김현철, 「이소노미아」, 『법철학연구』 제21권 제1호, 한국법철학회, 2018.

데이비드 헬드, 박찬표 옮김, 『민주주의 모델들』, 후마니타스, 2013.

박명림, 「남한과 북한의 헌법제정과 국가정체성연구: 국가 및 헌법 특성의 비교적
　　　관계적 해석」, 『국제정치논총』 제49집 제4호, 한국국제정치학회, 2009.

방승주, 「통일과 체제불법 청산」, 『통일법연구』 제1권, 헌법이론실무학회, 2015.

박민철, 「남북 통합의 이념적 토대로서 민주주의: 해방정국의 민주주의 담론 분석과
　　　그 재구성을 중심으로」, 『통일인문학』 제72집, 건국대학교 인문학연구원, 2017.

＿＿＿, 「한반도 분단극복과 생태주의의 결합」, 『서강인문논총』 제48집, 서강대학교
　　　인문과학연구소, 2017.

박영호, 「민주적 기본질서와 통일조항」, 『세계헌법연구』 제6호, 국제헌법학회, 2001.

샌드라 프레드먼, 조효제 옮김, 『인권의 대전환』, 교양인, 2009.

서희경, 「남북한 북한 헌법 제정의 비교 연구(1947-1948)」, 『한국정치학회보』 제41집
　　　제2호, 한국정치학회, 2007.

성낙인, 「통일헌법의 기본원리 소고」, 『서울대학교 법학』 제53권 제1호, 서울대학교
　　　법학연구소, 2012.

송인호 외, 「통일 헌법 제1조에 관한 고찰」, 『동아법학』 제66호, 동아대학교 법학연구
　　　소, 2015.

신용옥, 「대한민국 제헌헌법의 주권원리와 경제질서」, 『한국사학보』 제17호, 고려사
　　　학회, 2004.

안경환, 「헌정 50년과 자유와 평등의 이념」, 『서울대학교 법학』 제39권 제4호, 서울대
　　　학교 법학연구소, 1999.

윤성현, 「통일헌법의 기본원리로서의 민주주의 연구」, 『헌법학연구』 제24권 제2호,
　　　한국헌법학회, 2018.

이계수, 「미완의 역사로서의 독일 통일과ʻ아래로부터 헌법 만들기ʼ」, 『일감법학』 제36
　　　호, 건국대학교 법학연구소, 2017.

이병규, 「헌법의 본질과 다양성 그리고 그 가치」, 『법학논고』 제33집, 경북대학교
　　　법학연구원, 2010.

장명봉, 「통일헌법을 위한 남북한헌법 비교」, 『북한연구』 제1권 제2호, 대륙연구소,
　　　1990.

＿＿＿, 「통일관련법 연구의 성찰과 방향」, 『국제법학회논집』 제49권 제3호, 대한국제
　　　법학회, 2004.

전광석, 「헌법편제에 관한 연구」, 『헌법학연구』 제12권 제5호, 한국헌법학회, 2006.

전민형, 「헌법사 속에서의 통일」, 『통일법연구』 제1권, 헌법이론실무학회, 2015.

정만희, 「통일헌법을 위한 단계적 헌법개정」, 『동아법학』 제66호, 동아대학교 법학연

구소, 2015.

정정훈, 『인권과 인권들』, 그린비, 2014.

정 철, 「통일헌법의 권력구조」, 『법학논총』 제25권 제2호, 국민대학교 법학연구소,
　　2012.

존 앤더슨, 이영민 · 이종희 옮김, 『문화 · 장소 · 흔적』, 한울아카데미, 2013.

지그문트 바우만 · 카를로 보르도니, 안규남 옮김, 『위기의 국가』, 도서출판 동녘,
　　2014.

지그문트 바우만, 「최전선의 민주주의」, 토마스 아스호이어 · 베르너 A. 페르거 편,
　　『세계화 이후의 민주주의』, 평사리, 2006.

통일부, 『통일백서 2003』, 2003.

이소노미아

김현철

Ⅰ. 희망의 원리[1]

어떻게 살 것인가? 이는 인간에게 주어진 근원적인 물음이다. 그리고 인간
의 삶은 이 물음에 대한 각자의 답이다. 그러나 인간은 홀로 살 수 있는 존재
가 아니다. 인간은 자연종으로서 무리를 지어 먹을 것을 구하고 안전을 확보
하면서 살아왔다. 인간이 살아 있다는 것은 같이 먹을 것을 구한다는 의미이
며, 같이 생존을 도모한다는 의미이기도 하다. 그런 의미에서 인간의 삶은
인간 개개인의 것이기도 하지만 동시에 자신의 삶에 연계된 많은 사람들의

---

1   "사람들은 보다 나은 가능한 삶에 대하여 얼마나 풍요롭게 꿈꾸어왔던가? 만인을 위한 삶은
낮꿈 속에서 언제나 이어져왔다. 그런데 낮꿈 속에는 부분적으로는 희미하고도 신경을 둔하
게 만드는 도피 내지는 약탈자의 전리품 역시 담겨져 있다. 그러나 낮꿈의 다른 부분은 우리를
자극시킨다. 그것은 기존하는 나쁜 현실에 만족하지 않고, 우리를 체념에 빠뜨리게 하지 않는
다. 바로 이 다른 부분이야 말로 희망의 핵심이라고 말할 수 있다. 또한 그것은 우리에게
무언가를 가르쳐준다. 이 다른 부분이 있기 때문에 희망은 비록 불규칙적인 낮꿈으로부터,
그리고 낮꿈이 교묘하게 남용되는 것으로부터 벗어날 수 있다. 비유적으로 말하면 희망은
연기 없이 활동하는 것이라고나 할까?", 에른스트 블로흐, 박설호 옮김, 『희망의 원리1: 더
나은 삶에 관한 꿈』, 솔, 1995, 8쪽.

삶이기도 하다. 그래서 우리가 잘살기 위해서는 나 혼자 열심히 사는 것으로
는 부족하다. 내가 잘살기 위해서는 내가 속한 무리가 좋은 무리여야 한다.

그러나 인간의 삶은 그것을 유지하기조차 고난(苦難)한 것이다. 개체는 생
명현상을 유지하기 위해 환경과 필사적으로 상호작용을 하여야 한다. 삶은
힘들고 어렵다. 그런데 인간은 그 힘들고 어려운 삶을 조작하고 관리하는 방
법을 터득하여 왔다. 문명의 발전은 생명을 유지하는 어려운 과정을 보다 쉽
게 만들어 나가는 과정의 역사이다. 그리고 그 과정은 인간 개체 사이의 협력
을 통해 진행되었다. 인간은 무리 속에서 협력해야 하는 존재이다.

그렇다면 어떤 무리 속에 살아야 고난한 삶을 의미 있는 삶으로 새길 수
있을까? 이것은 인간의 정치적 삶의 기본 질문이 될 것이다. 내 삶이 잘 유지
될 수 있는 무리의 모습. 그것은 어떤 모습일까? 적어도 현재 존재하는 무리
를 묘사하는 것으로는 부족할 것이다. 인간은 더욱 잘 살고 싶어 하고, 그
욕망이 있는 한 현재 자신이 속한 무리의 모습은 늘 부족할 것이다. 그러면
'어떤 무리여야 하는가?'에 대한 각자의 답이 있다면 그것은 각자가 현재 겪
고 있는 고난이 투영된 모습일 것이다. 플라톤이 『폴리테이아』에서 제시하려
고 했던 답, 아리스토텔레스가 『니코마코스윤리학』이나 『정치학』에서 하려고
했던 답, 모두 '잘 사는 것'을 다른 사람과의 관계 속에서 성찰하고, 무리의
차원에서 고민하려고 했던 것이다. 플라톤이 '폴리스의 아름다운 파라데이그
마(Paradeigma)'를 세우려고 했던 의미는 실제 존재하는 나라를 기술하고
자 함이 아닐 것이다. 그렇다고 그것을 '당위'라고 거창하게 부를 필요는 없
다. 아주 단순하게 말하자면, 단지 그 나라를 '희망'하고 있을 뿐이다.

민주주의(democracy)는 그 희망의 한 이름이다. 민주주의라는 말이 처음
그리스에서 만들어진 이후, 서구의 역사 속에서 민주주의는 하나의 이상
(ideal)으로 자리 잡았다. 그러나 민주주의가 무엇인지는 여러 사람들에 의
해 해석이 분분하다. 민주주의의 개념(concept)은 대체로 일반적인 차원에
서 이해되고 파악될 수 있지만, 그 핵심적인 사상(conception)이 무엇인지에

대해서는 다양한 의견들이 전개되어 왔다. 그러다 보니 민주주의는 누구나 선점할 수 있는 단어가 되어 버렸다. 로버트 달은 "우리들의 시대에는 독재자들도 정통성을 획득하기 위해 불가피한 요소로, 이렇게 저렇게 수식된 민주주의라는 말을 사용한다."고 평가한다.[2] 그러나 어쨌거나 민주주의는 서구를 넘어 전 지구화된 개념이 되었다.

이 글은 민주주의에 관한 한 개념을 제시하려고 한다. 그것은 민주주의를 정의하려는 것도, 민주주의의 개선된 정치과정을 제시하려는 것도 아니다. 그것은 민주주의라는 개념이 지향하는 가치가 무엇인지를 분명히 하려는 것이다. 물론 그 가치로 오랫동안 자유, 평등, 정의, 인권 등이 제시되어 왔다. 그러나 그 가치들에는 민주주의의 근원적인 부분이 드러나지 않는다. 필자는 그것을 '지배와 폭력 없는 삶'이라는 이상으로 제시하려고 한다. 앞서 언급했듯이 삶을 유지하기란 매우 어려운 일이다. 그리고 삶을 유지하기 위해 무리가 필요하고, 무리가 적절히 유지되기 위해 어떤 '힘'이 필요한 것도 자연종으로서 인간에게 주어진 조건의 하나이다. 그러나 그 힘이 지배가 되고 폭력이 되는 것도 자연종으로서 인간에게 주어진 조건인가? 긴 지구의 역사를 보자면 아마 그렇다고 말할 수도 있을 것이다. 그러나 만약 '지금도 그런가' 혹은 '앞으로도 그럴 것인가'라고 묻는다면, 그에 대해 어떻게 답할 것인가? 인간의 문명은 지배와 폭력 없이도 공존할 수 있는 다양한 기제와 장치를 사회적으로 구축해 가는 과정이었다. 그리고 그 과정은 지금도 계속 진행되고 있으며, 계속 진행될 것이다.

인간의 문명에서 민주주의는 독특한 지위를 차지하고 있다. 민주주의는 인간이 채택한 공동체 운영의 유일한 방식은 아니었으며, 오히려 역사적으로 찾기 드문 방식이라고 할 수 있다. 그러나 지금은 전 지구적으로 볼 때, 대부분의 국가들이 민주주의를 정치 이념으로 채택하고 있음을 선언하고 있다.

---

2   로버트 달, 조기제 옮김, 『민주주의와 그 비판자들』, 문학과 지성사, 1999, 24쪽.

심지어 권위주의나 전체주의 국가조차도. 사소할지 모르지만 필자는 그 이유 중의 하나가 민주주의가 가진 개념적 측면에 있다고 생각한다.[3] 그것은 민주주의는 데모크라티아(Demokratia), 즉 지배(Kratos)의 범주라는 점이다. 데모크라티아는 '누가 지배하여야 하는가'라는 질문에 대한 답이며, 그 질문의 배경에는 분열된 다양한 계층의 존재가 전제되어 있다. 적어도 고대 그리스의 맥락에서 보자면, 왕이 지배하는가, 최고 엘리트 집단이 지배하는가, 다수의 시민이 지배하는가라는 선택지가 그 질문의 답으로 주어져 있는 것이다. 그러나 지금 이 시점에서 다시 새로운 질문을 던질 수 있다. 현재 우리가 채택하고 있으며 향후 발전시켜 나갈 정치체제에서 '누가 지배하는가'라는 질문은 여전히 유효한가? 필자는 무리의 삶의 미래에 대한 희망의 원리를 추구한다면, 누구도 지배하지 않고 누구도 지배받지 않는 정치체제이면서 우리의 생존을 효율적으로 도모할 수 있는 정치체제를 상상해 볼 수 있다고 생각한다. 그것은 자유롭고 평등한 삶을 추구하기 위해서는 더 이상 '지배'가 아닌 '평화로운 공존'을 사고하는 것이 더 본질적이라는 함의도 가질 것이다. 그렇다면 '지배'를 개념의 한 부분으로 갖지 않는 이 새로운 민주주의를 무엇이라고 부를 것인가? 그에 대한 하나의 모색으로 이 글에서 살펴보려는 것이 '이소노미아'란 개념이다.

II. 오타네스

이소노미아(isonomia)는 일반적으로 그리스 민주정을 가리키는 데모크라티아란 단어가 사용되기 이전 시대에 민주정을 가리키는 용어로 사용되었다고 알려져 있다. 데모크라티아는 데모스인의 지배를 의미하는데, 데모스 제

---

3   democracy를 왜 민주주의라고 번역하는가에 대해 약간의 의문이 있다. 글자 그대로 번역하면 '민주정'이 되어야 할 것이기 때문이다. 민주주의는 오히려 민주정 그 자체라기보다 민주정의 정신(spirit of democracy)을 지칭하는 것으로 이해하는 것이 적절하지 않을까 생각한다.

도가 정치의 근간으로 확립된 것은 클레이스테네스의 통치 시대이다. 따라서 시기적으로 데모크라티아는 데모스인이라는 개념이 정치적으로 확립된 후에야 성립할 수 있기 때문에, 데모스인(demos)의 지배(kratia)라는 단어는 클레이스테네스 이전에서 사용되었다고 볼 수 없다. 그런데 이소노미아는 그 이전부터 사용되어 왔기 때문에 데모크라티아보다 시대적으로 앞선다는 것은 당연할 것이다. 그러나 데모크라티아보다 앞선 다는 것 이외에 이소노미아가 '민중에 의한 지배'라는 의미도 가지고 있었는지에 대해서는 논란의 여지가 있을 것이다.[4] 그런데 후대에게 이소노미아와 민주정의 관계에 대해 가장 중요한 단서를 제공하는 서술은 헤로도토스의 『역사』 제3권 제80장에서 볼 수 있다.

헤로도토스는 페르시아의 왕 캄비세스 사망 이후의 일들을 들려준다. 캄비세스 왕이 사망한 것은 마고스인들의 속임수 때문이었고, 마고스인은 왕족인 스메르디스 행세를 하고 캄비세스 왕 이후 페르시아의 왕위에 오르게 된다. 이를 눈치챈 오타네스 등 7인은 반란을 일으켜 마고스인을 왕위에서 몰아내고 그들을 처단하였다. 이제 페르시아에는 왕이 없다. 그 때 페르시아가 어떤 헌정을 세울 것인가를 두고 오타네스, 메가비조스, 다레이오스가 토론을 하게 된다. 오타네스는 민주정을, 메가비조스는 과두정을, 다레이오스는 군주정을 각각 주장하는데 결국 다에이오스의 견해가 채택되어 페르시아는 계속 군주정으로 헌정을 구성하게 된다.[5] 이때 오타네스는 다음과 같이 웅변하였다.

4 　가라타니 고진은 그리스 민주주의의 발전은 아테네가 아니라 이오니아에서 시작되었고, 이오니아에서 민주주의를 가리키는 말이 이소노미아라고 주장한다. 그는 이어서 이소노미아는 그저 이념이 아니라 이오니아 도시들에 현실적으로 존재한 정치체제이며, 이오니아 도시들이 몰락한 이후 이념으로 다른 폴리스에 퍼졌다고 주장한다. 다만 그의 주장은 역사적 사실에 대한 주장인데, 이를 뒷받침할 수 있는 사료적 근거는 별로 제시하지 못하고 있다는 한계가 있다. 가라타니 고진, 조영일 옮김, 『철학의 기원』, 도서출판b, 2012, 39~40쪽.

5 　헤로도토스, 김봉철 옮김, 『역사』, 도서출판 길, 2016.

"나는 이제 더는 우리에게 군주제가 있어서는 안 된다고 생각하오. 군주제는 즐거운 것도 아니고 좋은 것도 아니기 때문이오. 그대들은 이미 캄비세스의 오만함이 어디까지 이르렀는지를 보았고 또 마고스의 오만함도 경험해 보았소. 군주제하에서는 아무 책임도지지 않는 자가 마음먹은 대로 할 수 있는데, 어찌 군주제가 적절한 제도라 할 수 있소? <u>모든 인간 중에서 가장 훌륭한 자가 왕위에 오른다 해도, 그는 자신의 평상시 사고방식에서 벗어나고 말 것이오.</u> 그가 지닌 장점들로 말미암아 오만함이 생겨나고 인간에게는 본디 시기심이 배어 있으니까요. (중략) 그러나 이제 그에 대해 가장 중요한 점을 말하고자 하오. 그는 조상 전래의 규범을 뒤엎고 여자들을 범하고, 재판도 없이 사람들을 처형합니다. 반면 민중(plethos)의 정치는 첫째로 그 이름이 <u>모든 것 중에서 가장 훌륭한 이름인 이소노미아이고,</u> 둘째로 군주가 저지르는 일들은 절대 하지 않습니다. 관직은 추첨에 의해 맡고 직무에 대한 책임을 지고, 모든 제안이 공동체 앞으로 제출됩니다. 그래서 나는 우리가 군주제를 폐지하고 민중의 힘을 늘리기를 제안하는 바이오. 모든 일은 민중에게 달려 있기 때문이오."[6]

오타네스는 7인 중 4명이 다레이오스가 주장한 군주정을 지지하자 스스로 왕이 될 후보가 되지 않겠다고 선언한다.

"동지 여러분, 이제 제비뽑기로 선출되든 혹은 우리가 페르시스인 다수에게 그들이 원하는 자를 택하라고 맡기든 혹은 어떤 다른 방법에 의해서든, 우리 중 어느 한 사람이 왕이 되어야 한다는 것은 명백해졌소. 그런데 나는 그대들과 경쟁을 벌이지 않을 거요. <u>나는 지배하고 싶지도 않고 지배받고 싶지도 않으니까요.</u> (후략)"[7]

---

6 헤로도토스, 위의 글(2016), 제3권 80장 365~366쪽. 밑줄은 필자. 번역은 천병희 역을 참고하여 필자가 부분적으로 수정함. 헤로도토스, 천병희 옮김, 『역사』, 숲, 2009.

7 헤로도토스, 위의 글(2016), 제3권 83장 369쪽. 밑줄은 필자.

166 제2부 통일헌법의 이념적 기초들과 원리들

1. 나는 지배하고 싶지도 않고 지배받고 싶지도 않다

오타네스는 토론을 벌인 세 사람 중에서 가장 영향력 있는 사람이었고 사실상 반란군의 수장이었기 때문에 왕이 될 가능성도 가장 높았다. 그러나 그는 민중정치인 이소노미아를 주장한 사람답게 왕이 되지 않겠다고 선언하였다. 그리고 그 이유를 '지배하고 싶지도 않고 지배받고 싶지도 않다'라고 얘기한다. 필자는 민중 정치의 정신이 있다면 바로 이 부분이 아닐까 싶다. 민주정을 정치과정으로 이해하는 것을 넘어 그 정신을 찾는다면 그것은 다수결 혹은 다수의 지배라는 방식이 아니라, 반대로 '지배가 없는' 즉 무−지배(no-rule)에 있는 것이다.[8] 한나 아렌트는 이 점을 다음과 같이 설명한다.

> 정치 현상으로서 자유는 그리스 도시국가들이 형성되던 당시에 나타났다. 헤로도토스 이래 자유는, 지배받지 않는 조건 아래서 시민들이 함께 생활하는 정치 조직, 지배자와 피지배자를 구분하지 않는 정치 조직의 한 형태로 이해되었다. '무−지배(no rule)'라는 개념은 '이소노미'라는 용어로 표현되었다. 고대인들이 설명했던 바와 같이, 지배의 개념(군주정과 과두정의 archein에서 유래한 archy, 또는 민주정의 kratein에서 나온 cracy)이 전혀 존재하지 않는다는 것이 정부형태들과는 다른 이소노미의 두드러진 특징이다. 폴리스는 민주정이 아니라 이소노미로 간주되었다. 당시에도 '민주정'이라는 용어는 다수 지배, 많은 사람들의 지배를 의미했는데, 원래 이소노미에 반대하는 사람들에 의해 만들어진 말이다. 그들의 말에 따르면, '무−지배'란 사실 또 다른 형태의 지배일 뿐이다. 그것은 최악의 정부 형태, 즉 민중의 지배다.[9]

---

8 무−지배는 잘 알려져 있는 공화주의의 비−지배(non-domination)와 유사한 함축을 가지지만 같은 의미는 아니다. 예를 들어 페팃은 『신공화주의』에서 공화국의 자유를 비지배 개념을 가지고 설명하고 있다. 페팃에게 비지배는 소극적 자유나 적극적 자유와 같은 자유 개념과 다른 자유 개념의 본질로 제시되고 있다. 이에 대해서는 필립 페팃, 곽준혁 옮김, 『신공화주의』, 나남, 2012 참조. 그러나 무−지배는 자유 개념의 본질을 설명하려는 것이 아니다. 오히려 자유 이상의 독자적인 가치 개념으로 제시되고 있다.

9 한나 아렌트, 홍원표 옮김, 『혁명론』, 한길사, 2004, 97~98쪽. 번역은 필자가 일부 수정.

이는 이소노미아 개념이 데모크라티아 개념과 구별되는 가장 분명한 지점이다. 데모크라티아는 데모스의 크라티아를 의미하고, 그것은 여전히 어떤 지배의 한 형태이다. 데모크라티아는 군주 1인이나 훌륭한 몇 사람이 '지배'하는 것에 대한 대항적 지배의 형태로서 군주제나 과두제는 지양할 수 있으나 지배 그 자체를 지양할 수는 없다. 물론 데모크라티아 개념을 아주 선해하자면, 소수 지배에 다수 지배를 대응시킴으로써 지배를 무화(無化)시킨다는 함축을 가진 것으로도 볼 수는 있을 것이다. 그러나 개념 그 자체로 보면 여전히 크라티아를 내재하고 있다는 점은 부인할 수 없다.

이에 대해 이소노미아는 개념상 '지배'를 함축하고 있지 않다. 이소노미아는 이소(iso) 즉, 평등이라는 단어와 노모스(nomos)라는 단어로 구성되어 있다. 이소노미아는 데모크라티아와 달리 지배보다 '평등'이 강조된다. 지배가 지배하는 자와 지배받는 자의 불평등을 전제하는 것이라면, 평등이 강조된다는 것은 지배하는 자와 지배받는 자의 구별을 없앤다는 함의를 가지는 것은 아닐까? 그런데 이는 평등과 결합되는 노모스가 뜻하는 것이 무엇인지에 따라 다양한 함의를 가질 수 있다. 이는 3장에서 살펴보도록 한다.

2. 가장 훌륭한 사람이 왕이 된다고 해도

지배는 힘의 문제이다. 힘은 자연에 존재하는 사물들의 운동의 근원이며, 변화의 기반이다. 자연에 존재하는 힘은 자연에 내재해 있기 때문에 이에 대해 좋고 나쁨의 평가를 할 수는 없다. 그러나 인간들을 움직이게 하는 사회적 힘은 자연에 내재해 있는 힘 그 자체는 아니다. 그 힘은 최초에는 무리의 생존을 위해 자연스럽게 형성되었을 것이지만, 무리의 생존이 어느 정도 확보된 다음에도 여전히 남아 있게 된다. 그 힘은 생존이 위협받을 수 있다는 가능성을 미끼로 지배하는 사람의 수중에 남아 있게 되며, 그 힘에 반항하는 사람에 대해서는 생존을 박탈하는 방식으로 작동하게 된다. 인간 문명의 진행 과정에서 제도로 확립된 사회적 힘의 구조는 지배와 피지배의 수직적인 불평등을 낳게 된다. 그리고 그 힘의 수직적 구조는 힘의 위계를 형성하게 되고, 힘을 정당화하려는 사람들은 이제 생존 그 자체를 문제 삼는 것이 아니라 힘 자체의 정당화 근원을 주장하게 된다. 즉, 마을 촌장의 힘은 그 지역 영주의 힘에 의해 위임받은 것이며 그 지역 영주의 힘은 그 나라 군주의 힘에 의해 위임받은 것으로서 정당화되게 된다. 그 나라 군주의 힘도 정당화가 필요하게 되며, 그 정당화는 신의 힘으로부터 주어진 것으로 간주된다. 그러나 군주의 힘은 현실의 강제력이지만, 신의 힘은 가상의 것이며 오로지 정당화의 역할만을 수행한다는 점이 다를 뿐이다. 따라서 군주의 힘은 신의 힘과 결합된다. 다른 말로 하면, 르네 지라르의 설명처럼 왕의 적나라한 폭력은 성스러움과 동전의 양면이 되는 것이다.[10] 그리고 신의 힘과 결합한 왕의 힘은 더 이상 근거를 가질 수 없는 최고의 힘이 된다. 최고의 힘(sovereign power) 사상, 이 사상은 근대 이후 주권(sovereignty) 개념으로 확립된다.

오타네스는 이 최고의 힘에 대해 대단히 중요한 함의를 얘기하고 있다. 그 것은 최고의 힘, 간단히 주권은 그 주권을 행사할 수 있는 지위와 그 지위를 우연히 갖게 되는 '단순한 생명'을 구별한다는 것이다. 즉, 주권자는 주권자로서의 지위와 그 지위가 부여된 현실의 인간으로 분열한다는 것이다. 이것이 주권의 원초적인 구조이며, 아감벤이 『호모 사케르』에서 논증하려고 했던

---

10 르네 지라르, 김진식 · 박무호 옮김, 『폭력과 성스러움』, 민음사, 1997; 김상준은 폭력과 성스러움은 병렬적인 것이 아니라 안티노미의 관계에 있다고 주장한다. "성스러움은 결코 폭력이 아니고 폭력은 절대적으로 성스러움일 수 없다. 또한 성스러움은 폭력을 용인할 수 없고, 폭력은 성스러움을 용인할 수 없다. 안티노미의 출발점은 바로 이러한 단호한 상호 배제다." 김상준, 『맹자의 땅, 성왕의 피』, 아카넷, 2011, 123~171쪽. 최초의 정복자의 폭력은 인간이 상상할 수 없는 잔인한 것이었고 이 점에서 인간을 초월했다는 의미에서 성스러움의 의미를 가진다. 이 맥락에서 성스러움은 그 자체 좋은 뜻으로만 사용되는 것은 아니고 기괴하고 특별하다는 의미로도 사용되는 것이다. 그러나 문명은 이 최초의 기억에서 폭력을 탈색시키고 정당화하면서 성스러움의 의미를 윤리적 차원으로 고양시키고 있다는 것이다. 이런 설명은 이소노미아와 데모크라티아와의 관계에도 적용시킬 수 있을 것이다. 이소노미아는 이런 맥락에서 데모크라티아의 윤리적 버전으로 이해될 수 있을 것이다.

핵심적인 부분의 하나이다.

　　여기서 주권적 예외와 신성화 사이의 구조적 유사성이 온전한 의미를 드러
낸다. 주권자와 호모 사케르는 법질서의 양극단에 위치한 두 가지 대칭적인
형상들로서, 동일한 구조를 갖고 있으며 서로 결합되어 있다. 여기서 모든
사람을 잠재적인 호모 사케르로 간주하는 자가 바로 주권자이며, 또 그를
향해 모든 사람들이 주권자로 행세하는 자가 바로 호모 사케르이다.[11]

　그리고 주권의 논리는 '죽게 하거나 살게 내버려 둘' 권력의 형식으로 최초
에 표현되겠지만,[12] 그 자체로 독자적인 논리를 가지게 된다. 주권은 '힘의
집중'이라는 운동 방향을 가지고 있으며, 대항적인 힘들을 개별화시키는 방
식으로 무력화시킨다는 것이다. 그리고 그 무력화된 개별적인 힘을 수렴해서
더 강력한 힘으로 전이한다는 것이다. 이것이 사회적 힘의 관성법칙인 것이
다. 따라서 권력은 절대적으로 집중하려고 하기 때문에, 권력의 지배에 저항
하기 위해서는 끊임없이 권력을 분산시켜야 한다. 혼합정체의 이상, 즉 견제
와 균형은 이런 측면에서 이소노미아의 정신과 부합한다.[13] 그래서 오타네스

11　조르조 아감벤, 박진우 옮김, 『호모 사케르』, 새물결, 2008, 178~179쪽; 이는 발터 벤야민의
　　다음과 같은 언명과 맥이 닿아 있다. "인간은 어떠한 경우라도 인간의 단순한 생명과 일치하지
　　않으며, 그 인간 속의 단순한 생명과도, 그리고 인간의 어떤 특정한 상태나 특성과도, 심지어
　　인간의 신체적 존재의 유일무이함과도 일치하지 않는다. (중략) 마지막으로 생각해볼 문제는
　　여기서 성스럽다고 언명된 것은 오랜 신화적 사유에 따라 볼 때에는 죄지음의 뚜렷한 담지자,
　　즉 단순한 생명(blosses leben)이라는 점이다." 발터 벤야민, 최성만 옮김, 「폭력비판을 위하
　　여」, 『발터 벤야민 선집5』, 도서출판 길, 2008, 114~115쪽. 인간 자체도 사회적 존재로서
　　하나의 페르소나로 존재하고 있으며, 그 페르소나 안에서 단순한 생명(벌거벗은 생명)은 소외
　　되고 있는 것이다.

12　미셸 푸코, 이규현 옮김, 『성의 역사1: 지식의 의지』, 나남, 2010, 146쪽; 푸코는 이 주권권력
　　은 규율권력, 생명권력 등으로 전이된다고 설명한다. 그러나 필자는 주권권력의 행사 방법의
　　차이이지 주권권력 그 자체의 속성은 여전히 남아 있다고 생각한다. 특히 자본과 권력의
　　계열화는 20세기 이후 주권권력의 변형에서 중요한 계기가 되며, 생명의료기술의 발달은
　　단순한 생명(벌거벗은 생명)의 의미를 새롭게 정립하고 있다. 김현철, 「생명정치, 생명권력,
　　생명법」, 『법과 사회』 제51호, 법과사회이론학회, 2016.

13　이런 측면에서 이소노미아를 혼합정체를 구현하려는 공화주의의 원초적 형태로 이해하고

는 아무리 훌륭한 인격을 가진 사람이라 하더라도 왕이 된다면 그 사람의 평상시의 인품을 발휘할 수 없다고 지적하는 것이다. 왕의 지위는 왕이 되는 '호모 사케르'를 끊임없이 소외시키는 것이다. 따라서 이런 지배와 힘의 차원을 벗어나는 것은 권력의 논리,[14] 즉 권력주의로부터 해방되는 것을 의미하는 것이다.[15] 이런 권력주의로부터의 해방을 의미하면서 지배와 힘을 의미하는 크라토스(kratos)를 사용할 필요는 없을 것이다. 이런 측면에서 데모크라티아는 여전히 권력주의의 한 양상에 불과하다.

3. 민중의 정치는 가장 아름다운 이름인 이소노미아

지배가 없는 정치를 꿈꾼다면 그것은 현실적으로 지배자가 존재하지 않는 정치를 의미하게 될 것이다. 그러나 적어도 인간 사회를 꾸려 나가는데 정치가 없을 수 없고 힘의 동원이 필요불가결하다면 적어도 힘을 동원할 수 있는 지위 즉, 공직에 있는 사람이 끊임없이 순환될 수 있는 구조는 필요할 것이다. 아니면 공직은 여러 사람에 의해 공유되어 어느 한 사람이 그 힘을 전유하지 못하게 하는 것도 필요할 것이다. 구체적인 방법이 어떠하든 그것들은 일단 무리의 구성원들이 '평등'하지 않으면 안 될 것이다. 그리고 그 평등을 크라티아의 평등으로 새긴다면 또다시 크라티아의 프레임에 걸리는 결과가

있는 문헌으로 김경희, 「데모크라티아(Demokratia)를 넘어 이소노미아(Isonomia)로」, 『한국정치학회보』 제40권 제5호, 한국정치학회, 2006, 5~25쪽 참조.

14 이를 자본의 논리를 자본주의라고 부르는 것에 빗댄다면, 권력주의 혹은 주권주의라고 부를 수 있을 것이다.

15 칼 슈미트의 주권이론은 이런 측면에서 주권자를 주권자의 지위로 생각하는지 아니면 주권자가 되는 우연한 인격으로 생각하는지 불분명하다. 칼 슈미트가 "사실상의 최고 권력과 법적인 최고 권력을 결합시키는 것이 주권 개념의 핵심 문제"라고 언급하고 있는 것으로 보아, 주권 자체의 양가적 측면은 이해하고 있는 것으로 생각된다. 칼 슈미트, 김항 옮김, 『정치신학』, 그린비, 2010, 32쪽. 그러나 동시에 주권의 논리에 소외되지 않는 인격이 가능하다고 생각하고 있는 듯하다. 아감벤은 주권의 논리에 소외되지 않는 인격은 불가능하다는 점에서 칼 슈미트와 다른 노선을 가고 있다고 생각된다.

될 것이다. 이런 점에서 그 평등을 노모스의 평등으로 새기고 있는 이소노미아는 민중 정치의 슬로건으로 데모크라티아보다 더 나은 표현이 될 것이다.[16] 그렇다면 이소노미아는 구체적으로 어떤 함의를 담고 있는 개념인가?

III. 이소노미아

1. 에렌베르크 : 분배의 평등

이소노미아의 의미에 대해 탐구하고 있는 가장 정평 있는 문헌은 1940-50년대에 집필된 에렌베르크(Ehrenberg)와 블라스토스(Vlastos)의 논문이다.[17] 에렌베르크[18]는 이소노미아를 민주주의를 일컫는 아름다운 이름이며, 헤로도토스에게 데모크라티아와 동일어였다고 파악한다.[19] 즉, 헤로도토스는 데모크라티아와 이소노미아란 표현을 차별 없이 사용하였다는 것이다. 그런데 에렌베르크는 이 두 표현 중에서 헤로도토스가 더 선호한 표현은 이소노미아라고 주장한다. 왜냐하면 데모크라티아가 기본적으로 데모스인의

---

16 김경희는 이소노미아는 원래 아테네 모든 시민(귀족과 평민)의 통치를 의미하였는데, 그 중 일부인 데모스인의 통치만을 의미하는 데모크라티아로 이행하면서 아테네의 분열이 생기게 되었다고 파악하는 듯하다. 김경희, 앞의 글(2006), 12쪽; 포레스트는 이소노미아가 데모크라티아에 비해 구체성이 떨어지는 것으로 낮게 평가한다. "클레이스테네스의 체제를 묘사하는 데 사용된 말들은 여전히 이소노미아와 이세고리아, 즉 법 앞의 평등과, 매우 개략적으로 말해, 민회에서의 평등이었다. 그 두 말들이 기원전 508년에는 그것들이 솔론 시대에 가지고 있었을 내용에 비해 훨씬 더 많은 내용을 포함했지만, 그것들이 아무리 더 많은 내용을 포함했다고 해도 그것들은 여전히 데모크라티아에 대한 명확한 주장에는 훨씬 미치지 못하는 것이다." 윌리엄 포레스트, 김봉철 옮김, 『그리스 민주정의 탄생과 발전』, 한울 아카데미, 2001, 252~253쪽.

17 사실상 이 두 사람의 문헌 이후에는 그리스 역사학과 철학 분야에서 이소노미아에 대한 중요한 논문이 나오고 있지 않다.

18 이소노미아와 관련된 에렌베르크의 주요 저작은 다음과 같다. V. Ehrenberg, "Isonomia", in Paulys Real-Encyclopaedie der Classischen Altertumswissenschaft, Supplementband VII, 1940, pp.293~302; V. Ehrenberg, "Origin of Democracy", Zeitschrift fuer Alte Geschichte, Bd. 1, H.4, 1950, pp.515~548 등.

19 V. Ehrenberg, ibid(1950), p.526.

통치, 즉 힘과 지배라는 의미를 낱말 자체에 표상하고 있는 반면, 이소노미아는 힘과 지배라는 뉘앙스를 담지 않고서도 나라의 모든 시민들의 '평등한 공유(equal share)'를 강조하는 이상을 표상하고 있기 때문이라는 것이다. 에렌베르크에 따르면 이에 반대되는 것이 아이스킬루스가 선호한 데모크라티아라는 표현이다. 아이스킬루스는 헤로도토스와 달리 민중의 최고 권력(sovereign power)에 더 강조점을 두었기 때문에 정부 형태로서 데모크라티아라는 표현을 사용했다는 것이다.[20] 크라티아가 현실 나라의 어쩔 수 없는 힘이라면, 나라의 이상은 이 힘 자체가 아니라 나라에 기대어 평등한 공유를 실현하는 것이어야 한다는 주장이 여기에 담겨 있다.

에렌베르크는 이소노미아의 '평등한 공유'라는 의미를 다른 전거를 들어 설명한다. 예를 들어 피타고라스 학파의 의사인 알크마에온(Alcmaeon)은 건강을 힘(power)이 이소노미아가 된 상태라고 설명하고 질병을 몬아르키아(monarchia), 즉 독재의 상태라고 설명한다. 이는 의학적 설명을 정치적 비유를 통해서 한 것이다. 즉, 신체적인 이소노미아는 균형의 상태, 즉 몸에 작동하는 힘들 사이에 '평등한 조화(equalitarian harmony)'가 이루어진 상태라는 것이다. 이런 비유를 통해 볼 때, 에렌베르크는 이소노미아를 '평등한 공유'이자, 힘의 균형을 통한 '평등한 조화'로 이해하고 있다. 이런 측면을 고려한다면, 이소노미아는 데모크라티아를 의미하기는 하지만 데모크라티아와는 그 함의가 다른 표현이라는 것이다.

일단 이소노미아는 데모크라티아보다 먼저 사용된 단어이기도 하고 그 의

---

20 V. Ehrenberg, *ibid(1950)*, p.530; 이소노미아라는 표현의 등장은 클레이스테네스의 개혁에 대한 슬로건으로 등장한다. 그런데 클레이스테네스의 개혁에 대한 슬로건으로 이소노미아를 생각하려면, 그 이전에 이루어졌던 솔론의 개혁과 페이시스트라토스의 개혁과 클레이스테네스의 개혁이 어떻게 다른지 설명할 수 있어야 한다. 에렌베르크는 솔론의 개혁을 표상하는 단어는 에우노미아(eunomia)였는데, 이와 차별을 드러내는 단어가 이소노미아라는 것이다. 그리고 이소노미아는 민주정을 표상할 목적으로는 데모스인들을 지배의 주체로 특정하는 데모크라티아보다 더 거부감 없이 받아들일 수 있는 단어라는 것이다. V. Ehrenberg, *ibid(1950)*, p.534.

미도 다양하게 해석될 수 있지만, 적어도 클레이스테네스의 개혁을 가리키는 단어로서는 데모크라티아보다 풍부한 의미를 가진다. 에렌베르크는 데모크라티아가 정부, 즉 헌정의 형태를 의미하는 반면, 이소노미아는 헌정의 의미를 가지고 있지 않다고 생각한다. 나아가 이소노미아는 글자 그대로 단순히 모든 사람을 위한 평등한 법의 상태를 가리키는 것도 아니다. 에렌베르크에 따르면 이소노미아는 시민들이 평등하게 공유할 수 있는 '공동체의 이상(ideal of a community)'을 가리키는 단어라는 것이다.[21] 이런 의미에서 이소노미아는 평등한 공유와 평등한 균형이라는 함의를 가진 민주주의 이상(democratic ideal)을 표현하고 있다.

2. 블라스토스 : 정치적 권력의 평등

그런데 블라스토스는 이런 에렌베르크의 설명, 즉 이소노미아를 평등한 공유로 보는 견해에 대해 반론을 제기하였다.[22] 블라스토스는 이소노미아가 민중 정치를 가리키는 단어로 데모크라티아보다 먼저 사용되었다는 점에서는 의견을 같이 한다. 그런데 에렌베르크의 설명, 즉 '이소노미아란 단어는 독재에 반대하는 의미를 가졌고 그 측면에서 귀족정에게도 적용될 수 있었지만 역사적으로 금방 민주정을 가리키는 말로 굳어졌다'는 설명에 대해서는 이견을 제시한다. 블라스토스는 애초부터 이소노미아는 클레이스테네스가 확립한 개혁의 정신을 찬양하는 표현이었다는 것이다.[23] 블라스토스는 이를 논증하기 위해 하르모디우스 송가(Song of Harmodius)의 한 구절을 제시한다. 그 구절은

---

21 V. Ehrenberg, *ibid(1950)*, p.535.
22 G. Vlastos, "Isonomia", *American Journal of Philology*, Vol.74, No.4, 1953, pp.337~366.
23 G. Vlastos, *ibid(1953)*, pp.340~341.

그들이 독재자를 베었을 때
아테네는 isonomous가 되었네

라고 되어 있다.[24] 블라스토스는 isonomous를 해석할 수 있는 세 가지 가
능성을 검토한다. (1) isonomous가 중립적 단어로 사용되었을 가능성, (2)
페이시스트라토스 헌정 이전의 상태를 의미하는 단어로 사용되었을 가능성
등을 검토 후, (3) 클레이스테네스가 확립한 새로운 질서를 의미하는 것으로
해석하는 것이 가장 적절하다고 주장한다. 일단 송가가 불리어진 정황에서
볼 때 중립적 단어로 사용되었을 리는 없고, 하르모디우스 송가가 급진 민주
주의자의 애창곡이었다는 점을 생각하면 (2)의 가능성 보다 (3)의 가능성이
높다는 것이다. 왜냐하면 페이시스트라토스 이전의 개혁은 귀족 중심의 개혁
이었기 때문에 이소노미아가 급진 민주주의자의 애창곡이라는 것을 설명할
수 없다는 것이다. 이런 점에서 볼 때 이소노미아는 평등주의적 민주주의
(equalitarian democracy)의 슬로건이라고 해석하는 것이 타당하다는 것이
다.[25]

블라스토스는 이어서 이소노미아의 의미에 대해 어원적인 고찰을 이어간
다. 특히 노모스의 의미를 탐구하는데, 에렌베르크는 노모스가 분배(distrib
-ution)를 뜻한다고 보았기 때문이다. 에렌베르크는 이렇게 노모스의 의미
를 분배로 새겼기 때문에 이소노미아를 '평등한 공유', 즉 평등한 분배의 의

---

24 하르모디우스 송가는 다음과 같다. 번역은 필자.
    도금양 가지 아래서 나는 어깨에 칼을 두르네
    하르모디우스와 아리스토게이톤처럼
    그들이 독재자를 베었을 때
    아테네는 isonomous가 되었네

25 G. Vlastos, *ibid(1953)*, p.344; 블라스토스는 나아가 에렌베르크가 제시한 알크마에온의
    예에 대해서도 이견을 제시한다. 피타고라스 학파의 하르모니아(Harmonia)는 알크마에온이
    사용한 이소노미아와 다른 뜻이라는 것이다. 따라서 이소노미아를 하르모니아로 이해하는
    에렌베르크의 주장은 문제가 있다는 것이다. G. Vlastos, *ibid(1953)*, p.344.

미를 갖는다고 생각할 수 있었다. 그러나 블라스토스는 노모스의 어원에는 분배라는 뜻이 있지만, 이소노미아가 문제가 된 민주정 개혁 시대의 그리스에서는 노모스가 분배가 아닌 법, 관습 등의 규범을 가리키는 단어로 사용되었다고 주장한다. 즉, 노모스가 분배의 의미를 가지고 있던 것은 그 훨씬 이전 시대라는 것이다. 그래서 블라스토스는 이소노미아는 에렌베르크가 주장하는 '분배의 평등'이 아니라 '법의 평등'을 의미한다고 해야 한다고 주장한다. 이는 이소노미아처럼 '-노미아'가 붙은 다른 단어들을 보면 알 수 있다. 예를 들어, 아노미아(anomia), 에우노미아(eunomia), 오토노미아(autonomia) 등의 단어에서 nomos는 분배라는 뜻으로 이해할 수 없고 법 혹은 통치라는 의미로 사용되고 있다는 것이다. 그런데 블라스토스가 보기에는 이소노미아에서만 노모스가 분배라는 뜻을 가진다는 것은 앞뒤가 맞지 않는 주장인 것이다.[26]

블라스토스는 나아가 이소노미아가 문자 그대로 법의 평등(equality of law)을 의미한다면 이것이 '법 앞의 평등(equality before the law)'을 의미하는지 아니면 '법을 통해 보존되는 평등(equality maintained through law)'를 의미하는지를 묻는다. 블라스토스는 '법 앞의 평등'과 같은 형식적인 차원은 솔론의 개혁인 에우노미아의 차원이었다고 주장한다. 이에 반하여 클레이스테네스 개혁에서 이소노미아는 후자, 즉 법을 통해 평등을 보존하는 차원을 가진다고 주장한다. 블라스토스에 따르면, 법을 통해 평등을 보존한다는 것은 정치적 권력의 공유화(communizing)하고 그 권력을 민중의 손에 이전시키는 것을 의미하는 것이다. 그렇다면 이소노미아는 분명히 평등주의적 나라의 에토스를 표현하고 있다. 블라스토스는 이런 차원에서 에렌베르크와 마찬가지로 이소노미아는 평등주의적 함의를 가지고 있다는 것을 인정한다. 다만 이소노미아를 에렌베르크처럼 '(재산) 분배의 평등'이라고 새기는

---

26 G. Vlastos, *ibid(1953)*, pp.348~350.

것은 너무 강한 해석이고,[27] 그렇다고 이소노미아를 '법 앞의 평등' 정도의 형식적 의미로 새기는 것은 너무 약한 해석이라는 것이다.[28] 그렇다면 블라스토스에게 이소노미아의 평등주의적 함의는 어떤 것일까? 블라스토스는 이소노미아가 클레스테네스 개혁에서 데모스 극빈층의 승리의 기록이라고 지적한다.[29] 다만 데모스 극빈층의 승리로서 이소노미아는 법을 제정하고, 법을 관리하고 법을 실행하는 나라의 권력에서 평등한 권리를 보장하는 의미를 가진다. 즉, 이소노미아는 가난한 사람도 입법과 공직에 있어 귀족이나 부자와 평등하다는 선언인 것이며, 다르게 말하면 재산의 평등한 분배는 아니지만 입법을 포함한 '정치적 권력의 평등한 분배'는 의미한다는 것이다.[30]

그러나 블라스토스의 이소노미아에서 가장 중요한 함의는 이 부분이 아니다. 블라스토스는 이소노미아가 이소(iso), 즉 평등과 노모스(nomos), 즉 법으로 이루어져 있다면, 이 평등과 법은 어떤 관계에 있는지 묻는 것이 중요하다고 주장한다. 즉, 이소노미아는 '평등을 보증하는 법'의 의미를 갖는 것인가, 아니면 역으로 '법을 보증하는 평등'의 의미를 갖는가? 전자의 의미로 이소노미아를 이해하는 것은 법 혹은 법의 지배가 목적이며 정치적 평등은 그 수단이라는 것이다. 즉, 이소노미아는 이소 보다 노모스가 더 중요한 함의를 가진다는 것이다. 인격체가 아니라 법이 지배하는 헌정의 이상이 이소노미아

---

27 블라스토스는 '평등 분배'를 가리키는 말로 이소모이리아(isomoiria)라는 단어가 존재한다는 점을 지적한다. 그런데 이소모이리아는 평등 분배이기는 하지만 토지 재분배와 깊이 관련되어 있기 때문에 민주주의 국가를 가리키는 말로 사용되기에 당시에는 현실적으로 적절하지 않았다는 것이다. G. Vlastos, *ibid(1953)*, p.352, p.354.

28 G. Vlastos, *ibid(1953)*, p.352.

29 이 점에서 김경희 등 몇몇 학자가 이소노미아는 만인의 지배이고 데모크라티아는 데모스인 다수의 지배라고 파악하는 것은 블라스토스의 생각과는 상반된다고 할 수 있다.

30 이런 의미에서 평등한 발언을 의미하는 이세고리아(isegoria)나, 평등한 권력을 의미하는 이소크라티아(isokratia)는 이소노미아 만큼 중요한 슬로건들이다. 그러나 이세고리아와 이소크라티아는 결국 노모스에 의한 헌정 수립에 근거를 가지기 때문에 헌정 수립의 원리 자체인 이소노미아 만큼 성공적인 슬로건이 되지는 못하였다. G. Vlastos, *ibid(1953)*, p.356 참조.

이고 이를 실현하기 위해 정치적 평등이 주어져야 한다는 것이다.

그러나 후자의 의미로 이소노미아를 이해하면 노모스 보다 이소가 더 중요하다는 것이다. 즉, 평등을 보증하는 것이 목적이며 이를 위한 수단이 노모스라는 것이다. 다시 말하면, 블라스토스는 정치적 권력의 평등한 분배가 이루어져야 법이 제대로 정립될 수 있다는 것이다.[31] 당시 민주주의자들에게는 이 두 함의가 모두 공존하였을 것이다. 그러나 블라스토스는 후자가 더 중요하다고 생각한다. 평등하지 않으면 법의 지배는 보장되지 않는다는 것이다. 이는 그리스의 역사적 과정이 잘 보여준다. 페이시스트라토스는 평민들에게 부분적이지만 토지 재분배를 실시하기도 하였다. 그러나 그는 참주였고 시민들은 나랏일에 평등하게 참여할 수 없었고, 그 결과 참주를 견제할 수 없게 되어 아테네는 분열과 쇠락을 겪게 되었다. 그 힘든 세월은 그리스 시민들이 정치적 평등이 얼마나 중요한지를 직접 경험하는 과정이었다.[32] 결국 블라스토스는 이소노미아에서 중요한 것은 평등이며, 그 평등은 재산 배분의 평등이라기보다 정치적 권력의 평등이며, 이 평등이 실현될 때 법의 지배도 실현된다고 보는 것이다.[33]

그리고 블라스토스는 앞의 II-2에서 인용한 오타네스의 발언에 대해 설명하고 있다. 헤로도토스의 작품에서 오타네스가 말하는 이소노미아 논변에는 대단히 중요한 부분이 있다는 것이다. 그것은 참주라는 지위가 가질 수 있는 변덕(hybris)을 제어하는 것은 군주의 개인적 도덕성의 차원이 아니라 헌정, 즉 통치구조의 문제라는 것이다. 참주의 변덕은 시기심의 발로가 아니라 참주라는 지위가 갖는 특별한 속성이다. 아무리 최고의 인물이라도 참주의 왕좌에 오른다면 자신의 마음은 변하게 될 것이다. 따라서 공직자는 누구라도

---

31 G. Vlastos, *ibid(1953)*, pp.356~357.
32 G. Vlastos, *ibid(1953)*, pp.365~366.
33 이에 대해서는 이재승, 「대칭성 법학」, 『민주법학』 제61호, 민주주의법학연구회, 2016, 28쪽 참조

동료의 대항 권력에 의해 법에 의해 심판받을 수 있어야 한다는 것이다. 블라스토스는 군주의 개인적 도덕이 아니라 헌정의 구조가 민주주의의 핵심임을 언급한 이 논변이야 말로 서구 역사에서 처음 등장하는 혁명적인 진전이라고 평가한다.[34]

3. 노모스

에렌베르크와 블라스토스의 논쟁은 결국 노모스의 의미에 대한 해석의 차이에서 비롯된다고 할 수 있다. 노모스의 의미에 대해 콘퍼드는 다음과 같이 설명한다.

> 희랍인들은 노모스란 어휘와 nemein(분배하다, 시여하다)라는 동사의 연관성을 분명 인지하였다. (중략) 아이스킬로스의 『유메니데스』에서도 유사한 예를 본다. 이 희곡의 한 곳에서 합창단은[36쪽] 아폴로가 모이라의 여신들을 꾀어 가사자(可死者)들을 죽음으로부터 해방시킴으로써 고대의 배분 질서(dianomas)를 폐기했다고 비난한다. 또 다른 구절에선 아폴로가 인간의 대의를 존중하는 한편 이전의 배분 질서(moiras)를 폐기함으로써 신들의 법을 위반하였다고 비난한다. 이 구절들은 배분의 개념이 모이라와 노모스를 연결함을 보여 주고, 후자의 두 어휘는 모두 dianome(배분)과 동의어이다. (중략) 또 다른 파생어인 nomous는 [미노스]의 한 구절에서 분배자를 의미하는데, 이는 물론 할당받은 목초지에서 자신의 양떼를 방목하는 목동들을 지칭하는 것으로, 이의 명사형인 nomos나 nome는 모두 '목초지' 또는 '먹이는 장소', 그리고 이차적으로 '거주 장소'나 구역을 의미한다. 이의 가장 가까운 동의어는 아마도 '방목 구역'이리라.[35]

---

34 G. Vlastos, *ibid(1953)*, pp.358~359; 필자는 앞의 Ⅱ-2에서 이 부분을 주권의 논리로 설명하고 있으므로 블라스토스와는 다른 관점에서 보고 있는 것이다.

35 F.M. 콘퍼드, 남경희 옮김, 『종교에서 철학으로』, 이화여자대학교 출판부, 1995, 35~36쪽.

이렇게 노모스를 nemein으로부터 유래한 단어로 보면, 노모스는 분배라는 뜻을 원초적으로 가지게 됨을 알 수 있다.[36] 이에 반해 커퍼드는 '나는 승인하다', '나는 받아들인다' 등을 노모스의 원초적인 의미로 이해한다.[37] 이런 논의들을 종합해 보면, 노모스의 원초적인 의미는 각자에게 주어진, 즉 배분된 몫을 의미한다고 생각된다. 고대 사회에서 몫으로 가장 중요한 것은 생존에 직접 관여된 것이었을 것이고, 그것이 농경지나 목초지 등 땅이었을 것이다. 그러나 땅을 의미하기 전에 이미 주어진 것, 받아들여야 하는 것으로서 몫의 의미가 먼저 선재했을 것으로 생각된다. 이는 운명, 필연을 의미하는 모이라(moira)가 노모스와 밀접한 관련이 있다는 콘퍼드의 언급을 통해서도 확인할 수 있다.[38] 모이라는 나중에 재산이라는 뜻도 가지게 되어 이소모이리아(isomoiria)는 재산의 공유를 의미하기도 하는데, 이런 측면에서 이소노미아도 그런 몫의 공유라는 의미를 부분적으로 가지고 있었을 것으로 생각된다.[39]

이렇게 몫을 부여한다는 노모스는 테미스(themis)나 디케(dike)와 쉽게 결합할 수 있다. 그리스의 정의론에서 가장 먼저 언급되는 '각자에게 그의 것을'이라는 표현은 디케와 결합된 노모스의 표상이라고 할 수 있다. 이를 확대해

---

36 칼 슈미트도 노모스를 이런 의미로 파악한다. "노모스는 〈분할하는 것〉과 〈목양하는 것〉을 의미하는 말인 네메인(nemein)으로부터 왔다. 따라서 노모스는, 그 속에서 한 민족의 정치적 사회적 질서가 공간적으로 가시화되는 그러한 직접적인 형상, 목초지에 대한 최초의 측량과 분할, 즉 육지의 취득과, 육지의 취득으로부터 나오게 되는 것과 마찬가지로 육지취득 속에 존재하고 있는 구체적 질서이다." 칼 슈미트, 최재훈 옮김, 『대지의 노모스』, 민음사, 1995, 52쪽.

37 "전통적으로는 '나는 생각한다'로 번역되는 노모스의 같은 뿌리 동사형인 '노미조(nomizo)'는 아마도 (그것은 그래야 한다는 것 등을) '나는 받아들인다'나 '나는 승인한다'의 의미로, '노미제타이(nomizetai)'는 '그것은 옳다고 여겨진다'로 받아들여져야 할 것이다. 반면 '네메타이(nemetai)'는 '옳은 몫으로 할당된다'를 의미하며 '네메시스(nemesis)'는 올바른 몫의 할당이나 필요한 경우 몫의 잘못된 할당에 대한 교정을 의미한다." 조지 커퍼드, 김남두 옮김, 『소피스트 운동』, 아카넷, 2003, 185쪽.

38 F.M. 콘퍼드, 앞의 글, 65쪽.

39 이런 측면에서 에렌베르크의 주장은 완전히 틀린 것이라고 할 수 없다는 것이 필자의 생각이다.

보면, 아리스토텔레스가 『니코마코스 윤리학』에서 일반적 정의(dikaionsyne)로서 "노모스에 따르는 것"을 제시한 것도 충분히 이해가 간다. 문제는 몫이 무엇을 의미하는가에 따라 노모스가 가리키는 의미도 조금씩 달라진다는 것이다. 다만 그 몫이 재산인지, 권한인지, 지위인지는 다양하게 논의할 수 있을 것이다.

그러나 노모스는 시간이 지나면서 공동체나 나라에서 각자에게 주어진 정치적 몫을 의미하게 되었다. 이 시대에 노모스는 나라의 구체적인 힘과 결합되지 않으면 안 된다. 이렇게 결합된 노모스는 그 힘을 정당화하는 역할을 수행하게 된다. 아감벤이 수수께끼라고 하면서 인용하고 있는 핀다로스의 시도 기원전 5-6세기의 시대적 배경을 이해하면 어렵지 않게 설명할 수 있다.[40] 이에 의하면 노모스는 힘(bia)에게 정당성을 부여하는 우두머리(basileus)가 된다.[41] 그렇다면 이소노미아는 노모스의 이런 측면을 어떻게 이해하여야 할까? 필자의 생각으로는 이소노미아는 그 힘을 평등하게 공유한다는 의미를 가진 것으로 이해할 수 있을 것이다.[42] 즉, 블라스토스가 말한 권력의 평등한 분배 혹은 공유를 의미하는 것으로 일응 우선적으로 새길 수

---

40 핀다로스의 시는 다음과 같은 내용이다. 번역은 조르조 아감벤, 앞의 글, 84쪽.
노모스, 모두의.
나고죽는자들과 아니죽는자들의 왕은
더없는 폭력을 정당화하면서(agei dikaion to biaiotaton)
더없이 강력한 손으로 이끄나니. 나의 증거는
헤라클레스의 노동이니.

41 "이 희랍어를 이해하기 위해서는 노모스가 시간적 연계의 제일성(齊一性)을 의미하는 것이 아니라 공간적 또는 분과적 경계 안에서의 권력의 행사를 의미한다는 점을 이해해야만 한다. 우리는 법을, 그 안에서 공동체의 모든 활동들이 나뉘고 조정되는, 구역들의 배분적 체계로 생각해야만 한다. 법의 복수형인 nomoi는 그와 같이 구성된 사회적 질서를 의미할 수 있다" F.M. 콘퍼드, 앞의 글, 37쪽.

42 다만 bia와 kratos는 구분되어야 한다. 둘은 모두 스튁스의 자녀들이지만 같은 신이 아니다. 이런 측면에서 이소노미아의 노모스는 bia적이지만 kratos적이지는 않다. kratos적인 것은 데모크라티아인 것이다. 필자의 해석으로는 bia적인 것이 힘 그 자체를 의미하는 반면, kratos적인 것은 힘의 대상을 전제하는 개념으로 '지배'의 함의를 가지고 있는 권력이다.

있고, 여기에 에렌베르크, 콘퍼드, 커퍼드의 의견을 종합하면 몫의 평등이라
는 함의도 부분적으로 있을 것으로 생각된다. 각자에게 주어야 할 몫은 정치
적 권력이외에도 재산, 명예 등 여러 가지가 있을 것이기 때문이다. 그리고
그 평등은 테미스에 의해 정당화되고 제우스에 의해 부여된 것이기 때문에,
현실의 인간이 좌지우지해서는 안 되는 것이다.[43]

Ⅳ. 이소노미아의 법철학

1. 헌정투쟁

헤로도토스가 묘사한 오타네스, 메가비조스, 다레이오스의 논쟁은 우리에
게 또 다른 함의를 부여한다. 그것은 그들이 살고 싶은 나라의 모습을 구체적
으로 제시하고 토론하며 같이 결정한다는 점이다. 물론 페르시아 모든 국민
이 이에 다 참여한 것은 아니다. 이소노미아가 정치적 권력의 평등을 우선적
으로 의미한다면, 그 평등을 가시적으로 행사하는 근원적인 활동은 나라의
구성원들이 다 함께 참여해서 헌정을 구상하는 일이어야 한다. 헌정, 즉 폴리
테이아는 노모스들의 집합과는 다른 의미를 가지고 있다. 노모스가 주어진
몫이라면 폴리테이아는 특별한 노모스로서 시민들이 직접 구상할 수 있는 제
작의 차원을 가지고 있다.[44] 한나 아렌트는 이런 측면에서 이소노미아에 대
해 다음과 같이 언급하고 있다.[45]

---

43 피타고라스의 말이라고 전해지는 다음 구절은 이 생각을 잘 표현해 주고 있다. "제우스 세계에
서의 테미스(Themis) 그리고 그 밑 세계에서의 디케(Dike)는 인간의 도시에서 노모스
(Nomos)와 동일한 지위와 서열을 갖고 있다; 그래서 자신에게 부여된 의무를 정당하게 행하
지 않는 자는 우주의 전 질서의 위반자로 간주되리라." F.M. 콘퍼드, 앞의 글, 65쪽.
44 예를 들어 아리스토텔레스는 폴리테이아를 한 국가의 주민들 사이에 확립된 제도(taxis)라고
설명하고 있다. 아리스토텔레스, 천병희 옮김, 『정치학』, 도서출판 숲, 2009, 131쪽.
45 한나 아렌트, 앞의 글, 98쪽. 밑줄은 필자.

이소노미(isonomy)라는 용어는 법의 영역 내에서의 평등을 암시했는데, 이는 조건의 평등이 아니라 공동체를 구성하는 사람들의 평등이었다. 이소노미가 '평등'을 보장한 것은 모든 인간이 평등하게 태어나거나 창조되었기 때문이 아니라 도리어 '본질적으로' 평등하지 않으므로 '법(nomos)'을 통해 자신들을 평등하게 만들어주는 인위적인 제도, 즉 '폴리스'를 필요로 했기 때문이었다. 평등은 이와 같이 특별한 정치 영역에만 존재했다. 사람들은 이 영역에서 사적인 인간이 아니라 시민으로서 서로를 만났다. 그리스 '폴리스'의 평등, '폴리스'의 이소노미는 '폴리스'의 속성이었지 사람들의 속성은 아니었다. 당시 사람들은 출생이 아니라 시민권을 통해 평등을 획득했다. 이것들은 자연이 주고 자체적으로 증대하는 '본성'이 아니었다. 반대로 '관습적이고 인위적인' 것, 즉 인간적 노력의 산물이며 인위적 세계의 특성이었다.

그러나 우리 역사에서 헌정투쟁은 해방 직후 잠깐 있었을 뿐 본격적으로 진행된 경험은 없었다. 이에 비해 17세기 영국에서 '고래의 헌정(ancient constitution)' 개념을 놓고 치열하게 토론했던 것을 목격할 수 있고, 미국 헌법 제정 과정에서도, 프랑스 혁명 과정에서도 어떤 나라를 지향할 것인가에 대해 치열하게 토론했던 것을 알고 있다. 비록 [대한민국 헌법] 전문에서 "(유구한 역사와 전통에 빛나는) 우리 대한국민은 (중략) 개정된 헌법을 이제 국회의 의결을 거쳐 국민투표에 의하여 개정한다."라고 하고 있지만, '우리 대한국민'46이 실제로 헌법전을 만들고 개정하는 과정에 참여한 적이 있었는가? 헌법다운 헌법은 나라의 구성원들이 직접 만드는 헌법이다. 물론 '우리 대한국민'은 집합 개념이고, 그 안에는 무수하게 많은 현실의 사람들이 존재하고 다양한 꿈들과 사상들이 존재한다. 이제 필요한 것은 '우리 대한국민'의 이름 아래에서 우리 각자가 꾸는 '나라의 틀'에 대한 꿈을 내 놓고 토론하는

---

46 나아가 헌법전을 최초로 제정할 때, 그때 '우리 대한국민'이 이미 존재하기나 했을까? 즉, 대한국민은 대한민국의 헌법이 존재하지 않아도 성립할 수 있는 개념이 아니기 때문이다. 이런 맥락에서 보면, 대한국민과 대한민국의 헌법은 서로가 서로를 규정해 주는 상호규정적 존재라고 할 것이다.

일이다. 이미 촛불혁명 과정에서 시민들 사이에 이런 '나라의 틀'에 대한 여러 의견들이 소박하게 개진되었다. 이제는 이를 본격적으로 담론화 하여 치열하게 의견을 나눌 때인 것이다. 이른바 네그리와 하트의 표현처럼 '헌정투쟁(struggle over the constitution)'이 필요한 시기인 것이다.[47]

2. 주권 없는 민주주의

이소노미아가 데모크라티아와 달리 지배라는 함의를 자신의 개념 속에 담고 있지 않다는 것은 주권론의 측면에서 시사하는 바가 많을 것이다.[48] 이소노미아는 '주권론을 어떻게 재해석할 것인가' 혹은 '주권개념을 어떻게 변환할 것인가'라는 방식으로 질문을 던지지 않는다. 오히려 '주권 없는 국가이론, 법이론은 불가능한가?'라고 역으로 질문을 던진다. 최고의 힘 혹은 군주의 권력 등 수직적 위계에 근거한 힘의 계열성이 동서양의 국가와 사회를 구성한 기본 원리로 작용했음은 역사적으로 주지의 사실이다. 그러나 그 수직적 위계의 힘을 지양하고, 배제하고, 최소한 견제하려는 시도가 그동안 세계사의 한 흐름을 이루었던 것도 또한 주지의 사실이다. 그러나 최고의 힘이라는 원리를 개념화한 주권개념은 역사적으로 근대 이후의 산물일 뿐이다. 그렇다면 이제 미래의 새로운 나라를 구상하면서 여전히 주권개념에 의존해야만 할 것인지에 대해서 진지하게 물어보는 것이 법철학이 해야 할 성찰 중의 하나가 아닐까 한다.

그것은 주권의 주체가 왕이 아니라 국민이라고 해도 마찬가지일 것이다.

---

47 김현철, 「자유와 평등의 권리장전을 위한 헌정투쟁」, 『황해문화』 제96집, 새얼문화재단, 2017, 21~22쪽.

48 주권론의 전환을 모색하는 법철학자의 글로서 오정진, 「주권개념의 변환을 위한 시론」, 『법철학연구』 제15권 제1호, 한국법철학회, 2012, 251~270쪽; 이계일, 「주권론의 위협상황과 국민주권론의 재구성가능성에 대한 고찰」, 『법철학연구』 제16권 제1호, 한국법철학회, 2013, 223~290쪽; 양천수, 「오늘날 우리에게 필요한 주권 개념 모색」, 『법과 사회』 제46호, 법과사회이론학회, 2014, 67~106쪽 등.

민주주의를 국민주권으로 이해한다면 이는 민주주의의 미래를 상상할 수 있는 가능성을 좁히는 것이 될 수도 있다. 국민주권은 집합적인 개념인 '국민'에 의존한다는 점에서 한계를 가진다. 한명 한명의 구성원이 아니라 집합적 개념을 상대방으로 가지게 되면 국민이라는 개념은 매우 추상화될 수밖에 없다. 그러면 실제와 다르게 지배받는 개개 국민이 마치 지배하는 자와 동일시된다는 착각에 스스로 빠지게 할 뿐만 아니라, 실제 지배자[49]들이 개개 나라의 구성원들을 개별화시킴으로써 집단적 저항의 가능성도 차단하게 된다.

전체화와 개별화라는 푸코의 주제(이것은 아감벤이 호모 사케르에서 푸코의 작업을 평한 것이다)는 포함과 배제라는 슈미트적 방식이라기보다 '주권의 논리'의 중요한 국면을 보여준다. 주권(혹은 권력)은 스스로 중심화하면서 다른 형태의 권력을 배제하려고 하며, 이는 다른 형태의 권력에 종속되던 개인들을 그 권력에서 해방되게 하는 방식, 즉 개별화의 방식을 채택한다. 그리고 주권권력은 중심화한 자신의 권력을 법, 인권, 정의 등 정당화 기제를 사용하여 그 근거에 대한 재물음의 가능성을 아예 차단해 버린다. 결국 정당화 기제를 배경으로 삼아 주권은 영속 가능한 실재로 지속하고자 한다. 인간의 욕망은 그 주권이라는 괴물의 중요한 영양 공급원이다. 현대 민주주의 체제는 주권권력의 논리에 의해 계속 중앙집권화해 온 역사적 과정의 정점에 이르러 있고, 주변부 권력에게 정당성을 빼앗는 방식으로 중앙 권력을 정당화하면서 성공적으로 스스로를 보존하고 있다. 현대 민주주의 체제가 국민주권 혹은 주권의 개념에 의지하는 한 중앙집권적 중앙권력적 전체적 경향을 견제할 가능성이 사라진다. 대안이 있다면, 주권권력의 논리와 반대로 저항하는 것. 전체화하지도 않고, 개별화하지도 않는 권력의 변용을 상상하는 것이다.

---

49 그런데 이때 지배자들은 실제 생명이라기보다 지배자의 지위를 가리키는 것이고, 지배자의 지위와 지배행위는 앞서 언급한 주권의 논리에 의해 다시 지배된다. 지배자도 주권의 논리에서 항상 소외되며 늘 단순한 생명(벌거벗은 생명)으로 존재했다. 영원할 것 같던 독재자들도 비참한 인간의 말로를 보여주고 있지 않은가.

그런 권력의 변용을 수직적 위계가 아닌 수평적 위계에서 찾는다면 그 방식을 '네트워크적 권력'이라고 부를 수 있을 것이다. 힘/권력이 삶에 필요하다는 것을 인정하자. 왜냐하면 힘/권력은 개인과 사회적 삶의 변화를 추동하는 힘이기 때문이다. 그러나 그 권력이 계속 중심화하는 것은 견제해야 한다. 권력 중심화는 동시에 개별화된 권력이라는 환상과 같이 가기 때문에 이 환상도 견제해야 한다. 권력 중심화의 전략은 권력의 상대방을 개별화하는 것이고 개별화된 개개인에게 자기-주권(self-sovereignty)을 가지고 있다는 환상을 심어주는 것이다. 그러나 삶은 혼자 이룰 수 없다. 같이 살아가는 동료와 상호작용하는 가운데 삶이 이루어진다. 힘/권력이 사실은 삶의 문제이고, 삶이란 혼자 사는 것이 아니라 같이 사는 문제라는 것을 이해한다면, 권력을 개별화하는 것은 환상이라는 것이 금방 밝혀질 수 있을 것이다. 이런 의미에서 현대 민주주의 그리고 그 총화라 할 수 있는 국민주권은 집합적 국민 개념에 기대는 한 허구개념이다.

상호작용은 그 상호작용 속에서 어울려 사는 삶의 공통분모를 도출해 내게 된다. 그 상호작용의 결과 그 협의의 결과 그리고 그 결과를 수용하는 또 하나의 상호작용이 규범형성의 과정이다. 권력이 아니라 규범이 법을 만든다. 즉, 중앙권력이 아니라 공민들의 상호작용이 규범을 그리고 법을 만든다. 이 것이 데모크라티아에서 이소노미아로 이행할 필요성에 대한 중요한 근거이다. 요약하면, '인간사회에서 힘이라는 개념이 없을 수는 없다. 그러나 최고의 힘이라는 레토릭이 반드시 필요한가? 인간사회의 힘을 어떻게 배분하고 조정할 것인지가 중요한 게 아닌가? 그것을 위해서는 규범의 문제가 동원되어야 하고, 그 규범은 최고의 힘에 의한 정당화가 필요 없는 형태로 표현되어야 한다. 이것이 이소노미아의 이상이다.'

3. 비판적 법실증주의

마지막으로 이소노미아는 법철학 이론에도 중요한 함의를 준다. 특히 켈젠과 하트 등 법실증주의자들은 주권개념 없는 법이론을 구성해 왔다. 그러나 켈젠의 근본규범 이론은 주권개념과 주권자라는 인격을 두지 않았을 뿐, 규범의 수직적 위계는 여전히 존재한다. 하트의 이론도 주권자의 명령이 아니라 수범자의 내적 측면에서 규칙의 핵심적인 속성을 파악하지만 여전히 승인률은 궁극적인 법체계의 수직적 구조에서 중심으로 작용하고 있다. 이제 법실증주의자들은 논리적 접근(켈젠)이라고 하거나 기술적 해석학(하트)라고 하면서 법체계를 묘사하는 작업을 넘어서서, 그 법체계가 어떤 차원에서 정당성을 가지고 수범자가 그 법체계를 수락해야 하는지 해명하는 작업을 수행해야 한다. 하트의 개념으로 얘기하자면, 승인률을 주어진 것으로 전제하는 것이 아니라 최소한 '승인률이 어떻게 만들어졌는지'를 드러내고 그 과정을 평가하는 작업이 필요한 것이다. 즉, 법실증주의는 이제 정치철학이 필요하다.

필자는 법실증주의의 정치철학의 한 단초가 이소노미아라고 생각한다. 이소노미아의 함의를 따라가 보면, 지배가 없는 나라에서 평등한 정치적 권한을 활용하여 구상한 헌정과 그 헌정을 구현하는 노모스 모두 나라의 구성원이 직접 참여하여 제작한 것이 된다. 인간의 본성과 양심의 법이라는 자연법은 외견상 인간 보편적인 것으로 보이지만 개별 인간에게 규범정립을 돌리는 한계도 가지고 있다. 그래서 자연법을 존재하는 실제 규범으로 파악한다면 그것은 윤리적 규범과 본질적인 차이를 가질 수 없을 것이다.[50] 그렇다면 실제 나라의 구성원들이 정립하는 헌정과 노모스는 개별 인간의 차원이 아니라 나라의 차원에서 이루어져야 한다. 불완전한 인간이, 미래를 알 수 없는 삶의 어려움에 직면하여, 무리를 짓고 다른 동료를 의지하면서, 그 어려운 문제를

---

50 필자는 자연법을 실정법에 대한 평가라는 역할을 수행하는 사고의 방식으로 이해하는 입장이다. 김현철, 「자연주의적 자연법 이론의 가능성」, 『법철학연구』 제20권 제1호, 한국법철학회, 2017, 35~62쪽.

하나하나 대응해 나가는 장면을 상상해 보자. 그 인간이 다른 동료와 맺어지고 상호작용하는 생명의 끈과 같은 것이 규범이라면 그 규범은 다 같이 만드는 것 또한 당연할 것이다. 이소노미아는 하늘에 있는 규범이 아니라 생존해야 하는 고난의 현실에 처한 인간들이 서로 용기를 북돋으면서 만들어 가는 규범을 의미한다. 필자는 그것이 사람이 만드는 법을 중요하게 여기는 법실증주의의 정치철학이라고 생각하며, 그런 의미에서 법실증주의는 민주주의의 또 다른 이름이라고 생각한다. 현실은 불안하고 미래는 아직 알 수 없는 것이 우리가 처한 환경이라면, 그에 대처하기 위해 만든 규범도 항상 재고할 수 있어야 한다. 법실증주의는 법규범이 정립하면 그것으로 끝나는 이론이 아니라, 항상 평가받을 수 있는 가능성이 내재된 인정법(人定法)이론이어야 한다. 그런 의미에서 항상 평가에 직면해 있고, 그 평가에 따라 기꺼이 개정할 준비가 항상 되어 있는 인정법 이론[51]. 그것이 법실증주의의 핵심 가치이며 그것을 비판적 법실증주의라고 부를 수 있을 것이다.[52]

---

51 비판적 법실증주의는 효력 있는 법질서조차도 항상적인 평가에 직면해야 한다고 주장한다. 그렇다면 효력 있는 법질서도 부정적 평가에 직면할 때 개정될 가능성을 항상 함축하고 있는 것이다. 효력 있는 법질서가 지녀야 할 중요한 요건 중의 하나는 법질서의 개선가능성, 변화가능성을 법질서 내부에 내재적으로 보유하는 것이다. 그렇다면 효력 있는 법질서의 개선가능성은 어디에 그 근거를 가지고 있는가? 보댕, 슈미트 등 주권주의자는 그것이 주권의 권능이라고 주장한다. 그러나 현존하는 법질서의 변화와 개선가능성을 추동하는 것은 최고의 힘인 주권이라기보다는 법질서를 승인하고 그에 내적 측면에서 복종하는 공민의 컨센서스라고 하여야 한다. 왜냐하면 하트가 언급하듯이 적나라한 폭력은 결코 규범적 복종을 이끌어 낼 수 없기 때문이다. 나아가 공민의 컨센서스는 변화와 개선에게 부여된 정당성의 요청이다. 법질서의 변화와 개선은 결국 공민의 정당성에 근거하지 않으면 종결되지 않기 때문이다. 이런 점에서 보자면 슈미트의 예외상태를 결정하는 것은 실존적으로 어떤 인격이겠으나 그것을 예외상태로 승인하는 것은 공민의 컨센서스이고, 다른 측면으로 말하자면 얼핏 실존적인 힘으로 보이지만 그 진정한 실존은 근본적으로 합의된 정당성의 관념이다. 이를 슈미트적 용어로 재서술하면 "예외적 예외상태란 없고 만일 있다면 항상적 예외가능성이 실정법에 내재되어 있을 뿐"이라고 할 수 있다.

52 필자는 이런 측면에서 자연주의적 자연법 이론과 비판적 법실증주의 이론은 법의 분류적 의미와 평가적 의미 중 어느 측면에 초점을 두었는지에 대한 차이가 있을 뿐 본질적으로 다르지 않은 이론이라고 생각한다.

참고문헌

G. Vlastos, "Isonomia", American Journal of Philology, Vol.74, No.4, 1953.

V. Ehrenberg, "Isonomia", in Paulys Real−Encyclopaedie der Classischen Altertumswissenschaft, Supplementband Ⅶ, 1940.

V. Ehrenberg, "Origin of Democracy", Zeitschrift fuer Alte Geschichte, Bd. 1, H.4, 1950.

F.M. 콘퍼드, 남경희 옮김, 『종교에서 철학으로』, 이화여자대학교 출판부, 1995.

가라타니 고진, 조영일 옮김, 『철학의 기원』, 도서출판b, 2012.

김경희, 「데모크라티아(Demokratia)를 넘어 이소노미아(Isonomia)로」, 『한국정치학회보』 제40권 제5호, 한국정치학회, 2006.

김상준, 『맹자의 땀, 성왕의 피』, 아카넷, 2011.

김현철, 「생명정치, 생명권력, 생명법」, 『법과 사회』 제51호, 법과사회이론학회, 2016.

_____, 「자연주의적 자연법 이론의 가능성」, 『법철학연구』 제20권 제1호, 한국법철학회, 2017.

_____, 「자유와 평등의 권리장전을 위한 헌정투쟁」, 『황해문화』 제96집, 새얼문화재단, 2017.

로버트 달, 조기제 옮김, 『민주주의와 그 비판자들』, 문학과 지성사, 1999.

르네 지라르, 김진식 · 박무호 옮김, 『폭력과 성스러움』, 민음사, 1997.

미셸 푸코, 이규현 옮김, 『성의 역사1: 지식의 의지』, 나남, 2010.

발터 벤야민, 최성만 옮김, 「폭력비판을 위하여」, 『발터 벤야민 선집 5』, 도서출판 길, 2008.

아리스토텔레스, 천병희 옮김, 『정치학』, 도서출판 숲, 2009.

양천수, 「오늘날 우리에게 필요한 주권 개념 모색」, 『법과 사회』 제46호, 법과사회이론학회, 2014.

에른스트 블로흐, 박설호 옮김, 『희망의 원리1: 더 나은 삶에 관한 꿈』, 솔, 1995.

오정진, 「주권개념의 변환을 위한 시론」, 『법철학연구』 제15권 제1호, 한국법철학회, 2012.

윌리엄 포레스트, 김봉철 옮김, 『그리스 민주정의 탄생과 발전』, 한울 아카데미, 2001.

이계일, 「주권론의 위협상황과 국민주권론의 재구성가능성에 대한 고찰」, 『법철학연구』

제16권 제1호, 한국법철학회, 2013.

이재승, 「대칭성 법학」, 『민주법학』 제61호, 민주주의법학연구회, 2016.

조르조 아감벤, 박진우 옮김, 『호모 사케르』, 새물결, 2008.

조지 커퍼드, 김남두 옮김, 『소피스트 운동』, 아카넷, 2003.

칼 슈미트, 김항 옮김, 『정치신학』, 그린비, 2010.

_____, 최재훈 옮김, 『대지의 노모스』, 민음사, 1995.

필립 페팃, 곽준혁 옮김, 『신공화주의』, 나남, 2012.

한나 아렌트, 홍원표 옮김, 『혁명론』, 한길사, 2004.

헤로도토스, 김봉철 옮김, 『역사』, 도서출판 길, 2016.

_____, 천병희 옮김, 『역사』, 숲, 2009.

제 3 부

통일헌법의 각론적 쟁점들과 구현방안

통일과 경제질서

이재승

Ⅰ. 실현가능한 통일

필자는 로베르토 웅거의 자유사회주의 비전에 따라 한국사회의 상생경제와 한반도의 통일경제 구상을 개진해 보겠다. 웅거가 한반도의 통일미래를 거론한 적이 전혀 없지만 그의 저작에서 통합경제에 대해 풍부한 시사점을 발견할 수 있다. 그는 여러 저작에서 선진경제체제, 개발도상국, 사회주의체제, 체제전환 국가를 가로지르며 동반성장론을 제시하였다.[1] 오늘날 웅거는 민주적 실험주의자, 사민주의 혁신가, 급진민주주의자, 급진적 실용주의자, 경제적 다원주의자, 프티부르주아 사회주의자로 불린다.[2] 웅거는 계보상 알렉시스 드 토크빌(1805-1859), 존 스튜어트 밀(1806-1873), 조제프 프루동(1809-1865), 질비오 게젤(1862-1930), 제임스 조이스(1882-1941), 페르

---

1   로베르토 웅거, 이재승 옮김, 『민주주의를 넘어』, 앨피, 2017, 188쪽; 웅거의 제안은 지구상의 모든 국민경제에 대한 제안이다. 독일경제가 여전히 잘나가지만 동일한 이중구조의 문제를 안고 있다고 지적한다. Roberto Unger, The Left Alternative, Verso, 2009, 184쪽.

2   웅거의 정치철학에 대한 입문으로는 이재승, 「웅거의 사회변혁이론」, 『민주법학』 제51호, 민주주의법학연구, 2013, 87~133쪽.

낭 브로델(1902-1985), 제임스 미드(1907-1995) 등 자유사회주의 제도혁신가들의 뒤를 잇는다.[3] 웅거는 제도적 상상력의 정치를 통해 현실에 공고하게 뿌리내린 경제적-정치적-사회적 이중구조를 극복하자고 제안한다.

사람들은 흔히 시장경제와 계획경제 사이에서, 사유화와 국유화 사이에서 양자택일의 도그마에 사로잡힌다. 그런데 현실적으로 주목할 만한 경제체제들은 대체로 이질적인 요소들을 적절하게 혼합함으로써 특유의 강점을 보여주었다. 시대의 정치가 기성질서와 목적의식적으로 교전을 벌였을 때에만 그러한 변형들이 생성되었다. 그와 같은 변형의 의지가 실종된 때에는 사람들은 기성질서 안에서 안전한 자리를 찾기 위해 비루한 삶을 반복했다. 인간은 자신의 협소한 지평을 넘어 새로운 결사형식을 꿈꾸면서 더 나은 미래를 실험해야 한다. 남한 사회에서, 남북관계에서 상황이 더 악화되기 전에 우리는 손을 써야 하고, 장기적으로는 큰 그림 속에서 남북간의 이질성을 지역적 특성[4]으로까지 착근시켜야 한다.

되돌아보면 독일통일은 주류적 비전의 압도적 승리였다. 그 비전은 동독을 서독의 자본주의 체제로 경착륙시키자는 신자유주의였다. 이러한 비전은 한동안 남한사회에서 월남지주들의 고토수복의 욕망을 부채질하다가 이윽고 남한경제가 북한 체제를 흡수할 역량을 갖추지 못했다는 환멸을 낳았다. 어느 날에는 북한체제가 붕괴하면 당분간 북한주민의 대량유입을 막아야 한다는 괴담이 떠돌고, 다른 날에는 남한의 자본과 북한의 저임금 노동의 결합으로 제2의 경제도약을 성취할 수 있다는 저급한 대박론이 횡행하였다. 독일통일은 신자유주의의 절정기에 사유화의 신화 속에서 관철되었다. 충격요법이

---

3 웅거의 제자 추이즈위안은 중국의 제도개혁을 웅거적 비전에 입각해서 해명하고 또한 여러 개혁정책을 제안하였다. 추이즈위안, 김진공 옮김, 「프띠부르주아 사회주의 선언」, 돌베개, 2014, 12~60쪽.

4 남북이 단일한 경제체제로 완전하게 융합되더라도 북한지역은 바스크 지역의 몬드라곤이나 제3의 이탈리아처럼 산업조직적 특성(포스트-포디안적 협동조합기업의 강세지역)을 유지할 수 있을 것이다.

구질서의 연명방식보다 결과적으로 경제적이라는 이데올로기는 어김없이 체제전환과정을 지배한다.[5] 그러나 경제적 비용계산에 전제된 호모 에코노미쿠스는 경험과 문화의 차이가 빚어내는 사회적 존재로서 인간의 고통과 열망을 도외시한다.

자본주의적 통일만이 가능하다는 관념(제1의 길)의 독재 아래서 통일의 정치경제는 구체제 사람들에게 새로운 질서에 대한 입장권, 즉 일정량의 화폐와 일자리의 제공, 재사유화와 투자 문제로 전환되었다. 아마도 한반도의 통일 국면에서 롤스식 재산소유 민주주의[6]를 규제적 이념으로 채택할 수 있다면 주류담론의 폐해를 다소간 억제할 수 있을지 모르겠다. 이에 따르면, 북한의 물질적 총자산은 북한사람들의 공동재산이므로 통합경제로 진입하기 전에 북한주민 각자에게 총자산의 1/n 지분을 인정해주는 것이다. 그런데 이러한 사회계약적 발상을 더 생산적이고 활력 있는 방식으로 변형하여 신자유주의에 대한 반란을 한반도 전역에서 성공시킬 수는 없는 것일까?

'역사의 종언'[7]을 고집한다면 우리는 사회주의적 잔재뿐만 아니라 그 발상까지도 일소해야 한다. 하지만 역사에는 종언이 없고, 제도에는 결정판이 존재하지 않는다. 그렇다고 북한식 사회주의 계획경제(제2의 길)를 통합경제의 대안으로 고려할 여지는 전혀 없다. 북한사회도 현재 경제시스템의 근본적 실패를 자인하고 새로운 길을 찾고 있기 때문이다. 남한경제 역시도 경제적

---

5   로베르트 웅거, 앞의 글(2017), 134쪽.

6   재산소유 민주주의는 기본소득, 사회상속제, 연금사회주의와 다양하게 결부된다. 홍성우, 「재산소유적 민주주의의 이념: 미드와 롤즈의 비교」, 「법한철학」 제70집, 범한철학회, 2013, 275~314쪽; 강남훈·권정임, 「공유경제와 기본소득—제임스 미드(James Meade)의 아가싸 토피아를 중심으로—」, 「한국사회경제학회 2016 봄 정기학술대회 자료집」, 한국사회경제학회, 2016, 57~87쪽; 정태욱, 「존 롤즈의 정의론과 '재산소유 민주주의론」, 「충남대학교 법학연구」 제27집 제3호, 충남대학교 법학연구소, 2016, 11~41쪽.

7   Francis Fukuyama, "The End of History?", The National Interest Vol.16, The National Interest, 1989, 3~18쪽. 후쿠야마는 현재에도 자유민주주의가 가능한 유일한 정치방식이라는 시각을 고수하고 있다.

성과에도 불구하고 카지노 자본주의[8]와 심화된 빈부격차로 인해 사회적 정치적 위기에 봉착하고 있다. 이러한 상황에서 어느 일방의 현존체제를 타방에게 진정한 해법이라고 우겨넣을 수도 없다. 남북한 경제는 각자의 체제에서 혁신을 시작하여 자본주의와 사회주의를 가교하는 제3의 경로를 개척해야 한다. 경제통합은 각 체제가 따로 일련의 혁신을 성취하고 차이를 보존하면서, 함께 공통성을 확산시키는 과정이다.

여기에서 웅거의 자유사회주의 비전을 통일의 대안적 경로로 제안해 보겠다. 물론 웅거가 내세운 자유와 번영의 이상은 다른 경로를 통해서도 실현할 수 있다. 웅거는 처음부터 사회의 최종상태나 완벽한 청사진을 거부하고 '다원주의들(pluralisms)'을 제안한다. 그래서 대안을 생각하는 사람이라면 누구든지 그의 제안들을 취사 선택할 수 있고, 거기에 새로운 아이디어를 얼마든지 접목시킬 수 있다. 누군가는 더욱 사회주의적인 방식을 가미할 수 있고, 다른 누구는 다원주의를 한층 더 심화할 수도 있다. 이 글도 웅거의 제안을 우리 상황에 맞게 나름대로 변주한 것이다. 자유사회주의 안에서도 복수의 비전들이 존재하고, 그러한 비전의 다음 단계는 더욱 열려 있다.

II. 남북한 헌법과 경제적 다원주의

웅거의 자유사회주의는 경제적 중도론이나 혼합경제론을 지향하기 때문에 남북한 경제체제를 가교하는 담론으로 고려할만하다. 웅거의 구상은 남북한의 헌법체제 안에서 각기 합법적 지위를 확보할 수 있을까? 먼저 남한 헌법

---

8 '카지노 자본주의'는 영국의 경제학자 수전 스트레인지가 1986년 같은 이름의 책을 출판하면서 일반화되었다. 자본이 생산적 투자와 연결되지 않고 투기적 기회를 찾아 배회하는 현대자본주의 양상을 빗댄 것이다. 국제적인 차원뿐만 아니라 국내적인 차원에서 동일한 현상을 볼 수 있다. 대안적 경제의 성공은 이러한 자본의 투기성을 억제하는 것에 달려 있다. 웅거는 단기자본의 초국경적 이동에 대해서는 세금을 부과해야 한다고 제안한다(로베르트 웅거, 앞의 글(2017), 250쪽). 국내적 수준의 투기판을 근절하기 위해서는 저축과 생산의 강력한 연결고리를 발견해야 한다고 제안한다(로베르트 웅거, 앞의 글(2017), 214쪽).

과 웅거의 경제적 다원주의가 양립할 수 있는지 검토해보자. 헌법 제4조는 "대한민국은 통일을 지향하며, 자유민주적 기본질서에 입각한 평화적 통일 정책을 수립하고 이를 추진한다"고 규정한다. 여기서 '자유민주적 기본질서'를 어떻게 이해할 것인가? 이 조항은 실체적으로는 통일국가가 공산주의 체제로 전환되는 것을 금지하고, 절차적으로는 적대와 전쟁의 정치를 통해 통일을 강취하는 것을 거부한다. 합의에 입각한 통일만이 남는다. 그런데 합의 통일의 원칙을 채택하더라도 북한사회가 제1의 길(남한식 자본주의)을 거부한다면 이제 대안적 경제틀을 재구성해야 한다. 그 대안적 길의 단서를 남북한 헌법의 경제편에서 찾아야 하겠다.

한국헌법의 경제질서를 롤스의 정치철학에 입각해서 설명해보자. 롤스의 철학을 사회복지국가, 수정자본주의, 혼합경제체제의 철학적 정당화라고 한다면 그의 사상은 액면 그대로 볼 때 미국헌법보다 한국헌법에 더 훌륭하게 반영되어 있다.[9] 한국헌법은 재산권보장, 시장경제, 기업가적 창의를 기본으로 선언하면서 균형 있는 국민경제, 시장지배와 경제력남용 방지, 경제주체 간의 조화, 경제민주화를 더불어 표방한다. 이러한 원칙과 대항원칙을 롤스의 제1원칙(자유원칙)과 제2원칙(수정원칙)으로 환언할 수 있다. 두 원칙간 우선순위를 어떻게 조정하고 두 원칙의 관계를 어느 정도로 밀착시킬 것인지가 경제헌법의 핵심과업이다. 경우에 따라 수정원칙에 우선성을 부여하여 기성제도를 광범위하게 변혁할 수도 있다. 한국 헌법학자들은 헌법의 경제편의 기원을 독일 바이마르 헌법에서 찾는다.[10] 바이마르 헌법 아래서 일부 사민주의자들은 입법을 통한 사회주의에로의 이행을 꿈꾸었다. 제2차세계대전 이후 본기본법 아래서는 '사회적 시장경제론'과 '사회주의적 법치국가론'이

---

9 미국헌법은 1913년 소득세 조항을 제외하면 수정자본주의적 제도를 증축하지 않았다. 프랭클린 루스벨트가 제2차세계대전 말미에 뉴딜의 이념을 담은 제2의 권리장전(사회적 권리들)을 제안하였지만 헌법에 구현되지 못했다.

10 성낙인, 「대한민국 경제헌법사 소고—편제와 내용의 연속성의 관점에서」, 『서울대학교 법학』 제54권 제3호, 서울대학교 법학연구소, 2013, 133~161쪽.

이데올로기적으로 대립하였다. 사회적 시장경제론이 자본주의 경제질서에 대한 국가규제를 긍정하는 중도우파적인 틀이라면, 사회주의적 법치국가론은 바이마르 시대의 사회주의 이행론의 긴 그림자였다.[11] 현재에는 사회적 시장경제론이 좌우 변형을 가지면서 헌법적 경제담론의 중심적 지위를 차지하고 있다.[12]

1948년 한국헌법과 관련하여 독일식 사회주의적 법치국가론은 찾기 어렵고,[13] 유진오나 조소앙도 대체로 중도파 헌법관을 주장하였다.[14] 수차례 헌법이 개정되었음에도 그 대강은 여전히 유지되고 있다. 김철수는 한국헌법의 경제질서를 절대적 자본주의나 자유방임주의가 아니라 수정자본주의로 파악하며,[15] 성낙인도 유럽의 좌파 사회당이 한국의 자유민주주의 이념에 부합한다고 기술한다.[16] 어쨌든 우리 헌법에서 경제에 대한 확정적이고 궁극적인 질서를 이끌어낼 수 없다. 다양한 가치들을 둘러싼 전투와 휴전의 문서로서 헌법은 적절한 계기에 해석적 정치를 통해 상충적 가치들을 새로이 조정하는 장으로 역할한다.[17] 한국헌법은 개인적 창의와 시장경제 이외에도 경제민주

---

11 좌파헌법학자들은 아벤트로트의 사회주의 법치국가 테제를 전략적 관념 정도로 취급하였다. 국순옥, 『민주주의 헌법론』, 아카넷, 2015, 227쪽 이하.

12 사회적 시장경제는 알프레트 뮐러-아르막(Alfred Müller-Armack)이 제안한 시장경제에 입각한 개인적 창의와 사회적 효과를 연결시키는 정책적 사고이다. 이러한 사고는 기민당(독일우파정당)의 강령으로 채택되었고, 전후 독일과 오스트리아의 경제헌법의 기초가 되었다. 사민당은 처음에는 이를 '민주주의적 사회주의'와 대립한 것으로 규정하였으나 나중에 이를 수용하고 변형하였다.

13 백남운 정도만이 사회주의적 연합전략에 입각해 민주주의론을 개진하였다. 김인식, 「백남운의 연합성 신민주주의와 무계급성 단일민족국가 건설론」, 『중앙사론』 제27집, 한국중앙사학회, 2008, 167~216쪽.

14 유진오, 『신고 헌법해의』, 일조각, 1950, 45쪽(공산독재도, 자본독재도 배제한다고 쓰고 있다); 김용호, 「조소앙과 삼균주의에 대한 재조명」, 『한국정치연구』 제15권 제1호, 서울대학교 한국정치연구소, 2006, 49~64쪽.

15 "우리 헌법은 순수한 경제질서에 관한 근본결단을 내리고 있다고 보기보다 오히려 상반된 경제적 이데올로기와 경제적 이익간의 조화로서의 헌법적 양해에 근거하고 있다고 보아야할 것이다." 김철수, 『헌법학개론』, 박영사, 2004, 174쪽.

16 성낙인, 『헌법학』, 법문사, 2015, 144쪽.

화와 경제주체 간의 조화를 국가정책의 주요한 목표로 설정하고 있기 때문에 현재의 경제질서에 대한 광범위한 수정권력을 내장하고 있다.

경제정책에서 수정자본주의나 유럽사회당의 폭과 유연성을 주목한다면, 여기 제시한 통일경제의 헌법구상도 일종의 플랫폼이라고 할 수 있다. 기성의 사민주의가 최저임금제, 노동권, 경영참가제, 조세-이전지출에 입각한 복지권을 강조하면서 경제민주주의를 소비와 (재)분배의 영역으로 후퇴시켰다면,[18] 사민주의의 혁신판으로서 자유사회주의는 전면적 사회화 대신에 생산적 자원에 대한 보통사람들의 접근기회를 제고함으로써 경제민주주의를 생산과 소유의 영역으로 다시 전진시키고자 한다. 웅거는 자신의 경제적 비전이 장기적으로 구현된 체제를 자본주의와 사회주의를 넘어선 실험주의적이고 다원주의적인 경제로 규정한다.[19] 이러한 웅거의 경제적 다원주의는 현행헌법과 양립하는 데에 그다지 어려움이 없다. 부정의 방식으로 해명하면 현행헌법은 전면적 계획경제와 전면적 사회화(공산화)를 용인하지 않는다. 달리 표현하면 현행헌법은 부분적인 계획경제, 부분적 사회화, 소유방식의 다각화를 허용한다. 그러므로 경제전반을 사회적 소유에 기초한 사회주의적 시장경제로 조직하려는 시장사회주의[20]가 한국 헌법에 부합하는지는 논란의 여지가 있지만, 개인적 소유와 사회적 소유를 공존시키면서 부분적 계획경제를 시행하려는 웅거의 경제적 다원주의는 한국헌법과 양립가능하다. 나아가 웅거의 경제적 다원주의는 수정자본주의의 이상(자유와 번영)을 더욱 온당한 방식으로 제시하기 때문에 현재의 한국경제뿐만 아니라 미래의 통일경제에

17 Roberto Unger, *The Religion of the Future*, Harvard U.P., 2014, 97쪽.

18 로베르트 웅거, 이재승 옮김, 『주체의 각성』, 앨피, 2012, 381쪽.

19 로베르트 웅거, 앞의 글(2017), 368쪽.

20 1920년대 사회주의 계산논쟁에서 경제학자 미제스는 사회주의가 재원배분에서 매우 비효율적이기 때문에 붕괴할 것이라고 예측하였다. 시장사회주의는 붕괴론의 반박과정에서 랑게(Oscar Lange)가 처음으로 사용하였다. 보통 프라하의 봄 시기에 두브체크가 유고슬라비아에 도입한 경제체제나 등소평의 개혁개방노선(실용주의)을 시장사회주의라고 불렀다.

대한 개혁적 구상으로 채택할 만하다.

한편, 웅거의 경제적 다원주의는 북한헌법과 양립할 수 있는가? 우선 웅거의 구상은 생산수단의 소유와 접근에서 분산, 특히 개인적 창의와 사유제를 포함하기 때문에 액면 그대로 북한헌법과 양립하기는 어렵다. 북한 헌법은 사회주의적 생산관계와 자립적 민족경제를 원칙으로 삼는다(제19조). 또한 소유, 생산, 경제적 성과까지도 집단주의적으로 처리한다. 생산수단의 소유 주체를 국가와 사회협동단체로 한정하고(제20조), 토지, 농기계, 중소공장, 기업소에 대해서는 사회협동단체의 소유를 인정하고, 사회협동단체의 소유를 해당단체 근로자들의 집단적 소유로 규정한다(제22조). 농민의 텃밭경작 결과물과 기업의 초과생산분에 대한 처분권을 인정함으로써 성과에서 집단주의를 부분적으로 수정하지만 북한헌법에서 원칙적으로 사유제를 찾아보기 어렵다.[21] 웅거의 다원주의는 생산수단에 대한 사유를 인정할 뿐만 아니라 노동자소유기업이나 노동자지분을 인정한 기업조직을 권장하기 때문에 전자는 북한헌법상 재산권제도와 충돌하고, 후자는 현재로서도 북한헌법과 전반적으로 양립가능하다. 북한체제가 다원주의를 광범위하게 실험하려면 기성의 사회주의적 재산법제도(소유, 경영, 이익분배, 재투자)에서 탈피하는 것이 필요하기 때문에 헌법개정은 불가피하다. 북한 헌법이 장기적으로 시장사회주의의 프레임을 수용한다면 웅거의 다원주의를 실천하는 데에 더욱 적합한 구조가 될 것이다. 이는 장마당경제의 헌법적 반영과 재구성을 통해 점진적으로 구체화될 수 있다.

---

21 북한헌법 제24조 개인소유는 공민들의 개인적이며 소비적인 목적을 위한 소유이다. 개인소유는 로동에 의한 사회주의분배와 국가와 사회의 추가적 혜택으로 이루어진다. 터밭경리를 비롯한 개인부업경리에서 나오는 생산물과 그 밖의 합법적인 경리활동을 통하여 얻은 수입도 개인소유에 속한다. 국가는 개인소유를 보호하며 그에 대한 상속권을 법적으로 보장한다.

III. 웅거의 경제정책론

웅거의 경제적 다원주의에 따르면 동일한 경제질서 안에서 다양한 재산권 체제가 허용되고, 이질적인 요소들이 서로 경쟁하게 된다. 다양한 재산권 체제는 사회속의 다양한 개인들이 경제적 주체로 자립할 수 있는 합당한 기반을 형성하기 때문에 국가공동체는 다양한 재산권제체를 육성해야 한다. 단기적으로 동일한 경제체제 안에서 이질적인 요소들이 공존하지만, 장기적으로 이러한 이질성들이 착근하게 되면 기성의 경제체제와 다른 성격을 갖게 된다.[22] 자본주의 안에서도 다양한 변주가능성이 존재하고, 장기적으로 자본주의를 탈피할 수 있다는 것이다. 이는 시장경제 위에서 자본주의만 가능한 것이 아니라는 페르낭 브로델의 통찰과 흡사하다.[23]

웅거의 경제정책론은 무엇보다 개별주체의 자립성을 주목한다. 개인을 무력한 존재로 옥죄는 격차구조를 방치하고 조세를 거두어 약자들에게 재분배하려는 복지국가도 보통사람들의 역량을 충분히 활용하지 못한다고 지적한다. 경제적 자립은 사회적, 정치적, 인성적 자립의 근본적 토대이므로 모든 인간들이 생산경제에 참여하는 것이 필수적이다. 그런 면에서 웅거의 입장은 재분배주의가 아니라 생산주의이다. 이제 혁신파들의 과업은 미국 남북전쟁 직후에 등장했던 '40에이커의 땅과 노새 한 마리'[24]라는 슬로건을 현대적 상

---

22 로베르트 웅거, 앞의 글(2017), 81쪽.

23 브로델은 경제질서를 물질문명, 시장경제, 자본주의 3층으로 구분한다. 물질문명은 수 천 년에 걸쳐 형성된 기본경제(밥, 빵, 옥수수, 감자)을 의미하고, 시장경제는 근교시장을 중심으로 물질적 필요를 교환하는 경제를 의미하고, 자본주의는 원거리 도매를 중심으로 형성된 반시장적 거래를 의미한다. 시장경제는 사용가치와 정상이윤을 중심으로 움직이는 경제이고, 자본주의는 교환가치와 투기적 이윤을 중심으로 작동한다. 브로델은 시장경제와 자본주의를 구별함으로써 시장경제 위에서 상이한 경제체제를 수립할 수 있다고 보았다. 페르낭 브로델, 김홍식 옮김, 「물질문명과 자본주의 읽기」, 갈라파고스, 2012, 86쪽.

24 이러한 관념은 역사적으로 성서상의 토지제도와 희년(yobel) 제도까지도 거슬러 올라간다. '40에이커의 땅과 노새 한 마리'는 남북전쟁 이후에 흑인해방을 위해서 경제적 자립토대가 제공되어야 한다는 취지에서 북군의 셔먼 장군이 제안한 것으로 알려졌다. 해방된 노예에게 전쟁에 사용된 군마를 배정하고 유휴지를 제공하려는 정책구상은 실현되지 못했다. 신분해방

황에 맞게 변형하는 것이다.[25] 그것은 본질적으로 정치적 해방은 경제적 해방을 수반해야 한다는 통찰의 실천이다. 보통사람들을 생산경제의 자립적인 주체로 만들려는 기본발상에서 프루동주의자, 프티부르주아 사회주의자로서 웅거의 면모를 확인할 수 있다.[26]

웅거의 경제적 다원주의는 몇 가지 '빅 아이디어'를 포함한다. 첫째로, 제도와 구조에 대한 숙명론적이거나 법칙적인 사고를 거부한다. 둘째로, 사회경제적 이중구조를 타파하려는 전략을 추구한다. 셋째로, 경제민주화를 위해서 재산의 분산과 해체 관념을 활용한다. 넷째로, 생산적 실험주의와 기업소유형식의 다각화를 통해 경제적 다원주의를 장려한다. 다섯째로, 교육과 사회상속제를 통해 재분배를 추구하고, 이를 실험주의의 보증수단으로 활용한다. 여섯째로, 시민사회의 재구성과 포용적 민중연합을 정치의 목표이자 행동의 거점으로 삼는다. 이 글에서 이 모든 아이디어를 완전하게 해명하기는 어렵지만 우선 경제적 측면에서 이 문제를 부연해 보고자 한다.

1. 비판적 제도주의

인류의 역사는 제도발명과 쇄신의 역사이다. 비판적 제도주의는 제도적 상상력을 통해 현존 제도들을 영구적으로 혁신하려는 입장이다. 마키아벨리도 일찍이 제도가 오래되면 기득권자의 것이라고 일갈하였다. '목적-수단의 전도'(베버)와 '과두제의 철칙'(미헬스)과 같은 '정치의 악령'이 제도적 공간에서 작동하기 때문이다.[27] 웅거는 미국의 비판법학운동을 세 가지 진영으로 구분하고 자신의 입장을 제도주의로 규정한다.[28] 원래 경제학에서 제도주의(베블

과 경제적 해방이 강력하게 결부되지 못함으로써 인종문제는 현대 미국사회의 고질병으로 남게 되었다.

25 로베르트 웅거, 앞의 글(2017), 231쪽.
26 추이즈위안, 앞의 글(2014), 13쪽 이하.
27 로베르트 웅거, 앞의 글(2017), 29쪽.

렌, 커먼스, 윌리암슨 등)는 경제를 수리모형(가격기구)으로 접근하는 고전파와 신고전파에 반발하여 사회의 관습과 제도를 중시하였다.[29] 그것은 사회와 경제의 관계에 대한 근본적인 고민뿐만 아니라 사회적 존재로서 인간관을 담고 있었다. 그런데 현존하는 자본주의적 경제질서야말로 인류가 집단적으로 발견한 가장 합리적인 장치라고 강변하는 신자유주의 제도경제학파(코스, 포스너 등)까지 등장하였으니 제도주의의 개념적 핵심은 사라졌다. 웅거는 이러한 최근의 제도경제학파를 '반제도적 제도주의'라고 꼬집는다.[30] 시장경제원리를 종교적 수준으로 고착시켜 영원한 서약을 바치는 한국의 헌법재판소의 태도도 반제도적 제도주의의 일종이다.[31] 웅거는 이러한 태도, 즉 앵글로-색슨 자본주의가 최상의 경제체제라거나 현존하는 대의민주제가 민주주의의 완성태라는 식의 사고를 제도적 물신숭배로 규정한다.[32] 이러한 우파적 맹목론보다 더욱 심각한 것이 좌파의 구조물신숭배이다. 구조를 완전하게 전복해야만 세상을 바꿀 수 있다는 필연주의 사고나 기성질서를 아무리 전복해

---

28 웅거는 비판법학운동진영을 해체주의(급진적인 불확정성테제), 네오마르크스주의, 제도주의로 구별한다. 웅거는 해체주의는 모든 법명제나 원리가 불확정적이므로 '무엇이든 말이 된다(Anything-can-mean-anything)'고 주장할 뿐, 제도의 가변성과 규범적 방향성에 대한 통찰을 획득하지 못했고, 네오마르크스주의는 체제의 전복만을 말할 뿐, 구체적인 대안을 발전시키지 못했으며, 제도주의만이 개혁의 올바른 길을 잡았다고 평가한다. 나아가 과거의 비판법학운동은 현재에는 대체로 제도주의를 따르면서 이 방향에서 가치 있는 기여를 제공하고 있다고 주장한다. Roberto Unger, *Critical Legal Studies Movement*, Verso, 2015, 26쪽 이하.

29 제도주의 경제학에 대해서는 Geoffrey M. Hodgson, "What is the Essence of Institutional Economics?", *Journal of Economic Issues* Vol.34, Association for Evolutionary Economics, 2000, pp.317~329.

30 로베르트 웅거, 앞의 글(2017), 259쪽.

31 "결국 우리 국민들의 정치적 결단인 자유민주적 기본질서 및 시장경제원리에 대한 깊은 신념과 준엄한 원칙은 현재뿐 아니라 과거와 미래를 통틀어 일관되게 우리헌법을 관류하는 지배원리로서 모든 법령의 해석기준이 되므로 이 법의 해석 및 적용도 이러한 틀 안에서 이루어져야 할 것이다(헌법재판소 2001.9.27. 선고 2000헌마238)"

32 오늘날 한국사회에서 보수파들은 극우 이미지를 탈색하고자 공화주의를 입에 올리고 있다. 이러한 공화주의는 기득권 수호를 위해 기성질서를 신비화하려는 정치철학에 지나지 않는다.

도 구조가 주인이고 인간은 그저 구조의 노예일 뿐이라는 포스트주의적 숙명론이 비근한 사례이다. 좌파는 전복의 결정적 시기를 기다리는 대망론으로 자위하거나 무엇이든지 현실로 용인하는 허무주의로 흐른다. 제도적 물신숭배이든 구조물신숭배든 모두가 제도적 상상력의 적이다.[33]

웅거는 제도의 우연성, 잠정성[34], 가변성, 가소성(可塑性)[35]을 주장하면서 인간의 개입과 실천의 기회를 확보한다. 유일하고 자연적이고 완성된 제도형태는 인간사회에서 존재하지 않는다. 인간이 투쟁을 멈추면 새롭고 좋은 제도도 경화되고 사람들에게 족쇄로 작용한다. 웅거는 촘스키의 이산적 무한성(discrete infinity)[36] 개념으로 사회제도의 변주가능성을 주장한다. 현존하는 사회제도는 인간이 생각하는 것보다 훨씬 넓은 변주의 여지를 갖는다. 예컨대, 같은 자본주의라도 앵글로색슨계 자본주의와 스칸디나비아 자본주의가 다른 특성을 보여준다.[37] 방향을 정하고 속도를 올린다면 점진적이고, 연쇄적이고, 누적적인 변화[38]를 통해 차이를 만들면서 끝내는 혁명적 변화에 이를 수 있다. 완전한 질서라는 플라톤적 청사진에 입각한 혁명 대신에 지속적인 제도적 실험과 후속 조치들만이 필요하다. 웅거는 종래의 혁명가들의 전복적인 사고와 자신의 프로그램적 사고를 구별한다. 그는 지속적인 개혁조

---

33 로베르트 웅거, 앞의 글(2017), 50쪽.

34 웅거는 토크빌과 밀을 자신의 제도사상의 출처로 언급한다. 밀은 자서전에서 다음과 같이 적었다. "우리는 모든 현존하는 제도와 사회 조직을 "한갓 잠정적"인 것으로 보았다." 존 스튜어트 밀, 최명관 옮김, 『자서전』, 서광사, 1983, 186쪽. 아마도 이 아이디어는 칼 포퍼의 반증가능성(falsifiability)으로 이해할 수도 있다.

35 가소성(plasticity)이란 어떤 물질이 상온에서 단단한 형태를 취하지만 열을 가하면 유연한 형태로 변하는 특성을 의미한다. 웅거는 고에너지(high-energy) 민주정치만이 '동결된(frozen)' 기성의 제도를 해동하여(unfreeze) 새로이 성형할 수 있다고 주장한다.

36 촘스키는 어린아이가 몇 개의 단어를 다양하게 조합하여 수많은 문장을 만들어 내는 능력을 '이산적 무한성'으로 해명하였다. 오늘날 이를 '디지털 무한성'으로 부르기도 한다.

37 웅거, 앞의 글(2012), 366쪽.

38 누적적 변화나 누적적 인과관계는 스웨덴 경제학자 군나르 뮈르달의 개념이다. 그는 부분적 계획경제를 주장하면서 20세기 스웨덴 경제의 특이성을 기초하였다.

치들을 통해 사회의 영구혁명 또는 영구쇄신을 추구하는 제도적 레프트의 범례가 되었다.

사회는 인공물(artefact)이기 때문에 사회와 제도를 인간의 필요와 열망에 맞게 재발명할 수 있다.[39] 그러나 제도의 발명과 쇄신은 정치계급의 손으로 빚어지는 일이 아니다. 대중들이 연합하여 기성제도에 맞설 때에만 기성제도들은 위력을 잃고 새로운 제도로 대체될 수 있다. 웅거는 이른바 무솔리니식 대중동원 정치와 매디슨식 엘리트주의 정치 간의 양자택일적 사고에서 탈피해야 한다고 주장한다. 서구식 대의민주주의는 키케로식 선량정치나 견제와 균형을 구현했다고 자부하지만, 정작 현실의 중요한 문제를 해결하는 데에는 대체로 무력하다. 삼권분립, 여야 대립, 정부관료제를 통해 교착상태를 유발하고 개혁의 속도를 떨어뜨리는 이와 같은 정치패턴을 웅거는 '억제적 헌정주의'로 규정한다.[40] 웅거는 이러한 저속도의 정치를 극복하고 제도적 실험주의를 가속화하기 위해서 고에너지 민주정치와 역량강화된 민주주의를 주장한다.

역사에서 의미 있는 제도는 공연히 생겨나지 않았다. 로마 공화정의 제도는 시민의 철시(撤市)와 무수한 저항에서 하나씩 하나씩 탄생하였다. 개혁하기 좋은 시기나 개혁하기 좋은 지점(전쟁, 혁명, 경제위기가 그 예로 거론된다)이란 따로 존재하지 않는다. 제도를 쇄신하려는 운동은 어느 곳에서든지 당장 시작할 수 있다. 웅거는 위기가 도래해야 변화를 달성할 수 있다는 사고에서 벗어나야 변화 자체를 변화시킬 수 있다고 주장한다. 대중의 참여에 기반을 둔 민주주의만이 정치의 속도와 온도를 높여 경화된 제도를 용융시킬 수 있다. 그렇다고 대의민주주의를 폐기할 이유는 없다. 그것은 전국적으로 잘 짜인 한판의 정치구조와 포괄적으로 일치하기 때문에 유효적절하게 활용

---

39 '인공물로서의 사회'는 웅거의 슬로건이다. 로베르토 웅거, 추이즈위안 엮음, 김정오 옮김, 『정치』, 창비, 2015, 43쪽 이하.

40 로베르트 웅거, 앞의 글(2017), 150쪽.

할 수 있다. 이러한 구조에 직접민주주의를 충실히 가미한 혼합정체로 대의를 실천할 수 있다. 또한 웅거는 정치계급의 타협 속에서 개혁의제를 실종시키는 의원내각제보다 전국적 수준에서 판을 갈아치운다는 신비한 감정을 불러일으키는 대통령제가 개혁에 더 친화적이라고 평가한다.[41] 어떠한 경우에도 대중동원에 입각한 아래로부터의 민주주의가 없다면 위로부터의 개혁은 성공할 수 없다. 좁은 의미의 권력 정치(정부권력의 장악과 행사)에서뿐만 아니라 개별적인 정부부서에서도 혁신적 거버넌스가 필요하다. 정치는 우연성과 필연성에 대한 대안이다(2017, 35쪽). 민주주의는 운명도, 불운도 거부하는 정치로 자리잡는다.[42]

2. 반이중구조경제론

68세대 마오이스트로서 웅거의 사상적 특성은 반이중구조전략에서 뚜렷하게 드러난다(2017, 284쪽). 이중구조경제론은 원래 식민지 경제 연구자들의 통찰이다.[43] 식민지에서 본토와 연관된 선진적이고 근대적인 산업부문과 전통적인 생계형 산업부문이 공존한다. 이러한 경제적 이중구조는 세계 어느 경제체제에서든 존재하며, 웅거는 이를 전위부문과 후위부문으로 표현한다. 전위부문(제1경제)은 기술, 자본, 교육, 신용에서 우월적 지위를 확보하며 다른 나라의 전위부문과 활발히 연계되고 국제적으로 높은 경쟁력을 유지하는

---

41 로베르트 웅거, 위의 글(2017), 291쪽; 웅거는 선거를 통해 집권한 대통령이 처음에 해야 할 일에 대해 언급한다(로베르트 웅거, 위의 글(2017), 292쪽, 354쪽). 한국의 5년 단임 대통령제는 대통령으로 하여금 합당하게 역량을 발휘할 수 있게 하는 구조가 아니다. 집권 전반기에는 개혁의 정치 프레임을 만드는 데에 시간을 허비하고, 후반기에는 어김없이 레임덕에 빠지기 때문이다. 결국 장기적 개혁 프로그램은 시도하지도 못하고 권좌에서 내려오게 되는 구조이다. 대체로 집권프로그램은 등산 매뉴얼이 아니라 하산의 짐으로 머문다.

42 로베르트 웅거, 앞의 글(2012), 356쪽.

43 네덜란드 식민지인 인도네시아 경제를 연구한 율리우스 헤르만 뵈케(Julius Herman Boeke 1884-1956)가 1930년 레이든 대학 교수 취임 강연에서 이중구조경제(dualist economie)라는 용어를 처음 사용하였다.

데,[44] 후위부문(제2경제)은 어느 것 하나 변변하게 갖추지 못했기 때문에 쇠락의 운명을 피할 수 없다. 이와 같은 앙시앙 레짐은 산업부문 이외에도 인간의 정치적, 사회적 공간 어디에서나 존재하며, 바로 이러한 경제적, 정치적, 사회적 이중구조를 흔들어놓자는 것이 웅거의 제안이다.

신자유주의 경영쇄신 프로그램은 후위부문을 개인의 운명으로 내맡기거나 때로는 의도적으로 제거하려고 한다. 신자유주의 유연전문화론은 유연성과 경쟁의 이름으로 후위부문을 압박하지만 정작 기득권세력에게는 특권적 지위를 보장한다. 그리하여 사회적 약자들은 자신들의 족쇄를 탈피할 적절한 기회를 누리지도 못한 채 경쟁의 이름 아래 초토화된다. 신자유주의는 더욱 큰 격차를 야기함으로써 구조조정의 이상을 스스로 배반한다. 이와 달리 사민주의는 이중구조를 대체로 유지하면서 구조개혁 대신에 구조안의 상대적 약자(내부자)들을 보상하는 데에 치중한다. 전통적인 사민주의는 사회조합주의, 노사정타협, 조세-이전지출로 현실의 구조를 '인간화'[45]해왔다. 웅거는 사민주의가 생산과 소유의 영역에서 혁신을 추구하는 대신, 조세-이전을 통한 재분배에 안주하는 비관적 개량주의로 전락했다고 지적한다. 사민주의적 해법이 장기적으로 지속가능한 것인지에 대해서도 웅거는 회의적이다. 웅거식 대안 또는 급진민주주의 비전은 이중구조를 극복하는 것이다. 세계 어느 곳에서도 국민의 압도적 다수는 후위부문에서 생업에 종사하기 때문에 이들을 일깨워 전위부문과의 격차를 줄이자는 것이다.

웅거는 특히 '제3 이탈리아'의 혁신을 모방하는 미국과 유럽의 도시를 거론한다.[46] 웅거는 전위주의의 네 가지 특성 꾸러미를 제시한다. ①인상적 특성

---

44 그런 점에서 웅거는 종속이론이나 세계체제이론을 좌파의 비관주의라고 규정한다. 로베르트 웅거, 앞의 글(2017), 57~58쪽.

45 웅거는 구조개혁을 하지 않고 기성구조 안에서 승리자의 성과를 패배자의 계좌로 이전시키는 정책적 지향을 '인간화'라고 부른다. 로베르트 웅거, 앞의 글(2012), 235쪽.

46 로베르트 웅거, 앞의 글(2017), 268쪽.

―생산의 탈규격화, 첨단기술, 자본집약형 근로환경, 고도숙련기술, 세계시장 지향성, ②정신적 특성―과업규정 역할과 과업집행 역할의 구분완화, 과업집행 역할들 간의 구분완화, 협력적 경쟁, 시행착오를 통한 학습관행, ③ 사회문화적 특성―장인적 전통과 대학에 기반을 둔 기술엘리트훈련, 고도의 자발적 결사체와 공동체 생활, ④발전경로상의 특성―기업내부의 확산, 기업 간의 협력적 경쟁, 초기업적 협회의 조직, 지역공동체·지역정부·중앙정부와 연계 구축 등이다. 이 중 두 번째 정신적 특성은 전위주의에서 가장 중요한 요소이고, 이를 확산시키는 데에 특별히 자본이 필요하지 않다. 그러나 나머지 특성들을 뿌리내리게 하는 데에는 정부, 협회 또는 협력기구들이 자본, 기술, 지식을 적극적으로 지원해야 한다.

웅거는 일찍부터 이 문제를 시장권(market rights)이라는 정책적 권리로 접근하였다.[47] 시장권이란 생산경제 안으로 진입할 기회를 보통사람들에게 부여하는 국가정책을 의미한다. 웅거는 보통사람들에게 자본, 기술, 지식에 대한 접근기회를 제공하기 위해 사회자본(social capital), 사회기금 또는 사회적 벤처 캐피탈을 제안한다.[48] 국가는 정부저축(정부세입에서 정부지출을 공제한 잔여부분)과 강제적인 민간저축(연기금 등)의 일정비율을 사회자본으로 편성하여 생산적 투자(창업)에 적극적으로 활용하자고 제안한다.[49] 사회 자본은 노동자와 경영자 작업팀의 사업계획을 심사하고 이들에게 사업자금을 배정한다. 이러한 사회기금을 통해 다수의 사회적 공기업들이 창조된다. 영업확장, 이윤축적, 비정규직 고용, 종업원 구성에서 사회기금이 부과한 일정한 제한을 받으면서 기업은 사업이윤에서 기본이자를 기금에 납부하고 나

---

47 시장권의 의미와 실행방안 대해서는 로베르트 웅거, 앞의 글(2015), 593쪽 이하.
48 아리스토텔레스는 일부 폴리스들의 관행을 제시하면서 민주정체에서 중간계급을 육성하는 것이 관건이므로 국가가 세입을 밑 빠진 독에 물붓기식으로 빈곤층에 살포하기보다는 기금을 조성하여 자립할 수 있도록 순차적으로 개인에게 목돈을 제공하는 게 좋다고 제안했다. 아리스토텔레스, 천병희 옮김, 『정치학』, 도서출판 숲, 2010, 단락번호 1320a29.
49 로베르트 웅거, 앞의 글(2017), 273쪽.

머지 이윤을 임금으로 분배한다. 그러나 기업들에 대한 이러한 제한을 획일적으로 관철시킬 필요는 없다. 기업은 당면한 상황과 규모의 경제에 따라 생존과 혁신의 목표를 유연하게 추구해야 하기 때문이다.

중앙정부보다는 지역정부와 각지에 분산된 매개조직(지원센터들)이 사회적 기업의 육성과 지도를 담당하는 것이 바람직하다. 사업이 대체로 지역적 기반을 갖기 때문에 더욱 그렇다. 권한이양과 폴리아키[50]는 그 자체로 혁신적 실험에 우호적이고, 기초단체의 역량을 강화하며, 위험을 분산시키고 현장지식을 효과적으로는 활용하는 이점을 갖는다. 기금의 지원금이 보조금인지, 투자금인지, 대부금인지 획일적으로 확정할 필요도 없다. 창업하려는 자의 경제적 여건이 어느 정도인지에 따라 지원금의 성격도 사례별로 결정될 것이다. 만일 전체적으로 기업이 필요한 자금을 사회기금이나 정부저축(중앙정부, 지방정부)에 의존해야 하는 상황이라면 해당기업은 사회기금기업이나 공기업이 될 것이고, 부분적인 보조금이나 대부금의 수준이라면 그 기업은 여전히 사기업의 성격을 유지하거나 경우에 따라 노동자소유기업으로 전환될 수도 있다. 기업의 흥망성쇠는 어느 정도 감수할 수밖에 없는 일이다. 그 실험의 비용을 오로지 개인에게 지울 것인가, 아니면 사회가 공동으로 분담할 것인가에 대한 원칙이 문제이다. 사회기금은 후자의 입장에서 좋은 아이템과 기술력이 있음에도 자본이 없어서 꿈을 실현하지 못하는 사람들을 조력하는 제도이다. 기업에 단지 지원만 해도 되는지, 적극적으로 지도감독을 해야 하는지는 기금과 그 협력센터들이 기업과 팀원의 역량을 고려해서 판단할 문제이다. 이와 같이 국가나 사회가 후위부문에 생산적 전위주의를 확장하고 기업적 창의를 적극적으로 장려한다면 자본주의 경제안에서도 사회적 재산

---

50 실험주의 관점에서 하이어라키(hierarchy)와 폴리아키(polyarchy)를 비교할 수 있다. 2개의 결정단위가 상하로 구성된 하이어라키 아래서는 두 결정단위가 동시에 동의해야만 새로운 아이디어를 실험할 수 있으나 2개의 단위가 독립적으로 존재하는 폴리아키에서는 두 단위중 어느 하나라도 결정하면 그 단위에서 아이디어를 실험할 수 있다.

과 사회적 기업들의 비중이 더 커지게 될 것이다.[51]

3. 해체적 분산적 재산 관념

오늘날 모든 권리의 표본으로 간주되는 소유권은 재산소유자에게 재산을 매개로 타자에게 왕처럼 군림하도록 한다. 소유권은 법제사에서 참으로 오래된 관념이지만 자본주의의 발전과정에서 절대적이고 배타적인 힘을 발휘하면서 자본가계급의 사업활동에 철두철미 봉사하였다. 소유권과 같은 통합적인 재산(consolidated property) 관념에 대항하여 관계들의 묶음(bundle of relations) 또는 권리들의 묶음(bundle of rights)으로서 재산 관념이 주목받기 시작하였다.[52] 이러한 재산 관념이 19세기 후반에 대학 강단에서 소유권의 성격을 규명하는 분석 도구로 널리 사용되었다. 웅거는 재산의 해체와 분산을 촉진하는 데에 기여하는 이러한 관념을 현대법 사상에서의 천재적 발상으로 규정한다.[53]

권리의 묶음으로서 재산 관념에 따르면, 재산은 점유권(right of possession), 사용통제권(right of control), 배제권(right of exclusion), 향유권(right of enjoyment), 처분권(right of disposition)의 복합체이다. 이러한 재산 관념은 재산권이 단지 물건에 대한 소유자의 권리가 아니라 사람 대 사람의 관계, 즉 소유자와 여타 이해관계자 간의 관계라는 점을 주목한다. 거기에서 권리와 책무의 관계로서 재산의 사회적 성격이 두드러지게 된다.

---

51 로베르트 웅거, 앞의 글(2017), 215쪽.

52 에머슨은 인간을 관계들의 묶음으로, 프루동은 재산을 관계들의 묶음이라고 정의하였다. 프루동은 소유권을 정당화할 근거가 없다는 점을 지적하고, 점유이용권에 기초한 재산질서를 전개하였다. Klein, Daniel B. and John Robinson, "Property: A Bundle of Rights? Prologue to the Property Symposium", *Econ Journal Watch* 8, 2011, pp.193~204.

53 웅거는 분산적 해체적 재산관념, 관계적 계약관념, 구조수정적 구조관념, 사회상속제를 그러한 천재적 관념으로 꼽는다. Roberto Unger, *op. cit.(2015)*, p.67 이하.

재산의 다양한 권능(권리)들이 해체되어 다양한 사람들에게 배정된다면 이제 이해관계자들은 동일한 자원에 대해 일시적이고, 조건적이고, 여타 제약된 권리를 보유하게 된다. 따라서 관계들의 묶음 또는 권리들의 묶음으로서 재산 관념은 더 많은 사람들에게 그 자원에 대해 접근할 기회를 제공하는 논리적 거점이 된다.[54] 그러나 권리들의 묶음으로서 재산은 어떤 법적인 갈등을 규범적으로 공정하게 해결해주는 지침을 내포하지 않는다.[55] 재산의 각 권능과 결착된 이해관계자들을 보호하는 법적 제도가 마련될 때에만 재산분산은 재산질서를 재구성하는 힘을 가질 수 있다.[56] 이제 재산을 둘러싼 (입)법적 정치가 불가피해지게 된다.

분산적 재산 관념은 진보법학 전통(법현실주의, 사민주의법학)에서 유래한다. 이 관점은 소유권의 본질에 대한 논쟁의 결과물이다. 한국헌법도 소유권을 보장하지만 소유권의 행사는 공공복리에 적합해야 한다고 명문화함으로써 이러한 논쟁사의 결론을 수용한다(제23조).[57] 사회적 소유권 개념의 현대적 기원은 바이마르 헌법 제153조와 교황의 회칙 〈새로운 사태(Rerum Nov-arum 1891)〉에서 찾을 수 있다. 교황 비오 11세는 〈40주년(Quadragesimo Anno 1931)〉에서 사유재산이 개인의 발전과 자유에 본질적이라고 규정하는 동시에 재산이 공익에 복무하지 않는 경우에는 그 도덕성을 상실한다고 선언하였다. 이제 정부는 재분배 정책을 추구할 권리를 가지며 극단적인 경

---

54 Roberto Unger, *ibid(2015)*, p.69.

55 Denise R. Johnson, "Reflections on the Bundle of Rights", *Vermont Law Review* Vol.32, VERMONT LAW SCHOOL, 2007, pp.247~272.

56 미국의 법현실주의자들은 법적 관계들의 묶음으로서 재산관념을 소유권에 대한 통제수단으로 활용하였다. 1930년대에 호펠드는 권리분석을 시도함으로써 권리를 실천적으로 재구성할 기초를 제공하였다. Morton J. Horwitz, The Transformation of American Law 1870-1960, Oxford U. P., 1992, 151쪽 이하.

57 밀은 토지는 종으로서 인류에 속하므로 '재산권의 신성함'은 토지소유권에는 해당하지 않으며, 토지의 전유는 전적으로 사회가 정한다고 말한다. 국가는 보상의 조건 아래서 토지에 대한 권리를 박탈할 수 있다고 주장한다. 존 스튜어트 밀, 박동천 옮김, 『정치경제학 원리 2』, 나남, 2010, 64~65쪽.

우에는 재산을 수용할 수 있다. 회칙은 공산주의를 거부하면서 동시에 사회적 연대와 공동체 사상을 표방하였다.

사회적 소유권 관념에 따르면 소유권은 절대적 권리가 아니라 일종의 조건부 권리이다.[58] 그러나 소유권의 사회적 책임성이 법적 제도로 구현되지 않는 한에서 그와 같은 추상적 권리담론은 법정에서 아무짝에도 쓸모없다.[59] 예컨대, 서촌 개발에 관여한 서울시가 건물주(작은 보나파르트들)와 체결했다는 상생협약은 법적 권리와 의무를 발생시키지 않기 때문에 무의미하다. 재산에 관한 윤리적 구상과 사회적 소유권 관념은 경제적 활동과 이해관계를 조정하는 법제도로 정착되어야 한다.[60] 마치 노동법이 소유권과 사적 계약의 구속성의 덫에서 노동자를 구출한 것처럼, 새로운 재산법은 자영업자들을 구제해야 한다. 공공재정과 공적 특권으로 개발사업을 수행하고 이로 인한 가치증분을 부동산소유자가 전유한다면, 개발사업은 대체로 경제적 불평등을 확대재생산할 뿐이다. 더구나 개발로 인한 부동산가격폭등과 임대료인상은 그 공간에서 생업에 종사하는 약자를 질곡에 빠뜨린다. 새로운 권리를 발명하지 못한 개발사업은 개발의 영광을 소유자에게만 돌리는 약탈경제의 회로로 작동한다. 이것이 한국재산법의 앙시앙 레짐이다.

---

58 라드브루흐, 최종고 옮김, 「법철학」, 삼영사, 1994, 194쪽 이하. 역사적으로 아리스토텔레스나 둔스 스코투스는 사적 소유를 효율적 관리의 관점에서 옹호하였다. 효용 극대화 관점에서 공유지의 문제점(tragedy of the commons)을 지적하였던 하딘이 사유 대신에 관리가능성의 시각에서 이 문제를 다시 검토한 것은 온당한 시도이다. 그럼에도 불구하고 하딘이 초기에 던진 공유지의 비극론이 냉전과 신자유주의 시대에 사유화의 보검으로 남용되었다. Garret Hardin, "The Tragedy of the Commons", Scienc. No. 162, 1968, pp.1243~1248. 공유지의 비극은 공동방목지에 풀어둘 가축의 총두수와 개인의 쿼터를 지역공동체가 정하면 얼마든지 해결할 수 있는 문제였다. 한국에서도 해안마을의 공동어장을 관리하는 어촌계도 공유지의 문제를 해결하는 조직이다. 공유지의 비극을 극복하는 다양한 실례에 대해서는 엘리네 오스트롬, 윤홍근 · 안도경 옮김, 「공유의 비극을 넘어」, 알에이치코리아, 2010, 69쪽 이하.

59 라드브루흐, 앞의 책, 194쪽.

60 사법제도의 기능적 분석으로는 칼 렌너, 정동호 · 신영호 옮김, 「사법제도의 사회적 기능」, 세창출판사, 2011, 260쪽 이하.

한국사회에서 자영업자는 다른 나라에 비해 프티 부르주아적 삶의 전망을 실현하기 어렵다. 독일이나 일본의 임대차제도는 건물주의 탈취에 대한 방어 장치로 작동하는데, 한국의 상가임대차제도는 이러한 탈취를 일정 기한 동안 지연시킬 뿐이다. 임대차 보증기간이 지나면 건물주는 임차인을 축출하고 가 치증분을 독식할 수 있게 된다. 한국사회에서 부자가 더 큰 부자가 되는 것은 불로소득을 전유하게 하는 법제도의 탓이 크다. 물론 도시 부동산의 가치증 분은 소유자와 임차인의 자본투하나 노력에서만 파생되지 않는다. 토지의 가 치증가는 주로 토지자원의 희소성(자연)과 인구집중(사회)에서 비롯된다. 노 동과 자본 투하가 아니라 자연과 사회가 토지가치의 근본적인 구성요소이다. 따라서 임차인의 이용권을 법적으로 보호하는 것과는 별도로 토지가치증분 을 공적으로 환수하여 장기적으로 주거비 및 생산비를 낮추어야 한다.

소유권과 이용권을 구분하는 중국이나 싱가폴의 토지제도는 해체적 재산 관념의 생생한 실례를 제공한다.[61] 페이비언 사회주의자 헨리 조지는 마르크 스주의자의 주장(국유화론)과 달리 토지 소유권을 개인에게 그대로 인정하고 대신에 지대의 환수를 제안하였다.[62] 헨리 조지의 구상은 토지에 대한 개인 소유권을 인정하는 사회에서 실행할 수 있는 현실적인 방안이다. 그러나 토 지를 국유화한 중국이 시행하고 있는 이용권 거래 제도는 헨리 조지의 구상

---

61 사회주의 소유권 아래서 이용권 매매를 위한 토지투기를 금지함으로써 제도적 혁신을 관철시 키면 지가는 안정되고 토지를 기반으로 하는 시장경제가 활성화되고 대부분의 보통사람들이 주택을 취득하는 데에 어려움이 없다. 반면 각종 투기를 허용하면 보통사람들은 주거공간을 적절하게 확보할 수 없게 된다. 중국의 지역별로 나타나는 편차에 대해서는 추이즈위안, 정영 석 옮김, 「중국은 어디로 가는가」, 창비, 2003, 22쪽 이하; 중화경제권의 독특한 토지제도의 원류를 자유사회주의의 영향을 받은 손문의 평균지권에서 찾을 수 있다. 정태욱, 「인권과 재산권: 손문의 평균지권론」, 「아세아여성법학」 제18권, 아세아여성법학연구소, 2015, 3~17 쪽.

62 "내가 주장하는 것은 사유토지의 매수도 몰수도 아니다. 매수는 정의롭지 못한 방법이고 몰수 는 지나친 방법이다. 현재 토지를 보유하고 있는 사람은 그대로 토지를 가지게 한다. 각자 보유하는 토지를 지금처럼 '내 땅'이라고 불러도 좋다. 토지 매도도 허용하고 유증, 상속도 허용한다. 알맹이만 얻으면 껍질은 지주에게 주어도 좋다. 토지를 몰수할 필요는 없고 단지 지대만 환수하면 된다." 헨리 조지, 김윤상 옮김, 「진보와 빈곤」, 비봉출판사, 2018, 409쪽.

보다는 질비오 게젤의 이용권 구상에 가깝다.[63] 북한경제가 토지제도를 개혁할 때 바로 게젤의 구상을 바탕으로 다양한 변형을 가하는 것이 바람직하다. 이 문제와 관련해서 밀은 '미래의 지대상승분'에 대해 특별세의 부과를 제안하였다.[64] 밀의 구상은 누적된 기존의 불로소득을 시정하지 않기 때문에 헨리 조지의 구상에 비해 미진한 것이지만, 밀의 구상을 관철시키더라도 부동산의 가격상승분(개선수리비용을 제외한 양도차액)을 국가수입으로 환수할 수 있기 때문에 토지투기를 근절하고 부동산의 가격을 점진적으로 하락시키게 될 것이다. 현재로서 한국경제는 토지사유제에 기반을 두고 있으므로 우선 밀의 구상을 실행하고, 장기적으로 헨리 조지의 구상으로 이행한다면 생산경제활동을 활성화하면서 주거권 보장도 동시에 달성할 수 있게 될 것이다. 바이마르 헌법의 토지개혁 조항(제155조)[65]이나 과거 한국의 '토지공개념' 법도 바로 헨리 조지의 사상을 반영하고 있다. 다만 이를 구체화하고 제도화하는 정치적 힘과 방향의 차이가 상이한 결과를 낳았다.

---

63 질비오 게젤(Silvio Gesell 1870-1919)은 바이마르 공화국 초기에 뮌헨 소비에트 공화국(독립사민당, 마르크스주의자, 아나키스트들의 연합정부)에서 재무장관을 역임하였다. 그는 헨리 조지의 영향을 받았지만 헨리 조지와 다른 처방을 제시하였다. 그는 지대가 결국 임차인에게 전가되기 때문에 토지의 사유제를 폐지할 것을 제안하였다. 인간은 지구 전체에 대하여 평등한 권리를 가진다는 점에서 세계시민권의 관점에서 토지문제를 바라보았고, 이러한 자유지(Freiland)를 누구나 평등하게 활용할 수 있으며, 자유지는 임대될 수 있고, 경작자로부터 거둬들인 지대는 자녀수에 비례하여 모든 어머니에게 출신지, 인종, 종교 등에 관계없이 분배해야 한다고 주장하였다. 그는 지폐(Freigeld)에 유통기한의 제한을 두는 창의적인 발상을 제안했는데, 오늘날 지역화폐나 쿠폰의 기원이라고 할 수 있다. Silvio Gesell, *Die Natürliche Wirtschaftsordnung* 9. Aufl., Rudolf Zitzmann Verlag, 1949, 59쪽 이하.

64 존 스튜어트 밀, 박동천 옮김, 『정치경제학 원리 4』, 나남, 2010, 188쪽.

65 헨리 조지 연구자인 아돌프 다마쉬케스(Adolph Damaschkes)를 추종하는 76명의 바이마르 국민의회 의원들의 적극적인 지지로 토지개혁조항이 헌법에 도입되었다. 특히 다음 조항은 헨리 조지의 영향을 볼 수 있다.
제155조 제3항: 토지를 개척하고 이용하는 것은 공동체에 대한 토지소유자의 의무이다. 부동산에 대하여 노력이나 자본투여 없이 발생한 가치상승분은 전체를 위하여 활용해야 한다.
제4항: 모든 토지와 경제적으로 활용가능한 자연력은 국가의 감독 아래 놓인다. 사적인 특권은 법률에 의하여 국가로 이전해야 한다.

4. 기업형식의 다각화

해체적 재산 관념은 기업소유 형식에서 더욱 중요한 의미를 가진다. 국유 기업과 사기업 사이에서 하나의 기업조직형식만을 원리주의적으로 고수할 필요가 없다. 동시에 기업지분도 시장에서 자유롭게 거래하는 형태로만 설계할 필요가 없다. 웅거는 개혁 프로그램의 후기단계에서 공유기업이 국민경제에서 점차 높은 비중을 차지할 것이라고 예상하지만 그 경우에도 공유기업을 노동자소유기업으로 일색화하는 것을 마냥 선호하지 않는다. 어떠한 기업도 국내외적 경쟁을 피할 수 없기 때문에 지속적인 혁신은 불가피하다. 정책적 일색화는 기업활동을 경직시키고 실험주의와 혁신을 저해할 수 있다. 심지어 이해관계자형 해법 또는 이해관계자 민주주의도 이러한 우려를 불식시키지 못한다.[66] 따라서 소유방식은 그 자체로 만능열쇠가 아니므로 기업의 결정과정에 노동자들이 영향력을 확보할 수 있는 정도의 지분보유방식이 더 나을 수도 있다는 것이다.[67]

그럼에도 불구하고 웅거의 제도개혁론은 현실사회주의국가에게는 우선 시장사회주의 방향에 가깝다. 시장사회주의는 시장경제의 프레임 속에서 사회적 소유기업들이 독립적인 경제단위로 활동하는 경제조직이다.[68] 시장사회주의는 시장기구가 자본재와 생산수단의 배정에 활용된다는 점에서 계획경제와 다르고, 사회적 소유기업의 수익을 생산활동에 참여한 노동자에게 분배하거나 사회 전체를 위한 공공재정 또는 사회배당금으로 활용한다는 점에서 사민주의와 다르다. 북한 경제에 대한 웅거식 해법은 인민소유 경제질서에서

---

66 로베르트 웅거, 앞의 글(2017), 286쪽.

67 로베르트 웅거, 위의 글(2017), 148~149쪽.

68 밀은 공산주의에 반대하면서 미래의 기업조직으로서 협동기업을 제안하였다. 존 스튜어트 밀, 박동천 옮김, 『정치경제학 원리 6』, 나남, 2010, 112쪽.(노동자들과 자본가가 동업하는 형태의 협동이 일부 있을 것이고, 아니면 노동자로만 이뤄지는 협동이 일부 있을 텐데, 어쩌면 모든 협동이 후자의 형태로 될지도 모른다.)

탈피하여 기업가적 창의를 고취하는 개인기업과 협업적 자립기업을 육성하는 것이고, 사기업 위주로 편성된 남한경제에 대해서는 역방향으로 사회적 소유기업을 육성하는 것이다. 자유사회주의는 동일한 경제 안에 상이한 재산형식과 기업형식들이 서로 경쟁하는 다원주의를 기반으로 하기 때문이다.

역사적으로 20세기 자본주의 헌법이나 회사법도 다양한 기업조직형태를 기본적으로 반영하고 있다. 특히 바이마르 헌법이나 한국헌법도 중소기업의 육성을 규정하고 있으나 독점자본주의 단계에서 탄생한 헌법은 대체로 대량생산 산업과 대기업 중심의 산업구조를 전제하고 중소기업이나 프티 부르주아계급의 예정된 몰락을 당연시한 까닭에 다양한 기업형식의 육성을 소홀히 하였다. 이러한 정책방향은 생산자원에 대한 평등한 접근과 분산을 제약하고 시장의 민주화에 역행하였다. 그러나 어떠한 국민경제에서도 국민 대다수는 소규모기업과 가족기업, 자영업에 연관되어 생계를 유지하고 있으므로 대기업 중심의 정책방향은 사회경제적 격차를 심화시킨다. 한국이나 대만이 수출주도형 발전을 통해 동일하게 성공을 거두었지만 웅거는 산업구조에서 한국보다 대만의 경제에 더 좋은 점수를 부여한다.[69]

사회주의 경제를 연구한 알렉 노브는 실현가능한 사회주의경제에서 다채로운 사업주체들이 공존해야 한다는 점을 강조했다. 중앙에서 통제·운영되는 기업, 경영진이 노동자에게 완전하게 책임을 지는 사회화된 기업, 노동자들이 소유하거나 운영하는 기업(협동조합기업, 종업원지주제, 장기임대 등), 여러 가지 제한을 받는 사적 기업, 개인들(프리랜서 저널리스트, 배관공, 예술가 등등) 들이 바로 그것이다.[70] 사기업에게 생산과 판매에서 자유의 완전한 허용은 사회주의 계획경제에서는 한계사례에 해당한다. 사업주체에 대한 이러한 포트폴리오는 현실자본주의 국가의 기업조직형태에서도 그대로 타당

---

69 로베르트 웅거, 앞의 글(2017), 263쪽.
70 알렉 노브, 대안체제연구회 옮김, 『실현가능한 사회주의의 미래』, 백의, 2001, 401쪽 이하.

하다. 물론 기업형태의 다양성에서는 시장사회주의와 자본주의 경제가 유사하지만, 국유기업의 규모와 비중에 있어서는 현저한 차이가 존재한다.[71]

남한경제나 북한경제나 이질적인 기업형식을 육성하고 강화하기 위해서는 이데올로기적 편향과 양자택일적 고착성을 탈피해야 한다. 형식을 주목하자면 한국헌법과 기업법제는 기업소유와 조직방식에 있어서 다원주의적인 반면, 북한 헌법은 인민소유, 협동적 소유, 특별법에 입각한 기업소유만 인정하기 때문에 기업조직형태의 다양성은 현저하게 제약되었다. 그러나 사회주의 혁명 이후에 사회주의체제도 생산의 정체상태나 생산과 수요의 부조화에 빠졌을 때 변화를 시도하였다. 구유고체제는 자주관리사회주의[72]로 전환하였고, 현재로서 중국경제가 그러한 방향성을 대표한다. 오늘날 자본주의 사회에서도 다양한 사회적 기업들이 존재하며, 변형된 사회주의적 분배방식이 시행되고 있다. 스웨덴은 일찍부터 부분적 계획경제, 연대임금제도, 임노동자기금 등을 통해 영미식 자본주의와 다른 길을 걸었고,[73] 노르웨이는 석유개발의 수익금으로 연기금을 조성하였고, 알래스카는 천연자원 개발이익으로 배당제를 시행한다.[74]

---

71 2017년 통계발표에 의하면 매출액기준 중국 500대 기업 중 국영기업은 274개(이중 중앙정부 소유기업은 98개)이고, 민영기업이 226개이다. 2002년 최초로 통계를 작성할 당시 500대 기업의 매출액 커트라인이 20억 위안이었는데 2017년 283억 1100만 위안으로 13배 증가하였다. "2017년 중국 500대 기업 발표…국유기업 여전히 강세, 비중은 줄어", 아주경제 (2017.09.11),
http://www.ajunews.com/view/20170911085411402(최종검색일: 2018-09-26)

72 자주관리기업에 대해서는 로버트 달, 안승국 옮김, 『경제민주의』, 인간사랑, 1999, 141쪽 이하; Richard Krouse & Michael McPherson, "A "Mixed"-Property Regime: Equality and Liberty in Market Economy", Ethics, 1986, pp.119~138.

73 Bengt Furåker, "The Swedish wage-earner funds and economic democracy: is there anything to be learned from them?", European Review of Labor and Research, 2014, pp.1~12.

74 Cliff Groh & Gregg Erickson, "The Improbable but True Story of How the Alaska Permanent Fund and the Alaska Permanent Fund Dividend Came to Be", Widerquist, K. & Howard, M., Alaska's Permanent Fund Dividend: Examining Its

한편 신자유주의 시대에 금융위기를 겪은 자본주의국가뿐만 아니라 체제
전환국가들도 워싱턴 컨센선스에 따라 공기업의 사유화에 몰입하였다. 국부
산일이나 노동자의 대량해고 등 그 폐해는 극에 달했다. 공적 자금이 천문학
적으로 투여되었음에도 사회적 공유기업은 출현하지 않고, 사유재산의 영광
과 국가부채만 남겨주었다. 기업형식은 제품, 생산자원, 영업범위, 지역적
특성, 규모 및 범위의 경제에 따라 다각화되어야 한다. 동시에 기업지분을
분산시킴으로써 기업소유구조를 다각화할 수 있다.[75] 오늘날 회사의 지분이
나 주식은 다양한 형태를 가진다. 기업지분도 양도성 지분과 양도금지 지분
으로 구성할 수 있다. 주식회사의 주식도 의결권행사를 지향한 보통주, 이익
배당에서 우선권을 부여한 우선주, 잔여재산의 분배청구를 노리는 후배주로
혼합할 수 있다. 또한 기업의 지분보유자를 국가, 기업노동자 전체, 일반 투
자자로 구분하고 그 지분의 양도성 여부를 차별적으로 설계할 수 있다. 기업
소유형식의 다각화는 실험주의를 고취하고 위험을 분산하는 포트폴리오로
작동한다. 나아가 공유기업과 지분 공유방식을 통해 노동자는 단순한 임노동
자의 지위를 탈피하게 된다.

웅거의 노동관은 마르크스[76]와 베버보다 프루동과 밀의 노동관, 가톨릭 사
회교리상의 노동관에 근접한다. 노동은 본질적으로 사회적 생산활동이며, 자
아실현에 연관된 활동이다. 한편, 노동자가 노동력을 매각하고 밥벌이를 위
해서만 노동한다는 도구적 노동관은 노동자의 비주체화, 위계제의 고착화,
정치적 무력화를 당연시한다.[77] 노동자가 영원히 임노동자로 사는 것으로 으

Suitability as a Model, Palgrave Macmillan, 2012, pp.15~40.

75 다양한 기업형식에 대해서는 William H. Simon, "Social-Republican Property", *UCLA Law Review* Vol.38, 1991, pp.1335~1413.

76 마르크스가 〈고타강령비판〉에서 생산수단이 사회화된 사회에서의 노동을 묘사하였던 점과
무관하게 필자는 자본주의 사회의 소외된 노동에 대한 그의 입장을 한정해서 말한다.

77 체계와 생활세계의 하버마스식 이분법에서 보자면 경제는 의사소통적 합리성이 아니라 기능
적 합리성(도구적 합리성)에 복종한다. 생산영역은 본질적으로 소외의 공간이고, 노동해방은

레 전제한다는 것은 경험칙에 반한다. 모든 노동자는 언젠가 자립적인 사업가가 되기를 열망한다. 여기서 노동자를 기업의 공동주인, 지분보유자로 전환하는 방안이 현실적이다. 소유방식과 생산관행에서 사회적 경제에 부합하는 혁신을 시도함으로써 노동소외도 극복할 수 있다.

우선 공유제와 사유제의 구분법을 검토해보자. 아리스토텔레스는 "각자가 무엇인가 자기 것으로 간주할 수 있다는 것은 엄청난 쾌감을 안겨준다"는 논리로 공유제를 비판하였다.[78] 아리스토텔레스식의 양자택일을 극복하는 것이 필요하다. 아리스토텔레스가 말한 쾌감은 재산에 대한 효능감, 실효적 통제력과 주체감, 아울러 노동소외의 극복을 암시한다. 아리스토텔레스는 주로 농민을 예로 들었다.[79] 농민은 토지소유와 경작, 수확 등에서 독립적 작업자로 행동할 수 있기 때문에 사유제를 정당화하는 논리로서 '쾌감'이 꽤나 잘 들어맞는다. 그러나 현대적 공장의 공동작업에서 아리스토텔레스의 주장은 원형대로 관철될 수 없다. 공동작업팀의 일원으로서 노동자는 생산수단의 (단독)소유자가 되는 길이 실제로 존재하지 않기 때문이다. 한 사람이 기업의 소유자가 된다면, 나머지 노동자들은 단순한 임노동자로 살아야 한다. 이제 그의 공유제 비판론을 변형해보자. 인민소유제는 개별노동자에게 효능감과 주체감을 전혀 주지 못하는 추상적·논리적 소유에 불과하기 때문에 소유자로서의 쾌감을 제공하지 못한다. 그러나 단위기업에서 노동자의 공동소유는 구

노동하지 않는 것인데, 노동없는 세계는 가능하지 않다는 것이 문제이다. 이제 기능적 합리성의 범주(소외의 공간)에 속하는 노동과 생산은 자본가와 관리자가 노동자에게 지시하는 공간일 뿐이다. 그러나 경제영역도 특정한 소유방식과 작업방식을 통해 인간적 관계로 발전시킬 수 있다. 하버마스는 베버적 노동관이나 경제관—노동자에게 노동은 돈벌이수단이고, 노동자는 가족의 행복을 위래 더 많이 일하는 것만이 합리적 행위로 간주된다—에 입각했기 때문에 노동을 도구적으로 이해하고 있다.

78 아리스토텔레스, 앞의 글, 단락번호 1263a40.

79 자영농은 농지의 소유자이자 노동과정에 대한 지배자이기 때문에 노동소외는 존재하지 않는다. 오로지 농산물가격이 지나치게 낮아 생산활동의 경제적 결과가 노동의 가치에 부합하지 않는 데에 따른 고통이 빈발할 뿐이다.

체적인 소유자로서의 효능감과 주체감을 제공한다. 따라서 단위기업에서 노동자의 공동소유(자주관리 및 노동자지분보유)는 소유자로서의 쾌감을 안겨주고 노동소외의 강도를 현저히 완화한다.

다음으로 공동작업의 조직방식을 검토해보자. 작업현장에서 노동자가 규율과 위계제에 따라 동일한 역할을 천편일률적으로 반복하고 자신을 기계의 무력한 부속품쯤으로 여기는 한에서 노동소외는 피할 수 없다. 웅거는 여기서 협력적 생산에 기초한 생산적 실험주의를 제안한다. 협력적 노동관은 생산과정에서 주인과 노예의 구분법을 해체한다. 이는 작업에 대한 노동자의 지배력과 주체감을 고양시킨다. 생산적 실험주의는 토요타 자동차 생산과정에서처럼 과업규정적 역할과 과업집행적 역할의 구분을 이완시킨다.[80] 이는 육체노동과 정신노동의 차이를 줄이려는 사회주의 이상과도 연결된다.[81] 집행자와 관리자의 구분을 이완시킨다면 노동의 도구적 성격이나 노동소외는 완화된다.[82] 〈모던타임즈〉에서 떠돌이 채플린이 종일 나사만 돌리지 않고 제품생산 공정을 두루 섭렵하고 기술적으로 마스터하여 혁신적 아이디어를 생산과정에 구현할 기회를 가졌더라면 정신병원에 가지 않았을 것이다.

이와 같이 소유방식과 작업방식에서 혁신을 이룬 기업의 노동자는 노동소외를 느끼지 않을 것이다. 기술혁신을 통해 반복적인 작업을 기계에 맡기고 인간의 노력은 모듈화되지 않은 창의적인 일로 초점을 이동시키게 된다. 기

---

80 이에 대해서는 웅거, 앞의 글(2012), 325쪽 이하. 이러한 실험은 스웨덴의 기업에서도 널리 도입되었다.

81 북한헌법 제27조: 기술혁명은 사회주의경제를 발전시키기 위한 기본고리이다. 국가는 언제나 기술발전문제를 첫자리에 놓고 모든 경제활동을 진행하며 과학기술발전과 인민경제의 기술개조를 다그치고 대중적 기술혁신운동을 힘있게 벌려 근로자들을 어렵고 힘든 로동에서 해방하며 육체로동과 정신로동의 차이를 줄여 나간다.

82 Cornellius Castoriadis, *On the Content of Socialism*, 1955, https://www.marxists.org/archive/castoriadis/1955/socialism-1.htm (최종검색일: 2018.09.19); 코르넬리우스 카스토리아디스, 양운덕 옮김, 『사회의 상상적 제도 I』, 문예출판사, 1994, 140쪽 이하.

술혁신과 새로운 산업혁명은 궁극적으로 고되고 번잡스러운 일에서 인간을 해방시키는 것이어야 한다. 그러나 기술에 대한 민주적 지배와 사회적 공유제가 없다면 기술혁명은 무산대중을 다시 빈곤의 나락으로 몰아넣을 기술 디스토피아를 출현시킬 수 있다.[83] 따라서 새로운 기술혁명(제4차 산업혁명)과 기술 자체를 공유하는 법제도[84]가 불가피하다.

5. 사회상속제

19세기 초반 공화주의자들이 지지한 사회상속제는 프티 부르주아 사회주의의 근간이 되었다. 이러한 관념은 중세의 길드조직에서 착근하였으나 19세기에는 전체사회를 겨냥한 제도로 검토되기 시작하였다. 미국에서 제퍼슨과 페인이 단초를 제공하였고, 스킷모어, 블래츨리, 브라운슨이 사회상속제를 체계화하였다.[85] 새로이 사회에 진입하는 사람이 이전 세대가 보유한 모든 부에 대해 동등한 몫을 가진다면, 세대 간 정의를 실현한다. 사회상속론자들이 생각한 재산권은 현재 각자가 보유한 기득권으로서 재산이 아니라 사회에 새로이 진입한 인간이 기성세대가 보유한 총자산에 대해 갖는 지분을 의미한다.[86] 사회상속제가 철저하게 시행된다면 그것은 시차를 두고 시행되는 회귀

---

83 새로운 기술혁명이 낡은 일자리를 폐지하는 대신에 새로운 일자리를 창조한다는 관념은 과거의 역사가 미래에도 반복될 것이라는 유사법칙적 낙관주의에 지나지 않는다는 지적은, 랜들 콜린스, "중간계급 노동의 종말: 더 이상 탈출구는 없다", 이매뉴엘 월러스틴 외, 성백용 옮김, 『자본주의는 미래가 있는가』, 창비, 2013, 75~141쪽.

84 다른 자본주의국가에서 유례가 없을 정도로 대규모로 적립된 한국의 연기금의 일정 비율을 신기술에 대한 투자재원으로 활용하면서 기술공유제(사회적 소유제)의 기반을 조성할 수 있을 것이다.

85 Stuart White, "Rediscovering Republican Political Economy", *Citizen's Income Newsletter*, Issue 1, 2001, pp.3~12; John Cunliffe & Guido Erreygers, "Inheritance and Equal Shares: Early American Views", Karl Widerquist & Michael Anthony Lewis & Steven Pressman 펴냄, *The Ethics and Economics of the Basic Income Guarantee*, Routledge, 2005, pp.55~76.

86 Thomas Skidmore, *The right of man to property*, New York, 1829, p.60, p.128.

적인 사회주의라고 할 수 있다. 현재 사회상속제는 기본소득과 결부되면서
한국의 자치단체들도 그 초보적인 형식을 시행하고 있다.[87] 웅거도 브라질에
서 기본소득을 도입하는 데에도 중요한 역할을 하였다.[88]

웅거는 사회상속제를 제도적 실험주의와 연관시킨다. 개인이 생애의 실험
을 시도하려고 해도 실험의 실패에 대한 안전장치가 없다면 실험은 불가능하
다. 도박판에서 판돈을 상대보다 더 많이 동원할 수 있는 사람이 최후의 승리
자가 되듯이 인생에서 성공하는 데에도 상속재산이 결정적이다. 현재의 상속
제도 아래서 가진 것 없는 보통사람들은 자신들의 무한한 잠재적 역량을 전
반적으로 사장시킬 수밖에 없다. 개인상속과 교육기회가 결합할 때 파괴적으
로 작용하며, 교육은 사회의 위계제와 계급을 재생산한다. 사회제도를 어떻
게 설계하는가에 따라 인간의 삶을 바꿀 수 있다. 사회상속제는 보통사람들
을 실험적인 인간으로, 도전하는 인간으로 변화시킨다. 스킷모어는 개인이
성년에 이르면 선거권을 얻듯이 사회상속분이 제공되어야 한다고 주장하고,
당해 연도 사망자들의 재산 전체를 당해 연도 성년에 이른 모든 사람에게 균
등하게 분배하는 방안을 제시하였다.[89] 웅거는 개인상속의 한도를 상속인의
생활의 필요범위에 제한하고 나머지 재산을 사회상속의 대상으로 삼아서 사
회상속계좌(social endowment account)를 개설하여 모든 개인들에게 생애
의 전환점마다 목돈을 분배해야 한다고 제안한다.[90]

---

87 심상정 의원은 2018년 상속증여세수를 청년배당금(1천만 원 정도)으로 활용하자는 취지의
   〈청년사회상속법안〉을 2018년에 제안하였다.

88 웅거는 정책적 권리관념으로서 immunity rights를 제시한다. 필자는 이 용어를 면제권 대신
   에 면역권으로 번역한다. 면제는 본디 법적으로는 어떤 의무나 책임에서 해방시켜준다는 의
   미를 갖는데, 웅거의 immunity는 질병에 대한 면역처럼 사회적 위기나 극단적 빈곤에 대한
   방어적 보증수단을 뜻하기 때문이다. 웅거는 경제적 최저소득(기본소득), 시민권의 보장, 고
   문 없는 사법제도, 안식년제도 등을 이러한 면역권의 예로 제시한다. 로베르트 웅거, 앞의
   글(2015), 615쪽.

89 Skidmore, op. cit., 141쪽. 스킷모어는 본질적으로 토지공유제를 전제하기 때문에 그의
   계획을 개인주의적 재분배의 시선으로만 접근하는 것은 합당하지 않다.

90 밀은 상속을 불로소득으로 이해하고, 상속재산의 한도를 규정해야 한다고 제안한다. 존 스튜

이러한 사회상속 관념은 상속세나 재산세 등 현대국가의 각종 재분배적 세제의 탄생에 기여하였다.[91] 오늘날 대다수 국가들은 부자들에게 고율의 세금(소득세, 재산세, 상속세, 증여세, 부유세)을 거두어 빈곤계층에게 이전하는 정책을 시행한다. 피케티의 분석에 따르면 현대의 자본주의는 세습재산 자본주의이다.[92] 부자가 부자인 이유는 부유한 부모를 두었기 때문이다. 더구나 기술혁신으로 인해 일자리가 지속적으로 사라지는 상황(노동의 종말)에서 세율인상은 불가피하고 초국가적 자본세까지 추진해야 조세정책이 실효를 거둘 수 있다고 주장한다. 웅거는 세제와 관련해서 정률소비세(부가가치세)[93], 고율의 상속세와 증여세를 지지한다. 웅거의 특기사항은 소득세 대신 누진소비세[94]를 제안한 점이다. 누진소비세는 개인의 수입(임금소득 및 자본소득 등)에서 저축을 공제한 나머지(소비)에 대해 고율의 세금을 부과하려는 제도이다. 생산과 투자를 위한 저축은 재산의 사회적 역할을 충실히 이행한 것이므로 그에 대해서는 세금을 부과하지 않는다. 물론 소비하지 않고 남겨진 재산은 사회상속의 대상이 된다. 웅거에 따르면, 개혁의 전기 프로그램에서는 누진적 소비세와 상속세가 부가가치세를 보완하는 역할을 수행하지만 후기 프로그램에서는 중심적인 세제가 된다. 피케티식 제안에 따르든, 웅거의 제

어트 밀, 앞의 글(2010ㄱ), 56쪽.

91 독일 바이마르 헌법은 국가상속지분을 도입하였다. 그러나 현실적으로 상속세의 문제로 취급하고 있다.
헌법 제154조: 상속권은 민법에 정한 바에 의해 보장된다. 상속재산에 대한 국가지분은 법률로 정한다.

92 토마 피케티, 장경덕 외 옮김, 『21세기 자본』, 글항아리, 2014, 403쪽 이하.

93 웅거는 부가가치세를 30% 정도로 할 것을 제안하다. 유럽의 국가들은 부가가치세가 25% 정도에 이르고, 한국의 경우에는 10% 정도이다. 이 세금은 조세왜곡효과가 가장 작고, 매우 안정적이고, 평등한 세제로 간주되기 때문에 모든 나라가 세수의 기본으로 삼고 있다.

94 누진소비세(지출세)는 경제학자 칼도어가 상세하게 발전시켜서 이를 칼도어세라고 부른다. 칼도어 이전에도 경제학자중 밀, 피서, 마샬, 피구가 이러한 세제를 제안하였다. 현재 누진적 소비세를 채택한 나라는 인도와 스리랑카이다. 밀의 제안에 대해서는 존 스튜어트 밀, 앞의 글(2010ㄴ), 180쪽; Steven Pressman, "The feasibility of an expenditure tax", *International Journal of Social Economics* Vol.22 Issue: 8, 1995, pp.3~15.

안에 따르든 한국의 담세율은 서구자본주의국가에 비하면 터무니없이 낮다. 이러한 연유로 민간에 남아있는 천문학적 규모의 유휴자본이 투기적 기회를 찾아 떠돌 수밖에 없다는 사정을 짐작케 한다.[95]

오늘날 자본주의 사회에도 연기금의 적극적 투자를 통해 사회배당 재원을 확보하는 방식[96]은 사회상속제를 보완하고 있다. 이와 같은 사회상속제 또는 연기금 운용의 도움을 받는 개인은 국가의 구조개혁을 기꺼이 수용하고, 자신의 실험도 착수할 것이다. 이제 사회상속제는 단순히 빈곤탈출의 수단이 아니라 번영을 공유하고 사회혁신을 실험하는 기반이 된다. 사회상속제는 개인상속제가 존재하는 사회를 겨냥한 것이므로 생산수단이 사회화되어 있고, 국가가 개인에게 교육, 일자리, 생필품, 생활비를 제공하는 계획경제에서는 언급할 필요가 없다. 그러나 사회주의 계획경제가 시장경제로 점진적으로 이행한다면 사회상속제는 점차 사유재산상의 격차를 보완하는 장치로 기능할 것이다.

---

95 2011년 기준으로 OECD 가입국 평균담세율이 34.1%인데, 한국은 25.9%이다. 40%를 상회하는 국가는 덴마크, 스웨덴, 벨기에, 프랑스, 핀란드, 이탈리아, 노르웨이, 오스트리아 등이다. 한국보다 낮은 나라는 미국, 칠레, 멕시코 등이다. 담세율이 높은 나라의 상위 1%나 10% 집단의 소득점유율은 대체로 낮다. 이는 이러한 국가는 생산영역에서도 평등한 소득을 보장하는 경제구조를 갖추었고, 재분배도 충실히 시행한다는 것을 의미한다.

96 연기금 사회주의(Pension-fund Socialism)라는 용어는 피터 드러커와 윌리엄 사이먼이 사용하였다. Peter Drucker, The Unseen Revolution: How Pension Fund Socialism Came to America, William Heinemann, 1976, p.73 이하; William H. Simon, "The Prospects of Pension Fund Socialism", Berkeley Journal of Employment & Labor Law Vol.14, 1993, pp.251~274. 연기금사회주의는 각종 연기금으로 주식시장에 개입하여 시장의 성과를 일반 대중이나 노동자들에게 분배하는 방식을 의미한다. 로빈 블랙번은 한 걸음 더 나아가 '이해당사자 연기금들'이 주식 장기보유를 통해 공공부문이나 주요 대기업들에 대한 전 사회적 자주관리로 나아가야 한다고 주장한다. 연기금을 사회주의로 이행하기 위한 전략적 자산으로 파악하고 있다. 곽노완, 「연기금 사회주의의 한계와 가능성」, 『사회이론』 제31권, 한국사회이론학회, 2007, 277~308쪽.

6. 시민사회의 재구성

웅거는 자신의 입장을 초자유주의(superliberalism)[97]로 규정하고, 문화혁명이나 문화혁명적 실천[98]을 강조한다. 초자유주의는 개인적 자유의 열망이 사회 전반에서 더욱 완전하게 실현되도록 자유의 여건을 수정하는 것을 의미한다. 문화혁명은 온갖 사회적 위계제와 종속을 타파하는 실천을 의미한다. 그래서 웅거는 '정치적 정치' 또는 '거시정치' 뿐만 아니라 푸리에의 '미시정치' 또는 '개인적 관계의 정치'를 강조한다.[99] 웅거는 문화혁명을 설명하기 위해 프랑스 혁명을 정치혁명이자 종교혁명으로 파악한 토크빌을 원용한다.[100] 사회의 재구성에 대한 비전이 없다면 정치개혁이 가능하지 않다고 주장한다. 국가는 어느 정도까지는 사회를 권위주의적인 방식으로 개혁할 수 있지만, 고도의 혁신을 이루기 위해서는 사회의 자체형성과 아래로부터의 정치적 참여가 필수적이다.

웅거는 현재의 지배적인 사회형태로서 서구적 자유시민사회를 사회의 유일한 형태로 이해하지 않는다. 웅거는 현대법철학의 두 기둥인 법실증주의와 자연법론을 '사회의 자체형성' 또는 '자체조직'의 시각에서 비판한다.[101] 법실증주의가 국가를 사회의 주인처럼 취급하는 사회 없는 국가론이라면, 자연법론은 특정한 사회질서를 자연화함으로써 개혁을 저지하려는 국가 없는 사회론이다. 전자는 사회를 단지 대상화하고, 후자는 특권화한다. 변혁적으로 조직된 시민사회가 없다면 사회와 국가의 혁신도 가능하지 않다.[102] 시민사회

---

97 Roberto Unger, *op. cit.(2015)*, p.125.

98 Roberto Unger, *ibid(2015)*, p.107.

99 로베르트 웅거, 앞의 글(2017), 341쪽.

100 알렉시스 드 토크빌, 이용재 옮김, 『앙시앙 레짐과 프랑스 혁명』, 지식을만드는지식, 2013, 36쪽 이하.

101 Roberto Unger, *op. cit.(2015)*, 63쪽.

102 로베르트 웅거, 앞의 글(2017), 297쪽.

의 민주적 재구성은 위로부터의 운동과 아래로부터의 운동이 결합할 때 가능하다.[103] 그러한 운동 없이 시민사회의 자율이라는 이름 아래 이루어진 권한 이양은 자칫 부패한 시민사회의 권력자들에게 시민사회 자체를 통째로 넘겨주는 꼴이 된다. 이는 시장의 자율에 모든 것을 넘겨주는 신자유주의의 폐해를 반복한다. 사회의 자체형성론은 민주적인 법형성을 통해 사회를 재구성하고 혁신된 사회를 통해 국가를 재구성하려는 급진민주주의의 기획이다. 웅거의 시민사회론은 시민사회의 가치와 보조성(subsidiarity)에 관한 가톨릭 사회교리를 코엔의 시각으로 보완한 것이라고 할 수 있다.[104] 웅거는 시민사회의 민주적 조직을 위해서 〈사법 플러스 1〉 방식과 〈공법 마이너스 1〉 방식을 배합할 것을 제안한다.[105] 국가는 시민사회를 다각도로 조직함으로써 학교나 작업장에 개입할 여지와 수단을 확보한다. 예컨대, 미국헌법상 평등법리로서 국가행위유사이론은 국가가 사회영역에 개입하는 데에 탁월한 장치임을 증명하였다. 웅거는 기존의 3부 권력에 대항하여 '제4부(the fourth Branch)'까지 제안한다.[106] 제4부의 과업은 사회제도와 관행의 영역에 개입하여 소외된 사람들이 일상적 집단적 행위를 통해 자력으로도 탈출할 수 없는 배제와 예속의 여건에서 그들을 구출하는 것이다.[107]

누가 어떻게 정치를 하는가? 웅거는 이익과 이상에 입각한 연대의 정치를 강조한다.[108] 인간은 서로의 관계를 경쟁적이고 배타적으로 수립할 수도 있

---

103 로베르트 웅거, 위의 글(2017), 298쪽.
104 가톨릭 사회교리에 해서는 교황청정의평화위원회, 간추린 사회교리(한국천주교중앙협의회, 2006), 313쪽 이하.
105 로베르트 웅거, 앞의 글(2017), 301쪽, 360쪽.
106 Roberto Unger, op. cit.(2015), 41쪽.
107 웅거는 기성의 고착된 구조를 흔들어 배제된 자를 구출하려는 정책과업을 탈구축권 (destabilization rights)으로 정의한다. 이는 특정한 정부부서들이 이러한 과업을 잘 수행할 수 있다고 판단한다. 예컨대, 근로감독관제도, 공정거래위원회, 국가인권위원회, 각종 고충처리위원회 등이 제도 속의 희생자 문제를 다루는 것과 같다.
108 로베르트 웅거, 앞의 책(2017), 33쪽.

고, 연대적이고 협동적인 형태로 만들 수 있다. 웅거의 사회기금도 연대 사상에 기초한 연합적 자본이다. 어느 사회에서든지 계급 간, 세대 간의 격차를 해소하기 위해 증세를 시도하려면 공동체와 미래세대에 곁을 주려는 의향이 확산되어야 한다. 불운에 빠진 인간과 세대를 운명의 노리개로 치부하는 자기중심성을 탈피해야 한다. 계급정치가 정치일반이라면, 정치의 무력함은 처음부터 자명하다. 이러한 협소한 정치관으로는 역사적으로 등장하였던 대변혁도 해명하지 못한다. 이해관계의 갈등은 투쟁의 꼬투리가 될 수 있지만 사회의 변혁을 성취하지 못한다. 더 큰 이익으로서 이상이 호소력을 발휘하기 시작할 때 자기 이익에 매몰되지 않는 변혁적 정치가 열리게 된다.

사회연합(계급동맹)과 정치연합(초계급적 동맹)이 처음부터 일치하지 않기 때문에, 그럼에도 불구하고 계급동맹을 넘어서 대의의 정치를 추구해야 하기 때문에, 비로소 경제학과 다른 정치학이 독자적인 실천과제로 등장한다. 궁극적인 정치는 존재하지 않으며, 이를 담당하는 전위엘리트도, 전위정당도 존재하지 않는다. 특정계급에서 벗어나 양식 있는 사람들을 포괄하는 민중연합만이 대의의 정치를 실천할 수 있다.[109] 포용적인 민중연합은 처음에는 미약하지만 개혁의 성과를 널리 공유함에 따라 정치의 실효적 행위자가 된다. 웅거의 비전에 따르면 자유사회의 대안적 미래상은 개혁의 전기단계에서는 사민주의 확장판이지만 심화단계에서는 급진적 다두제(poly-archy)이다. 급진적 다두제는 사회를 공동체들의 연합체로 파악하는 결사체주의를 의미한다.[110] 전기 프로그램을 통해 정치가 자유주의 중도파까지도 포섭할만한 개혁의 성과를 거둔다면 시초의 잠정적인 민중연합은 점차 두터운 정치연합으로 발전하고 더욱 원대한 비전을 실천할 수 있는 새로운 정체성을 형성하게 된다(2017, 33쪽). 처음에 인접한 집단을 끌어들인 전술적 동맹이 개혁의 성

---

109 로베르트 웅거, 앞의 글(2017), 189쪽.
110 Roberto Unger, *What should legal analysis become?*, Verso, 1996, p.150 이하.

과를 통해 집단적 이익과 정체성을 재구성하는 데에까지 이른다.[111] 웅거의 실험주의적, 연쇄적, 누적적 사고는 바로 정치연합의 강도와 밀도만이 프로그램의 진전을 결정한다는 통찰에 기반을 두고 있다(2017, 189쪽).

Ⅳ. 시장으로 가는 북한

북한은 오랜 기간 다양한 개혁조치를 취했는데도 만족스러운 성과를 거두지 못했다. 그 배경을 몇 가지로 추정해볼 수 있다. 첫째로, 개혁이 생산체제의 질적 변화보다는 사회주의 계획경제의 관성과 타협하였다.[112] 둘째로, 경제특구를 활용한 개혁전략이 북한경제 전체에서 강력한 선순환을 형성하지 못했다. 셋째로, 전반적으로 경제개혁을 위한 사회기반시설과 공공투자가 부족했다. 넷째로, 사회주의 블록의 원조경제 축소와 국제적인 경제 제재로 인해 경제의 여건이 악화되었다. 다섯째로, 대규모 군대의 유지는 북한의 경제적 여력을 소진시켰다. 앞의 세 가지가 내부적 경제적 요인이라면, 마지막 두 가지는 대외적 요인이다. 이러한 제약조건들을 근본적으로 변화시키지 못한다면 향후의 경제개혁도 도상훈련에 머물 것이다.

최근의 경향을 보면 북한사회는 계획경제를 유일한 경제조직형태로 사고하는 물신주의에서 이미 벗어났다. 북한경제는 고난의 행군 이래로 현실적 필요 때문에 비자발적인 실험을 허용할 수밖에 없었다. 북한경제에서 자생적 시장화 동력이 작동하고 있으며, 현재에는 이러한 동력을 심화시키는 후속조치들에 초점이 모아진다.[113] 북한정치가 앞서 말한 제약조건을 완화하면서 시

---

111 로베르트 웅거, 앞의 글(2012), 360쪽.

112 석원화, 「북한의 경제개혁은 사회주의 시장경제로 전환하기 어렵다」, 2005년 4월 발제문(인터넷에서 구한 자료임). 석교수는 2005년까지 진행된 북한의 경제개혁은 베트남이나 중국과는 다른 '계획경제안에서의 조정'으로 규정하였다.

113 정은미, 「북한의 시장경제로의 이행과 체제적응력」, 『통일과 평화』 창간호, 서울대학교 통일평화연구원, 2009, 141~170쪽.

장경제의 구조적 제조건을 합리적으로 설계한다면 신자유주의의 경로와는 다른 길을 만들 수 있다. 신자유주의에 대한 대안적 경제모델은 주변부 거대국가(중국, 인도, 인도네시아, 러시아, 브라질)의 경제성장이 성공적일 때 지구적으로 탄생할 것이다.[114] 현재로서 중국경제는 많은 위기요소를 안고 있지만 비약적인 성공을 거두었다고 평가할 수 있다. 그런 점에서 시장으로 가는 북한의 경로는 기본적으로 '베이징 컨센서스'[115]에 입각한 점진주의 방식이 될 것이다.[116] 그러나 북한은 경제규모와 개혁의 토대를 감안할 때 중국이나 베트남[117]을 모델로 삼을 것이 아니라 그들의 역사적 경로나 캄보디아나 라오스의 현재 경제개혁을 참조해야 할 것이다.

---

114 로베르트 웅거, 앞의 글(2017), 127쪽.

115 개혁의 경로와 관련해서 '워싱턴 컨센서스(Washington Consensus)'와 '베이징 컨센서스(Bejing Consensus)'를 대비한다. 워싱턴 컨센서스가 국제통화기금, 세계은행, 미국 재무부가 추구하는 시장친화적 신자유주의 정책을 의미한다면, 베이징 컨센서스는 조슈아 쿠퍼 라모스(Joshua Cooper Ramos)가 2004년에 중국식 점진주의 경제모델을 지칭하는 용어로 사용하였다. 존 윌리엄슨은 점진적 개혁(빅뱅이 아니라), 혁신과 실험, 수출주도 성장, 국가자본주의(사회주의계획경제나 자유시장자본주의가 아니라), 권위주의(민주주의나 독재가 아니라)를 베이징 컨센서스의 다섯 가지 특징으로 꼽는다. John Williamson, "Is the "Beijing Consensus" Now Dominant?", *Asia Policy* No.13, 2012, pp.1~16.

116 웅거는 중국의 경제발전의 독자성에 대한 두 가지 독해방식을 제시한다. 하나는 자본주의로 가는 특이한 우회로(정통에 복무하는 이단)로, 다른 하나는 진보적 대의를 실현하는 새로운 경로(제3의 길)로 고찰하는 방식이다(로베르트 웅거, 앞의 글(2017), 155쪽 이하). 전자의 입장은 오늘날 우파 제도주의 경제학자(코스)들의 희망사항이자, 데이비드 하비와 같은 마르크스주의자들의 비관적 진단이다. 하비는 현재의 중국경제를 "중국적 특색을 가진 신자유주의(Neoliberalism with Chinese Characteristics)"로 규정한다. 반면 후자의 희망적 독해 방식에 따르면 중국의 사회운동권이 생산적 실험주의와 민주적 실험주의를 착근시키는 경우에 새로운 정치경제모델을 성취할 수 있다는 것이다. 이는 웅거와 아리기의 입장이다.

117 베트남의 경제개발모델에 대한 분석과 평가는 Chi Do Pham & Duc Viet Luc, "A decade of Doi Moi in retrospect 1989-99", Binh T-Nam and Chi Do Pham 펴냄, *The Vietnamese Economy: Awakening the dormant Dragon*, Routledge, 2003, pp.30~52.

1. 명료한 재산권

법경제학자 코스에 따르면, '거래비용을 낮추기 위해서는 재산권이 명료하게 규정되어야 한다.'[118] 시카고 경제학파는 이를 '코스 정리'로 작명하고 국가규제를 공박하는 자유방임주의로 활용하였다. 코스는 이러한 정치적 견강부회를 문제 삼기는 하였지만 중국경제의 발전을 위해서 재산권이 명료화되어야 한다고 거듭 주장하였다. 코스가 중국경제를 시장경제에 기초한 사회주의, 이른바 시장사회주의의 독자적 경로를 인정하고 있는지는 의문스럽다. 코스도 신자유주의적 수렴테제를 반복하는 것으로 보인다. 수렴테제란 현대사회가 국제적인 수준에서 연관된 일련의 활용가능한 최상의 관습과 제도로, 즉 부유한 산업국가들의 정치적·경제적 제도로 수렴된다는 것을 의미한다.[119] 웅거는 바로 이러한 수렴테제에 맞서 정치적·경제적 다원주의를 제안하였고, 시장사회주의나 혼합경제론은 그 사례들이다.

우선, 코스 정리를 검토해보자. 거래비용(탐색비용)을 낮추어야 한다는 명제는 경제활동뿐만 아니라 인간관계 일반에 적용할만하다. 이러한 명제는 기술적인 요구사항이기 때문에 모든 경제체제를 초월하여 작동한다. 이러한 요구가 서구자본주의에서만 충족될 수 있다는 사고는 특수주의적 편향이다. 동시에 체제들 간의 차이는 있겠지만 재산권을 명료하게 정하지 않는 경제체제는 존재하지 않는다. 따라서 특정한 사회에 대한 재산권의 명료화 요구는 특정한 유형의 재산권질서를 다른 특정한 유형의 재산권 관념에 따라 비판하는

---

118 Ronald Coase, "The Problem of Social Cost", *Journal of Law and Economics* Vol. 3, 1960, pp.1~44. 그는 중국경제의 질적인 비약을 위해서 재산관계를 명료화하고, 국유기업과 민간기업 간의 불평등한 규제를 철폐하고, 사상의 자유를 인정해야 한다고 제안한다. Ronald Coase & Ning Wang, "How China Became Capitalist," *Cato Policy Report*(2013, Jan./Feb),
https://www.cato.org/policy-report/januaryfebruary-2013/how-china-became-capitalist(2018.09.26)
119 로베르트 웅거, 앞의 글(2107), 87쪽.

것에 지나지 않는다. 코스가 시장사회주의 또는 사회주의 시장경제와 그 재산권 체제가 정합적이지 않다거나 그 이념에 비추어 비효율적이라고 지적하는 것 그 이상으로 나아간다면, 그도 재산권을 서구자본주의의 트로이목마로 활용하는 셈이다. 사유재산과 사회적 재산, 민간기업과 국유기업이 공존하는 사회에 대한 재산관계의 명료화 요구는 모든 재산을 사유재산으로 전환하라는 주장과 마찬가지로 들리기 때문이다. 중국경제의 재산관계의 복잡성은 재산에 대한 다양한 이해관계를 합당하게 반영한 제도발명의 결과로 볼 수도 있다.

현재로서 중국의 경제발전은 통일적인 재산권이나 사유화 자체가 아니라 다양한 제도적 혁신에서 비롯되었다. 중국이 향후에 경제적으로 더 발전하기 위해서 자본주의적 재산관념에 따라 재산질서를 재편해야만 하는 것은 아니다. 재산질서의 전면적 사유화(토지사유제)나 국유기업의 전면적 사유화가 요구되는 것이 아니다. 중국식 시장사회주의가 발전함에 따라 그 방향에서 체제내재적으로 정합적인 재산권질서를 발전시키고 명료화할 필요는 있다. 한편, 자본주의 법질서가 언제나 명료한 권리관계나 명확한 계약문구에 의존하는 것만이 아니라는 점도 주목해야 한다. 자본주의 경제질서에서도 슈퍼나 백화점에서의 상품거래처럼 표준적인 거래와 달리 고도의 신뢰관계를 전제한 관계적 계약(relational contract)들이 얼마든지 존재한다. 자본주의 경제질서에서도 거래가 중요할수록 관계적 계약이나 신인관계가 중요하게 작용한다. 그러한 신뢰관계는 단순히 코스식 거래비용의 시각을 능가한다. 특히 체제전환의 새로운 상황, 국제적 거래나 남북간의 경제교류에서 결정적인 것은 명료한 재산법제가 아니라 정부당국간의 일관된 정책 의지나 지속가능한 신뢰토대이다.[120] 이러한 신뢰구축의 여건 속에서 권리관계를 가급적 명료화한다면 좋겠지만 그것은 완전하게 표준화할 수도 없다.

---

[120] 거래비용(transaction cost)의 문제는 투자보호를 위한 북한법제의 합리성 문제에 그치지 않는다. 정치적인 이유로 느닷없이 개성공단을 폐쇄하거나 교류협력을 중단하는 조치를 통해 개별기업가들이 완전히 파산하였다는 점을 주목해야 한다.

베버는 자본주의 발생의 구조적인 조건으로 새로운 에너지 출현에 입각한 산업화, 임노동계급, 체계적인 회계방법, 자유로운 시장, 신뢰할만한 법률체계, 증권에 기초한 상업화를 제시하였다.[121] 베버의 전제조건은 자본주의 시장경제뿐만 아니라 사회주의 시장경제의 조건을 해명하는 데에도 여러모로 유용하다. 특히 베버가 형식적 법(formales Recht)을 신뢰할만한 법률체계로 거론한 점은 북한의 법제도와 관련해서 주목을 끈다. 형식적인 법은 기업가에게 합리적으로 예측할 수 있는 표준을 제공한다.[122] 베버에게 형식적 합리적 법은 권리를 명확하게 규정한 재산법제를 의미한다. 코스가 은연중에 그런 것처럼, 베버도 시장경제와 자본주의를 동일시했다. 베버의 주장에서 이러한 특수주의를 사상한다면 베버의 법은 사회주의적 시장경제에 부합하는 신뢰할만한 법체계의 문제로 다시 물을 수 있다. 브로델이나 웅거의 통찰에 따르면 시장경제 위에 자본주의뿐만 아니라 사회주의도 가능하고, 다양한 정도의 혼합체제가 구축될 수 있다.[123] 여기서 시장경제를 확산시키면서 사회주의 연대성을 재구축하는 법을 확립해야 한다. 그 법은 기업가적 창의를 유발하고, 노력의 성과에 합당한 보상을 제공하고, 장기적인 사업전망 속에 투자자에게 정상적인 이윤을 보장해줌과 동시에 사회적 공유와 연대, 사회적 소유를 확충하는 법제를 의미한다. 북한당국은 다양한 권리를 명료화함으로써 당사자들에게 예측가능성을 보장해야 하지만 그러한 법제가 반드시 서구적 소유권 법제여야만 하는 것은 아니다.

---

121 막스 베버, 조기준 옮김, 『사회경제사』, 삼성출판사, 1979, 274쪽 이하.

122 "자본계산의 형식적 합리성이 최고도에 이르는 것은 행정질서와 법질서의 기능이 완전히 계산가능하고, 모든 협정이 정치권력을 통하여 신뢰할 수 있을 만큼 순수하게 형식적으로 보장될 때이다." Max Weber, *Wirtschaft und Gesellschaft*, Mohr, 1985, 94쪽.

123 세계체제론자 조반니 아리기는 '비자본주의적 시장경제'라는 관념을 애덤 스미스의 〈국부론〉에서 이끌어내고 중국경제의 발전경로를 신자유주의적인 것이 아니라고 해명한다. 조반니 아리기, 강진아 옮김, 『베이징의 애덤 스미스』, 도서출판 길, 2009, 455쪽 이하; 같은 맥락에서 호네트는 마르크스의 재해석을 통해서 시장과 자본주의의 동일화를 극복하고 새로운 실험을 강조한다. 악셀 호네트, 문성훈 옮김, 『사회주의 재발명』, 사월의책, 2016, 112~117쪽.

2. 시장기업

북한경제는 '제도적 실험주의'의 국면에 접어들었다. 고난의 행군 이후 장마당은 북한경제에서 상품교환의 플랫폼이 되었다.[124] 일각에서는 개인기업들이 장마당에 판매할 목적으로 제품을 생산하기 시작하는 것으로 알려졌다.[125] 이미 장마당을 매개로 성장한 신흥자본가(돈주)들이 부동산투자, 시설투자, 생산투자에 활발하게 관여하고 있다는 사실에서 볼 때 경제현실이 이미 헌법의 인민소유제를 추월하고 있다. 이들의 활동에 법적 지위를 확립하고 보장해주는 것이 첫 단계 개혁이다. 여전히 개인기업의 허용을 체제위협 요소로 인식한다면, 종래의 기업형식을 자주관리기업으로 전환하거나 주식합작기업(국가지분+노동자지분)이나 중국식 합자기업(돈주지분+국가지분)을 도입함으로써 시장기업을 육성해야 한다. 기업형식의 다양성에서 중국이 성취한 제도적 혁신들은 참조가 될 것이다.[126] 북한당국도 외자유치를 위하여 다양한 기업형식(합영법제)을 도입하였는데, 이를 국내적 차원에서 확산시키는 것이 필요하다. 북한의 농촌경제를 부흥시키기 위해서는 현재 중국의 경제발전 과정에서 자연스럽게 수명을 다했지만 향진기업[127]이 농촌경제를 진흥하는 데에 기폭제 역할을 수행했다는 점을 주목해야 한다.[128]

---

124 KOTRA 해외시장뉴스, "중매체, "북한에도 시장경제 존재한다" 주장", http://news.kotra.or.kr/user/globalBbs/kotranews/10/globalBbsDataView.do?setIdx=247&dataIdx=159121(최종검색일: 2018.09.19)

125 초기에는 텃밭에서 생산된 농산물거래가 주종이었으나 최근에는 외국제품(중국제품, 남한제품)뿐만 아니라 다양한 북한산 제품 등이 상품으로 유통된다고 한다.

126 2014년 5월 30일 '우리식 경제관리방법(소위 5 · 30 담화)' 발표 이후 북한은 인민경제계획법, 제정법, 기업소법 등을 개정해 새로운 경제관리체계를 만들었다. 북한의 변화된 경제 및 시장 상황의 반영(특히 개인투자, 사적 경제활동의 부분적 인정), 경제적 인센티브 제공의 강화와 시장경제적 요소의 도입 확대, 기업 경영 전반에 대한 자율성 · 결정권 보장(무역 및 합작 · 합영권 포함)과 시장 활동 참여의 허용 등이 그 골자이다. "新남북경협, 기업 중심 · 시장 친화적 형태로 이뤄져야(2018.06.03)", http://news.zum.com/articles/45512380(최종검색일: 2018.09.23)

127 향진기업의 주식합작제에 대해서는 추이즈위안, 앞의 글(2003), 100쪽.

장마당이 북한경제에서 차지하는 비중은 매우 크므로 장마당은 북한식 시장경제의 기반이 될 것이다. 장마당이 다양한 선택지를 가진 상품시장으로 작동하려면 다양한 제품들을 생산하는 다양한 기업형식이 공존해야 한다. 시장생산을 목표로 하는 개별기업이 기업가적 창의를 지속적으로 발휘한다면 경제구조가 계획경제의 틀에서 실질적으로 벗어나게 될 것이다. 이러한 기업들은 품질향상이나 확대재생산을 위해 신규투자를 필요로 한다. 해당기업은 영업성과중 이윤을 투자재원으로 활용하거나 외부에서 투자를 유치하게 된다. 개인 투자를 유치하기 위해서는 시장에서 양도가능한 지분(주식)제도를 도입할 수밖에 없다. 주식발행규모와 지분비율을 적절하게 통제하여 중국식 지분3분기업(국가지분+노동자지분+시장지분)을 널리 도입할 수 있다. 나아가 시장지분을 확장할 때 이익배당권만 인정할 것인지, 경영통제권(의결권주)까지도 부여할 것인지도 고려의 대상이다. 장마당 시장경제의 효과를 감안하여 기업조직과 운영방식을 개선하고 통제하면서 그러한 이행을 점진적으로 달성해야 한다. 그러한 단계에 이른다면 국가의 일정한 규제(규모, 영업구역, 상품종류, 고용형태)를 받는다는 조건 아래서 사기업을 폭넓게 허용할 수도 있다. 사기업의 규모가 어느 정도 팽창하도록 허용할 것인지에 대해서는 획일적인 지침을 적용할 필요가 없다. 북한의 모든 기업들이 시장(장마당)을 겨냥하여 생산하고 판매한다면 전면적으로 사회주의 시장경제로 이행하게 될 것이다.

토지의 소유와 이용도 사회적 생산비용을 최저로 유지한다는 관점에서 재산권의 해체와 분산을 촉진해야 한다. 질비오 게젤의 제안에 따라 토지소유권은 국가와 공동체의 재산으로 유보하고, 이용권거래를 활성화해야 한다. 토지의 사유화로 얻은 이익은 일시적이지만, 그 악영향은 영구적이다. 소유권과 이용권을 구분하고 있는 중국에서도 제도설계의 차이로 인해 일부 도시

---

128 로베르트 웅거, 앞의 글(2017), 154쪽.

에서는 투기가 성행하기도 하고 다른 도시에서는 억제되기도 한다는 점을 참조하여 투기를 억제하고 주민들에게 평등한 주거권을 보장하는 방안을 마련해야 한다. 토지와 부동산이 남한 사회의 재생산구조에 가하는 총체적 악영향을 반면교사로 삼으면 충분하다. 기업가적 창의를 발휘하려는 사람들에게 저비용의 이용권을 지속적으로 제공하는 것만이 경제성장에 중요하다. 체제전환국가에서 소유권거래까지 함축하는 투자유치방식은 어김없이 국내외의 투기꾼들의 협잡과 유착으로 얼룩졌다는 점을 간과해서는 안 된다.

3. 시장경제의 확산

최근에 중국에서 국가의 정치적 비전과 기업가의 비전이 충돌하는 양상이 빚어지고 있다. 이른바 국진민퇴(國進民退), '이제 국유기업이 할테니 민간기업은 빠져라'는 식이다. 그러나 그 실상은 자금난을 겪고 있는 민간기업의 지분을 중국당국이 매입하는 것으로 알려지기도 하였다. 어쩌면 자본주의적 방식을 통한 사회주의로의 이행이나 연기금 사회주의의 구현방식이라고 볼 수도 있다.[129] 중국당국이 장기적 경제목표를 소강사회(小康社會)에서 대동사회(大同社會)로의 이행으로 설정하였기 때문에 정부에 의한 지분매입이 기업의 자금난을 타개하기 위한 일시적인 방편이 아니라면 중국식 시장사회주의의 질적 비약을 위한 한 걸음으로 해석할 수 있다.[130]

---

[129] Robin Blackburn, "The New Collectivism: Pension Refom, Grey Capitalism and Complex Socialism", *New Left Review* No.233, NEW LEFT REVIEW LTD, 1999, pp.3~65.

[130] 소강사회(pettite bourgoeis socialism)는 경제개혁의 초기목표로서 각자에게 인간다운 삶의 질을 보장하는 단계이고, 대동사회(socialist egalitarian community)는 후기목표로서 모두가 균질하게 잘 사는 단계를 의미한다. 중국지도자들은 중국이 2020년에 소강사회에 이르고, 그 이후로 대동사회로 향한다고 말한다. 소강 이전에는 온포(溫飽)라는 초기단계가 있는데 이는 백성들의 의식주를 해결하는 단계를 의미한다. 온포, 소강, 대동은 예기(禮記)에 나오는 공자의 이상적 사회 단계론이다. 이는 개인적 창의와 이익공유간 변증법적 발전을 말한다.

시장사회주의, 나아가 사회주의의 미덕은 해당기업의 노동자뿐만 전체사회 구성원들까지도 경제적 성과를 공유하는 데에 있다. 북한당국도 기업의 성과를 제도적 장치로 회수하여 사회적으로 활용해야 한다. 그러나 가난한 나라가 구조개혁이 성과를 내기도 전에 재분배를 위해 덤벼든다면 황금 알을 낳는 거위를 죽이는 셈이다.[131] 더구나 잘나가는 혁신기업을 다시 국유화하는 조치는 신뢰를 파괴하여 성장 동력을 꺼버리는 패착이 될 것이다.[132] 최근 북한의 장마당경제에 상납과 유착현상이 만연한 것으로 알려졌다. 이러한 상황이 세금제도의 초기적 형태와 그에 대한 대중의 오해인지 아니면 또 다른 유착현상인지는 정확하게 판단할 수 없다. 북한헌법은 '세금없는 사회'를 역대로 표방해왔기 때문이다.[133] 시장화 과정에서 생산기업들이 높은 이윤을 획득할 것이므로 어느 경우에도 고질적인 정경유착은 사회문제로 부상한다. 어쨌든 정상적인 수익활동의 공인과 공적 재정수입의 제도화가 없다면 개혁의 성과는 소산될 것이다.

나아가 정상적으로 획득된 재정수입을 존속가치 없는 대규모 국영기업에 허비하는 것을 막아야 한다. 시장지향적인 혁신기업모델을 다른 산업부문, 대규모 공기업에 확산시키면서 해당기업의 생존 여부를 결정해야 한다. 생존과 파산의 갈림길에서 엄정하고 공정한 선별작업은 체제전환국가의 구조조정 정책에서 난제 중의 난제이다. 성과계산 및 자산평가의 왜곡이나 계산실패로 인해 존속가치가 높은 기업들을 폐쇄하는 경우가 비일비재하였다.[134] 기업 및 자산매각 과정에서 당 관료나 핵심관계자의 유착 속에서 전망 있는

---

131 로베르트 웅거, 앞의 글(2017), 67쪽.
132 조지프 E. 스티글리츠, 강신욱 옮김, 『시장으로 가는 길』, 한울, 2003, 281쪽.
133 북한헌법 제25조: 조선민주주의인민공화국은 인민들의 물질문화생활을 끊임없이 높이는 것을 자기 활동의 최고원칙으로 삼는다. 세금이 없어진 우리나라에서 늘어나는 사회의 물질적 부는 전적으로 근로자들의 복리증진에 돌려진다. 국가는 모든 근로자들에게 먹고 입고 쓰고 살 수 있는 온갖 조건을 마련하여 준다.
134 조지프 E. 스티글리츠, 앞의 책, 278쪽.

국유기업을 사기적 회계방식으로 거의 무상으로 차지하는 행위를 방지해야 한다.[135]

북한경제는 개혁의 충격을 완화하기 위하여 지금까지 특구와 같은 제한된 지역에 해외자본을 유치하여 수출지향적 기업을 육성하였다(헌법 제37조). 수출주도형 발전은 동북아 국가들이 예외없이 걸어왔던 길이기 때문에 당연히 추구해야 한다. 그러나 북한의 장마당경제의 제품 구성에서 알 수 있듯이 수입대체산업을 육성하는 것이 급선무이다. 북한사회 내부에서 생산과 소비, 저축과 투자의 경제적 흐름을 만들고, 경제특구를 산업기술의 전국적 확산기지로 활용해야 한다. 북한은 외자유치를 중시하면서도 해외자본의 위험성을 우려하여 외자유치에 모호한 태도를 보여 왔다.[136] 이러한 우려는 지극히 정상적이다. 국제통화기금은 과거 신자유주의 구조조정 정책의 폐해를 때때로 반성하기도 하지만 국제통화기금이나 해외자본은 변동환율제와 높은 실질이자율을 요구함으로써 국민경제에 커다란 부담으로 작용했다. 해외자본만으로 경제성장을 이룰 수 없으므로 국내저축을 활용해야 한다. 동북아 국가들이나 중국은 높은 국내저축을 생산적 투자에 동원함으로써 고도성장을 달성하였다.[137] 해외자본에 안달복달하는 상황이라면 해외자본은 국민경제에 그만큼 해롭다. 해외자본은 없어도 그만이라고 생각할 정도로 여력이 있을 때에만 국내에 진득하게 머물면서 국민경제에 기여할 수 있다.[138]

문제는 북한의 국내저축(물론 가계비축은 있다)이 심각하게 결핍되어 있다는 점이다. 자립적인 성장과 사회주의적 대의를 실천하기 위해서는 국내저축율의 제고가 매우 절실하다. 이런 측면에서 보자면 민간자본을 급습하기 위

---

135 로베르트 웅거, 앞의 글(2017), 141쪽.
136 정영구, 「북한 외자유치관련 법제의 변천과 한계」, *Weekly KDB Report*(2017. 2. 27), 10쪽.
137 중국인들은 미래의 불안 때문에 낮은 이자율에도 불구하고 여전히 이례적으로 높은 저축율을 보여주고 있다.
138 로베르트 웅거, 앞의 글(2017), 190쪽, 209쪽.

해 북한당국이 단행한 과거의 화폐개혁은 민간의 신뢰를 파괴한 악수였다. 모든 정책적 조치들은 새로운 경로와 경험을 만들지만, 특히 나쁜 정책은 불신과 트라우마를 심화시킨다. 신뢰를 획기적으로 복원하는 조치가 필요하다. 세상에는 대수의 법칙이 존재한다. 하잘것없는 사람들의 푼돈들(부가가치세)이 모이면 해외의 대자본보다 더 긍정적인 힘을 발휘한다. 북한사회 내부에서 조성된 사회적 벤처캐피털이나 정부저축을 생산과 투자 자금으로 활용하는 것이 최상이다. 어쨌든 저축, 투자, 생산 사이의 새로운 강력한 연결고리를 통해 경제적 순환을 만들지 않으면 '경제현상(신뢰에 기초한 교통방식)'은 존재하기 어렵다.[139] 경제개발의 초기에는 으레 고도성장이 예상되기 때문에 이러한 연결고리를 형성하는 일은 그만큼 용이하다.

현재의 국면에서 북한이 대중국 경제종속을 탈피하기 위해서 남북 간의 경제협력과 전향적인 투자사업은 돌파구가 될 수 있다.[140] 이 경우 남한 자본가의 거대자본보다는 남한 대중들의 자발적인 사회적 벤처캐피털('통일미래기금')이나 '강제적인 민간저축(연기금)'을 유치하는 것이 바람직하다. 대자본에 의존하는 경제개발은 새로운 영토에서 과거의 경험(유착과 독점, 지배)을 반복할 공산이 크기 때문이다. 북한에 매장된 지하자원이 사회투자와 사회적 경제의 기반으로 활용할 여지가 있다는 사정은 경제개발에 매우 유리한 점이다. 자원개발을 통해서 투자재원을 마련하고 시장경제를 제도적으로 구축한다면 자원 사회주의를 말할 수도 있다. 자원개발과 관련해서는 두 가지 반면교사가 있다. 몽골은 풍부한 희토류나 귀금속 지하자원의 개발수입을 산일시키면서 여전히 국제통화기금의 금융지원에 의존하고 있으며, 베네수엘라의 좌파 포퓰리즘은 장기적 성장비전과 제도개혁 없이 석유수입을 낭비하고 국민경제를 나락으로 곤두박질치게 하였다.

---

139 웅거는 저축테제(저축—투자—생산의 강력한 연관성)를 통해서 신고전파의 검약이론과 케인즈의 유효수요이론의 맹점을 동시에 비판한다(로베르트 웅거, 앞의 글(2017), 215쪽 이하).

140 정형곤 외, 북한의 투자유치 정책 변화와 남북경협방향(대외경제정책연구원, 2011), 1~14쪽.

4. 경제와 정치의 불협화

북한경제에서 중공업의 과도한 비중, 과도한 군사비지출은 경제적 여력을 고갈시킨다. 따라서 핵문제를 해결하고 국제사회로부터 체제안전을 보장받고, 남북 간의 평화체제를 구축하는 것이 경제발전에 선행하는 과제처럼 보인다. 어쨌든 북한 체제가 대중들에게 상당한 수준의 평등한 교육을 제공해 왔다는 사정은 경제개혁에 긍정적인 요인이다. 그러나 대안적 비전에 대한 정신적 무력감, 소수의 탐욕 그리고 다수의 절망은 경제개혁에 장애요인으로 작용한다.[141] 사회주의의 당 엘리트들이 경제개혁을 선도할 만큼 혁신역량을 비축하고 있는지도 의문이다. 따라서 가동할만한 혁신역량을 결집하기 위해서 공공부문과 민간부문의 경험을 융합하는 기제를 구축해야 한다. 세계각지에 이산된 북한사람들의 이질적인 경험도 유용한 자산이 될 것이다. 이러한 거버넌스는 공공재정, 예산, 투자, 저축, 생산, 수출에 대해 정책을 입안하고 제도를 혁신하는 싱크탱크가 될 것이다. 당 독재에서 혁신동력이 나오지 않는다. 개혁에 필요한 것은 권위주의적 강성국가가 아니라 대중적 지지 속에서 합리적 정책을 수립하고 강력하게 추진하는 민주적 경성국가이다.[142] 실제로 동북아국가들과 중국은 국가엘리트들의 역량과 당지도부의 통제 아래 고도성장을 이루었다.[143] 그러나 더 높은 성과를 거두기 위해서는 사회의 자발적인 힘에 기초한 혁신이 필요하다. 전통적으로 중국의 개혁과정에서 지방정부는 기업혁신 및 투자지원과 관련해서 경제위원회와 같은 빼어난 역할을 수행해 왔다. 이러한 방식을 참조하여 북한당국은 지방정부에게 더 많은 자

---

141 로베르트 웅거, 앞의 글(2017), 152쪽.
142 로베르트 웅거, 앞의 글(2017), 267쪽.
143 중국의 경제경로가 초기 신자유주의에서 발전국가모델로 이행했다는 평가는 So, Alvin Y., "Globalization And The Transition From Neoliberal Capitalism To State Developmentalism In China", *International Review of Modern Sociology*, Vol.33, no Special Issue, pp.61~76.

율적인 혁신 기회를 부여하고, 서로 다른 방향으로 혁신적 실험을 수행하도록 장려해야 한다.

지속적인 성장을 이루기 위해서는 경제적 실험주의가 정치적 제도적 실험주의로 이행해야 한다. 그 경우 민주주의의 심화가 궁극적으로 사회주의 체제를 파괴할 것이라는 우려가 예상된다. 그러나 북한 사회가 직면하고 있는 근본적인 과제를 해결하고 성장의 결실을 사회전체적으로 공유하는 제도를 구축한다면 사회주의의 이상에 더 근접할 수도 있다. 아래로부터의 민주주의와 그로 인한 사회적 불안정은 철권통치에 의한 안정성보다 낫다. 당 독재가 없으면 사회혼란이 발생할 것이라는 태도는 일종의 구조물신숭배이다.[144] 현 단계에서 당 독재에 대한 대안으로 다당제와 같은 충격요법이 북한사회에 바람직한지는 의문스럽다.[145] 오히려 민관 거버넌스를 중앙과 지역 수준에서 정치와 경제에서 전방위적으로 구축하는 것이 필요하다.[146] 아래로부터의 민주주의와 위로부터의 개혁의 결합은 베이징 프로세스의 강고한 권위주의를 보완하거나 대체할 것이다. 북한은 후발주자로서의 이점을 향유하면서 주변 국가들의 개혁정책의 성공과 실패를 거울삼아 사회주의를 재발명해야 한다. 그런데 개혁은 사태를 호전시키기 전에 예외없이 사태를 악화시킨다는 점을 염두에 두어야 한다. 전보다 더 나쁜 상황에 내몰린 사람들이 개혁의 낙수효과를 마냥 기다리지 않기 때문이다. 그러한 연유로 러시아와 같은 체제전환 국가에서 초기의 개혁정권이 쉽사리 몰락하고 더 나쁜 신자유주의 정권이 들어섰던 것이다.

---

144 로베르트 웅거, 앞의 글(2017), 158쪽.
145 코스는 상품의 자유시장 못지않게 사상의 자유시장과 다당제 민주주의가 중국경제의 발전에 불가피하다고 주장한다. Ronald Coase & Ning Wang, 앞의 글 참조.
146 로베르트 웅거, 앞의 글(2017), 132쪽.

V. 다원적이고 유연한 사회로

통일에 대한 반감은 정체성의 형태로 출현할 것이다. 정체성은 그것이 허명일 때, 순수하게 민족주의의 형태를 띨 때, 최고의 힘을 발휘한다. 이질적인 진입자들에 대하여 적대감을 가장 노골적으로 드러낸 세력은 역사적으로 체제의 희생자들, 경제적 하층계급이었다. 독일 극우정당의 온상이 구동독 지역임을 상기하는 것으로 충분하다. 통일의 국면에서 강자들은 강자로서 지위 바꿈에 성공하지만, 잃을 것이 없는 사람들은 어떠한 상황에서도 여전히 또 다른 상실에 직면한다. 약자들을 통일의 수혜자로 만드는 효과적인 상생전략이 중요하다. 통일의 이익과 영광을 공유하는 기초를 만드는 것이 통일경제론의 목표이고, 이를 실현하기 위한 연합을 만드는 것이 통일정치론이다. 통일의 정치가 통일의 부담을 국민 모두에게 지우면서 그 영광은 자본가들과 불로소득자들의 몫으로 돌린다면 노동하는 보통사람들은 통일의 대의를 외면하게 될 것이다. 그러한 상황은 기성정치로는 감당할 수 없는 증오의 정치를 축적할 것이다.

이질성을 아곤주의 정치로 재검토해보자. 그것은 정치의 기하학이 아니라 하나의 동학이다. 아곤(agon)은 본래 그리스어로서 다양한 형태의 시합, 경기, 투쟁을 의미한다. 아곤주의는 정치담론에서 새로운 사고방식으로 부상하였다.[147] 아곤주의는 슈미트의 전쟁정치를 우회하려는 사고방식이다. 전쟁정치는 한국사회에서 분단체제의 확립 이후 기성질서를 실체화, 자연화, 신성화하면서 사회변혁을 추구하는 세력을 적으로 간주하는 정치적 태도이다. 슈미트의 동질성 민주주의는 한국사회의 보수파들의 정체성담론과 일치한다. 보수파들이 말하는 정체성은 반공국가주의이고, 이른바 '자유민주주의—자유자본주의'이다. 실체화되고 신성화된 자유민주주의와 자본주의경제에서 조

---

147 James Tully, *Strange Multiplicity. Constitutionalism in the age of diversity*, Cambridge U.P., 1995, p.183 이하; Chantal Mouffe, *Agonistics. Thinking the World Politically*, Verso, 2013, pp.1~18.

금이라도 이탈하려는 시도는 국가정체성을 훼손하는 일로 간주한다. 그러나 국가의 정체성은 단일한 정체성으로 환원시킬 수 없고 복수의 이질적인 정체성들로 존재하며 지속적으로 변화한다. 일찍이 플라톤의 '통일체로서 국가' 상에 맞서 아리스토텔레스는 '복합체로서의 국가'상을 제시하였는데, 이것을 아곤주의 정치의 원류라고 할 수 있다.[148]

무페는 적대와 갈등을 아곤으로 전환시키면서 아곤주의적 민주주의를 일관되게 제안한다. 아곤주의적 민주주의에서 동질성은 정치 이전적인 실체적 동질성이 아니라 정치를 통해 구성되어가는 진행형의 동질성이다. 이러한 민주주의는 이질성을 일방적으로 배제함으로써 통일성을 보존하는 것이 아니라 마주침을 통해 스스로의 경계를 허물고 재조정하는 자가면역을 획득하는 과정이다. 무페는 이러한 취지에서 슈미트의 정치 이전적인 동질성을 버리고 공통성(communality)을 제안한다.[149] 공통성은 결코 완전히 구성될 수 없으며, 특정한 정체성으로 고착될 수도 없고, 지속적으로 변한다. 역사에는 언제나 복수의 정체성들이 상호 경합할 뿐이다. 아곤주의적 정치는 그들과 우리 사이의 경계가 고착되는 것을 저지하면서 우리를 재구성하고 확장한다. 이러한 정치는 계급적대나 민족적대를 해방정치로 도발하지 않고 아곤의 영역으로 흡수하고 심지어 아곤의 규칙까지 변형하도록 한다. 남한 사회뿐만 아니라 북한사회도 복수의 이질성들로 이루어져 있으며, 남북한은 서로에게 이질적 체제로 대치하고 있다. 우리는 정치적 공력을 발휘하여 전쟁정치에서 벗어나 타자를 적이 아니라 경쟁자로, 나아가 협력적 경쟁자로 바꾸는 데에 성공해야 한다.

---

148 "국가는 본성적으로 하나의 복합체이다. 국가는 복합체에서 점점 더 통일체가 되어 갈수록 국가 대신 가정이 되고, 가정 대신 개인이 될 것이다. … 따라서 국가를 그런 통일체로 만들 수 있다 하더라도 그렇게 해서는 안 된다. 그럴 경우 국가는 파괴되고 말 것이기 때문이다. 국가는 다수의 사람들 뿐만 아니라 여러 종류의 사람들로 구성되어 있다. 서로 같은 사람들로 는 국가가 만들어질 수 없기 때문이다."(아리스토텔레스, 앞의 글, 1261a).

149 샹탈 무페, 이행 옮김, 『민주주의의 역설』, 인간사랑, 2006, 90쪽.

웅거는 타자에 대한 개방성과 새로운 경험에 대한 개방성을 신성화의 덕목이라고 규정한다.[150] 타자와 새로움에 대한 개방성은 새로운 주체를 창조하고 지평을 넓혀주기 때문에 신적인의 특성을 갖는다. 실제로 이질성 때문에 통합을 말하게 되고, 통일은 그런 면에서 신성한 작업이다. 한국현대사에 '우연적으로' 주어진 분단을 자연적이고 불가역적인 것으로 고착시키지 않고, 그러한 여건을 변경함으로써 우리는 사태의 주체로서 상황을 지배하고, 작은 성공을 예언으로 바꾸면서 분단의 극복을 민족적 집단적 삶의 새로운 과업으로 수용하게 된다. 분단을 구조나 체제라고 부르더라도 이 땅에 사는 사람들만이 개인으로서, 집단으로서 그러한 구조나 체제를 극복할 수 있다. 법칙의 필연적 작용만 기다리며 변화를 시도하지 않는다면 세월을 허비하고 더 큰 고통을 마주할 뿐이다. 아동의 인지발달과정처럼 선진국과 후진국가의 격차 또는 지역 간 격차는 따라잡기를 통해 매년 2% 정도씩 줄어든다고 한다. 물론 정부의 총체적 무능력에 의해 그 격차가 더욱 벌어질 수도 있고, 특별한 촉진조치를 통해 급격하게 좁힐 수도 있다.[151] 남북한이 따로 그리고 함께 일련의 실험을 가속화한다면 신자유주의에 대한 반란이 한반도 전역에서 성공을 거둘 수 있을 것이다.

---

150 Roberto Unger, *op. cit.*(2014), p.341 이하.
151 로베르트 웅거, 앞의 글(2017), 153쪽.

참고문헌

Bengt Furåker, "The Swedish wage-earner funds and economic democracy: is there anything to be learned from them?", European Review of Labor and Research, 2014.

Chantal Mouffe, Agonistics. Thinking the World Politically, Verso, 2013.

Chi Do Pham & Duc Viet Luc, "A decade of Doi Moi in retrospect 1989-99", Binh T-Nam and Chi Do Pham 펴냄, The Vietnamese Economy: Awakening the dormant Dragon, Routledge, 2003.

Cliff Groh & Gregg Erickson, "The Improbable but True Story of How the Alaska Permanent Fund and the Alaska Permanent Fund Dividend Came to Be", Widerquist, K. & Howard, M., Alaska's Permanent Fund Dividend: Examining Its Suitability as a Model, Palgrave Macmillan, 2012.

Denise R. Johnson, "Reflections on the Bundle of Rights", Vermont Law Review Vol.32, VERMONT LAW SCHOOL, 2007.

Francis Fukuyama, "The End of History?", The National Interest Vol.16, The National Interest, 1989.

Garret Hardin, "The Tragedy of the Commons", Scienc. No.162, 1968.

Geoffrey M. Hodgson, "What is the Essence of Institutional Economics?", Journal of Economic Issues Vol.34, Association for Evolutionary Economics, 2000.

James Tully, Strange Multiplicity. Constitutionalism in the age of diversity, Cambridge U.P., 1995.

John Cunliffe & Guido Erreygers, "Inheritance and Equal Shares: Early American Views", Karl Widerquist & Michael Anthony Lewis & Steven Pressman 펴냄, The Ethics and Economics of the Basic Income Guarantee, Routledge, 2005.

John Williamson, "Is the "Beijing Consensus" Now Dominant?", Asia Policy No.13, 2012.

Klein, Daniel B. and John Robinson, "Property: A Bundle of Rights? Prologue to the Property Symposium", Econ Journal Watch 8, 2011.

Max Weber, Wirtschaft und Gesellschaft, Mohr, 1985.

Morton J. Horwitz, The Transformation of American Law 1870-1960, Oxford U. P., 1992.

Peter Drucker, The Unseen Revolution: How Pension Fund Socialism Came to America, William Heinemann, 1976.

Richard Krouse & Michael McPherson, "A "Mixed"-Property Regime: Equality and Liberty in Market Economy", Ethics, 1986.

Roberto Unger, Critical Legal Studies Movement, Verso, 2015.

_____, The Left Alternative, Verso, 2009.

_____, The Religion of the Future, Harvard U.P., 2014.

_____, What should legal analysis become?, Verso, 1996.

Robin Blackburn, "The New Collectivism: Pension Refom, Grey Capitalism and Complex Socialism", New Left Review No.233, NEW LEFT REVIEW LTD, 1999.

Ronald Coase, "The Problem of Social Cost", Journal of Law and Economics Vol.3, 1960.

Silvio Gesell, Die Natürliche Wirtschaftsordnung 9. Aufl., Rudolf Zitzmann Verlag, 1949.

So, Alvin Y., "Globalization And The Transition From Neoliberal Capitalism To State Developmentalism In China", International Review of Modern Sociology, Vol.33, no Special Issue.

Steven Pressman, "The feasibility of an expenditure tax", International Journal of Social Economics Vol.22 Issue: 8, 1995.

Stuart White, "Rediscovering Republican Political Economy", Citizen's Income Newsletter, Issue 1, 2001.

Thomas Skidmore, The right of man to property, New York, 1829.

William H. Simon, "Social-Republican Property", UCLA Law Review Vol.38, 1991.

William H. Simon, "The Prospects of Pension Fund Socialism", Berkeley

Journal of Employment & Labor Law Vol.14. 1993.

강남훈 · 권정임, 「공유경제와 기본소득―제임스 미드(James Meade)의 아가싸토피아
  를 중심으로―」, 『한국사회경제학회 2016 봄 정기학술대회 자료집』, 한국사회경
  제학회, 2016.
곽노완, 「연기금 사회주의의 한계와 가능성」, 『사회이론』 제31권, 한국사회이론학회,
  2007.
국순옥, 『민주주의 헌법론』, 아카넷, 2015.
김용호, 「조소앙과 삼균주의에 대한 재조명」, 『한국정치연구』 제15권 제1호, 서울대학교
  한국정치연구소, 2006.
김인식, 「백남운의 연합성 신민주주의와 무계급성 단일민족국가 건설론」, 『중앙사론』
  제27집, 한국중앙사학회, 2008.
김철수, 『헌법학개론』, 박영사, 2004.
라드브루흐, 최종고 옮김, 『법철학』, 삼영사, 1994.
로버트 달, 안승국 옮김, 『경제민주주의』, 인간사랑, 1999.
로베르토 웅거, 이재승 옮김, 『민주주의를 넘어』, 앨피, 2017.
＿＿＿＿＿＿, 추이즈위안 엮음, 김정오 옮김, 『정치』, 창비, 2015.
＿＿＿＿＿＿, 이재승 옮김, 『주체의 각성』, 앨피, 2012.
막스 베버, 조기준 옮김, 『사회경제사』, 삼성출판사, 1979.
반니 아리기, 강진아 옮김, 『베이징의 애덤 스미스』, 도서출판 길, 2009.
샹탈 무페, 이행 옮김, 『민주주의의 역설』, 인간사랑, 2006.
성낙인, 「대한민국 경제헌법사 소고―편제와 내용의 연속성의 관점에서」, 『서울대학교
  법학』 제54권 제3호, 서울대학교 법학연구소, 2013.
＿＿＿, 『헌법학』, 법문사, 2015.
아리스토텔레스, 천병희 옮김, 『정치학』, 도서출판 숲, 2010.
악셀 호네트, 문성훈 옮김, 『사회주의 재발명』, 사월의책, 2016.
알렉 노브, 대안체제연구회 옮김, 『실현가능한 사회주의의 미래』, 백의, 2001.
알렉시스 드 토크빌, 이용재 옮김, 『앙시앙 레짐과 프랑스 혁명』, 지식을만드는지식,
  2013.
엘리네 오스트롬, 윤홍근 · 안도경 옮김, 『공유의 비극을 넘어』, 알에이치코리아, 2010.

유진오, 『신고 헌법해의』, 일조각, 1950.

이매뉴엘 월러스틴 외, 성백용 옮김, 『자본주의는 미래가 있는가』, 창비, 2013.

이재승, 「웅거의 사회변혁이론」, 『민주법학』 제51호, 민주주의법학연구, 2013.

정은미, 「북한의 시장경제로의 이행과 체제적응력」, 『통일과 평화』 창간호, 서울대학교 통일평화연구원, 2009.

정태욱, 「인권과 재산권: 손문의 평균지권론」, 『아세아여성법학』 제18권, 아세아여성법 학연구소, 2015.

_____, 「존 롤즈의 정의론과 '재산소유 민주주의'론」, 『충남대학교 법학연구』 제27집 제3호, 충남대학교 법학연구소, 2016.

조지프 E. 스티글리츠, 강신욱 옮김, 『시장으로 가는 길』, 한울, 2003.

존 스튜어트 밀, 박동천 옮김, 『정치경제학 원리 2』, 나남, 2010ㄱ.

_____, 박동천 옮김, 『정치경제학 원리 4』, 나남, 2010ㄴ.

_____, 박동천 옮김, 『정치경제학 원리 6』, 나남, 2010ㄷ.

_____, 최명관 옮김, 『자서전』, 서광사, 1983.

추이즈위안, 김진공 옮김, 『프띠부르주아 사회주의 선언』, 돌베개, 2014.

_____, 정영석 옮김, 『중국은 어디로 가는가』, 창비, 2003.

칼 렌너, 정동호·신영호 옮김, 『사법제도의 사회적 기능』, 세창출판사, 2011.

코르넬리우스 카스토리아디스, 양운덕 옮김, 『사회의 상상적 제도 I』, 문예출판사, 1994.

토마 피케티, 장경덕 외 옮김, 『21세기 자본』, 글항아리, 2014.

페르낭 브로델, 김홍식 옮김, 『물질문명과 자본주의 읽기』, 갈라파고스, 2012.

헨리 조지, 김윤상 옮김, 『진보와 빈곤』, 비봉출판사, 2018.

홍성우, 「재산소유적 민주주의의 이념: 미드와 롤즈의 비교」, 『범한철학』 제70집, 범한 철학회, 2013.

"2017년 중국 500대 기업 발표…국유기업 여전히 강세, 비중은 줄어", 아주경제 (2017.09.11), http://www.ajunews.com/view/20170911085411402 (최종검색일: 2018.09.26)

"新남북경협, 기업 중심·시장 친화적 형태로 이뤄져야(2018.06.03)", http://news.zum.com/articles/45512380

(최종검색일: 2018.09.23)

Cornellius Castoriadis, On the Content of Socialism, 1955,
https://www.marxists.org/archive/castoriadis/1955/socialism-1.htm
(최종검색일: 2018.09.19)

KOTRA 해외시장뉴스, "중매체, "북한에도 시장경제 존재한다" 주장",
http://news.kotra.or.kr/user/globalBbs/kotranews/10/globalBbsData
View.do?setIdx=247&dataIdx=159121(최종검색일: 2018.09.19)

Ronald Coase & Ning Wang, "How China Became Capitalist," Cato Policy
Report(2013, Jan./Feb),
https://www.cato.org/policy-report/januaryfebruary-2013/how-chi
na-became-capitalist(2018.09.26)

석원화, 「북한의 경제개혁은 사회주의 시장경제로 전환하기 어렵다」, 2005년 4월
발제문(인터넷에서 구한 자료)

정영구, 「북한 외자유치관련 법제의 변천과 한계」, Weekly KDB Report(2017. 2. 27.)

통일헌법의 권력구조

정 철

I. 통일헌법제정의 필요성

통일은 현행 대한민국헌법의 준엄한 요구이다. 헌법에 따르면 대한민국은 통일을 지향하며, 자유민주적 기본질서에 입각한 평화적 통일을 추진하여야 한다(헌법 제4조). 또한 헌법전문에 의하면 대한민국은 동포애로써 민족의 단결을 공고히 하는 방식의 평화통일을 완수하여야 하고 이를 대통령의 사명으로 규정한다(헌법 제69조, 제66조 제3항). 한편 헌법은 통일이 한반도 전체에서 평화적인 방법으로 완전하게 이루어질 때까지 중단되어서는 안 되는 국가의 과제임을 영토조항을 통해 밝히고 있다(헌법 제3조). 통일은 또한 정치지도자들 사이의 정치적 결단의 산물이라기보다는 지속적인 공동체 구성원의 지혜와 의견을 통합하여 진행하는 이해와 타협의 산물이어야 하는데 헌법은 대통령의 평화통일정책의 수립에 있어서 민주평화통일자문회의를 둘수 있다고 밝히면서 이런 공동체 전체의 공동의 노력을 요구하고 있다(헌법 제92조). 국민들 역시 국민투표를 통해 통일정책에 대한 주권자의 의사를 표명할 수 있는 기회가 보장되어 있다(헌법 제72조).

과거 통일에 대한 우리의 염원은 간절하였지만 지난 냉전시대에 따른 남북 대립과 불신으로 그 실현의 가능성은 낮았다. 그러나 탈냉전과 함께 이념의 시대가 서서히 지나가고 동서독이 마침내 통일을 이루는 것을 보면서 남북의 통일 역시 우리의 주관적인 의사보다 빨리 다가올 수 있음을 깨닫게 된다. 문제는 이렇게 갑작스럽게 통일이 우리에게 다가올 경우 남북한은 어떤 형태로 통일을 이룰 것인가이다. 이에 대해서는 통일 당시의 정치적 결정에 따라 통일논의를 진행하면 된다는 입장이 우리 사회 일반에 존재하기도 한다. 통일은 정치적 사실의 영역이고 법학에서 이를 규범적으로 논의하는 것은 규범과 사실의 혼동만을 야기하고 타당한 결론을 이룰 수 없다는 취지이다.

그렇지만 통일은 한반도 주민들의 통일의지라는 주관적 요소와 더불어 남북한의 통합능력과 한반도를 둘러싼 국제정치의 역학관계라는 객관적 요소가 구비되었을 때 풀리는 일종의 방정식이라고 볼 때 남북한의 통일은 대한민국과 북한이 내부적으로 통일의지를 가지고 통일계획을 수립하여 통합능력을 배양하고 국제정치의 흐름을 통일 우호적으로 변화시키는 노력이 수반된다면 이루어질 것이라고 본다. 그렇다면 국가는 장기적인 안목에서 통일실현의 국가목표를 수립하여 정권의 교체와 상관없이 지속적으로 추진할 수 있는 통일방안을 마련할 필요가 있다.[1] 그리고 이를 통일계획으로 구체화하여 국가와 국민들이 그 실현을 위해 노력을 경주할 때 통일이 더욱 확실하고 완전히 가능할 수 있다고 본다. 앞서 살펴보았듯이 국가의 최고법인 헌법이 민주평화통일을 국가의 목표로 제시하면서 통일과정에서 요구되는 방법에 대해 일정한 지시를 하고 있음을 볼 때 더 이상 통일계획의 마련은 정치적 사실의 영역의 문제만이 아니고 헌법의 규범력을 실현하는 법학의 영역이 될 수

---

1   실제로 우리 정부는 1972년 헌법 이래 평화통일원칙을 헌법에 명시하였고, 1980년 헌법(제5 공화국)은 '민주화합민주통일방안', 제6공화국(노태우 정부)의 '한민족공동체통일방안', 김대중 정부의 '3단계통일론' 등이 그것이다. 그렇지만 이런 방안들은 분단 상황에 대한 인식으로 '1민족 1국가'의 입장과 '1민족 2국가'(3단계 통일론)론이 혼재한다는 점에서 볼 때 일관된 통일정책이었다고 볼 수는 없을 것이다.

밖에 없다.

통일계획의 수립과정에서 중요한 문제 중의 하나는 통일헌법의 제정과정이라고 할 수 있겠다. 통일이 어떤 방식으로 이루어지든지 통일헌법의 제정은 필요하고 이를 준비하는 작업은 국가의 통일과제에 있어 필수적인 부분이다. 통일이 남북합의를 통한 방식이 아닌 흡수통일의 방식으로 진행되는 경우 통일헌법의 제정은 불필요할 가능성이 생긴다. 실제로 이런 전제에 서 있는 입장도 확인된다. 즉 기존의 남한헌법을 일부 수정하여 남북한 양 지역에 확대 적용하는 방법이 새로운 헌법을 완전히 고안하는 방식보다 더 실용적이고 효율적이라는 주장이 그것이다.[2]

이런 입장은 주로 흡수통일방식에서 가능한 주장인데 흡수통일방식은 그것이 조기에 이루어지는 것이 아니라 점진적으로 이루어지도록 한다고 하더라도 북한주민 전체가 독일 통일 전 동독과 같이 기꺼이 남한헌법에 편입되는 것에 동의하지 않는 한 바람직하지 않으며 우리 헌법원리에 비춰 가능하지도 않다고 본다. 통일한국의 주권은 우리 영토조항에 의해 전체 한반도의 주민에게 있다고 볼 때(헌법 제1조 제2항; 제3조) 그들 전체가 평등하게 국가건설에 동의하는 방식으로 일종의 사회계약(socialcontract)을 체결하는 과정이 통일의 과정이므로 북한주민의 합의를 도외시한 방식은 민주주의의 전제인 인간평등에 반하고 결국 국민주권주의에 위배한다. 나아가 현행 대한민국 헌법은 유감스럽게도 제정 이후로 그 규범력을 남한에만 한정하여 왔는데 통일된 후 한반도 전체에서 규범력을 발휘하기에는 일정한 한계를 노정할 것이 예측된다. 뒤에서 자세히 살펴보게 될 연방국가를 포함한 국가형태나 정부형태의 문제, 수도와 국기 · 국가의 문제, 통일조항의 삭제 등 사실상 현행헌법의 대 개정을 수반할 것이고 제헌헌법부터 현행 헌법에 대한 북한주민의 참여가 없었음을 고려하면 이런 헌법개정은 새로운 헌법의 제정으로 인식

---

2   김승대, 『헌법학 강론』, 법문사, 2010, 64쪽.

할 수 있기 때문이다.

또한 남북한의 통일을 동서독의 통일과정과 같이 이해하기에는 양자 사이에는 엄연한 차이가 존재한다고 하겠다. 남북한의 경제력의 차이는 동서독의 경우와는 비교할 수 없을 정도로 크고 현재 대한민국의 경제력 역시 동독 당시의 서독의 수준에 이르지 못했다. 돌이켜 보면 남한과 북한의 주민들은 민주공화국 아래 하나의 나라를 구성하여 정치적 통합체를 이루어 함께 살아본 경험이 없다. 자주적 근대화의 길이 일본에 의해 좌절되고 일본의 지배 이후 바로 분단으로 이어졌음을 생각하면 이것은 부인할 수 없는 사실이다. 또한 북한은 동독과는 상당히 다른 사회라고 할 수 있다. 지금의 북한 주민은 외부와의 교류 없이 고립적으로 지내왔다는 점을 고려할 때 남한 주도의 통일과 사회통합은 심각한 부작용을 일으킬 가능성이 농후하다. 이런 차이를 무시한 일방적인 통합과정은 재분단의 혼란으로 이어질 수도 있다. 북한주민은 남한의 경제력을 선망할 수 있지만 남한의 일방적인 통일계획에 대해서는 저항할 가능성이 높다.

그러므로, 남북한 합의를 통한 통일방안이 장기적인 안정적 통합을 보장한다고 보며 뜻하지 않게 흡수통일 방식의 기회가 오더라도 반드시 북한주민의 동의를 거쳐야 함은 물론 어느 경우라도 새로운 헌법제정의 필요성은 요구된다고 할 것이다. 통일국가는 1948년 헌법이 결과적으로 누락한 한반도 전체에서의 1국가의 성립을 이루는 헌정사적 의미가 있다는 점에서 통일국가에 걸맞게 새로운 헌법질서의 형성 즉 통일헌법을 제정하는 것이 헌법적으로 볼 때 타당하다고 하겠다.[3]

이를 위해 이 글은 통일헌법의 권력구조의 기본적인 원칙이 무엇이 되어야 하는지를 먼저 검토하고 이런 원칙에 따라 국가형태의 문제(연방국가냐 단일국가인가의 문제)와 구체적인 정부형태의 문제(대통령제냐 의원내각제냐 아

---

3 성낙인, 「통일헌법상 권력구조에 관한 연구」, 『공법연구』 제36집 제1호, 한국공법학회, 2007, 456쪽 이하.

니면 이원적 정부형태이냐의 문제)를 고찰한다. 그리고 권력구조에 대한 일정한 선택에 따라 필수적으로 검토해 봐야 할 통치기구(입법부와 사법부, 그리고 헌법재판소)의 문제를 끝으로 살펴볼 예정이다.

Ⅱ. 통일헌법상 권력구조의 기본원칙

1. 민주주의의 원칙 : 민주공화국의 정치적 기본원리

헌법은 자유민주주의에 입각한 통일정책을 추진하라고 요구하고 있는바(헌법 제4조), 통일국가의 정치 역시 자유민주주의에 따라 전개되어야 한다. 자유민주주의는 대의제를 통치구조의 기본적인 원리로 제시한다. 그래서 통일국가의 정치는 대의제 민주주의에 의해 이루어져야 한다. 보통 · 평등 · 비밀 · 자유선거에 의해 선출된 국민의 대표로 하여금 국가의 중요정책에 대한 의사결정을 하도록 하고 국민은 이런 국민대표의 선출권만을 가지게 된다. 이런 대표들은 국민의 대표로서 주어진 임기 동안 국민으로부터 아무런 기속도 받지 않고 자신의 독자적이고 양심적인 판단에 따라 국정을 운영할 수 있다. 이는 전체주의에 의해 유일 정당인 공산당만을 사실상 허용하는 정치체제의 폐기를 전제로 한다. 공산당이 사실상 지배하는 인민의회가 국가최고기관으로서 다른 국가기관을 구성하고 철저한 감독을 통해 권력을 의회에 집중하는 시스템은 통일국가의 민주주의에 포함될 수 없다.[4]

이념과 지역을 대표하는 다수의 정당들이 선거에서 경쟁하여 국민의 신임을 받음으로써 주기적인 정권교체가 가능하고 정치적 소수일지라도 언젠가

---

4 이런 결론은 우리 헌법의 통일조항(제4조)에 따른 귀결이기도 하지만, 현실 사회주의 국가가 권력의 집중을 정당화할 수 있을 정도로 도덕적으로 고양된 정치사회를 건설했느냐는 사회주의 정치체제 정당화의 전제에 대한 지적으로부터도 도출된다. 정치적 대표에 대한 전적인 신뢰를 유보한 자유민주주의 시스템이 사회주의의 그것보다 통일국가의 정치체제로서 더 안전하고 합리적이라는 것이 필자의 입장이다.

는 정치적 다수가 될 수 있다는 것을 전제로 정치적 타협과 관용이 폭넓게 보장되는 정치 시스템이 되어야 한다. 이를 비교적 잘 보장하는 것이 대의제 민주주의 또는 대표 민주주의라는 점을 확인하고 이런 대표민주주의가 통일 국가의 권력구조의 핵심원리가 되어야 한다. 이런 대의제 민주주의에서만이 전체주의를 막을 수 있고 자유주의의 폭넓은 전개와 자본주의 시장경제질서를 꽃피울 수 있을 것이다. 이런 민주주의가 속성으로 드러내는 관용과 타협 그리고 법치적 전통이 뒤에서 살펴볼 연방제도를 실질적으로 유지시킬 수 있는 기초가 될 수 있을 것이다.

이런 대의민주주의 역시 루소(J.J Rorsseau)의 지적을[5] 상기하지 않더라도 일정한 한계를 보이고 있는 것이 사실이다. 대의민주주의가 민주주의의 정신을 제대로 구현하기 위해서는 합리적이고 효율적인 선거제도가 마련되어야 할 것이다. 아직도 선거구획정에서 있어 투표가치의 차등의 문제가 극복되지 못하고 있으며 비례대표선거와 관련해서는 공천헌금이라는 말이 공공연히 거론될 정도로 금권이 정치에 영향을 미칠 가능성이 많다. 또한 대의민주주의는 정당제도의 발전을 전제로 하는 것임에도 불구하고 현재의 기성 정당은 민주적 원리에 의해 지배되기보다는 특정 정치지도자를 중심으로 이합 집산하는 모습을 보여준다. 기간 당원의 당비를 통해 당의 재정적 기초가 마련되어야 함에도 외부의 정치자금과 국고보조금에 지나치게 의존하는 경향이 높은 현실은 정당이 국민들 사이에 깊게 뿌리를 내리지 못하고 부유(浮游)한다는 것을 보여준다. 물론 이런 현상은 대표민주주의를 채택하고 있는 남한의 상황이지만 통일한국에서는 이런 정치상황을 종식시킬 수 있는 진정한 민주주의의 구현이 이루어져야 한다.

국민이 주권을 가지는 나라임을 국민들이 확신하고 정치에서 소외되지 않

---

5   장자크 루소, 최석기 옮김, 『인간불평등기원론 · 사회계약론』, 동서문화사, 2007, 사회계약론 제15장 "영국의 인민은 의원을 선출할 때만 자유인이고 의원이 선출되면 노예가 되고 아무것도 아닌 존재가 되어 버린다."는 구절을 말한다.

도록 폭넓게 국민이 항시적으로 정치과정에 참여할 수 있는 정치시스템을 마련하여야 한다. 이를 참여민주주의의 실현으로 표현할 수도 있을 것이다.[6] 국민이 선거기간에만 주권자로서 대접을 받고 선거만 끝나면 다시 노예는 아닐지라도 정치적·인격적으로 소외되는 현상은 민주주의가 원래 의도하였던 모습은 아닐 것이다. 대의제 내지 대표제는 민주주의 가치를 실현하기 위해 유용하고 효율적인 가치를 지녔기 때문에 채택된 것이지 민주주의를 실현하기 위한 절대적인 수단은 아니다. 우리 헌법 역시 국민 투표제를 통해(헌법 제72조) 국민들의 경험적 의사를 국정에 반영할 수 있도록 함으로써 국회를 통한 국가의사결정 절차를 보완하고 있음은 주지의 사실이다. 지방자치 단계에서 도입되어 있는 주민 발안 혹은 주민소환과 같은 직접 민주주의적 제도들을 의미 있게 제한적으로 활용하여(지방자치법 제15조, 제20조) 통일 후에도 나타날 수 있는 국민대표들의 신임위반을 견제할 수 있어야 한다.

더불어 통일한국은 민주주의의 구성요소인 자유와 평등, 그리고 연대를 실현하는 정치적 민주주의를 실현해야 한다. 통일한국에서 민주주의는 정치권력을 정당화하면서 통일 초기에 나타나는 사회적 불균형과 갈등을 조정하는 중요한 역할을 수행해야 한다. 통일한국의 정치적 구성원리는 현행 헌법상 자유민주주의가 주축이 되어야 하겠지만 여기서 말하는 자유민주주의는 경제적으로 국가의 규제와 개입을 인정하고 사회적 기본권을 통해 사회적 평등 내지 정의를 추구하는 것을 포함한다.[7] 민주주의의 요소 중 자유만을 강조하는 민주주의는 우리 헌법 전체에서 나타난 민주주의의 입장을 축소하는 것으로 타당할 수 없다. 현행 헌법 제4조가 자유민주주의에 기초한 통일을 요구하는 것은 북한의 인민민주주의적 통일에 대응한 것이라고 이해하여야지[8] 우

6　박정원, 「남북한 통일헌법에 관한 연구」, 국민대학교 법학 박사학위논문, 1996, 80쪽 이하.

7　자유민주주의에 대한 이와 같은 이해로는 성낙인, 「헌법학」(제12판), 법문사, 2012, 142쪽. 혹은 자유민주주의와 사회민주주의의 상위개념으로 민주적 기본질서를 상정하는 입장을 취하더라도 민주적 기본질서에 따라 통일헌법의 민주주의가 형성되어야 한다는 것에는 변함이 없을 것이다.

리 헌법의 민주주의를 이렇게 협소하게 이해할 수는 없다. 이런 입장에서 북한 주민이 기본적으로 생활수단을 보유할 수 있도록 북한 내 토지나 자본의 광범위한 사유화 작업과 동시에 필요한 경우 남한주민에 대한 수용보상방식의 채택,[9] 화폐통합의 문제, 북한주민을 위한 일자리 창출과 함께 남한의 사회보험제도에 북한주민을 통합하는 작업 역시 신속히 이루어져야 한다. 이 과정에서 문제될 수밖에 없는 조세나 보험료의 증가의 문제를 권위적인 결정으로 이끄는 역할 역시 정치세력이 담당해야 하고 그 민주주의일 수밖에 없다. 이 경우 특별히 고려해야 하는 상황은 북한주민이 이런 재정부담의 문제를 결정하는 대표기관의 구성에 있어 열세에 처해 있다는 점이다. 통일국가의 입법부는 평등선거와 보통선거에 의해 구성될 것이기에 이런 정치적 의사결정에서 북한주민은 불리한 위치에 처할 것이 분명해 보인다. 이를 위해 의회제도의 구성에 있어 이원성이 필요하다는 논의가 나타나게 될 것이다. 민주주의의 또 다른 요구인 실질적 평등과 연대를 이루기 위해 이런 북한주민의 특수한 상황을 고려할 필요가 있을 것이다. 이것이 바로 통일한국의 국가형태가 될 민주공화국의 진정한 의미일 것이다.

2. 법치주의의 원칙 : 민주적 법치국가의 구성원리

새롭게 수립되는 통일국가는 법치주의 원칙에 충실해야 한다. 지금까지 자유주의 국가든 사회주의 국가이든 그 명칭과 다르게 권력의 집중을 통한 인의 지배(rule of person)의 시대가 존재하였다. 대한민국 역시 1960년 이래 1987년의 현행헌법 제정 시까지 헌법상의 권력분립 원칙과 달리 현실에서는

---

8 박영호, 「민주적 기본질서와 통일조항」, 『세계헌법연구』 제6호, 세계헌법학회, 2001, 579쪽.
9 북한의 해방 후 토지개혁에 의해 토지를 무상으로 몰수당한 남한주민들에 대해서는 통일국가가 원상회복이 아닌 적당한 보상을 통해 이 문제를 해결하는 것이 타당하다. 정영화, 『평화통일과 경제헌법』, 법원사, 1999, 참조; 이효원, 「통일 이후 북한의 체제불법에 대한 극복방안」, 『서울대학교 법학』 제51권 제4호, 서울대학교 법학연구소, 2010, 113~114쪽.

대통령을 중심으로 권력을 집중하여 경제발전을 효율적으로 이루었으며 현행헌법의 제정과 동시에 민주주의 내지 법의 지배(rule of law)가 활발히 전개되고 있다. 경제발전이 어느 수준에 이르게 되면 민주주의의 발전을 동반하지 않고는 더 이상 자본주의 경제가 발전하기 어렵다고 하는 것이 서구나 일본 등 소위 선진국의 사례를 통해 밝혀진 사실이다. 이런 민주주의를 하는 나라에서는 반드시 법치주의를 함으로써 국가권력 행사의 예측가능성(predictabihty)과 확실성(certainty)을[10] 담보하고 있다. 민주주의는 법치주의와 결합함으로써 그 안정성과 확실성을 보장하여 경제발전을 이루고 한 나라를 번영으로 이끌게 한다.

통일한국의 정치권력의 행사 역시 이런 법치주의 원리에 충실하게 이루어져야 한다. 더 이상 권위적인 인물에 의한 지배가 아니라 민주적 정당성에 기초한 의회에서 제정된 법률에 의해 지배되고 만약 그 법률이 헌법에 비춰 정당하지 않다면 독립적인 헌법재판기관으로 하여금 그 법률을 무효화시킬 수 있는 방식이 마련되어야 한다. 이를 통해 과도한 민주주의적 방식에 의한 국민의 기본적 원익의 침해를 막을 수 있게 될 것이다. 통일국가에서 과도하게 표출될 수 있는 민주주의의 과잉현상을 법치주의의 장치들을 통해 순화시킬 필요성이 있다.

법치주의는 또한 권력구조의 형성과 권력의 분배에 있어서 권력분립의 원칙을 따르게 한다. 권력분립은 국가작용을 기능적으로 분리시켜 서로 다른 기관으로 하여금 맡도록 함으로써 국민의 자유와 권리를 제도적으로 확고히 보장하기 위한 장치이다. 루소(J. J Rousseau)는 사회계약을 통해 국가를 창설하는 과정을 그 구성원인 국민들이 도덕성을 가진 시민으로 완성되는 과

---

10 Alan Hunt, *The Sociological Monument in Law*, Macmillan, 1978, pp.93~133(5. Max Weber's Sociology of Law). 막스베버는 자본주의의 발전은 법치주의의 진전과 관련이 있고 여기서 말하는 법은 자율성(autonomy), 확실성, 그리고 예측가능성을 특성을 한다고 보았다.

정을 보았기 때문에[11] 그런 인간들로 구성된 국가사회는 타락할 수 없고 권력은 남용될 수 없기에 권력집중을 지지하였다. 사회주의 국가는 이런 입장을 따르면서 권력의 집중을 당연시한다. 그렇지만, 이 부분에 대한 평가는 신중할 수밖에 없지만, 자본주의 경제체제를 따르고 부의 축적과 분배원리를 시장에 맡기는 시스템에서는 자유주의자들의 인간관이 정치권력의 형성에 있어서도 보다 더 안전하다고 할 수 있을 것 같다. 인간을 이타적이고 합리적으로 보며 자신의 이익(특수이익)에 철저하면서도 공동체의 이익(일반이익)을 위해 헌신할 수 있지만 그것은 보장될 수 없기에 이런 인간에게 권력을 맡기기 위해서는 안전장치가 필요하다는 결론에 동의하게 된다. 이런 인간관이 통일헌법에서도 기본권 보장의 이념이 될, 존엄과 가치의 대상인 인간관과 일치하는지에 대해서는 의문이 있을 수 있으나 현실의 권력구조를 형성하는 데 있어서는 자유주의의 입장을 따르는 것이 안전할 것이다.

그렇다면, 통일국가에서도 권력분립주의는 통치구조의 조직 원리로서 요구된다고 하겠다. 위에서 살펴본 국민주권주의와 그 구체적 실현수단으로서 대표제 민주주의의 채택은 필연적으로 권력분립의 요구로 현실화된다는 점도 지적할 필요가 있다. 무기속위임을 전제로 하는 대표제 민주주의가 통치권력을 형성하는 원리가 된다면 권력의 분립은 형성된 권력에 대한 국민의 안전판이다. 국민을 대표하는 자들의 권력남용으로부터 국민의 자유와 권리를 확보하기 위해 통치권을 기능별로 나누고 분리된 통치권을 각기 다른 기관에 귀속시킴으로써 권력으로 하여금 권력을 견제하고 통제하게 하는 권력분립의 원리는 자유민주주의의 통치구조에 있어 필수적인 장치이다. 그렇다면 통일국가가 대표제 민주주의를 채택해야 하는 경우 권력분립의 원리는 권력구조의 기본원리가 된다.

한편 이와 같이 자유민주주의에 의해 권력분립원칙이 요구될 뿐만 아니라

---

11 이종은, 『정치와 윤리』, 책세상, 2010, 340쪽.

남북의 이질적인 주민들을 하나의 정치공동체 아래서 통합시키기 위해 연방국가를 국가형태로서 수용할 수 있다면 권력분립의 원리는 고도의 지역자치를 수용하기 위한 기초가 될 수 있을 것이다. 통일국가에서는 기존의 지방자치를 통한 중앙정치와 지역정치의 상호통제 외에 남북한의 광범위한 자치를 기초로 한 권력분립의 필요성이 논의될 필요가 있다.

3. 광범위한 자치와 통합의 원칙

통일헌법의 권력구조의 기본원칙으로 고려되어야 할 세 번째 원칙은 광범위한 자치와 통합의 원칙이다. 이는 상당한 정도의 일체감을 지닌 일정 지역(남한과 북한)이 자신의 독자성을 유지하고 그 지역의 문제를 스스로 결정하도록 하여야 한다는 기본적인 인식으로부터 출발한다. 남북한 사이에서는 오랜 기간 동안 서로 분단되어 다른 체제에서 살아왔다는 사실을 받아들이고 이를 통치구조의 측면에서도 적극적으로 수용할 필요가 있다는 점을 근거로 한다.

우리는 한민족으로서 같은 언어와 문자를 공유하는데 통일국가의 수립의 과정에서 이런 이질감을 강조할 필요가 있느냐고 반박할 수 있다. 이미 1국가를 건설하였으면 신속하고 강력하게 국민통합작업을 하여야지 인위적으로 남북한을 염두에 두고 자치를 강조하는 것은 통일된 단일국가의 형성을 방해할 수 있다는 지적[12]이 그것이다.

그렇지만 단지 언어와 문자를 같이 하고 있다고 해서 사상과 생각까지 공유한다고 볼 수는 없다. 남과 북의 주민들은 정치와 경제 그리고 사회의 근본원리를 달리한 채 60여 년을 지내왔다. 또한 북한주민들은 주체와 자조사상

---

12 이는 이 논문의 기초가 된 서울대 통일법 센터가 2011년 10월 14일 주최한 학술대회(제목: "통일국가의 헌법질서 구축방안")에서 저자의 발표문에 대해 토론한 법무부 박기동 검사의 지적이기도 하다.

에 따라 살아온 사람들이라는 점에서 자신들의 문제에 대한 자기결정권의 행사를 존중해줄 필요가 있다. 이는 북한지역이 통일국가에 포섭되었다는 것만으로 제시될 수 있는 원칙에 그치는 것이 아니고, 지방에 획기적인 자율을 보장함으로써 지방분권적 국가권력구조의 개편이 요구된다는 21세기 통일한국의 국가발전 계획과도 연관이 있다.[13]

통일한국의 정치이념이 될 민주주의는 근본적으로 자율과 참여를 기초로 한다. 이와 같은 민주주의 이념이 지향하는 자기지배의 원리는 통치구조의 형성에서 중앙집권보다는 지방분권을 지향할 수밖에 없다. 이런 자치원리는 이미 제헌헌법에서부터 실현하고자 하였던 헌법적 가치였다(1948년 헌법 제8장). 그 후 남북분단 등 여러 이유로 실시되지 못하다가 1990년대에야 비로소 그 헌법적 의미를 찾게 되었다. 그 후 현재에 이르기까지 지방자치는 제자리를 찾아가고 있는 상황이다. 그 공과를 논하는 자리는 아니지만 우리 국민들은 지방자치가 우리 민주주의의 발전에 기여하였음을 이제는 충분히 인식하고 있다. 통일국가를 이루게 되면 이런 자치적 전통 위에 더 광범위한 자치와 통합의 원리를 실현하여 미래 통일한국의 민주주의와 경제발전의 기회로 이어갈 필요가 있겠다.

이런 자치 및 통합정책이 북한 지역을 특수한 게토(ghetto)로 만들려는 것은 분명 아니라는 점을 강조할 필요가 있다. 통일 후 북한지역과 남한 지역으로의 인적교류는 오히려 활발히 이루어질 필요가 있다. 특히 자치 원칙은 통일국가를 전제로 하는 것이므로 통일국가의 정치이념인 자유민주주의 가치를 상호 공유한다는 것을 의미하므로 이런 정신적인 일체감에 바탕을 둔 광범위한 자치를 의미하는 것이므로 광범위한 자치가 통합에 저해된다는 주장은 타당하지 않다고 하겠다.

---

13 이기우, 「지방분권적 국가권력구조와 연방제도」, 『공법연구』 제37집 제1호, 한국공법학회, 2008, 148~149쪽 이하. 저자 역시 이런 연방적 국가권력의 형성을 통일한국에서도 필요하다고 보고 있다.

III. 통일헌법의 국가형태 : 광범위한 자치실현을 위한 연방제도의 도입

1. 연방제도의 본질

지방에 광범위한 자치를 허용하고 더불어 국가적 통합을 이루기 위해서는 통일국가의 국가형태로서 연방제도가 고려될 수 있다. 연방제도는 본질적으로 권력분립의 문제를 국가형태의 수준에서 고려한 것이다. 단일국가가 통치권력의 중앙집권을 그 특징으로 한다면 연방국가는 통치권력의 지역적 분립을 그 기본적 특징으로 한다. 연방국가에서 주권은 단일하게 존재한다는 점에서 구성국 각자가 주권을 보유하는 국가연합과 구별된다. 또한 연방국가의 연방과 지방(支邦)의 관계는 단일국가의 중앙정부와 지방정부의 그것과 달리 상하관계가 아니라 상당히 대등한 관계하는 점에서 양자는 구분된다. 단일국가의 지방자치에서 중앙과 지방정부의 문제가 법률적 차원의 문제이지만 연방국가에서는 연방과 지방의 문제는 통치권의 분배라는 헌법상의 문제가 된다. 그래서 연방국가의 경우 연방권력과 주의 지방권력의 다툼에 대해서는 연방최고법원이나 헌법재판소가 개입하여 해결하여야 한다.

2. 연방제도 도입의 필요성 : 광범위한 자치원리의 실현

통일국가의 권력구조의 기본원리로 광범위한 지역자치와 국가적 통합의 원리를 수용한다면 이를 구체적으로 통일국가의 국가형태에서 실현시키기 위한 방안으로 연방국가형태가 고려될 수 있다. 연방국가는 기본적으로 단일국가에 비교해 인종적·종교적·언어적 차이 등 이질적인 요소를 포함하는 국민들 사이에 그 다양성(diversity)을 존중하면서 파괴될 수 없는 단일성 (indestructible[14] unity)을 보장하는 국가형태이기 때문이다.

---

14 이 표현은 미국 연방대법원의 판례인 Texas v. White, 7 Wallace 700(1868)에서 대법원장 Chaserk가 사용한 '연방이란 파괴될 수 없는 영토를 가진 구성분자의 파괴될 수 없는 결합

통일과정에서 국가연합 내지 체제연합의 단계가 존재한다면 이런 국가연합의 단계를 거친 이상 그 과정에서 민족동일성을 회복하고 바로 단일국가로 가는 것이 올바르며 그 중간단계 아니면 고착단계로서 연방국가의 형태를 고집하여 별개의 체제가 상존하고 있다는 인상을 줄 이유가 없다는 지적도 있다.[15]

그렇지만, 남북이 비록 인종적으로 같고 동일한 언어를 사용하고 있다고 하더라도 두 세대가 넘도록 전혀 다른 체제 아래서 살아왔다는 점에서 이렇게 기본적으로 다른 측면은 권력구조의 측면에서도 실현될 필요가 있다. 통일의 과정이 서로 다른 두 체제 중 자유민주주의에 입각한 방식으로 결정되는 것을 전제로 할 때 한반도 전체에 걸친 자유민주주의의 실현과 동시에 서울을 중심으로 한 통일국가의 통치권이 직접 북한 지역에 미칠 경우 실질적인 국민과 국가의 통합은 험난한 과정일 수 있고 이 과정에서 남한 주도의 일방적인 통합정책은 북한 주민의 소외와 차별을 낳아 자칫하면 재분단으로 이어질 가능성을 내포한다. 현재 남북한의 경제수준은 아주 적게 잡아도 30 : 1 정도의 경제력의 차이를 보이고 인구면에서도 남한이 우세하여[16] 정치권력의 형성에 있어서도 반영될 가능성이 높다. 또한 단일국가체제와 완전한 시민적 자유 특히 거주이전의 자유와 직업의 자유 보장은 북한 주민들에게 혜택일 수도 있지만 오히려 북한주민들이 고도로 자본주의화 된 남한 지역의 저임금 노동자로 전락할 가능성을 높일 수 있다. 통일국가를 이룬 후에도 기본적으로 북한지역의 인구감소를 막으면서 그곳에서 자본주의 경제시스템과

(an indestructible union of indestructible temiorial components)'이란 표현에서 인용하였다.

15 예를 들면, 김병록, 「통일헌법의 국가형태에 관한 연구」, 「공법연구」 제25집 제4호, 한국공법학회, 1997, 647쪽; 변해철, 「남북한 통합과 통치구조 문제」, 「공법연구」 제21집, 한국공법학회, 1993, 81쪽 이하.

16 2008년 기준으로 북한인구는 2,329만 명 정도이고 남한은 5,000만 명을 넘어서고 있다. 통계청 통계정보국, 2008년 남북한 인구통계 참조.

남한 자본을 받아들이면서 자본주의화를 본격적으로 추진할 수 있도록 보장해 줄 필요가 있다.

그래서 북한지역은 일정한 유보영역의 경우 중앙정치가 아닌 지역정치를 통해 결정할 수 있도록 하여 자율성을 신장해 줄 필요가 있다. 문제는 자율성의 수준인데 북한지역에서 본격적인 지역경제를 발전시키고 대표민주주의를 진전시키기 위해서는 단일국가의 지방자치 수준이 아닌 연방국가의 지방국(state, Land, Canton 등) 수준의 자치권의 보장이 이뤄져야 한다고 본다.[17]

여기서 중요하게 고려할 것은 이런 연방제수준의 지역자치의 보장이 21세기 통일한국의 국가발전전략과도 일치할 수 있다는 점이다. 연방제도는 우리가 인식하는 것보다 훨씬 보편적인 국가형태인데 전 세계 인구의 40%가 연방제도 아래서 살고 있으며[18] 소위 서구 선진국들에서는 더 보편적인 국가형태이다. 물론 이런 과정은 남북한 주민의 자율적 결정이어야 하고 관련 당사국들은 분단에 일정한 책임이 있는 이상[19] 이에 대해 책임을 묻고 이를 우리가 주도적으로 이끄는 방식으로 추진되어야 한다는 점이다. 이런 해결 과정에서 통일국가의 국가형태로서 연방제도는 적합한 형식일 수 있다. 남한 지역 역시 이런 연방제도의 도입으로 인해 지방국의 지위로 바뀌게 될 것인데 통일 전보다 광범위한 자치를 누리면서 민주주의의 발전을 심화시키고 한편 자율과 경쟁을 통해 남과 북 연방 사이에 국가발전을 이끌 수 있을 것이다.

이런 연방제도를 도입하는 경우 헌법에서 이를 보장함으로써 단순한 국가

---

17 지금까지의 연방국가론에 대한 소개로는 성낙인, 앞의 글(2007), 453~490쪽 참조; 장명봉, 『분단국가의 통일과 헌법』, 국민대학교 출판부, 2001 참조. 북한의 연방제 주장에 대한 소개로는 제성호, 「북한의 낮은 단계 연방제안: 전략적 의도와 문제점」, 『북한학보』 제31집, 북한학회, 2006, 129~162쪽 참조.

18 이기우, 앞의 글, 141쪽; William H. Riker, *Federalism: Origin, Operation and Significance*, Boston: Little Brown, 1964. 미국, 캐나다, 독일, 오스트레일리아, 오스트리아, 스위스 등이 연방제도를 채택하고 있다.

19 같은 취지로 김문현, 「동아시아 평화와 한반도의 통일(국제헌법학회 한국학회 주최 국제학술대회)」, 『세계헌법연구』 제2호, 세계헌법학회, 1997, 272쪽 이하.

법률의 개정을 통해 이런 자치권이 해소되지 않도록 하여야 한다. 이를 제도적으로 보장하기 위해 연방과 지방의 권한다툼은 헌법재판의 중요한 권한쟁의의 하나로 포함되어 연방헌법재판소가 담당하도록 해야 할 것이다.

3. 연방제 성공의 필수요건과 전제요건

통일국가의 국가형태로서 연방제도를 수용한다는 당위성에 동의한다고 하더라도 연방제도가 정착되고 성공되기 위한 전제요건을 구비하느냐의 문제는 또 다른 차원의 문제이다. 남북한의 광범위한 자치를 보장하고 국가적 단일성을 이룬다는 국가목표는 상호 모순적일 수 있고 그런 한도에서 긴장과 갈등을 유발할 것이다. 단일국가 안에서 인위적인 사회통합 내지 국가통합을 이루는 것이 통일국가의 풀기 어려운 과제인 것과 마찬가지로 연방국가에서 연방과 지방의 이해관계를 조정하고 자칫 분리·독립의 길로 나아가려는 남북한을 상호 통제하는 튼튼한 체제를 형성하는 것은 연방국가의 성패를 좌우하는 중요한 일이다.

통일국가가 연방국가 형태를 채택하는 것이 통일헌법의 제정과정에서 가능하다고 하더라도 이 제도를 안착시키기 위해서는 남북한이 연방제도를 통해 얻고자 하는 바가 상호 충족되어야 하고 나아가 연방국가의 성공에 필수적인 요소를 제도적으로 수용하여야 한다.

역사적으로 연방제도를 연구한 학자들에 의하면 어느 국가가 연방제도를 채택하는 이유는 여러 가지가 있지만 제일 관심을 끄는 주장은 연방이란 외부로부터의 군사적 또는 외교적 위협에 대처하기 위해 연방국가의 보호나 연방국가의 공세에 참여하기 위해서 기꺼이 주권을 포기하고 이런 타결을 받아들이겠다는 정치적 결단이 있어야 이뤄진다는 주장[20]이다. 리커(Riker)는 이

---

20 William H. Riker, supra note 18, pp.12~13.

런 결단을 정치적 결단으로 보았고 이런 결단이 지도력 있는 정치가에 의해 이뤄져야 한다는 점을 강조했다. 지금의 북한과 남한의 경우를 이런 연방성 립의 필수조건에 대입해 보면, 북한은 남한과의 통일을 통해 미국으로부터 군사적 위협에서 벗어나게 되고 남한은 마찬가지로 북한으로부터의 군사적 위협에서 자유로워질 수 있게 되어 상호 군사적 위협으로부터 자유로워질 수 있다. 이는 남북한이 연방국가적 통일로 이끄는 군사적 동인으로서는 충분하 다고 할 수 있다. 이는 합의방식에 의한 통일의 경우를 상정한 것이지만 우리 의 예상과 달리 조기에 통일이 기회가 오는 경우에도 통일국가의 국가형태로 연방제도의 도입은 주변국들의 한반도 통일에 대한 우려를 불식시키는데 기 여할 수 있다.[21]

연방국가의 성립요건이 구비된다고 하더라도 연방제도가 성공할 것이라는 보장은 또 다른 문제이다. 연방제도에는 모순적인 요소를 그 자체 내포하고 있어 그 모순이 어떤 상황 아래서 극대화되면 언제라도 연방이라는 조건을 파괴하고 분리·독립의 요구로 현출될 것이기 때문이다. 이런 사회적·정치 적 욕구를 제어할 수 있는 기제가 연방국가에는 포함되어 있어야 한다. 그것 이 무엇인가를 모색해 보는 것은 연방제도를 도입할 경우 필수적이다. 먼저 근대적 의미의 연방주의를 창안하여 이를 성공적으로 정착시킨 나라들의 역 사적 과정을 탐구해 보는 것이 좋은 출발점이 될 수 있다. 근대적 의미의 연 방제도는 1787년 미국헌법에서 출발하였다는 점에 대해서는 이견이 없다. 그 중 성공적으로 연방제도를 유지하고 있는 나라로는 미국, 캐나다, 오스트 레일리아, 스위스, 독일을 들 수 있다. 이들 나라들이 연방제도를 성공적으 로 유지시킨 주된 요소들은 민주주의적 관용과 선의 및 자제, 타협과 양보의 정신이다.[22] 이런 요소들은 바로 자유민주주의의 핵심적 내용들이다. 반면

---

21 2차 대전 중 독일이 히틀러의 제3국의 멸망 후 연합국들의 정치적 목적에 의해 연방제도를 채택하게 된 것도 이런 측면을 보여준다. 이상균, 「유럽통합과 독일연방주의의 미래」, 『한국정 치학회보』 제30집 제4호, 한국정치학회, 1997, 420쪽.

연방제도를 채택하였던 바이마르 공화국, 구 소련의 연방제도는 소멸되거나 제대로 작동되지 못했다. 바이마르 공화국의 연방제도는 나찌(Nazi)당의 집 권과 함께 종말을 고하였고 소련 역시 전체주의적 성격으로 인해 연방제도는 형식에 불과하였다. 이와 같이 강한 중앙집권적 성격은 구 소련의 해체 이후 각 연방의 분리독립의 요구로 나타났다. 결국 전체주의는 연방국가와 결합되 지 못함을 역사는 증명하고 있다. 연방제도는 폭력적 지배의 배제, 다수 정당 제도와 중앙집권적이지 않은 정당의 존재,[23] 자유선거에 의한 정부의 평화적 교체, 표현의 자유 등 기본적 자유의 보장을 통한 관용정신,[24] 오랜 입헌주의 적 전통, 법의 지배와 강한 사법부의 독립이 요구된다. 다시 말해 연방제도는 기본적으로 법의 지배가 확립되고 입헌주의적 전통이 바로 선 자유민주주의 국가에서만 성공할 수 있는 제도인 것이다.

이런 관점에서 볼 때 연방제도의 필수적 조건을 갖추지 않은 채 연방제적 통일을 주장하는 북한의 태도는 위험한 연방제임을 알 수 있다. 일부 국내의 연방제적 통일방안 역시 이런 연방제에 필수적인 법의 지배와 자유민주주의 적 전통을 강조하지 않는다면 이는 사상누각(砂上樓閣)에 불과할 것이다. 그 러므로 통일국가가 지역적 분립과 민주주의 그리고 국가 발전을 위해 연방제

---

22 최대권, 「헌법학」, 박영사, 1989, 408쪽.

23 William H. Riker, supra note 18, pp.91~101. 미국의 정당은 중앙 조직을 갖지 않고 도시나 카운티조직으로 구성되어 있고 이 조직이 연방의회나 주선거의 지명권을 통제하고 있음은 주지의 사실이다. 이런 것이 가능하도록 헌법 역시 대표는 그 지역의 주민(residents) 일 것을 요구하고 선거방식 역시 주입법부의 맡겨져 있다. 이런 정당의 지역분권성은 연방제 도가 성공적으로 정착한 캐나다나 오스트레일리아에서도 확인된다. supra note 18, pp.117~120. 캐나다의 경우 정당은 분권화되어 있는데 자유당(Liberals)과 보수당 (conservatives)이 거대 전국적 정당을 구성하고 있다. 오스트레일리아의 경우도 세 개의 전국적 정당(Liberal, Country, Labour)이 있고 앞의 두 정당이 노동당에 대항하여 연합하 여 사실상 양대 정당구조로 정립되어 있고 이 정당들 역시 지역적 특수성에 기초하고 있다.

24 여기서 관용이란 한계를 지닌 것이어야 한다. 자유민주주의의 이념을 부정하는 정당이나 개 인에 대해서까지 관용을 허용할 수는 없을 것이다. 독일 바이마르 공화국의 실패는 이를 보여준다. 연방제도를 도입하는 경우 위헌정당해산제도가 그 기능을 확고히 해야 하고 이를 담당하는 연방 헌법재판소의 역할은 중요하게 될 것이다.

도를 채택하고자 한다면 통일국가의 기본원리로서 자유민주주의와 법치주의는 연방국가와 상호 긴밀한 관련성을 기능적으로 맺어야 하는 것이다.

4. 연방제도의 구체적 실현 : 1국가 1체제 2연방

통일국가의 국가형태로서 연방제도를 도입할 경우 구체적으로 어떻게 연방을 구성할 것인가의 문제가 제기된다. 남북연방은 분리할 수 없는 한반도라는 영토를 가진, 파괴될 수 없는 구성분자인 남북한의 결합이라는 점을 고려할 때 하나의 국가로 통일을 이룬다는 것은 통일의 대전제이다. 이런 점에서 현행 헌법의 영토조항은 통일국가의 영토를 제시하면서 평화통일의 추진을 영토회복 시까지 계속하여 추진하라는 것을 헌법적으로 요청하는 조항으로 해석된다.[25] 그래서 북한이 연방제라고 주장하는 '고려민주연방공화국' 통일방안과 남한의 3단계 통일방안 중 제1단계인 남북연합단계는 그 실체가 1민족 2국가라는 점에서 통일과정의 과도적 형태일 수는 있어도 통일국가의 모습은 아닌 것이다.

그리고 2체제가 아닌 1체제로의 통합이 보편적인 세계사적 흐름에 부합하고 대내적으로는 현행 헌법의 요구이다. 그러므로 통일국가는 자유민주주의적 통일이어야 하고 그렇지 않다면 그런 통일은 우리가 바라는 통일국가의 비전을 보여줄 수 없을 것이기에 추진되어서는 안 될 것이다. 우리가 자유민주주의적 통일을 하겠다는 것은 우리가 북한을 흡수통일하지 않겠다는 공언과 양립할 수 없는 것이 아니다.[26] 세계의 보편적 흐름과 우리 민족의 공존공영에 부합하는 체제이기 때문에 그쪽으로 정향하는 것이지 우리가 북한 주민을 흡수 내지 지배하겠다는 말은 아니기 때문이다. 또한 현행 헌법 역시 평화

---

25 저자와 결과적으로는 같은 입장으로 이해되는 견해로는 도회근, 「헌법 제3조(영토조항)의 해석」, 『권영성교수정년기념논문집』, 1999 참조.
26 같은 취지로 양건, 『헌법연구』, 법문사, 1995, 720쪽 이하 참조.

적인 방법으로 통일을 수행하도록 하여(헌법 제4조) 북한주민의 의사에 반하는 형태의 사실상의 병합은 허용되지 않는 통일방법으로 제시하고 있다.

한편 연방국가로 통일국가의 형태를 구성할 경우 지방(支邦; state)의 숫자를 몇 개로 해야 하느냐의 문제가 제기된다. 여기에 대해 불가피하게 연방제도를 채택하게 되는 경우 연방을 남북한의 2개로 구성할 것이 아니라, 4~5개 이상의 지방으로 남북한을 각각 분할하여 연방을 구성하는 방안이 바람직하다는 입장이 있다. 이 입장은 북한의 일당 지배적 유일정당인 북한공산당의 권력통합적이고 중앙집권적인 경향을 약화시켜보자는 취지를 근거로 한다.[27]

그런데 통일국가의 권력구조의 기본원리로서 법치주의와 대표제 민주주의는 전체주의와 권력통합을 중심으로 하는 공산당과는 양립할 수 없다는 점에서 이런 우려는 발생할 수 없다고 할 것이다. 다만 이런 경향을 갖는 전체주의 정당이 통일국가에서 나타난다면 이는 위헌정당해산제도에 의해 해산되어야 할 것이다. 통일국가의 정당은 최소한 자유민주주의 내지 대표민주주의를 수용하는 정당이어야 한다는 점에서 그 한계가 설정된다. 그렇다면 연방제도의 도입취지가 남북한의 이질성을 존중하여 국가통합을 이루고 통일한 국의 민주주의와 경제발전을 위한 것임을 고려하면 남북한의 2연방 정도가 적당하다고 하겠다.[28]

---

27 최대권, 앞의 글, 417쪽 참조.
28 같은 입장으로 성낙인, 앞의 글(2007), 473쪽.

Ⅳ. 통일헌법의 정부형태

1. 남북한 권력분점론의 극복 : 국가통합의 원리의 수용

통일국가의 권력분립은 정부형태의 결정에서도 영향을 미친다. 실제로 권력분립을 헌법기관 상호 간에 어느 수준에서 실현시키느냐의 문제는 정부형태의 문제로 구체화된다. 앞서 살펴본 권력구조의 기본원칙을 고려해보면 정부형태의 결정에서 특별히 배려되어야 할 원칙은 통합의 원칙이다. 남북한이 이제 하나의 국가를 이룬 이상 국가통합을 이루는데 가장 적합한 정부형태가 무엇이냐는 관점에서 이제껏 권력분립과 대표제 민주주의를 충실히 실현해왔던 두 개 혹은 세 개의 정부형태에 대한 검토와 선택의 문제가 남아 있다.

한편 통일국가의 정부형태와 관련하여 일반적으로 논의되는 남북한의 '권력분점론'[29]은 그 타당성을 의심해 볼 필요가 있다는 생각이다. 권력분점론이란 통일국가에서 대통령이나 총리 등 최고권력의 이원화를 통해 남북한을 근거로 한 정치세력이 그 중 하나의 권력을 나누어 가짐으로써 남북한의 권력적 균형을 이루게 한다는 주장으로 정리할 수 있다.

그렇지만, 한반도 전체 주민이 통일국가의 주권자로서 헌법제정권력을 행사하여 통일헌법을 제정하였는데 이런 상황에서 이미 통일된 국가의 권력을 남과 북이 항상 분점해야만 하는지 의문이 든다. 종전의 국가 내지 준국가(準國家)가 극복된 통일국가에는 더 이상 남과 북의 정치세력은 존재하지 않고 한반도 전체에 걸쳐 일정한 이념을 지향하는 정치세력만이 존재해야 한다. 남북한의 현실적인 문화적·정서적·경제적 차이를 헌법질서에 반영하는 수준은 북한지역에 고도의 자치권을 부여할 수 있는 연방국가의 수용과 그 필연적 결과인 양원제의 채택으로 충분하다고 할 수 있겠다. 이미 단일국가를 이룬 후에도 출신 지역의 차이에 따라 이를 정치세력으로 규정짓는 것은 민

---

29 예를 들면, 박수혁, 「통일 한국에서의 통일헌법상 통치구조에 관한 연구」, 「통일과 법률」 제2호, 법무부 통일법무과, 2010, 39쪽 이하; 성낙인, 앞의 글(2007), 476~478쪽 참조.

주주의 원리와 통일국가의 정체성을 훼손할 수 있다고 본다. 권력분점론은 지역자치의 문제와 민주주의의 평등원리를 혼동한 것으로 보인다.

1.1. 대통령제 정부형태의 부적합성

먼저 대통령제를 통일국가의 정부형태로 채택하는 경우를 살펴보자. 통일국가의 정부형태로 대통령제의 채택을 주장하는 견해는 대통령제의 대통령이 지니는 통일국가의 대표성이 부각될 필요가 있다는 점, 대통령에게 집행권이 집중되는 것이 효율적이며 이를 통해 의원내각제와 비교할 때 정국불안을 해소할 수 있다는 점 그리고 남북 주민들 역시 일원적인 1인 지배에 더 익숙하다는 점 등을 근거로 한다.[30]

우선 통일국가의 상징성 내지 대표성을 부각시킬 수 있는 인물이 필요하다는 점은 타당하다. 통일국가를 대표할 인물이 필요하다는 것을 인정할 수 있다고 해도 이것이 반드시 정부형태에서 대통령제의 수용으로 이어져야 할 필요는 없을 것이다. 통일국가의 권력구조에서 가장 중점을 두어야 할 것은 어떤 정부형태가 적정한 권력분립을 통해 국가통합을 이루어 국가발전을 이끄는데 적합할 것인가이다. 대통령제는 현행 헌법에서도 단임제를 통해 주기적인 정권교체의 가능성을 제공한다는 점을 제외하면 상당한 비판에 직면에 있다. 권력의 집중을 통해 권위주의적 지배로 변질될 가능성이 상존하고 승자독식의 구조는 정치적 소외감을 분출시키고 있다. 대통령제에서 나타날 수 있는 대통령과 의회의 대립을 해결할 수 있는 방안이 대통령제 안에는 존재하지 않고[31] 또한 현재의 중앙집권적 정당제도와 대결적 정치문화에서는 도출되기 어렵다. 미국의 경우 대통령제가 성공한 데는 지방분권적인 정당구조

---

30 김병록, 앞의 글, 84~85쪽.

31 물론 현행 헌법을 이원정부제적으로 해석할 수 있다는 주장이 있고 이 주장은 대통령제의 약점을 보완할 수 있는 해석이라는 점에서 설득력을 지니고 있지만 (예를 들면 성낙인, 앞의 글(2012), 912쪽 이하 참조) 현실정치에서는 수용되지 않는 경향이 존재하는 것이 사실이다.

와 동일한 여당 의원이라도 대통령과 독립적으로 활동할 수 있는 정치적 전통 그리고, 타협과 관용의 정치문화와 관련이 있다는 지적은[32] 대통령제가 보편성을 가진 정부형태가 아님을 보여준다.

통일국가에서 대통령제 정부형태를 채택하게 되면 이런 남한에서의 정치적 관행과 패해가 한반도 전체로 확산될 가능성이 농후하다. 이런 권위적 대통령의 출현은 통일국가의 불안요인이 될 가능성이 있다. 또한 대통령제는 연방제도와 조화를 이루기 어려운 측면이 있다.[33] 연방을 상징하는 인물로서 대통령의 존재가 미국에서나 거의 유일할 정도로 연방제와 조화를 이루고 있을 뿐 연방제도를 채택하고 있는 많은 유럽의 나라들(독일, 캐나다, 오스트레일리아, 스위스 등)에서는 대통령제를 채택하고 있지 않다. 특히 대통령의 지방(支邦; states)에 대한 지나친 간섭(예를 들면 아르헨티나)은 라틴 아메리카 국가들에서 연방제도의 약화에 기여한다는 지적은 고려할 가치가 있다.[34]

1.2. 의원내각제 정부형태의 적합성

통일국가의 정부형태로 의원내각제를 제시하면서 연성적 권력분립의 확보를 제시하는 견해는 의회와 정부의 권력공화를 통해 책임정치와 권력분점을 실현할 수 있다는 점을 근거로 한다.[35] 의원내각제 정부형태는 입법부와 정부의 협력을 통해 효율적인 국정운영과 입법부에 대해 책임을 지는 정부에

---

32 권영성, 『헌법학 개론』, 법문사, 2008, 766쪽; 최대권, 앞의 글, 367쪽; 허영, 『한국헌법론』, 박영사, 2010, 731쪽 이하; 한수웅, 『헌법학』, 법문사, 2011, 1040쪽.

33 연방국가의 정체성을 훼손할 가능성이 있다는 지적으로는 성낙인, 앞의 글(2007), 476쪽 참조.

34 Juan J. Linz, *Presidential or Parliamentary Democracy. Does It Make a Difference?*, in Juan J. Linz and Arturo Valenzuela(ed), The Johns University Press, 1994, pp.42~43.

35 박수혁, 앞의 글, 39쪽.

의해 책임정치가 실현될 수 있어 의회주의의 발전에 기여할 수 있다. 또한 소수 정치세력도 정권에 참여할 수 있어 권력의 분점을 실현할 수 있다는 점에서 통일국가의 국가통합에 기여할 수 있는 장점이 있다.

그런데 의원내각제는 상당한 정당정치의 발전과 선거제도의 개혁 그리고 성숙한 정치문화를 전제로 한다. 현재의 남한만이 아니라 북한까지 포괄하는 통일국가에서 그 정부형태로서 의원내각제가 안정적인 국정운영을 담보할 수 있을지 의문이 드는 것은 사실이다. 통일 후 통일국가의 민주적 기본질서의 공간에서 상당히 다양한 이념적 지향을 가진 정당과 지역적 기반을 가진 정당들이 활동할 가능성이 많은데 이런 정당들의 난립 속에서 안정적인 다수파의 확보가 어려워 연립정부의 구성이 일상적인 정부형태가 된다면 그로 인한 정국혼란과 갈등을 어떻게 해결할 수 있을지 대안을 제시할 필요가 있다.

한편, 통일국가의 정부형태는 현행 헌법의 정부형태가 가지고 있는 단점을 극복하면서 통일된 한반도 전체 주민의 자유와 권리를 보장하기 위해 적합한 권력구조를 찾아가는 미래지향적 시도이다. 통일국가의 건설에는 여러 방면의 노력이 동반하여야 한다. 그 중에서 정치개혁이 필수적으로 수반되어야 한다. 구체적으로는 정당제도를 개혁하여 한반도 전체에서 그 지지자를 모으고 당 조직을 형성할 수 있도록 당 조직과 운영에 있어 실질적인 민주주의 원칙이 실현되어야 하고 공정하고 효율적으로 선거가 치러질 수 있도록 선거제도 역시 개혁되어야 한다. 이와 관련 통일한국에서는 정국안정을 위해 지금과 같은 '소선거구 다수대표제'를 기본적으로 유지하면서 엄격한 저지규정을 두는 조건으로 비례대표제를 가미하는 대표제를 도입할 수 있다. 이와 같은 정치개혁이 동반된다면 서구 선진국에서 안정적으로 유지되는 의원내각제를 통일한국의 정부형태로 도입할 수 있다고 본다. 이와 같은 정치제도 상의 변화를 통해 남북한이 정치적으로 실질적인 일체를 이루어야 할 것이지 특정 인물을 통한 국가통합을 시도하는 방식은 성공 가능성이 낮다고 예측된다. 이렇게 의원내각제를 도입하는 경우 독일식 건설적 불신임투표제도의 도입을 통해 통일국가에서 나타날 수 있는 정국불안을 예방할 필요가 있겠다.

1.3. 이원정부제 내지 準대통령제의 부적합성

통일국가의 정부형태로 제안되고 있는 이원정부제는 의원내각제의 합리화와 집행권의 강화요구의 한 예로 볼 수 있으며 그 본질적 요소로 ① 집행부의 실질적 이원화, ② 대통령의 국민으로부터의 사실상 직선제, ③ 의회의 정부 불신임권을 들 수 있다.[36] 이런 기본적 요소 이외에 각국의 헌법규범과 헌법 상황에 따라 상당한 편차를 보이고 있다. 그렇지만 집행부의 안의 권력의 두 축인 대통령과 총리가 단순히 분립하여 존재하는 것 이상으로 두 국가기관이 서로 독립성을 가진다는 점에 이원정부제의 특징이 있다. 그리고 국민으로부터 직접 민주적 정당성을 부여받은 대통령은 실질적인 권한을 행사할 수 있다는 점에서 의원내각제의 대통령과 달리 정치력이 제도적으로 보장되어 있다. 대통령은 상당히 독자적으로 외교와 국방을 그 책임 하에 수행하고 총리는 광범위한 내정을 책임지도록 하여 국정을 일정한 유보영역에 따라 분할함으로써 집행부 내에서 그리고 집행부와 의회 사이에서 권력분점 내지 권력분산을 이룰 수 있다.

이런 특성은 통일국가에서 남북한 사이의 권력분점에 유리하고 그런 한도에서 국가통합에 기여할 수도 있을 것이다. 이원정부제가 성공적으로 정착한 나라를 보면 이원정부제는 일방적인 제도적 수용보다는 정치세력 간의 합리적인 타협을 통해 성공을 거두고 있음을 보여준다. 역사상 이원정부제를 제일 먼저 시작한 핀란드의 경우 입헌군주제를 희망했던 우파가 그 현실적 불가능성을 인식하고 동시에 신뢰할 수 없었던 좌파의 지배를 두려워하여 이원정부제라는 독특한 타협에 이르렀고 이를 현재까지 안착시키고 있다.[37] 프랑

---

36 성낙인, 『헌법학』(제11판), 법문사, 2011, 897쪽.
37 Juan J. Linz, supra note 34, p.50.

스 역시 이원정부제는 의원내각제의 합리화 과정에서 열 정치세력 간의 정치적 타협으로부터 나타났다. 특히 우리의 주목을 끄는 것은 루마니아로서 루마니아는 사회주의 세력과 자본주의 세력 간의 타협을 통해 이원정부제를 성공적으로 운용하고 있다고 한다.[38]

이런 우호적인 점들을 근거로 이원정부제가 다른 정부형태에 비해 권력분점의 다양한 변용이 가능하여 통일국가의 국가통합의 원칙에 현실적으로 가장 부합할 수 있고 통일국가의 상징 내지 구심점으로서 대통령의 존재를 통해 통일국가 초기의 갈등과 혼란을 대통령이 자신의 국민적 정당성을 기초로 해소시킬 수 있는 효율성도 구비하였다는 점에서 통일국가의 정부형태로서 수용가능하다고 보는 입장[39]이 있다.

그렇지만 이원정부제에 대해서는 그간 상당한 비판이 존재하는 것이 사실이다. 특히 통일국가의 권력구조와 관련해서 대통령과 총리의 내각이 소속정당을 달리하면 정국의 불안정을 초래할 수 있고, 대통령과 총리가 동일한 정당 소속일 경우에는 권력의 집중으로 독재화할 위험성을 안고 있다는 지적이 그것이다.[40] 이원정부제에서 권력의 축은 대통령·내각·의회라는 삼각구도로 이루어지고 권력 중심의 이동은 국민으로부터 선출된 대통령과 의회라는 두 개의 민주적 정당성의 현실적인 향방 여하에 따라 좌우될 수밖에 없다.[41] 대통령이 의회의 다수파와 다른 정당이라면 의회해산권을 통해 정국불안의 요인을 해소할 수 있는 기회를 가질 수 있지만 결국 소속 정당이 다수당이 되지 못한다면 주권적 의사에 순응하며 조정과 타협에 나서야 한다. 이런 관점에서 이원정부제는 정치적 훈련이 필요한 정부형태라고 할 수 있고 대통령

---

38 강현철, 『통일헌법 연구』, 한국학술정보(주), 2006, 197~198쪽 참조.
39 강현철, 「남북한 통일헌법상의 정부형태에 관한 연구」, 『외법논집』 제9권, 한국외국어대학교 법학연구소, 2000, 481~506쪽; 성낙인, 앞의 글(2007), 478쪽.
40 박수혁, 앞의 글, 40쪽.
41 성낙인, 앞의 글(2011), 903쪽.

의 조정자적 역할이 그만큼 필요한 정부형태이다. 그만큼 성공적인 안착이 어려운 정부형태로서 보편적인 정부형태는 아니라는 평가를 할 수 있겠다.

여기에 남과 북이 하나의 통일국가를 건설한 이상 북한지역에 대한 자치 필요성은 연방제도와 그 귀결인 입법부의 양원제의 도입으로 충족되는 것이고 앞서 보았듯이 정부형태에서 권력의 분점론을 정당화하지는 않는다고 하겠다. 더욱이 이원정부제는 연방제도와 그다지 친밀성을 보이지 않는다는 점을 볼 때 통일국가의 정부형태로 채택하기 어렵다고 하겠다.

1.4. 집정부제 정부형태의 부적합성

기타 가능한 정부형태로서 스위스의 집정부제, 예멘의 대통령평의회 제도를 상징하는 견해도 있다. 먼저 스위스의 집정부제를 살펴보면, 이는 스위스의 문화적, 인종적, 종교적 이질성을 통합하여 민주주의를 발전시킨 정부형태라고 설명된다. 우선 연방의회(Bundesversammlung)에서 선출되는 연방평의회(Bundesrat)가 정부를 구성하는데 임기 4년의 7명의 각료로 구성된다. 이들 중 호선에 의하여 임기 1년의 연방대통령과 연방부통령이 취임한다. 연방의회는 200인 이상으로 구성되는 국민의회와 44인으로 구성되는 참의원의 합동의회이다. 대통령과 각료는 정치적으로 동등하며 집단적 지도체제를 형성한다.[42]

다음으로 통일예멘의 대통령평의회 모델을 기초로 권력구조를 구상하는 견해도 있다. 대통령평의회는 의회에서 선출되어 5명의 위원으로 구성되는데 예멘공화국의 대통령의 권한을 행사한다. 대통령평의회는 예멘공화국의 국가최고기관으로서 일종의 집단지도체제의 형태를 보여준다.[43]

---

42 박정원, 「통일헌법에 대한 골격구상」, 「공법연구」 제27집 제1호, 한국공법학회, 1998, 322~323쪽.

43 장명봉, 앞의 글, 136~137쪽.

스위스의 집정부제는 인격화된 지도자가 없이 각료들이 순서대로 대통령을 담당하는 권력구조로 권위 없는 권력구조여서 통일국가의 안정과 발전에는 다분히 한계가 있는, 스위스에 특유한 전통에 기인한 정부형태로 보편성이 부족하다. 예멘공화국의 권력구조 역시 집단지도체제인데 권력상층부의 인위적인 통합체로는 통일국가의 불안정과 갈등을 통합하기에 한계가 있고 자칫 전체주의로 흐를 가능성도 있는 제도이다.

2. 입법부의 구성 : 균형양원제의 도입

통일한국의 입법부를 어떻게 구성할 것인지는 중요하다. 통일국가의 권력구조의 기본원리로서 광범위한 자치와 통합의 원리를 채택하고 이를 실현하기 위한 국가형태로서 연방제도를 도입하는 경우 지방국의 이익을 대변할 수 있는 상원의 존재는 필수적이다. 연방제도를 도입하고 있는 미국이나 독일, 그리고 스위스가 연방형 상원을 두고 있는 것은 그 예이다. 의회에서 지방의 이익을 대변하기 위해 연방형 상원을 둠으로써 연방입법권을 적절히 제한할 수 있게 된다. 더불어 통일국가에서도 유지될 헌법재판소의 위헌법률심사제도는 연방입법권의 남용에 대한 지방국의 안전 장치로서의 기능도 수행할 수 있을 것이다.

하원의 경우에는 남북한 인구에 비례하여 구성하여야 한다. 남북한의 인구비례로 구성되는 하원은 현재의 남북인구를 감안하면 남한은 5,000만 명에 이르렀는데 반해 북한의 인구는 2,300만 명 정도에 이른다고 하므로[44] 하원의원의 수는 남한이 2/3 이상을 차지할 것으로 보인다. 하원을 인구비례로 구상할 경우 소선거구 상대적 다수대표제를 채택하는 것이 바람직하다. 더불어 비례대표제도를 도입할 것인지에 대해서는 논의가 필요하겠다. 만약 비례

---

44 2008년 기준으로 북한 인구는 2,329만 명 정도이고 남한은 5,000만 명을 넘어서고 있다. 통계청 통계정보국, 2008년 남북한 인구통계 참조.

대표제도를 유지하는 경우 현재와 같은 저지규정을 보다 더 엄격히 유지하여야 한다고 본다. 프랑스 제3·4공화국에서 비례대표제가 안정적인 다수의 확보에 부정적인 영향을 주었던 역사적 경험을 고려하면 통일국가에서는 비례대표제를 지속하는 경우 정치적 안정을 이룰 수 있는 방식으로 운영할 필요성이 있다. 프랑스 제5공화국의 정치적 안정은 대통령의 권한을 강화한 이원정부제의 도입보다는 비례대표제를 폐지한(1958~1986) 선거제도의 개혁에 힘은 바 크다는 지적은 새겨볼 필요가 있다.[45] 더불어 지역을 대표하는 상원이 있는 이상 선거구 인구 편차에 관한 헌법재판소의 판단도 좀 더 엄격한 기준을 도입할 필요가 있겠다.

국가형태로서 연방제도의 도입을 찬성하지 않는 입장에서도 남북 간의 인구의 불균형을 고려하여 의회의 구성에서는 연방국가의 남북한 지방(支邦)을 각각 대표하는 동수의 의원으로 구성되는 상원을 도입하는 것에 대해서는 찬성을 하고 있다.[46] 이런 상원의 존재는 남한이 자칫 지배할 수 있는 하원의 입법절차의 적법성을 보장하고 합리적인 타협을 이끌 수 있는 기제로도 작용할 수 있을 것이다. 통일국가에서 연방입법권이 신중하게 행사되도록 할 필요가 있다는 점에서 이는 바람직하다. 더불어 현대국가의 전반적인 현상인 집행부의 강화 현상이 통일 후 가속화되는 경우 집행권에 대한 의회의 견제수단으로도 작용할 수 있을 것이다.[47]

문제는 '사람'을 대표하는 하원과 '지역'을 대표하는 상원의 관계이다. 미국과 같이 상하원의 권한이 균형에 가깝게 할 것인지 아니면 하원의 권한을 더

---

45 Juan J. Linz, supra note 34, p.51.

46 예를 들면 강현철, 앞의 글(2000), 648~649쪽; 변해철, 앞의 글, 83쪽 참조. 이와 별도로 국회의장 자문기구였던 헌법연구자문위원회에서도 양원제 개헌을 최종연구 결과로 제시하였다. 헌법연구자문위원회(편), 『헌법연구자문위원회 결과보고서』, 헌법연구자문위원회, 2009, 125쪽 이하 참조.

47 송석윤, 「양원제 도입방안에 대한 연구」, 『헌법학연구』 제14권 제4호, 한국헌법학회, 2008, 325쪽.

강화할 것인지를 결정해야 한다. 일단 통일 후 국가통합을 강조하면서 균형형 양원제를 제안하는 입장과 불균형형 양원제를 주장하는 입장으로 나뉠 수 있겠다. 광범위한 자치와 국가통합과 발전을 위해 연방제도를 도입한 이상 지역을 대표하는 상원에 하원과 대등하거나 그 이상의 권한을 부여하는 것이 체계상 부합한다고 본다. 고위 공직자에 대한 상원은 대법원장과 대법관 그리고 헌법재판소 재판관의 임명에 있어서도 그 실질적 권한을 행사할 수 있어야 한다.[48]

3. 법원과 헌법재판소의 역할 강화

통일국가의 권력구조의 기본원리로 권력분립 · 법치주의원리는 통일국가에서 발생하는 정치적 분쟁을 법치국가의 제도 안에서 해결할 것을 요구한다. 정부형태로 의원내각제를 도입하는 경우 기본적으로 상원과 연방 대통령의 중재자적 역할이 강조될 수 있겠지만, 이런 정치적 해결이 원만히 이뤄지지 않는 경우 사실적 힘에 의존하여 문제를 해결하고자 하는 선택은 연방의 해체와 재분단의 비극으로 치달을 수 있다. 그런 점에서 연방국가를 국가형태로 채택하는 경우 그 성공의 필수조건은 중앙집권으로 이어질 수밖에 없는 전체주의가 아닌 자유민주주의 그리고 권력의 분립과 법의 지배를 통한 국가작용의 순화이다. 이런 역할을 최후로 수행할 수 있는 국가기관은 사법부와 헌법재판소이다. 통일국가에서 사법부와 헌법재판소의 역할이 중요하게 되는 이유가 여기에 있다.

우선 사법부는 자유민주주의의 관점에 맞게 북한지역까지 통합하여 재편되어야 한다. 사법권의 핵심인 법률의 해석권한을 부여함으로써 사법부가 입법자의 양심적인 대리인(agent)으로서 집행부에 의한 법 집행이 정당한지

---

48 강현철, 앞의 글(2006), 200쪽.

여부를 심판할 수 있어야 한다. 사회주의 국가의 사법부는 의회에 의해 구성되는 관계로 의회가 제정한 법률에 대해 심사할 권한을 부여받지 못하고 있는 것이 현실이다.[49] 통일국가에서는 연방법률과 주법률의 해석권을 실질적으로 법원이 행사할 수 있어야 한다. 이를 통해 사법부에 의한 명실상부한 권력분립과 통제가 실현되어야 한다. 특히 연방제도를 도입하는 경우 지방의 자치권은 내부적으로 지방 사법부에 의해 통제되어야 할 것이다. 이를 위해 변호사제도의 개혁도 수반되어야 한다. 법치주의를 한반도 전체로 확장하기 위해서는 직업적·전문적 법률전문자의 적정한 양성과 확보는 필수적이다. 형식적이고 합리적인 법의 독자성, 직업적 법률가 그룹의 존재 그리고 합리적 관료주의가 자본주의발전을 위해 필요하고[50] 이를 북한지역에서 확대하는 것은 통일국가에서 사법부의 중요한 과제라고 하겠다.

한편 통일국가에서 헌법재판소의 역할은 아무리 강조해도 지나치지 않을 것이다. 통일국가의 국가형태로서 연방제도를 도입할 경우 발생하게 될 연방입법권의 통제는 지방국에게는 중대한 관심사일 수밖에 없을 것이고 그런 역할을 헌법재판소가 기존의 위헌법률심사권한을 통해 수행하여야 한다. 이와 관련 추상적 규범통제를 이 기회에 도입하는 방안을 검토할 필요가 있겠다. 또한 통일국가에서 정당의 발전은 연방제도와 의원내각제의 정착을 위해 필수적이지만 그 이념적 폭은 자유민주주의의 인정여부에 의해 제한되어야 할 것이다. 다양한 좌우정당이 국민의 정치적 요구를 충족시키기 위해 활발하게 활동할 것이지만 통일국가의 핵심가치인 자유민주주의질서를 수용하는 조건에서만 가능할 것이기 때문에 이에 위반하는 정당에 대해서는 연방정부의 제소에 의해 위헌정당해산절차를 통해 헌법재판소가 최종적으로 해산여부를 결정해야 한다. 이와 함께 통일국가의 정치작용은 연방제도와 의원내각제라

---

49 정철, 「중국 법원의 헌법해석권」, 『공법연구』 제37집 제3호, 한국공법학회, 2009, 239~240
    쪽 이하 참조.
50 정철, 위의 글, 239~240쪽 이하 참조.

는 다소 복잡한 권력구조를 통해 실현될 것이기 때문에 각 국가기관의 권한
의 존부와 범위에 대한 다툼이 빈발할 것으로 예측된다. 연방과 지방국의 권
한쟁의와 연방대통령을 두는 경우 연방대통령과 총리, 그리고 상원과 하원
사이에 발생할 수 있는 권한쟁의에 대해 헌법재판소는 통일헌법을 준거로 하
여 신속하고 정당한 판단을 내려주어야 할 것이다. 더불어 고위 공직자들의
권한남용에 대해서는 탄핵심판절차를 통해 제재를 가하고 사전적으로 이를
경고하여야 할 필요가 있다.

V. 통일국가 건설의 의미

한반도에서 통일국가를 형성하는 과정은 새로운 국가건설의 과정이고 그
과정에서 남북한 주민들은 자신들이 주권자로서 참여하는 새로운 사회계약
을 체결하여야 한다. 기존의 남과 북의 분단체제는 대한민국 헌정사의 불완
전성[51]을 반영한 것이기에 한반도를 영토로 하는 평화로운 통일은 헌정사의
정상적인 회복이고 그렇기에 전체 한반도 주민은 헌법제정권력을 행사하여
통일국가의 헌법을 새로이 제정할 필요가 있다. 이 사회계약은 남북한 주민
이 도덕적인 각성을 통해 한층 고양된 사회를 이룬다는 도덕적 결단의 출발
점이 되어야 한다.

통일된 민주공화국의 정치이념은 자유민주주의의 우월을 인정하는 민주주
의이어야 하고 법치주의를 국가의 구성원리로 하여야 한다. 또한 정치이념으
로서의 민주주의는 참여와 자율성을 기초로 하므로 지방자치의 광범위한 확
대를 요구한다. 통일국가에서 민주주의의 심화는 연방제적 국가형태를 지지
하게 하는데 이와 같은 연방제도의 도입은 북한지역의 차별성을 고려할 수

---

51 장영수, 「임시정부헌법의 역사적 의미와 대한민국 헌법의 제정」, 『고려법학』 제57권, 고려대
    학교 법학연구원, 2010, 236쪽. 저자는 1948년 헌법에 대한 국민투표가 없었던 점을 불완전
    성으로 지적하고 있다. 필자는 이보다는 한반도 전체 주민들의 지지를 얻는 데 실패한 것을
    불완전성으로 보는 입장이다.

있을 뿐만 아니라 21세기 민주주의를 통한 국가발전계획과 부합한다는 차원에서 더욱 정당화될 수 있다. 다만 이런 연방제도가 성공하기 위해서는 법치주의의 발전을 동반해야 한다는 역사적 경험을 상기할 필요가 있다. 통일국가에서 자유민주주의와 연방제도가 결합되어야만 한다는 당위성을 보여주는 것이다.

통일국가의 정부형태의 선택에 있어서는 남북한의 권력분점론이 정부형태 선택의 중요한 기준이 될 정당한 이유는 없다고 하겠다. 통일국가의 정부형태의 선택에 있어 그 기준은 어떤 정부형태가 통일국가의 국민의 자유와 권리를 효과적으로 보장하기에 적합한 것이지 여부일 뿐 남북한이라는 지역에 기반한 정치세력의 권력분점을 고려하는 것일 수는 없는 것이다. 오히려 통일국가의 사법부의 역할이 강조될 필요가 있다. 통일국가의 수립 후 나타날 다양한 이념적 다양성 속에서 자유민주주의의 가치를 수호하고 법치주의를 통일국가 전체에 확산시킬 역할은 자연히 법원과 헌법재판소의 몫이라고 할 것이다.

참고문헌

Alan Hunt, *The Sociological Monument in Law*, Macmillan, 1978.

Juan J. Linz, *Presidential or Parliamentary Democracy. Does It Make a Difference?*, in Juan J. Linz and Arturo Valenzuela(ed), The Johns University Press, 1994.

William H. Riker, *Federalism: Origin, Operation and Significance*, Boston: Little Brown, 1964.

강현철, 「남북한 통일헌법상의 정부형태에 관한 연구」, 『외법논집』 제9권, 한국외국어대학교 법학연구소, 2000.

_____, 『통일헌법 연구』, 한국학술정보(주), 2006.

권영성, 『헌법학 개론』, 법문사, 2008.

김문현, 「동아시아 평화와 한반도의 통일(국제헌법학회 한국학회 주최 국제학술대회)」, 『세계헌법연구』 제2호, 세계헌법학회, 1997.

김병록, 「통일헌법의 국가형태에 관한 연구」, 『공법연구』 제25집 제4호, 한국공법학회, 1997.

김승대, 『헌법학 강론』, 법문사, 2010.

도회근, 「헌법 제3조(영토조항)의 해석」, 『권영성교수정년기념논문집』, 1999.

박수혁, 「통일 한국에서의 통일헌법상 통치구조에 관한 연구」, 『통일과 법률』 제2호, 법무부 통일법무과, 2010.

박영호, 「민주적 기본질서와 통일조항」, 『세계헌법연구』 제6호, 세계헌법학회, 2001.

박정원, 「남북한 통일헌법에 관한 연구」, 국민대학교 법학 박사학위논문, 1996.

_____, 「통일헌법에 대한 골격구상」, 『공법연구』 제27집 제1호, 한국공법학회, 1998.

변해철, 「남북한 통합과 통치구조 문제」, 『공법연구』 제21집, 한국공법학회, 1993.

성낙인, 「통일헌법상 권력구조에 관한 연구」, 『공법연구』 제36집 제1호, 한국공법학회, 2007.

_____, 『헌법학』(제11판), 법문사, 2011.

_____, 『헌법학』(제12판), 법문사, 2012.

송석윤, 「양원제 도입방안에 대한 연구」, 『헌법학연구』 제14권 제4호, 한국헌법학회, 2008.

양 건, 『헌법연구』, 법문사, 1995.

이기우, 「지방분권적 국가권력구조와 연방제도」, 『공법연구』 제37집 제1호, 한국공법학회, 2008.

이상균, 「유럽통합과 독일연방주의의 미래」, 『한국정치학회보』 제30집 제4호, 한국정치학회, 1997.

이종은, 『정치와 윤리』, 책세상, 2010.

이효원, 「통일 이후 북한의 체제불법에 대한 극복방안」, 『서울대학교 법학』 제51권 제4호, 서울대학교 법학연구소, 2010.

장명봉, 『분단국가의 통일과 헌법』, 국민대학교 출판부, 2001.

장영수, 「임시정부헌법의 역사적 의미와 대한민국 헌법의 제정」, 『고려법학』 제57권, 고려대학교 법학연구원, 2010.

장자크 루소, 최석기 옮김, 『인간불평등기원론·사회계약론』, 동서문화사, 2007.

정영화, 『평화통일과 경제헌법』, 법원사, 1999.

정 철, 「중국 법원의 헌법해석권」, 『공법연구』 제37집 제3호, 한국공법학회, 2009.

제성호, 「북한의 낮은 단계 연방제안: 전략적 의도와 문제점」, 『북한학보』 제31집, 북한학회, 2006.

최대권, 『헌법학』, 박영사, 1989.

한수웅, 『헌법학』, 법문사, 2011.

허 영, 『한국헌법론』, 박영사, 2010.

헌법연구자문위원회(편), 『헌법연구자문위원회 결과보고서』, 헌법연구자문위원회, 2009.

통일과정에서 형사법 조정

최관호

Ⅰ. 들어가며

몇 년 전 대통령의 '통일은 대박' 발언으로부터 시작해서 통일논의가 확산되었다. 당시에는 코미디로 인식하였는데, 정권 교체 후에는 남북정상회담, 북미정상회담 등 무엇인가 희망적인 신호들이 나타나고 있다. 적대적 언사를 교환하면서 언제라도 전쟁을 일으킬 것 같았던 남북한 정상들이 악수를 하면서 서로를 부둥켜 안고 평화를 이야기하고 있다. 북미는 종전과 평화선언을 준비한다는 언론기사도 보였다. 진짜 통일이 대박이 되는 것인가?

헌법상 대한민국의 영토가 한반도까지 확장됨으로써 국가보안법 등 국내법과 판례는 북한을 반국가단체 또는 괴뢰집단 등으로 여전히 보고 있다. 국민들은 아직도 북한 지역을 자유롭게 여행할 수 없으며, 북한 주민과의 허가받지 않은 일상적인 접촉은 모두 불법행위이다. 통일 대박 논의에 맞지 않게 현실은 아직도 반통일적이다.

독일 통일 후 우리도 통일에 대비해야 한다는 논의는 많았지만, 여전히 정치적인 이슈에 머물렀다. 남북한 상호 인정을 통한 평화적 통일 방안보다는 정권유지를 위한 흡수통일론의 강화였다. 반공이데올로기를 강화해가는 과정이었다.

김대중 정부 들어와서 북한과의 교류가 시작되었다. 금강산관광, 각종 남북공동행사, 2003년 하계유니버시아드, 개성공업지구 사업 등 계속하여 확장이 지속되다가 북한의 핵문제와 금강산관광지구에서 남한 관광객 사망사건으로 2016년 2월 전면 중단되었다. 현 정권 들어와서 일부 교류가 있긴 했지만, 북미간 비핵화문제로 남북간 경제교류 등은 여전히 중단 상태이다.

남북교류와 관련하여 1990년 '남북교류협력에 관한 법률', '남북협력기금법' 등이 제정되었고, 남북교역은 2015년까지 27억 1천 4백만 달러까지 증가하였다.[1] 남북교역이 증가하는 만큼 형사사건도 증가하였다. 대표적으로 1999년 금강산관광객 억류 사건, 2001년의 범민련 회합사건, 2003년 북한 기자의 폭행사건 등이 있으며, 이외에도 40여 건 이상의 형사사건이 발생하였다. 남한 주민과 북한 군인에 의한 사망사건도 있었다.[2]

통일 대박을 부르짖으면서 지금까지 진행된 대부분의 형사법 연구는 향후 있을 통일을 상정한 후의 즉, 통일 후 형사법을 상상하고 있다. 통일 후 남북한 간에 적용할 형법의 모습과 충돌문제의 해결, 자국민의 보호, 통일 헌법과의 관계 등이 논의되고 있다. 본 논문에서는 우선 선행연구들의 특징을 살펴보고, 통일을 상상한 형사법 연구의 필요성을 확인한다. 그 후에 위에서 언급했듯이 이미 존재하거나 존재할 가능성이 높은 남북한 간에 발생하는 형사문제의 해결방안과 통일과정에서 남한이 취해야 할 현실적인 형사법 정비에 대해서 알아본다.

---

1 통일부, "남북교류협력 현황 개관",
⟨http://www.unikorea.go.kr/unikorea/business/cooperation/status/overview/⟩,
검색일: 2018.9.10.

2 이효원, 「남북한 형사사건의 합리적 해결을 위한 법제도 구축방안」, 「형사정책연구원 연구총서」 제12호, 한국형사정책연구원, 2008, 23쪽.

II. 통일 후를 상상한 선행연구에 대한 분석

1. 대한민국 형법 전면 적용설

대부분의 통일과 관련된 논문들은 통일의 주체를 한국으로 보고, 흡수통일을 전제로 한 한국 법제의 정비를 논한다. 선행 사례로 들 수 있는 경우가 독일로 한정될 수밖에 없는 한계가 있지만, 대부분의 연구는 독일 통일을 모범으로 소개한다. 한국과 독일은 처한 상황이 결코 동일하지 않고 역사적·경제적·사회적 상황과 주변국 간의 관계가 완전히 다름에도 불구하고 독일 사례를 수입한다. 한국 통일 논의에 독일 통일 논의만 존재한다고 해도 과언이 아니다.

독일 통일을 사례로 들고 있으면서, 은연 중에 북한에 대한 남한의 우월성을 내세우는 견해[3]는 어찌보면 한국적이다. '자유민주주의'라는 대한민국의 정치 또는 경제형태가 조선민주주의인민공화국의 그것보다 우월하기 때문에 통일은 당연히 남한을 중심으로 하는 흡수통일이어야 한다는 것을 당위로 주장한다.

남한의 형법이론이 북한의 형법이론보다 자유주의적이고 인권적인 것은 명백하다. 하지만 법은 상대적이고 각각 역사성을 가지기 때문에 특정 국가의 법이 절대적으로 우위성을 갖는다는 것은 단정하기 어렵다. 특히 남북한으로 장기간 대립하였던 감정(정치 이데올로기)이 법 해석에 관여한다면 오히려 설득력이 없다. 법해석의 사전 작업인 정치 과정에 대한 분석도 동일하다.

북한이 통일을 주장하는 것은 이중적이라고 하면서 북한이 통일을 지향하

---

3   이정훈·김두원, 「통일을 대비한 남북한 형법 통합방향의 모색 – 최근 개정된 북한 형법을
    중심으로–」, 「법학논문집」 제38집 제3호, 중앙대학교 법학연구원, 2014; 오경식, 「통일대비
    형사사법시스템에 대한 연구」, 「동아법학」 제56호, 동아대학교 법학연구소, 2012; 박수희,
    「체제통합에 따른 남북한 형법통합 방안」, 「한국공안행정학회보」 제23호, 한국공안행정학회,
    2006: 한국 형법의 우위성을 이야기하지만, 국가보안법 등의 전근대적이고 반민주적·반인
    권적 요소에 대해서는 논의를 하지 않는다는 공통점도 있다.

는 부분에서는 다시 교류의 대상이 된다고 하였다가, 곧바로 이는 통일전선 전술이기 때문에 북한의 본모습을 확인할 수 없다는 류의 결론이 대표적이다. 이 견해는 결론적으로 대한민국 형법을 전면적으로 북한에 적용하자고 한다. 이는 독일의 서독형법적용설의 변형이다.

독일 통일 후의 사례로써 "서독법원이 서독형법에 따라서 동독인의 범죄에 대한 형사사건을 재판할 수 있다"[4]는 견해이다. 그 근거는 독일 형법 제3조 속인주의 조항이다. 동독인도 독일국민으로 이해하여 서독형법을 적용할 수 있다는 것이다.

독일이 그랬듯이 한국 형법을 북한에 전면적으로 적용하는 것이 원칙이라는 견해[5]이다. 의식적이든 무의식적이든 현행 헌법 제3조 영토조항을 절대적으로 인정할 때 가능한 이론이다. 현재의 법원과 다수 학자들은 영토조항을 적극적으로 해석하여 북한을 대한민국의 영토로 확정하는데 주저하지 않는다. 이렇게 되면 북한은 괴뢰집단에 불과하다. 영토조항을 직접적인 근거로 내세우지 않지만, 대한민국 형법의 우월성을 강조하는 경우에도 주장하는 견해이다. 즉, "단일법체계의 확립을 위하여 우리나라 형법이 원칙적·일방적·일관적으로 적용되어야 한다"[6]고 하여 대한민국 형법의 전면적용을 주장한다.[7]

---

4 이효원, 앞의 글, 50쪽.
5 박수희, 앞의 글, 373~405쪽.
6 박학모·김유근·손지영·이규창·Gerhard   Werle·Moritz   Vormbaum·Heinz Schöch, 「통일시대의 형사정책과 형사사법 통합 연구(I)」, 『형사정책연구원 연구총서』, 한국형사정책연구원, 2015.
7 한국에 소개되는 독일 통일이론으로 두 번째는 '지역간형법적용설'이다. 이것은 독일이 분단되고 동서독기본조약(1972년)이 체결되기 전까지 독일 법원의 입장이었다. 세 번째는 '국제형법 원칙 적용설'이다. 동서독기본조약(1972년)이 체결되면서 동서독이 정치적·법적 실체로서 분리되면서 나타난 견해이다. 이 두 견해의 지지자는 없는 것으로 보인다. 반면에 한국의 특수 상황을 반영한 견해로는 "남북한 특수관계론"을 들 수 있다. 이 견해는 남북한 관계를 이중적으로 이해하는 견해이다. 남북한을 특수한 관계로 보는 것은 "남북한 사이의 화해와 불가침 및 교류 협력에 관한 합의서"(이하 "남북기본합의서")(1991.12.13.)에서 시작한다.

2. 선행연구에 대한 평가

남북한 간에 형법을 어떻게 적용해야 하는가에 대한 유형들은 독일의 견해를 한국의 사례에 변형해서 이론구성한 견해들이다. 남한과 북한의 형법은 서독과 동독의 그것과 역사적 의미가 다르다. 동독과 서독은 오랜 세월 동안 서로 왕래하면서 법적 견해들을 조율해왔지만, 한국은 오랜 세월 서로를 격리한 채 적으로 적대시하였다. 독일의 통일 과정에서 형법의 사례를 그대로 한국에 적용할 수 없는 이유이다.

대한민국 형법을 전면적으로 적용해야 된다는 견해는 현행 헌법 제3조 영토조항을 절대시하는 입장에 가장 부합한다. 사실 이 견해는 대한민국의 영토인 북한을 수복해야 한다는 견해와 별반 다르지 않다. 북한을 대한민국의 영토로 이해하는 대다수 학자들과 법원 및 헌법재판소의 입장에서 보게 되면 일관성이 있다. 조선민주주의인민공화국 정부를 부정해야만 가능하다. 대부분 이 견해는 한국이 북한을 흡수한 경우를 상정하고 있다.

통일형법을 주장하지만 이 견해를 고수하게 되면 오히려 남북한의 통일은 불가능해진다. 적대관계의 해소는 전쟁으로만 가능할텐데, 이것은 침략전쟁일 확률이 높으며 대한민국의 헌법 위반이다. 스스로 모순을 가지고 있기 때문에 이 견해는 현실적으로는 정치적 이슈에 불과하다. 남한의 입장에서 가장 바라는 통일형태이지만 현실가능성은 아직 없다고 생각된다.

지역간 형법적용설은 "통일을 논의하는 과정에서 서독의 형법 원칙들에 배치되는 동독의 형법에 대해 행위지법 원칙을 대신해서 서독 형법의 적용가능성을 열어두기 위해 논의된 원칙"[8]이다. 하지만 독일에서도 지역간 형법의

동 합의서에서는 "쌍방사이의 관계가 나라와 나라 사이의 관계가 아닌 통일을 지향하는 과정에서 잠정적으로 형성되는 특수관계라는 것을 인정하고"라고 하여 남북한 특수관계를 서술한다. '남북기본합의서'의 법적 성격에 관해서 법무부의 유권해석은 이를 국제법상의 "신사협정"에 불과한 것으로 판단하고, 헌법재판소는 "특수한 관계"로 보고 있다. 이 견해들의 소개는 이효원, 앞의 글, 50~51쪽.

8   이정훈·김두원, 앞의 글, 60쪽.

적용가능성은 그 실효성이 낮았다.[9] 이를 한국에 적용하기 위해서는 북한 내에서의 범죄에 대해서 남한 형법을 적용하는 것을 허용해줘야 하는데, 현실적으로 불가능하다. 더욱이, 북한 형법을 인정하게 되면 지금 헌법 제3조의 해석에 위배된다.

국제형법 원칙 적용설은 독일 형법과 한국 형법의 적용 범위가 차이가 있음에도 이를 간과한 잘못이 있다. 독일 형법은 총칙에서 "세계주의" 등 국제형법으로 통용될 수 있는 조항들이 있는데, 이를 그대로 해석해서 한국에 소개한 것으로 생각된다. 따라서 남북한 관계에서 북한을 국가로 인정(또는 유추)하여 국제형법을 적용하자는 견해는 우리 형법체계에서 '국제형법'이 무엇인지를 명확히 해줘야 하는데 그렇게 하지 못했다는 비판이 가능하다.

남북한 특수관계론에 입각하면, 대한민국 형법을 북한에도 전면적으로 적용해야 하는 헌법 제3조의 엄격한 해석으로부터 자유로울 수 있다는 장점이 있다. 이 견해도 독일에서의 지역 간 형법적용설과 국제형법 원칙 적용설을 채용하여 한국화시킨 것으로 이해된다. 남북한 관계를 국내적 관계로 이해하는 경우와 국제적 관계로 이해하는 경우를 나누고, 북한이 평화적 통일을 지향하는 경우와 적대적 관계를 표출하는 반국가단체인 경우로 나누어 각각 다른 기준을 적용한다. 반국가단체 활동을 하는 경우에는 동반자적 관계가 아닌 적대적 관계로 바로 환원시키는 견해이다. 문제는 북한이 평화적 통일을 하는 경우와 반국가단체의 활동을 하는 경우를 어떻게 구분할 수 있는가이다. 더욱이 이 견해의 주장자들은 북한이 통일전선전술에 입각해서 대남정책을 펼친다고 이해하는데, 그렇다면 그들에게 평화적 통일을 지향하는 경우를 어떻게 인정할 수 있는지도 궁금하다.

현재 통일 과정에서 논의되는 형사법과 관련한 대표적인 논의들을 살펴봤다. 이 논의들의 공통된 점은 헌법 제3조 영토조항에 얽매여 있다는 점이다.

---

9 이정훈·김두원, 위의 글, 60쪽.

민주주의를 이데올로기적으로 해석하여 자유민주주의의 우월성을 주장한다. 그리고 이미 통일이 되었음을 전제한다. 그렇기 때문에 통일의 과정은 생략되어 있으며, 결론만 존재한다. 기존의 정치적 득실에 따라서 통일을 이용하던 정치논의와 크게 다를 바가 없다. 한반도 전체가 대한민국 영토이고 북한은 불법집단성을 벗지 못한다.

통일은 한반도 평화의 다른 말이다. 통일형법은 이러한 평화를 대비하고 실현하여야 한다. 그런데 위의 논의들은 통일을 말하지만 그 과정과 평화에 대한 이야기가 없다. 위 연구들이 상정하고 있는 남한 중심의 통일은 현 상황에서 가능하지 않을 뿐더러 폭력적이다. 이 부분에서 통일형법 논의는 오히려 반통일적이다. 대한민국과 조선민주주의인민공화국이 조화롭게 통일을 준비하는 형사법 논의는 더욱 어려워진다.

이런 현실의 논의 속에서 아래에서는 통일로 가기 위해 형사법이 어떻게 변화해야 하는 가를 논의하겠다.

Ⅲ. 헌법 제3조 해석과 국가보안법

1. 헌법상 평화통일과 영토조항의 모순 해결

대한민국 헌법은 헌법 전문, 제4조, 제66조 제3항, 제69조 등을 통해서 평화통일의 의무를 국가(대통령)에게 부과하고 있다. 물론 조선민주주의인민공화국 헌법도 제9조에서 "… 자주, 평화 통일, 민족대단결의 원칙에서 조국통일을 실현하기 위하여 투쟁한다"라고 하여 역시 통일의 의무를 표명하고 있다. 헌법이 구성원들의 합의의 산물이라고 할 경우, 대한민국과 조선민주주의인민공화국의 구성원은 모두 통일을 지향하고 있는 점을 부정할 수는 없다.

해방 이후 한반도가 남쪽과 북쪽으로 갈리고, 각각 헌법을 제정하였지만 한반도의 남과 북은 헌법상 통일 의무와는 별개로 서로를 적으로 규정하였을 뿐만 아니라 반통일적 행위를 서슴치 않았다. 대한민국만 보더라도 반공이데 올로기를 정치적으로 이용하는 것은 일상화된 일이었으며, 오히려 북한과의 통일 논의를 적을 이롭게 하는 행위로 몰아갔을 뿐만 아니라 통일에 대한 생각마저도 금기시했다. 그 결과 해방 70년이 지난 지금 남북한의 이질성은 더욱 커졌으며 그만큼 통일도 멀어졌다.

조선민주주의인민공화국의 탓도 있지만, 대한민국의 경우에 한정해서 살펴 봤을 때 이는 대한민국 헌법 제3조의 해석 때문이기도 하다. 헌법 제3조는 해석 여하에 따라서 대한민국 헌법이 상정하고 있는 평화통일 의지와 모순되고, 대한민국에게 반통일 정책의 정당성을 부여한다. 헌법 제3조는 대한민국의 영토를 한반도와 그 부속도서로 규정함으로써 한반도의 북쪽 즉, 조선민주주의인민공화국으로 공포된 지역마저도 대한민국의 영토로 규정하였다. 이로써 조선민주주의인민공화국은 대한민국 정부를 참칭하고 대한민국을 변란할 것을 목적으로 하는 반국가단체가 된다. 그 명칭은 북괴, 괴뢰단체, 악마 등으로 필요에 의해서 선택된다. 당연히 북한 지역은 그들이 점령하고 있는 미수복지구로 해석된다.

이제 북한은 미수복지구이기 때문에 정부는 대한민국의 존속을 위해서 미수복지구를 회복해야만 한다. 불법단체와 불법에 법은 양보할 수 없기 때문에 대한민국은 가장 강력한 권력인 군대를 동원해서라도 불법을 합법으로 환원시켜야 한다. 불법과 협상할 수는 없기 때문에 오직 섬멸과 타도만이 선택할 수 있는 선택지이다. 평화통일은 이제 공허한 메아리이고, 현실은 대립과 전쟁의 위기상황이다. 이 모든 것은 헌법 제3조 영토조항 때문이다.

그렇기 때문에 대한민국 형법의 적용 범위는 북한까지 확장되어야만 한다. 그렇지 않은 해석은 위헌이다. 통일 형법과 관련해서 많은 논의들이 일방적으로 북한에 대한민국 형법을 적용해야 한다고 주장하는 것은 이러한 한계 속에서는 당연한 귀결이다.

헌법 제3조와 제4조의 모순 해결을 위한 '남북한 특수관계론은' 국제사회에서 북한이 보편적 독립주권을 인정받는 현실을 긍정한다. 국제법상 조선민주주의인민공화국을 국가로 인정하여 한반도에는 2개의 국가가 존재하지만, 대한민국 헌법에 의해서 한반도에는 대한민국만이 존재한다고 한다. 이때 북한은 '지방적 사실상 정부'로 인정된다. 국제법과 국내법상 대화와 협력의 동반자와 불법단체로서의 이중의 지위를 갖는다는 것이다. 헌법 제3조의 해석을 인정하면서 남북교류를 위해서 궁여지책으로 내놓은 정부와 이를 긍정한 판례의 입장이다.

'남북한 특수관계론'은 이중의 지위를 구별하는 기준이 불명확하다는 비판이 가능하다. 그리고 국제법과 국내법상 법적 지위를 이중으로 구분하는 것도 일관성을 결여하였다. 국제법상 인정받는 국가 주체를 국내법이 비국가로 규정한다고 하여, 국가 실체가 사라질 수는 없다.

남한뿐만 아니라 북한도 스스로를 한반도의 유일·합법 정부라 주장하여, 48년 헌법에서 통일조선의 수도로 서울을 규정하였다. 남북 모두 상대방을 박멸하고 자신의 정치체제로 흡수시키는 통일을 주장하였다.[10] 결국 이러한 입장은 해방 후 70년이 지나도록 여전히 서로를 적대시하게 하였다.

한반도 통일을 위한 첫발은 전쟁의 긴장감을 완화시키고 무너진 신뢰를 재구축하는 것이다. 우선적으로 북의 실체를 인정하고 대화해야 한다. 그러기 위해서는 헌법 제3조 영토조항에 대한 해석이 바뀌어야 한다.

헌법에 영토규정을 두는 경우는 세계적으로 많지 않다. 장기적으로 영토조항을 폐지하는 것이 바람직하지만, 당장 그것이 불가능하다면 영토조항을 명목적이고 선언적으로 이해하는 것도 좋은 해석방법이다. 이 경우 평화통일조항은 통일의 방법을 명시한 조항으로 해석할 수 있다.[11] 현행 헌법을 개정하

---

10 심경수, 「영토조항의 통일지향적 의미와 가치」, 『헌법학연구』 제7권 제2호, 한국헌법학회, 2001, 141쪽; 최관호, 「한반도 평화와 국가보안법」, 『민주법학』 제25호, 민주주의법학연구회, 2004, 90쪽.

11 헌법 제3조의 해석에 대해서는 이외에도 약 7가지 견해 대립이 있다. 다수설과 판례는 대한민국의 헌법이 한반도 전체에 미친다는 견해이다. 제3조와 제4조는 서로 모순되기 때문에 제3

지 않고서도 해석의 변화만으로도 현 체제가 유지되고, 평화통일의 전제인 상호인정이 가능해진다.

2. 국가보안법 폐지

헌법 제3조 논의와 함께 통일 과정에서 가장 먼저 고려해야 할 형법은 '국가보안법'이다. 대한민국 정부가 수립되자마자 '형법'보다도 먼저 법률 제10호로 제정되어 1948년 시행되었다. 제정 이후 여러 번의 개정을 거쳐서 아직도 그 맹위를 떨치고 있다.

국가보안법은 일제 강점기의 '치안유지법'을 계승하였다.[12] 국가보안법은 한반도의 분단상태를 더욱 공고히 함과 동시에 스스로의 존재 이유를 분단상태에서 찾았다. 그래서 분단과 국가보안법은 상호 연관되었으며 서로가 필요충분조건이다.

북한의 통일이나 평화에 대한 제스처를 모두 통일전선전술로 바로 보게 되면, 그러한 북한과 접촉하는 모든 행위는 남북교류협력법 위반일 뿐만 아니라, 국가보안법 위반일 수 있다. 제1조에서 '국가의 안전을 위태롭게 하는 반국가활동을 규제'하는 것을 그 목적으로 하는 국가보안법은 헌법 제3조에 의해서 북한을 그 대표적인 적용대상으로 해야만 한다. 이 반국가단체에 가입하거나 금품을 수수하는 것도 금지되고(제5조), 해당 지역에 입국하는 것(제6조)과 그에 대해 이야기하는 것도 제한된다(제7조).[13] 급기야 그 주민을 만나

조를 삭제해야 한다는 설, 제4조의 제3조에 대한 우월적 효력을 인정하는 견해 등이다. 이에 대해서는 도회근, 「북한 주민의 헌법상 지위에 관한 연구」, 『헌법학연구』 제4집 제2호, 한국헌법학회, 1998; 도회근, 「헌법 제3조(영토조항)의 해석」, 『헌법규범과 헌법현실: 권영성교수 정년기념논문집』, 법문사, 1999.

12 조국, 「악법열전 한국 근현대사에서의 사상통제법」, 『역사비평』 여름호, 역사비평사, 1988; 박원순, 『국가보안법 연구 1』, 역사비평사, 1997, 95쪽.

13 국가보안법 제7조 이적동조죄에 불법성에 대해서는 최관호, 「이적동조죄의 불법성과 불복종」, 『민주법학』 제56호, 민주주의법학연구회, 2014 참조.

는 것(제8조)도 국가보안법 위반이 된다. 한마디로 북한 주민과의 접촉을 금지한다.

서로 만나지 않으면 동질감은 사라지고 이질감이 커진다. 그렇게 시간이 흐르면 더 이상 만날 이유를 찾을 수 없으며 타인인 것이 오히려 자연스러워진다. 지금 국가보안법은 이렇게 남한과 북한의 이질감을 서로 키워주는 역할 이외에는 없다. 국가보안법이 국가의 안전과 국민의 생존 및 자유를 확보한다는 것은 허울만 근사한 빈 껍데기이다. 이제 이 껍데기를 제거해도 괜찮을 때이다. 상호교류를 확대하여 동질감을 강화시켜야 한다. 통일과정에서의 형사법 조정에 가장 먼저 폐지대상이 될 수밖에 없는 이유이다.[14] 평화통일의 시발점이다.

3. 남북교류협력에 관한 법률의 폐지

북한을 적대관계가 아닌 교류협력의 당사자로 인정한 법이 없는 것은 아니다. 1990년에 제정된 남북교류협력에 관한 법률은 "상호 교류와 협력을 촉진"해서 "한반도의 평화와 통일에 이바지하는 것"을 목적으로 한다. 북한에 대해서 적대성을 포기한 최초의 법률로 이해된다.

동 법의 주요 내용을 살펴보면, 남한의 주민과 북한의 주민이 상호 방문하려면 통일부장관의 방문승인을 받아야 한다(제9조). 이를 위반하면 3년 이하

---

14 국가보안법 폐지와 관련된 논의는 여기에서 새삼 거론하지 않아도 될 정도로 그 동안 너무나 많았다. 대표적인 연구문헌 몇 개만 소개한다면 다음과 같다. 김민배, 「반국가단체의 개념과 역사적 과제: 국가보안법 제2조에 대한 경과와 적용사례를 중심으로」, 『민주법학』 제18호, 민주주의법학연구회, 2000; 김종서, 「국가보안법 적용논리 비판: 제7조를 중심으로」, 『민주법학』 제16호, 민주주의법학연구회, 1999; 배종대, 「정치형법의 이론」, 『법학논집』 제26호, 고려대학교 법학연구원, 1991; 이창호, 「최근 국가보안법 남용사례와 형사법적 대응」, 『민주법학』 제43호, 민주주의법학연구회, 2010; 정태욱, 「국가보안법과 한반도의 평화」, 『민주법학』 제16호, 민주주의법학연구회, 1999; 조국, 「국가보안법 전면 폐지론」, 『정치비평』 제8권, 한국정치연구회, 2002; 허일태, 「국가보안법 폐지의 정당위성」, 『형사정책』 제16권 제1호, 한국형사정책학회, 2004.

의 징역 또는 3천만 원 이하의 벌금에 처한다(제27조). 또한 남한의 주민이 북한의 주민과 접촉하려면 통일부 장관에게 사전에 신고하여야 한다(제9조 의2). 이를 위반하면 과태료 대상이다(제28조의2).

국가보안법이 존재하기 때문에 본 법은 그 영향력이 미미해지지만, 그럼에도 불구하고 남북교류에 있어서 많은 의미를 가진다. 우선 남북간 주민들의 접촉 등이 형벌의 대상이 되는 범죄가 아니라 과태료 대상인 질서위반에 불과하다는 점이다. 역시 북한 잠입에 대한 제재가 형벌에서 행정벌로 변경된다. 해당 행위가 반사회적 평가에서 행정 목적상 필요라는 가치평가가 달라진 것이다.[15] 이 점에서 남북교류협력에 관한 법률의 의미가 있다.

이러한 의미에도 불구하고 본 법도 폐지되어야 한다. 본 법은 헌법 제3조의 영토조항의 적극적 해석과 국가보안법이 존재하기 때문에 이에 대한 변칙 – 남북 교류를 위해 – 으로 제정된 법이다. 북한을 국가가 아닌 '불법 단체'로 보는 점에서는 기존의 법률체계와 동일하다. 그래서 북한과의 비접촉을 전제로 한다. 이 점에서 국가보안법과 그 생명력을 같이 한다. 국가보안법이 폐지되면 당연히 폐지될 수밖에 없는 한시법이다.

그리고 내용적으로도 대한민국에 거주하는 경우를 제외하고, 즉 해외에 거주하는 경우 또는 해외에 여행을 가면 조선민주주의인민공화국 국민을 만나는 것은 어렵지 않다. 그런데 이때마다 신고해야만 한다면, 과연 상호 교류와 협력이 촉진될 수 있을지 의문이다. 교류와 협력의 촉진은 수시로 의도하든 그렇지 않든 접촉이 자유롭게 이루어져야만 가능할 것이다.

---

15 박원순, 『국가보안법 연구 3』, 역사비평사, 2000, 59~60쪽.

IV. 조선민주주의인민공화국 내에서 발생한 형사문제

남북이 자유롭게 접촉하고 왕래하게 되면 그만큼 상호 법률문제가 발생할 수밖에 없다. 실제로 개성공업지구와 금강산 관광지구에서는 몇 가지 형사문제가 발생하였다. 우리가 논의해야 하는 가장 현실적인 문제는 바로 이렇게 상호교류 시에 발생하는 형사문제에 대한 해결기준을 마련해야 하는 것이다. 그래야 각 국민들은 보장된 자유 속에서 자신의 행위에 대한 예측가능성을 가질 수 있다. 그럴 때 교류는 더욱 촉진되어 선순환이 이루어진다. 아래에서는 이와 관련한 몇 가지 내용을 살펴보겠다.

1. 개성공업지구 및 금강산관광지구에서 발생한 형사사건 처리지침

이 지침은 2005년 제정되고 2008년과 2014년에 개정된 훈령이다. 개성공업지구와 금강산관광지구는 대한민국 국민이 상주하지만, 대한민국의 보호를 직접적으로 받기보다는 조선민주주의인민공화국의 직접적인 보호 속에 있기 때문에 해당지역에서의 형사사건과 관련하여 대한민국과 조선민주주의인민공화국 형사법의 충돌이 문제되었다. 나아가서 대한민국의 형사주권과도 직접적으로 문제되는 현실 공간이었다. 이 지침은 이러한 문제 속에서 양 지구에 출입 및 체류하는 대한민국 주민과 해외동포, 외국인이 저지른 형사사건의 처리에 필요한 사항을 규정한다.

지침에서는 동 지역에서의 형사사건(변사사건 포함)에 관한 행정지원 업무는 법무부 법무실 소속 통일법무과가 총괄하도록 하였다(제3조). 지침은 통일법무과가 필요한 경우 유관기관과 협조하도록 하였는데, 특히 형사사건 처리결과를 북한에 대해 통보하게 하고(제3조 제2항 제3호 나목) 형사사건 범죄혐의자의 인도, 수사, 재판업무 관련하여 북한과 공조하고(라목) 남북합의서를 체결(마목)하도록 하였다. 또한 형사소송절차에서 북한주민을 상대로 한 증거조사, 증인소환 등이나 재판업무 등 북한과의 공조가 필요한 경우에는 유관기관과 협조하여 처리하도록 하였다(제10조, 제14조).

이 지침은 훈령이지만 통일과정에서 북한 내에서 발생한 형사사건의 처리과정을 규정한 형사관련 규정이다. 이것에 의하면 한국 정부는 사실상 북한에서의 형사사건에서 형사주권을 적극적으로 주장하지 않는다. 북한과 공조하고 유관기관과 협조하여 북한에 협조를 구하는 선에서 형사절차를 마무리하고 있다. 이에 대해서 이 지침으로는 남한 주민의 신변안전보장을 제대로 기대할 수 없다는 견해가 있다.[16]

이 역시 헌법 제3조의 해석과 연결된다. 지금의 헌법 제3조 해석으로는 이러한 현실을 설명할 수가 없다. 조선민주주의인민공화국의 실체를 인정해야만 해석되는 상황이다. 그런 부분에서 형사주권을 포기했다는 지적은 올바르다. 하지만 제3조의 해석에 의하면 대한민국의 형사주권은 포기되지 않았다. 왜냐 하면 여전히 불법집단의 점거지역이기 때문이다. 그 불법집단을 강제적으로 해산시키지 않는 이상 형사주권은 회복되지 않기 때문이다. 이 역시 불가능한 일이다. 결국 현재의 헌법 해석으로는 모순이 존재할 수밖에 없다. 북한의 형사주권을 인정할 수밖에 없는 현실적 · 실질적으로 어정쩡한 지침으로 이해된다.

동 지역에서 대한민국의 형사주권을 회복하고 유지하기 위해서는 조선민주주의인민공화국과 조약을 통해서 경제지구와 관광지구 등에서의 형사주권을 최대한 보장받아야 한다. 이와 비교할 수 있는 것으로 "한반도에너지개발기구와 조선민주주의인민공화국 정부 간의 조선민주주의인민공화국에 대한 경수로사업의 공급에 관한 협정" 및 "특권 · 면제 및 영사보호의정서"를 언급할 수 있다. 경수로 사업에서는 "KEDO에 부지 내에서의 자체적인 질서유지권을 부여하는 한편, 북한의 형사재판관할권을 배제"하였다.[17]

---

16 이효원, 앞의 글, 12쪽.

2. 국제형사사법 공조법과 범죄인 인도

개성공업지구 및 금강산관광지구에서 발생한 형사사건 처리 지침은 결국 형사사법 공조의 문제인데, 이는 상대방의 주권을 인정하는 경우에만 가능하다. 이미 형사사건 처리지침에서 형사사법 공조의 방향을 제시하였지만, 이는 1991년에 제정된 "국제형사사법 공조법"과 1998년에 제정된 "범죄인 인도법"의 특별판이다.

조선민주주의인민공화국을 국가로 인정하는 경우에는 형사사법 공조의 문제는 특별하지 않다. 조약 및 국내법에 따라서 국제형사사법 공조시스템을 구축하고 이에 따른 범죄인 인도가 가능해진다면 양 지역에서 발생하는 자국민의 또는 자국민에 대한 범죄의 형사사법시스템을 정상 가동할 수 있다. 다만, 양국 상호 간에는 평화통일을 해야 할 자기 의무가 존재하기 때문에 다른 국가와는 다르게 국제형사사법 공조와 범죄인 인도의 절차와 내용을 평화통일을 지향할 수 있도록 보완해야 한다.

3. 반인도적 범죄와 '국제형사재판소 관할 범죄의 처벌 등에 관한 법률'

독일 통일과정에서 동독지역에서 발생한 반인도범죄 등에 대한 형사법적 처리는 정치적인 문제와 함께 죄형법정주의와 관련해서 많은 문제들을 야기하였다.[18] 통일 과정의 한국에서 발생할 개연성이 높은 문제이기도 하다. 한국의 일부 세력들은 북한 정권에 대해서 반인권범죄에 대한 책임을 물어야 한다고 주장하기 때문에 남북한의 왕래가 자유로워지면 정치적 · 법적으로 전면에 등장할 수 있는 주제이다.

이와 관련해서 "국제형사재판소 관할 범죄의 처벌 등에 관한 법률"이 있

---

17 이효원, 위의 글, 36~37쪽.
18 박학모 외, 앞의 글, 9쪽.

다. 본 법률에 의하면 국제형사재판소의 관할 범죄에 대해서는 세계주의에 입각해서 국내에서도 이에 대한 처벌이 가능하고, 처벌해야 한다. 이는 국제 사회의 정의를 실현하기 위함이기 때문에 그 대상자의 국적이 조선민주주의 인민공화국이든 그렇지 않든 상관이 없다.

다만, 그 관할 범죄를 객관적으로 판단해야 하고, 상대국의 형사주권을 침해하지 않는 한에서 처벌논의가 이루어져야 한다. 독일은 '독일 민주공화국'이 '독일 연방공화국'에 흡수되어 사라진 경우이다. 우리는 양 국가가 교류를 활성화시키는 과정이라는 점에서 독일의 논의와는 크게 다르다.

V. 마치며

통일을 대박으로 표현하던 사람들은 통일이 바로 당장 가능하다고 선전했다. 그들은 북한 정권이 붕괴하고 북한 주민들이 스스로 삼팔선을 무너뜨리면서 남한 정부를 받아들일 것이라고 생각한 듯하다. 또는 미군을 등에 업고 남한 군대가 직접 통일할 수 있다고 생각했을 수도 있다. 그런 경우가 아니라면 당장 통일은 가능하지 않다. 북한의 지도자가 미국과의 핵협상을 포기하고 남한에 백기투항할 것 같지도 않다.

당장 통일을 전제로 하는 통일법안을 생각하는 것보다는 현재 주어진 상황에서 반통일적 요소들을 제거하고 평화를 구축하면서 통일을 차분히 준비하는 것이 현 상황에서의 통일 방안이다. 그러기 위해서는 상대방의 형사주권을 침해하지 않으면서 상호 신뢰를 쌓는 기술이 필요하다. 어느 형태의 통일이 되든, 형사법의 통일은 그 상황에서 큰 무리 없이 이루어질 것으로 생각한다.

설사 갑자기 통일이 찾아온다고 하더라도, 준비된 상황이라면 법의 통합은 큰 무리가 없다. 체제방어적 성격을 가지기 때문에 남북한 간의 이질화가 극단적으로 심화되어 있는 법이 형법이라고 하지만[19], 역시 통합은 가능하다.

독일 통일도 생각보다 갑자기 찾아왔지만, 서독의 형사법이 약간의 예외를 제외하고는 구동독에 거의 완벽하게 수용되었다는 평가[20]이다.

그런 의미에서 북한에 대한 법적 지위는 북괴가 아닌 '조선민주주의인민공화국'으로 이해해야 한다. 헌법 제3조는 평화통일을 위한 선언적 조항으로 해석해야 한다. 이미 국제법상으로든 국내 정치적으로든 그 실체를 가지고 있는 국가를 굳이 부정할 필요는 없다. 그럴수록 법이론은 더욱 복잡해질 것이다. 누구나 인정하듯이 독일 통일은 동·서독의 인적·물적 교류와 사전 준비에 의해서 이루어졌다. 건전한 통합준비가 무엇보다도 필요하다.

복잡한 도그마틱 원리를 계속 만들면서 맞지도 않은 옷을 만들기보다는 우리에게 어울리는 편한 옷을 그대로 걸쳐 입는 것도 괜찮다.

---

19 박수희, 앞의 글, 393쪽.
20 박학모 외, 앞의 글, 7쪽.

참고문헌

김민배, 「반국가단체의 개념과 역사적 과제: 국가보안법 제2조에 대한 경과와 적용사례를 중심으로」, 『민주법학』 제18호, 민주주의법학연구회, 2000.

김종서, 「국가보안법 적용논리 비판: 제7조를 중심으로」, 『민주법학』 제16호, 민주주의법학연구회, 1999.

도회근, 「북한 주민의 헌법상 지위에 관한 연구」, 『헌법학연구』 제4집 제2호, 한국헌법학회, 1998.

_____, 「헌법 제3조(영토조항)의 해석」, 『헌법규범과 헌법현실: 권영성교수 정년기념 논문집』, 법문사, 1999.

박수희, 「체제통합에 따른 남북한 형법통합 방안」, 『한국공안행정학회보』 제23호, 한국공안행정학회, 2006.

박원순, 『국가보안법 연구 1』, 역사비평사, 1997.

_____, 『국가보안법 연구 3』, 역사비평사, 2000.

박학모 · 김유근 · 손지영 · 이규창 · Gerhard Werle · Moritz Vormbaum · Heinz Schöch, 「통일시대의 형사정책과 형사사법 통합 연구(I)」, 『형사정책연구원 연구총서』, 한국형사정책연구원, 2015.

배종대, 「정치형법의 이론」, 『법학논집』 제26호, 고려대학교 법학연구원, 1991.

심경수, 「영토조항의 통일지향적 의미와 가치」, 『헌법학연구』 제7권 제2호, 한국헌법학회, 2001.

오경식, 「통일대비 형사사법시스템에 대한 연구」, 『동아법학』 제56호, 동아대학교 법학연구소, 2012.

이정훈 · 김두원, 「통일을 대비한 남북한 형법 통합방향의 모색 – 최근 개정된 북한 형법을 중심으로-」, 『법학논문집』 제38집 제3호, 중앙대학교 법학연구원, 2014.

이창호, 「최근 국가보안법 남용사례와 형사법적 대응」, 『민주법학』 제43호, 민주주의법학연구회, 2010.

이효원, 「남북한 형사사건의 합리적 해결을 위한 법제도 구축방안」, 『형사정책연구원 연구총서』 제12호, 한국형사정책연구원, 2008.

정태욱, 「국가보안법과 한반도의 평화」, 『민주법학』 제16호, 민주주의법학연구회, 1999.

조 국, 「국가보안법 전면 폐지론」, 『정치비평』 제8권, 한국정치연구회, 2002.

_____, 「악법열전 한국 근현대사에서의 사상통제법」, 『역사비평』 여름호, 역사비평사, 1988.

최관호, 「이적동조죄의 불법성과 불복종」, 『민주법학』 제56호, 민주주의법학연구회, 2014.

_____, 「한반도 평화와 국가보안법」, 『민주법학』 제25호, 민주주의법학연구회, 2004.

허일태, 「국가보안법 폐지의 정당위성」, 『형사정책』 제16권 제1호, 한국형사정책학회, 2004.

통일부, "남북교류협력 현황 개관",
〈http://www.unikorea.go.kr/unikorea/business/cooperation/status/overview/〉, 검색일: 2018.9.10.

통일과 지방자치

문병효

I. 서론

2017년 말까지만 하여도 북한이 미사일을 발사하는 등 전쟁발발의 우려가 깊어지고 남북 긴장관계가 고조되고 있었으나 2018년 평창올림픽을 계기로 하여 남북관계가 화해모드로 급변하였다. 여전히 남북 간에 해결해야 할 문제는 산적해 있지만 남북정상이 만나고 북미정상회담이 열리는 등 남북통일의 분위기가 조성되고 있다는 점에서 다행이다. 남북 이산가족이 만나고 남북의 교류가 활발해지면서 지방자치단체 차원에서도 교류에 합류하고 있어 바람직한 모습을 보여주고 있다. 통일은 남과 북의 물리적이고 지리적인 통일뿐만 아니라 남북을 구성하는 국민과 인민의 결합을 의미한다. 통일은 또한 남북의 중앙권력의 배분 문제뿐만 아니라 지방차원에서도 권력배분과 통제의 문제이기도 하다. 통일로 가는 지난한 과정 그리고 통일이 된 이후 지방자치는 어떤 모습으로 남을 것인가. 남북화해모드로 급변한 정세에 대비하는 하나의 방편으로서 통일과정에서 뿐만 아니라 통일 이후 지방자치가 어떤 역할을 하여야 하고 어떤 방향으로 나아가야 할지에 대하여 진지한 고민을 하여야 할 때이다.

통일로 가는 과정에서 남한 지방자치의 현황은 어떠한가. 남한의 지방자치가 재개된 지 30년이 다 되어가지만 수도권 집중은 더 심화되어 인구의 2분의 1이 서울과 수도권에 집중되어 있고 각종 인프라와 사회, 경제, 문화, 교육등 모든 면에서 지방과 서울의 격차는 날로 커지고 있다. 서울의 집값은 천정부지로 치솟고 온 국민들이 서울로 향하여 가고 있는 이러한 형국에서 과연지방자치는 올바로 가고 있는지 회의가 들지 않을 수 없다. 지방자치가 실시된 이후 다양한 인프라가 개선되고 주민들의 삶이 향상된 측면은 부분적으로있다고 할 수 있으나 지역균형발전은 오히려 뒷걸음치고 있다. 사회 전체적으로는 경제불황, 비정규직과 실업, 양극화가 심화되고 자산소유에서 기인하는 불평등이 커지고 있으며 인구구조도 변화하여 저출산, 고령사회로 진입하였다. 국민들은 경제적 어려움으로 고통받고 있는 한편 기득권층은 각종 특권과 특혜구조를 누리고 있다. 그러한 구조를 타파하고 통일을 계기로 중앙집중적인 권력구조의 폐해를 극복하고 민중의 삶에 변화를 가져오는 근본적인 구조변화를 어디에서 찾을 것인가가 문제이다. 이러한 상황에서 통일은우리에게 어떤 의미가 있는가 고민하지 않을 수 없다.

기존의 통일담론은 민족 동질성, 민족주의에 기반하여 통일의 정당성에 대한 회의를 금기시하고 통일운동에 대한 반성과 새로운 통일 패러다임을 모색하는 데 방해가 되었다. 또한 통일에 대한 당위성과 체제통합 논의에 중점을둠으로써 남북이 상호간에 타자와의 다름을 인정하기 보다는 타자에 대한 공포를 이용하여 각자 자신들의 권력을 강화하는 수단으로 활용하였다. 이 과정에서 통일의 주체인 민중들은 소외되고 구체적인 통일담론에서 민중의 삶은관심대상에서 벗어나 있었다.[1] 남한과 북한이 통일되는 것은 민족과 국가의차원에서 바람직한 일이기는 하나 통일이 된다고 하여 남북한 내의 계급갈등

---

1 김성민, 「통일을 위한 인문학의 역할」, 건국대학교 인문학연구원 통일인문학연구단 엮음, 『소통, 치유, 통합의 통일인문학』, 선인, 2009, 17쪽.

과 양극화, 기득권과 특권유지 시스템의 문제가 자동으로 해결되지 않는다. 민족주의는 자본의 이익과 계급의 이익, 기득권의 유지와 권력유지의 문제에서 아무런 영향을 발휘하지 못한다. 또한 분단국가의 권위적, 억압적 통치기제로 작용하는 국가보안법 등의 억압적 장치들은 여전히 제거되지 않고 있다. 그러므로 통일은 민족주의담론과 국가주의담론을 넘어 분단국가구조와 냉전구조의 해체, 자본과 노동, 계급갈등과 계층문제를 해결하는 과정이 되어야 하며 언제나 남북을 구성하는 민중의 삶이 그 중심에 자리하는 과정임을 잊어서는 안된다. 새로운 통일담론은 바로 여기서부터 시작되어야 한다.

이하에서는 기존의 통일담론을 극복하고 새로운 통일담론을 토대로 하여 통일이 갖는 의미, 지방자치와 지방분권, 통일과정에서 지방자치 구상 등에 관하여 고민을 담아 서술해 보고자 한다.

II. 통일의 의미와 지방자치

1. 남북 헌법상 통일 규정과 화해 가능성

남북 헌법은 각자 통일에 관한 규정을 두고 있으나 각자 자신의 체제를 중심으로 하는 통일을 추구하고 있다. 수정자본주의의 틀을 가진 남한 헌법의 제4조는 자유민주적 기본질서에 입각한 평화적 통일정책 수립 및 추진을 규정하고 있고[2] 북한헌법 제9조는 사회주의에 입각한 평화통일을 추구하고 있다는[3] 점에서 둘은 애초부터 화해하기 어려운 구조이다. 다만 경제체제에 의하면 남한헌법이 전면적 계획경제와 전면적 사회화를 용인하지 않지만 부분

2　남한 헌법(대한민국헌법) 제4조 "대한민국은 통일을 지향하며, 자유민주적 기본질서에 입각한 평화적 통일 정책을 수립하고 이를 추진한다."

3　북한 헌법(조선민주주의인민공화국 사회주의헌법) 제9조 "조선민주주의인민공화국은 (중략) 사회주의의 완전한 승리를 이룩하며 자주, 평화통일, 민족대단결의 원칙에서 조국통일을 실현하기 위하여 투쟁한다."

적 계획경제, 부분적 사회화, 소유방식의 다각화를 허용하고 경제적 다원주의와 양립가능한 구조를 가지고 있다고 할 수 있으나 북한헌법은 생산수단의 소유주체를 국가와 사회협동단체로 한정하고(제20조) 개인소유를 매우 제한적으로만 인정하여(제24조) 사유재산제를 원칙적으로 부정하고 있으며 계획경제를 원칙으로 하고(제34조) 있기 때문에 남한의 자본주의 경제체제와 양립하기 위해서는 헌법개정이 불가피하다. 그러므로 남한헌법이 북한식 경제체제에 대한 포용성을 넓히고 북한헌법도 사회주의적 재산법 제도를 일정 부분 수정하여 시장사회주의의 프레임을 장기적으로 받아들인다면 남북 경제체제의 접근가능성이 열릴 것이다.[4] 그러한 차원에서 통일은 남과 북이 상호 수용 가능한 범위에서 제3의 헌법문서를 제정하는데 합의하는 것을 전제로 하게 된다. 그러나 위와 같이 남북이 상호 다른 체제를 가지고 있는 한 상호 체제접근 가능성을 검토하는 데에는 한계가 있을 수밖에 없다. 체제 중심의 통일논의는 결국 남북이 누가 통일의 주도세력이 되느냐를 두고 다투게 되는 문제에 봉착하게 되고 말 것이기 때문이다.[5]

2. 새로운 통일담론으로서 통일의 인문학적 의미

통일은 남북이 상호 간의 체제를 수용할 수 있는 틀을 합의하는 데서 출발한다. 그러므로 남북 헌법의 통일뿐만 아니라 법제 전반에 대한 상호 수용과 조화를 요구한다. 그러나 통일이 이와 같은 법적, 제도적 통일만으로 완성되는 것은 아니다. 기존 통일담론은 통일의 추상적 당위성을 강조하고 체제통합 중심이며 민족동질성에 근거하고 있다는 점에서 한계가 있다. 새로운 통일담론은 이러한 한계를 넘어서 분단의 상처와 적대를 극복하고 냉전적 통일

---

4   이재승, 「통일과 경제질서」, 『민주법학』 제68호, 민주주의법학연구회, 2018, 17쪽 이하는 웅거(Unger)의 경제적 다원주의의 관점에서 남북헌법의 양립 가능성을 검토하고 있다.

5   김성민, 앞의 글, 17쪽.

담론을 지양하며 인류 보편적 가치를 지향하여 민중의 삶을 질적으로 향상시키는 과정이어야 한다. 이는 통일담론의 인문학적 패러다임 전환을 의미한다.[6]

통일은 체제와 제도의 통합을 넘어서 남북 간의 적대적인 관계를 청산하는 것일 뿐만 아니라 남북한 사회의 구성원인 사람들이 인간답게 사는 세상을 꿈꾸는 일이다. 통일은 형식적인 분단을 극복하는 것뿐만 아니라 남북의 사회구조적인 문제와 갈등까지도 치유하는 실질적인 과정이 되어야 한다. 이 과정에서 남북한 모두 기존의 불합리하고 불평등한 사회구조 하에서 자연스럽게 획득된 기득권 구조가 타파되는 과정이 되어야 한다. 남한 자본주의의 불평등구조와 특권 및 착취구조가 타파되어야 하고 북한 사회주의의 관료주의와 부패구조가 타파되어야 한다.

통일은 분단된 체제하에서 살고 있던 구성원들인 인간들이 지리적, 역사적, 물리적, 심리적인 분단을 극복하고 진정으로 하나 되는 과정이다. 통일은 정치경제나 법제도적 통합에 그치지 않고 남북의 구성원인 민중들의 삶을 통합하는 것이다. 인간이 그 중심이 된다는 점에서 인간 중심의 인문주의를 바탕으로 하는 인문학은 중요한 토대가 된다. 이는 분단과 소외, 차별을 극복하고 새로운 통일된 사회를 구성하는 주체로서 인간이 중심이 되어야 한다는 의미이다.

이를 위해서는 남북 상호 간의 적대적인 냉전의식을 청산하는 과정이 있어야 하고 평화와 안전이 확보되어야 한다. 통일은 단지 언어와 역사, 철학, 문학의 공유를 의미하는 것[7]만이 아니라 분단과 차별, 배제를 극복하고 사람이 사람답게 사는 세상을 만드는 상생의 과정이 되어야 한다. 그것이 진정한

6 　김성민, 앞의 글, 13쪽 이하(21쪽).

7 　주로 통일을 위한 인문학적 준비의 차원에서 통일인문학의 개념을 분석하고 있는 문헌으로는 김도식, 「통일인문학」의 개념분석」, 「통일인문학」 제51집, 건국대학교 인문학연구원, 2011, 155쪽 이하.

의미에서 통일의 인문학적 의미라고 할 것이다. 사람의 통일이라는 관점, 미래의 고향으로서 한반도 건설이라는 관점[8] 등도 바로 그러한 관점과 일맥상통한다. 그러므로 지금과 같이 경제 불황과 경제성장만이 논의되고 경제적 안정전략의 관점에서만 바라보는 좁은 시야에서도 벗어나야 한다. 독일이 통일되고 나서 10여 년이 지난 이후에도 사회통합에 실패하고 동독지역의 주민이 상대적 박탈감을 느낀다는 사례보고는 통일이 단지 경제통합만의 문제에 그치지 않고 인간의 문제라는 점을 잘 보여주고 있다.[9]

이와 같이 통일이 남북 주민(인민)들의 상생의 과정이 되고 차별과 배제를 극복하고 사람답게 살아가는 과정이 되어야 한다면 이를 위한 당연한 전제는 남북이 전쟁을 치르지 않고 평화적으로 통일하는 것이다. 전쟁은 서로에게 너무나도 큰 상처를 남길 뿐만 아니라 사람답게 산다는 전제 자체를 파괴하는 것이다. 평화적으로 통일한다는 것은, 어느 일방에 갑작스러운 변괴가 없는 한, 상호 간에 협상을 통해 단일한 공동체를 만드는 것이다. 이는 상대방을 대등한 당사자로서 인정하는 것으로부터 출발하여야 가능하다. 통일은 남북이 대등하게 합의한 공통의 헌법문서를 통한 계약체결이 수반된다. 통일과정은 상대방의 체제에 대하여 수긍하고 받아들이는 상호 인내와 배려의 과정일 뿐만 아니라 차별과 배제, 소외를 극복하고자 하는 휴머니즘의 회복 과정이 될 것이다.

3. 통일의 인문학적 의미실현수단으로서의 지방자치

통일을 위하여 지방자치가 필수 불가결한 요소인지, 아니면 지방자치를 위

---

8 박민철, 「연방제 통일방안에 대한 인문적 성찰과 통일론의 방향성」, 『통일인문학』 제61집, 건국대학교 인문학연구원, 2015, 5~32쪽.

9 이영란, 「통일 이후 동독지역 주민의 상대적 박탈감 : 포커스인터뷰 분석을 중심으로」, 『한국사회학』 제39집 제1호, 한국사회학회, 2005, 137쪽 이하.

하여 통일이 필요한 것인지 하는 문제가 제기될 수 있으나 통일을 위하여 지방자치가 반드시 필수 전제조건이라거나 지방자치를 위하여 통일이 꼭 필요한 것은 아니다. 지방자치가 되어야만 통일이 이루어지는 것은 아니며 지방자치는 통일이 안 된 상태에서도 얼마든지 가능하다. 다만 통일과 지방자치는 상호 긍정적으로 영향을 미치는 관계일 수 있다. 즉 지방자치는 분단극복 과정에 동참함으로써 통일의 인문학적 의미를 실현하는데 적절한 수단으로서 기여할 수 있다.

한반도의 분단은 동족상잔의 전쟁 이후 남과 북 양쪽에 차별과 배제, 억압의 기제로 작용하였다. 분단을 극복하는 것은 남북 양측에서 존재하는 차별과 배제, 억압을 걷어낸다는 것을 의미한다. 통일은 분단을 원인으로 하여 생긴 이데올로기에 의한 차별과 배제, 억압뿐만 아니라, 자본과 노동, 계급 갈등과 양극화 문제 등 남북 공동체 각각에 존재하는 그러한 원인을 제거하는 과제를 안게 된다. 지방자치는 분단을 극복하고 통일을 완성하는 과정에서 한반도의 철책을 걷어내는 물리적인 분단뿐만 아니라 남쪽과 북쪽 각각의 내부에 있는 사람과 사람 간에 놓여있는 심리적 분단까지도 극복하는 역할을 분담할 수 있어야 한다.[10]

예컨대 통일 전 동서독 관계에서 지방자치단체 간의 교류와 자매결연도 통일을 위한 중요한 밑거름이 되었다.[11] 독일의 경우 1985년 말에 동서독 도시 간의 자매결연에 대한 구체적인 협상이 시작되었으나 도시 간 자매결연에 대한 필요성은 이미 분단 직후부터 동서독 양측에서 제기되었다. 주변 상황으

---

10 분단의 틀에 갇혀있는 지방자치와 지방자치 법제를 극복하여야 한다. 해방 이후 지방자치와 지방자치 중단의 역사를 통하여 이를 엿볼 수 있다. 특히 5.16 군사쿠데타에 의한 지방자치 중단으로 중앙집권적 국가권력을 통한 민중착취가 통제를 받지 않고 행해지게 된다. 그동안 재개된 지방자치는 중앙권력에 대한 통제기능을 적절히 하기보다는 중앙권력에 대한 종속을 벗어나지 못하고 있다.

11 손기웅, 「동서독 사례는? "작은 보폭과 인내심" 주목해야」, 『통일한국』 제375호, 평화문제연구소, 2015, 18~19쪽.

로 인하여 도시 간 자매결연에 대한 동서독의 입장이 다른 데다 동서독 도시 간 자매결연 추진과정에서 특히 도시 선정, 조약협상, 그리고 조약문 작성과 관련하여 이견들이 많이 표출되었기 때문에 늦어진 것이라고 한다.[12] 이처럼 우리의 경우에도 분단극복과 통일완성의 과정에서 지방자치단체의 역할은 매우 중요하다.

또 하나의 예로서 통일이 되기 전까지 이탈하는 주민들에 대해서는 국가차원에서 보호해야 할 것이나 지방자치단체 차원에서도 역할을 할 필요가 있다. 우리의 북한이탈주민의 보호 및 정착지원에 관한 법률(이른바 '북한이탈주민법')은 북한이탈주민의 보호 및 정착 지원을 목적으로 하여(제1조) 국가의 책무를 규정하고 있어(제4조의2) 지방자치단체의 책무를 규정하고 있지 않으나 지역적응센터의 지정, 운영 시 지방자치단체의 장과 협의하도록 하거나(제15조의2), 지방자치단체의 북한이탈주민 고용노력을 규정하고 이를 평가에 반영하는 규정을 두고 있다. 이외에도 강원도를 포함하여 지방자치단체별로 현재 121개의 남북교류협력 조례가 제정되어 있다. 예컨대 강원도 남북교류협력조례는 강원도 남북협력기금을 설치·운영하여 남북 간 교류협력을 증진하는 사업에 사용할 수 있도록 근거규정을 마련하고(제5조) 남북교류협력위원회를 설치하는 것을 내용으로 하고 있다.

4. 헌법적 가치완성의 공간으로서 지방자치

통일과 같은 급격한 변화요인이 생긴다 하더라도 남과 북이 통일방안에 대한 협의 과정이 중요하고 이는 조약의 형태나 단일한 헌법의 형태로 표출될 것이기 때문에 그에 따라 지방자치에 대한 방향과 내용이 정해지게 될 것이다. 통일과정에서 뿐만 아니라 통일 이후에도 지방자치는 남북한 민중이 공통

---

12 손기웅, 위의 글(2015), 18~19쪽.

으로 승인할 수 있는 헌법적 가치를 추구하여야 할 것이다. 남북이 공통의 헌법 문서에 합의해야 하는 과정이 있을 것이고 거기에서 그러한 가치들이 포함될 것으로 생각되나 합의를 전제로 한다는 것은 상호 양보를 전제로 하는 것이기 때문에 어느 일방의 가치를 상대방에게 강제하기는 어려울 것이다.

통일을 준비하는 과정에서 지방자치는 당연히 헌법적 가치를 완성하는 공간이 되어야 한다. 물론 헌법적 가치에 어떤 내용이 포함되어야 할지, 그리고 그러한 가치에 동의할지 여부의 문제는 남북 민중이 자율적으로 참여하여 결정하는 것이 전제되어야 한다. 누구나 공유할 수 있는 인간존엄과 행복, 평화와 안전이라는 헌법적 가치를 완성하는 공간이 되어야 한다는 점은 최소한의 공약수일 것이다. 그리고 국민이 주인되는, 국민을 위한, 헌법 구조 원리로서 민주주의와 이를 실현하는 절차와 내용을 규정하는 법치주의를 바탕으로 하여야 한다. 특히 민주주의의 가치가 지방자치 차원에서 실현되는 구조가 되어야 한다.[13]

통일로 가는 과정에서 여러 단계가 있을 것이지만 통일헌법은 남북한 양국이 통일을 전제로 양자의 합의를 바탕으로 하여 체결한 계약문서로서 성립될 것이다. 그 헌법문서에 남북한 민중의 공감대가 형성되는 원하는 방향의 지방자치의 수준과 내용을 담아야 할 것이다. 그렇다면 지방자치는 남북한 민중이 스스로 합의한 헌법에 따른 가치를 실현하고 완성하는 공간으로서 존재하여야 한다. 지방자치는 주민들이 스스로의 삶을 스스로 결정하고 향유할 수 있는 해방공간이자 복지를 누리는 공간적 토대로서 존재하여야 한다. 우선 정치적으로 주민들이 스스로 자신들에 맞는 정치시스템을 선택하고 다양한 실험이 행해지는 민주주의 시스템을 가지는 정치적 해방공간이 허용되어야 한다. 이를 위해서는 무엇보다도 선거제도와 정당제도에 있어서 기존의 거대 정당에 기득권이 인정되도록 하는 정치적 규제가 제거되어야 한다. 정

---

13 물론 민주주의에 대하여는 인민민주주의와 자유민주주의의 충돌이 예상된다. 양쪽에서 '인민'과 '자유'를 서로 삭제하는 것도 하나의 방안이나 그렇다고 하여 문제가 해결되는 것은 아니다.

당득표율에 비례해 의석을 배분하는 연동형 비례대표제 도입[14]이나 정당설립 요건 완화 등을 통해 녹색당이나 정의당, 노동당 등과 같은 소수 정당들도 중앙에 활발히 진출하고 전국단위가 아닌 지역에 기반한 정당도 설립하여 활동할 수 있도록 하는 구조가 되어야 한다. 주민의 복리사무를 처리하는데 근접한 지방자치단체도 의료와 주택, 일자리, 학교 등의 문제를 복지 차원에서 해결하고 자본주의사회의 욕망을 제어하기 위한 노력을 기울여야 한다.[15, 16] 이를 통해 노동에 대한 정당한 대가를 지불받도록 하고 사회구성원들의 정의 관념을 높여야만 공동체가 건전한 방향으로 유지될 수 있다. 또한 불로소득을 차단하여 조세를 통해 거둔 세금을 지방에 분배하는 구조가 된다면 지방자치단체별로 교육, 문화, 체육 등을 포함한 다양한 분야에 복지를 위한 인프라가 확충될 수 있을 것이다.

---

14 연동형 비례대표제는 현행의 소선거구제에서 발생하는 사표를 방지한다는 점에서 시민단체, 소수 정당들 뿐만 아니라 중앙선거관리위원회에서도 제시된 바 있으나 거대 정당들의 기득권 유지 때문에 실현되지 않고 있다.

15 7:3의 원칙이나 6:4의 원칙, 또는 5:5의 원칙에 따른 부동산 양도세 부과 또는 보유세 부과도 한 방법이다. 이는 자본주의사회의 욕망을 제어하는 한 방편이 될 수 있다. 종합부동산세 등 보유세뿐만 아니라 양도소득세의 중과 및 기간의 장기간을 통하여 부동산으로 인한 이익을 취하는 구조를 탈피하여야 한다. 목표를 명확히 하여야 함. 부동산 등 불로소득으로 인한 수익구조를 최소한 수익의 절반인 50%까지 공적으로 환수하는 조세제도를 마련할 필요가 있다. 이는 자본주의 체제에 반하는 것이 아니라 자본주의 시장경제의 구조를 부동산을 제외하고는 건전하게 유지하고자 하는 것이다.

16 이는 통일 후 북한의 부동산에 대한 남한 자본의 약탈을 방지하기 위한 수단으로 고려될 수 있다는 점에서도 시사점이 있다. 통일 후 북한의 부동산에 대해서는 중국과 같이 소유권을 인정하지 않고 사용권만을 30년 동안 인정하되 기간을 갱신하는 방법도 생각해 볼 수 있다. 만약에 지금과 같이 방치할 경우 서울의 집값 폭등과 부동산투기와 같은 폐해가 북한에서도 일어날 가능성이 크고 6.25 당시 월남한 사람들이 소송제기를 통해 조상의 땅을 돌려받으려고 하는 사태가 발생할 것이다. 독일 통일 당시 이러한 문제에 대한 합의가 없이 급격하게 동서독이 통일한 것은 가장 큰 실책 가운데 하나로 꼽히고 있다.

5. 민주주의 실현과 권력통제장치로서 지방자치의 역할

지방자치는 긍정적인 방향으로 기능할 경우 -그 구체적인 내용과 방향에 따라서는- 정치, 경제, 사회 등 각 분야의 민주주의 실현에 기여하며 중앙권력에 대한 통제기능을 수행할 수 있다. 먼저 권력통제기능과 관련하여, 중앙권력에 의하여 임명된 지방행정 관료는 주민의 이익을 위하여 봉사하기 보다는 중앙권력의 이익을 위하여 봉사하고 중앙권력에 종속되게 마련이다. 독재정권 치하에서 지방자치단체장과 지방의회의원 선거제를 도입하지 않으려한 것은 바로 중앙권력이 스스로 가진 권력을 독점하고 통제에서 자유롭고자한 데서 연유한다. 일제가 식민지배 하에서 지방을 관리하기 쉬운 구조로 재편하고 능률적인 근대적 행정기구를 도입한 것은 식민지 경제개발과 지배체제의 강화에 기여하려는 목적에서였다.[17] 이러한 구조는 해방 이후에도 그대로 유지되었다. 일제 치하이건 독재 치하에서건 중앙권력이 굳이 자신의 권력약화를 초래할 가능성이 있는 지방자치제를 스스로 도입할 필요는 없었던 것이다. 중앙집중적 권력체제 하에서는 독재권력의 부패와 정경관언 유착에서 연유하는 정치, 사회, 경제의 구조적 비리에 대한 비판의 목소리를 임명된 자치단체장과 의원이 내기 어렵다. 선거로 뽑힌 지방자치단체장과 지방의회의원은 자신을 선출한 주민의 이익을 대변하여 중앙권력과의 관계에서 권력통제기능을 수행할 수 있다. 여전히 중앙당에 종속된 정당구조하에서 한계가있는 것은 사실이지만 이는 정당제도의 개혁에 의하여 해결되어야 할 문제이다. 현재의 지방자치법제 하에서 여전히 한계가 있는 것은 사실이지만 지방자치가 재개되면서 중앙권력과의 관계에서 권력분점 및 견제의 가능성이 생겼다.

다른 한편으로 지방자치는 무엇보다도 민주주의의 실현에 기여한다. 통일

---

17 오동석, 「일제하 '지방자치' 관련 법제의 변화」, 「법사학연구」 제30호, 한국법사학회, 2004, 5쪽 이하.

과 민주화는 선민주 후통일의 주장 등 선후 관계에 관한 논의가 있을지언정 양자는 불가분의 과제이다.[18] 민주화는 정치의 민주화뿐만 아니라 경제민주화, 사회민주화를 포함한다. 지방자치는 인권과 민주주의가 확대되는 과정이어야 하며 통일은 그 과정을 통하여 지속적으로 완성되어간다. 민주주의는 그 자체가 완성을 향해 나아가는 하나의 과정이므로 완결된 형태와 내용을 갖추기 위하여 나아가는 끊임없는 운동(과정)이라고 할 수 있다.[19] 무엇보다도 중요한 것은 민주주의의 주체인 주민 또는 인민이 스스로의 정치적 삶과 사회경제적 삶을 주체적으로 결정하고 통제할 수 있는 구조를 갖는지 여부이다. 주체의 결정 및 통제 가능성이 관건이 될 것이다.

남북은 체제뿐만 아니라 민주주의 관념도 전혀 다르다. 남북은 자유민주주의와 자본주의체제에 입각한 통일을, 북한은 사회주의체제와 인민민주주의에 입각한 통일을 주장하고 있다. 남북은 자본주의와 사회주의로 경제체제 하에서 양쪽 모두 민주주의를 내세우고 있다는 점에서는 공통이지만 그 의미가 전혀 다르다. 또한 분단 상황이 지속되고 수십 년 동안 분단된 공간에 갇혀 지내오면서 민주주의는 축소되고 왜곡되었다. 남한에서의 자유민주주의는 냉전반공주의로서 반북을 의미하는 것이었고 이를 통해 정치의 스펙트럼이 매우 좁아졌을 뿐만 아니라 자유민주주의를 내세워 오히려 민중을 배제, 차별하고 억압하는 수단으로 이용하였다. 북한의 인민민주주의 역시 민중을 배제하고 억압하기는 마찬가지였다. 분단체제에서 민주주의는 좌우의 스펙트럼을 좁히고 극단적이고 보수적인 세력이 정치권력을 장악하여 남북 민중

---

18 김대중의 '선민주 후통일'의 주장에 관해서는 김병오, 『민족분단과 통일문제 : 현대 한국사의 재조명』, 도서출판 한울, 1985, 374쪽 이하.

19 자크 랑시에르는 민주주의를 어떤 통치형태와 사회생활방식이 아니라 공공의 논의에서 배제되었던 정치적 주체들이 발언을 요구하고 이를 위해 정치제도의 갱신을 요구하는 실천 자체라고 한다. 따라서 민주주의는 끊임없이 이의를 제기하며 끊임없이 갱신되는 운동과 같은 것이라고 말한다. 양창렬, 「자크 랑시에르 : 제도도 이념도 아닌 민주주의론」, 『진보평론』 제68집, 진보평론, 2016, 74~75쪽.

의 억압과 배제, 왜곡의 수단으로 이용되었다는 점에서 공통적이라고 할 수 있다. 통일이 이루어지는 과정에서 그리고 이후의 민주주의는 더 이상 분단 상황에서 축소, 왜곡된 의미로 남아 있어서는 안 된다.

그러한 의미에서 민주주의를 분단국가에서 타율적으로 통제된 질서를 깨고 배제되고 억압되었던 자들이 목소리를 내게 하는 민주주의 이념형으로 설정하자는 논의는 상당한 설득력을 가진다.[20] 공공의 논의에서 배제되었던 정치적 주체들이 발언하고 사회의 변화를 요구하는 실천이야말로 민주주의의 출발점일 것이기 때문이다. 사실 민주주의의 위기는 남북 분단의 상황에서만 겪는 것이 아닌 세계적인 현상이 되고 있다. 전 세계적으로도 선거권과 재산권과 같은 권리는 어느 정도 보호되어 비민주의라고는 할 수 없지만 보편적 인권의 실현과 관련된 권리나 조직 구성, 참여의 권리, 집회시위, 표현의 자유나 정보에 대한 권리 등은 상당한 제약하에서만 형식적으로 인정되고 있다. 이러한 현상이야말로 포스트 민주주의로 표현되는 민주주의의 위기라고 할 수 있다.[21] 형식적으로 권리는 인정되고 있는 것처럼 보이지만 갈수록 불평등이 심화되고 사회가 양극화되어 정치, 언론뿐만 아니라 사법에서마저도 한쪽의 목소리만 대변되는 현상을 민주주의라고 할 수는 없을 것이다.

통일과정에서나 통일 이후의 지방자치는 남북 모두 왜곡 축소되었던 민주주의를 회복하여 그 주인인 민중의 목소리가 대변되는 공간이 되어야 한다. 통일이 분단을 극복하는 과정일 뿐만 아니라 인권을 확대하고 민주주의를 회복하는 과정이어야 한다면[22, 23] 지방자치 역시 통일을 이루어가는 공간이자

---

20 박솔지, 「포스트 통일담론의 이념형, 민주주의」, 『통일인문학』 제72집, 건국대학교 인문학연구원, 2017, 5쪽(23쪽) 이하.

21 콜린 크라우치는 전 세계의 민주주의가 위기에 처한 것을 두고 '포스트 민주주의'란 개념을 사용하고 있다. 콜린 크라우치, 이한 옮김, 『포스트 민주주의』, 미지북스, 2008. 이에 대해서는 박민철, 「남북 통합의 이념적 토대로서 민주주의: 해방정국의 민주주의 담론 분석과 그 재구성을 중심으로」, 『통일인문학』 제72집, 건국대학교 인문학연구원, 2017, 37쪽 이하.

22 그러한 의미에서 인권, 민주주의 친화형 보편적 통일방안을 제시하는 견해로서는 서보혁, 「보편주의 통일론과 인권·민주주의 친화형 남북관계의 탐색」, 『세계지역연구논총』 제32집

민주주의를 회복하고 실천하는 공간으로서 존재하고 기능할 수 있어야 한다. 지방자치는 주민참여의 제약, 정보의 비대칭성을 극복하고 주민이 진정한 주인이 되고 상호공존하고 배려하는 자율적 공간으로서 기능하여야 한다. 지방자치단체장과 지방의회 의원의 선출에 있어서 비민주적인 요소의 제거, 주민소환이나 주민발안제도, 주민감사제도의 확대, 참여예산제의 확대 등 주민들이 직접 참여하는 제도를 포함한 민주적 구성과 운영에 의한 주민들의 자발적인 참여, 지방자치 공간에서 일어나는 공적인 일들에 관한 정보에 대한 접근권이 보장되는 소통의 공간이자 자치권의 공간이 되어야 한다. 이를 통하여 구성원들이 인간다운 존엄을 되찾고 높은 삶의 질을 향유할 수 있으며 사람답게 사는 진정한 민주공화국의 공간이자 민주적 실험주의의 공간이 되어야 한다.[24]

제1호, 한국세계지역학회, 2011, 7쪽 이하.

23 이처럼 인권과 민주주의의 회복의 관점에서 통일을 바라보는 생각이 체제가 아닌 권리의 문제로 접근하자는 주장과 동일한 것은 아님에 유의하여야 한다. 체제가 아닌 권리의 관점에서 바라보는 것은 문제가 있는 것으로 생각되기 때문이다. 앞에서 백낙청 교수가 체제 문제를 결정할 주권적 주체가 남북한의 정부라기보다는 남북한의 인민들이라는 점을 강조하고 있다는 점에서 통일논의를 민주적 방향으로 한 걸음 크게 진전시켰다고 평가하면서 그의 민주적 관점을 한 걸음 더 나아가 권리의 관점으로 전환하여 보는 견해가 있다. 그에 따르면 "우리는 우리의 중심 질문이 '통일코리아가 어떤 체제가 되어야 하는가'가 아니라 '통일코리아에서 인민들이 누려야 할 권리들은 어떠한 것인가'가 되어야 한다고 주장한다. 곧 '체제'가 아닌 '권리'의 관점에서 통일을 사유하고 풀어나가자는 것이다. 그리고 통일코리아에서 인민들이 누려야 할 권리가 무엇인지에 대해 인민들 스스로가 논의하고 결정해 나간다면, 정작 체제 문제 자체는 부차화될 수 있다." 이처럼 체제가 아닌 권리의 관점으로 보는 견해는 최원, 「통일과 민주주의 : 에트노스와 데모스의 변증법」, 『시대와 철학』 제26권 제1호, 2015, 423쪽 이하.

24 민주적 실험주의(democratic experimentalism)는 웅거가 주장하는 것으로 사유와 행동의 관행에 두 가지 희망을 결합한다. 첫 번째 희망은, 실천적 진보의 조건과 개인적 해방의 요청 사이에 중첩지대를 발견하는 것이고 두 번째 희망은 보통사람들의 절실한 필요와 열망에 응답하는 것이다. 이에 대해 자세한 것은 로베르토 웅거, 이재승 옮김, 『민주주의를 넘어 (Democracy realized)』, 앨피, 2017, 22쪽 이하.

6. 남북한 민중의 삶과 지역균형발전을 위한 지방자치

남북한 민중이 하나 되는 통일에 의하여 완성되는 지방자치는 궁극적으로 남북한 민중의 삶의 질과 인권이 보장되는 것을 목표로 하여야 한다. 특히 일자리를 포함한 사회, 경제적 분야와 교육, 문화 등의 모든 면에서 지방자치단체의 구성원인 주민이 삶의 질과 복리가 보장되도록 하는 것을 목표로 하여야 한다. 그러한 점에서 지방자치와 지방분권을 통하여 중앙에 집중된 권력을 지방에 분산하고 주민들이 지방의 행정서비스에 보다 쉽게 접근할 수 있도록 보장하고 지역에서의 생활이 다른 지역과 비교하더라도 어느 정도 동등한 수준이 보장될 수 있도록 하여야 한다. 이에 대해서는 후술하기로 한다.

III. 지방자치의 기본원리와 분권화

1. 중앙집권적 구조와 권력분산 요구

통일과정뿐만 아니라 통일 이후에 있어서 지방자치가 위와 같은 역할을 할 수 있다면 더할 나위가 없겠으나 그러한 역할을 다하기 위해서는 남한과 북한 공히 현재와 같은 중앙집권적 구조를 벗어날 필요가 있다.

이명박, 박근혜 정권에 이어 이른바 '촛불혁명'의 힘으로 현재와 같은 보수 정부가 들어서 '적폐청산'을 시도하고 그나마 몇 가지 보수적인 내용의 개혁이라도 하는 듯한 모양새를 취하고는 있으나 현 정부가 내세운 적폐청산이란 것도 그저 명목일뿐 실제로는 재벌과 대기업에 기대어 당장 눈앞에 경제성장의 성과를 얻어 차기 선거에서 기득권을 유지하는 데 관심을 둘 뿐 민중의 삶은 뒷전이 되고 있다. 현 정부가 가진 보수적인 한계로 인하여 국민들이 준 권력을 신속하고도 강력하게 행사하지 못하고 있는 점뿐만 아니라 재벌과 언론, 관료, 국회 내 기득권의 반대로 개혁이 지체되고 특권은 유지되고 있다.

이와 같은 상황을 타개하기 위해서 다양한 해법을 시도할 필요가 있다. 대의제 민주주의에 직접 민주주의의 특성을 혼합함으로써 끊임없이 형태를 바꾸는 과두지배를 억제하는 방안이 있을 수 있다. 사회정책과 예산안 수립과 이행 과정에 지역공동체들이 참여한다거나 스위스 등에서 시행되고 있는 국민투표제의 도입도 가능할 수 있고 권력의 변혁적 잠재력을 소멸시키지 않으면서 권력을 분산시키는 방법도 있을 수 있다.[25] 중앙정치권력이 교착상태에 빠져 있을 때 중앙집중화되어 있는 권력을 분산시킴으로써 진보개혁과 민생을 위한 정치가 가능하도록 할 수 있다. 물론 중앙의 권력을 지방에 이양하는 분권화는 이중적인 효과를 가질 수 있다. 분권화된 권력이 중앙권력의 개혁적인 노력을 저지할 수도 있기 때문이다. 이러한 이유로 분권화 역시 여러 가지 전제조건이 붙는다. 즉, 정치에 있어서의 민주화뿐만 아니라 경제민주화와 사회 각 분야에 있어서의 민주화 등 각 분야에 있어서 민주주의의 강화 내지 확대가 요구된다.

2. 지방자치와 전통적인 분권화 프로그램

중앙정부의 권력은 사회변혁을 위한 강력한 수단이 될 수 있다. 그러나 중앙권력과 그들에게 부여되는 책임감에 모든 희망을 거는 것은 때로는 위험한 일일 수도 있다. 하나의 시스템에만 의존하는 것은 위험분산의 차원에서도 바람직하지 않다. 선거로 선출된 단기간의 권위가 소수의 손에 집중되고 시민참여도 쉽지 않다. 파워엘리트에 의한 권력 집중을 피할 수 없다. 물론 중앙집중화와 분권화는 모두 다양한 제도적 형태가 있을 수 있고 권력의 행사주체에 따라 다양한 결과를 초래할 수 있다. 획일적으로 단정하기 어렵다는 점에서 긍정적인 측면과 부정적인 측면이 모두 있을 수 있다.[26]

---

25 이와 같은 방안들은 웅거가 주장하는 민주주의를 재구성을 위한 쇄신방안에 포함되어 있다. 이에 관해서는 로베르토 웅거, 이재승 옮김, 『주체의 각성』, 앨피, 2012, 347쪽 이하.
26 이 점에 대해서는 로베르토 웅거, 추이 즈위안 엮음, 김정오 옮김, 『정치』, 창비, 2015, 542쪽.

전통적인 분권화 프로그램은 보충성의 원리와 기능적 전문성을 근거로 한다. 보충성의 원리는 시민들과 근접한 거리에 있는 지방자치단체가 공공 서비스를 공급하기에 적합하고 지방자치단체가 제공하기 어려운 사무에 대해서만 국가가 처리하도록 하는 것을 의미한다. 국가와 지방자치단체가 사무를 누가 더 적절히 수행할 수 있는지가 중요한 기준이 된다. 이는 분권화를 정당화하는 데 기여하고 있다. 분권화의 다른 전통적인 근거로는 기능적 전문화를 들 수 있는데 이는 동일한 과제를 경쟁적이거나 중첩된 두 기관이 수행해서는 안 된다는 것이다. 이는 경영 효율성의 논리가 정부 구조에까지 적용되는 것이라 할 수 있다. 그러므로 보충성과 기능적 전문화 프로그램은 우파 및 중도 정당들의 분권화 옹호 논리라는 지적을 받는다.[27] 이러한 형태의 분권화는 중앙정부를 무장 해제시키고 그 결정권을 지방엘리트들에게 넘겨주어 지방토호들의 특권을 고착화시킬 가능성도 있다.

3. 공간적 권력분립의 제도화 논의와 자치분권

이와 같이 분권화의 양면성 또는 이중적인 가능성에도 불구하고 입법, 행정, 사법의 기능적 권력분립만으로는 엘리트에 의한 지배를 피할 수 없다는 점에서 공간적 권력분립이 함께 작동하는 자치와 분권 구조로 바꾸자는 논의가 있다.[28] 이러한 논의는 "견제받는 정부가 견제받지 않는 정부보다 강력하다"는 자유민주주의의 신념에 기초하고 있다.[29] 이에 따르면 자유민주주의가

27 이러한 점에 대해서는 로베르토 웅거, 앞의 글(2015), 542쪽 이하.
28 헌법에서 수직적 권력분립논의의 한 내용으로 보이는 이러한 논의에 대해서는 이국운, 「시민 정치를 통한 헌정 제도의 재구성 전망 : 공간적 권력분립을 중심으로」, 『법과 사회』 제54호, 법과사회이론학회, 2017, 77쪽 이하.
29 Stephen Holmes, *Passions and Constraint-On the Theory of Liberal Democracy*, University of Chicago Press, 1995. 이에 대해서는 이국운, 앞의 글(2017), 94쪽, 각주 18을 인용함.

기능적 권력분립을 가로지르는 파워엘리트들의 지배를 벗어나기 위해서는 공간적 권력분립의 헌법적 제도화를 요구한다고 한다.[30] 이러한 언급은 물론 수긍할 만한 부분이 있으나 자유민주주의에 대한 신념이 무엇을 의미하는지는 분명히 할 필요가 있다. '자유민주주의'가 남한사회에서 주로 반공을 빙자하여 반대파를 배제하기 위한 수단의 의미로 이용되어 온 점을 고려한다면 그대로 받아들이기 어려운 점은 있으나 공간적 권력분립이 기능적 권력분립을 보완하는 주요 수단이 된다는 점에서는 참조할 부분이 있다. 그러나 그럼에도 정치권력에 대한 견제 강화가 시장에 대한 견제를 약화시킬 수 있는 가능성은 여전히 남는다.[31]

4. 분권화에 대해 제기되는 의문들과 분권화에 대한 안전장치 필요성

지방분권화에 대한 반대 논리는 다양하다. 지방자치의 시행으로 지방토호들이 지역 주민들을 착취하는 구조가 고착화되었다는 비판도 제기되고 지방정부의 부패와 지역유착구조를 이유로 하여 지방자치와 지방에 권한을 분산하는 것에 대하여 반대하는 여론이 있다.[32] 그러나 지방자치가 실시되기 전과 비교했을 때 그 전에는 드러나지도 않았던 지방의 부패 행태들이 드러나고 지방선거를 통하여 책임을 묻는 과정에서 부정과 부패가 정화되는 효과를 갖기도 하였다. 물론 부패와 유착구조는 한순간에 사라질 수 있는 것이 아니

---

30 그리하여 "지역공동체에 기초한 풀뿌리 민주정치와 이로부터 경쟁력을 공급받는 각급 지방정부들, 그리고 그 토대 위에서 한반도의 재통일과 같은 국가적 어젠다를 효과적으로 추진해가는 중앙 정부로 구성되는 자치와 분권의 권력 구조가 새로운 방향이 되어야 한다."고 한다. 이에 대해서는 이국운, 위의 글(2017), 94쪽 이하.

31 이와 관련하여, 충분히 민주화되고 분권화된 단방국가체제는 정치적 성과를 산출해낼 수도 있으나 언제든지 주권의 결단에 의하여 초집권적 단방국가로 환원될 수 있다는 점에서 근본적인 취약점이 있다는 점이 지적되고 있음. 이국운, 「민주적 연방주의와 평화」, 『법학연구—부산대학교』 제53권 제2호, 부산대학교 법학연구소, 2012, 19쪽 이하.

32 실제로 2018년 대통령 헌법개정안 제안과정에서 실시된 여론조사에서는 지방분권에 대한 반대여론이 더 높은 비율을 차지했다.

며 여전히 다양한 형태와 내용으로 존재하고 있다.

또한 단일국가의 중앙집권제적 정치권력시스템에 비하여 지방자치제 또는 연방제에서는 자본에 대한 정치적 통제가 약화될 가능성이 있다는 비판적 시각도 있다.[33] 이러한 지적은 일면 타당하다. 하지만 다른 한편 중앙집권적 권력집중이 정경유착과 함께 나타나게 된다면 오히려 자본통제가 어려운 측면도 있을 수 있다. 이는 우리의 정경유착의 역사에서 그대로 드러난 바 있다. 그러한 의미에서 1987년 헌법이 제정된 이후 지방자치를 중앙집중화된 권력을 분산시켜 민주화를 위한 동력으로 이용하자는 주장이 강력히 제기된 바 있다. 지금은 그 동력이 많이 약화되었지만 그럼에도 지방자치 차원에서 다양하고 다원적인 정치조직과 정치체제가 실현된다면 한편으로는 중앙에서 어려운 자본에 대한 정치적 통제 또는 민주적 통제가 지방에서 가능할 수도 있다. 물론 힘이 쪼개지면 대체로는 힘이 약화되기는 하나 늘 그러한 것은 아니다.[34] 자본은 집중과 분산의 불균형에서 발생하는 위기를 겪으면서 독점적인 집중과 분산된 경쟁을 지향하는 두 경향 사이에서 균형을 잡아감으로써 집중과 분산 사이의 모순과 독점과 경쟁의 모순을 자신에게 유리하게 관리해왔다. 자본은 권력을 재생산하는데 가장 유리한 단위(scale, 지방, 국가, 세계)를 찾아 그 활동의 단위를 바꾼다.[35] 결정적인 것은 자본이 권력을 재생산

---

33 지방자치에 대해서는 자본의 막강한 힘을 정치적 힘이 분산됨으로써 통제하기 어려울 것이라는 우려가 제기된다. 2018년 9월 14일 건국대 통일인문학 학술대회 발표에 대한 토론에서도 같은 문제가 제기된 바 있다.

34 대립하는 두 가지 현상이나 사물을 모순적인 결합이 아닌 독립적인 것으로 사고할 때 함정에 빠질 수 있다. 분산은 민주적이고 집중은 그렇지 못하다고 생각해서는 안 되듯이 그 반대의 경우도 마찬가지이다. 이런 점에서 공간적 다원성을 기초로 초집권적 단방국가의 민주화와 분권화를 추진하기 위한 정치원리로서 민주적 연방주의를 대안으로 제시하는 글은 참조할 만하다. 이국운, 앞의 글(2012), 21쪽.

35 이에 대해서는 데이비드 하비, 황성원 옮김, 『자본의 17가지 모순』, 동녘, 2015, 220쪽 이하. 그에 따르면, 미국에서 20세기 초반 도시와 주의 힘이 컸을 때에 자본은 주로 연방 수준에서 지원을 받으려고 했으나 1960년대 말 연방정부가 너무 개입과 규제의 경향을 띠자 주의 권한을 지지하는 방향으로 움직였다.

하지 못하도록 각 단위에서 막아내는 것이다. 물론 이는 쉬운 일도 아니고 한순간에 해결될 수 있는 일도 아니다. 장기적인 관점에서 국가권력이 하지 못하는 일을 지방권력이 해낼 수 있는 구조를 만들어 내거나 또는 국가권력과 지방권력이 협력하여 자본을 공동으로 통제하는 구조를 만들어 내기 위한 노력을 하는 수밖에 없다.[36]

일례로 특정 지역의 경우 지역주의나 기득권 정당들이 힘을 발휘하지 못하는 경우도 생겨난다. 일종의 해방구와 같은 것이 생겨날 수 있고 이를 근거로 하여 그 지역구에서는 기존의 정당들과는 전혀 다른 창의적이면서도 주민을 위한 새로운 정책이 펼쳐지기도 한다. 또한 중앙과 지방의 해방구들이 특권구조와 적폐를 해체하는 작업에 힘을 합칠 수도 있을 것이다. 물론 그 반대의 현상도 가능하겠지만 그러한 지역구들이 얼마나 지속되고 얼마나 확장성을 가지게 될지 여부는 선거제도의 개혁, 언론지형의 변화, 사회구조적 변화, 그 밖의 내외 여건의 변화 등에 따라 달라질 수 있으나 무엇보다도 개인과 시민단체, 정당들의 변화를 위한 노력과 헌신이 요구되는 문제이다. 정치와 사회개혁을 위한 여건과 지형을 만들어 내고 부패와 특권구조를 몰아내는 것은 결국은 깨어있는 시민의 힘을 통해서이다. 자본과 기득의 특권적 권력구조로부터 자유로운 해방구를 지방에 만들어 내는 것은 매우 어려운 일이기는 하나[37] 중앙의 결정과 확립된 규칙에서 벗어나 지역의 과감한 이탈이 양립할

---

36 중앙권력을 자본친화적인 정당이 장악했을 때 지방권력이 이를 저지할 가능성이 있다면 자본 통제가 그나마 가능할 수 있다. 그 밖에 자본통제의 사례는 아니지만 무상급식정책과 같은 사례에서 중앙정부와 지방정부의 의견불일치가 있는 경우를 생각해 볼 수 있다. 과거 경기도 교육감의 혁신교육이나 교육감들이 교육부의 정책을 따르지 않고 소송을 제기한 사례들도 있다. 예컨대, 학생기록부와 관련하여 교육부장관의 직무이행명령에 대한 취소소송에서 경기도 교육감의 승소 사례인 대법원 2014. 2. 27. 선고 2012추213.이나 유사사건인 대법원 2015. 9. 10. 선고 2013추517.에서 전라북도 교육감의 일부승소 등.

37 아주 부분적인 성과만이 있었던 것이 사실이지만 인권조례나 인권보호관제도의 시행 등에서 성공사례나 도시재생사업에서 성공적인 사례가 있다. 삼척의 원전반대투쟁, 밀양의 송전탑 반대투쟁, 제주 강정마을 해군기지건설반대투쟁, 평택 대추리의 미군기지 반대투쟁 등 수많은 투쟁들은 성공과 실패의 사례들이지만 실패한 사례들조차도 일정한 교훈을 주고 있으며

수 있는 범위를 확장시키는,[38] 그리하여 최소한 지방자치단체 차원에서 다양한 실험이 가능한 구조를 만들어 나가야 한다. 중앙집중적인 권력구조와 비민주적인 정당구조, 중앙당에 종속되어 있는 현재와 같은 정치권력구조는 타파되어야 한다. 얼마나 많은 투쟁을 통하여 민주화가 이루어졌던가. 역사는 한걸음에 완성되지 않았으며 수많은 투쟁을 통하여 만들어져 왔다. 때로는 민주화의 성과가 뒷걸음치는 경우가 있을지라도 시민들이 스스로 정치권력과 자본권력을 상대로 한 승리의 경험을 축적해 나가는 수밖에 없다. 아직은 갈 길이 멀지만 몇몇 지방에서 그러한 해방구를 만들어 내고 지방자치와 지방분권의 제도개혁과 발전이 계속되어 성공적인 결과를 얻어내는 노력이 필요하다. 그 과정에서 점차 중앙에서도 자본을 견제하고 권력을 통제할 수 있는 힘을 얻어낼 것으로 희망해 본다.

웅거(Unger)는 분권화를 향한 대안적 노선으로서 다양한 정당들이 중앙집중화된 권력을 강조하든 더 분산된 실험을 강조하든 중요한 변동의 여지를 남겨두어야 하고 이러한 변동을 강화된 민주주의의 구조틀 내에 두어야 한다고 하면서 '특권을 인정할 가능성이 적은 분권화'를 얘기하고 있다. 그에 따르면, 권력의 제한적인 이양은 전통적인 보충성의 원리에 따라 상부기관에서 하부기관으로 권력을 이전하는 것이지만 그것은 권력이양의 모든 국면에 그에 상응하는 보장책이 뒤따라야 한다는 점에서 전통적인 우파와 중도파의 분권화와 구별된다. 여기서 그 보장책의 핵심은 권력이양이 과거의 특권이나 새로운 특권을 고착화하도록 하지 못하게 하는 것이다. 권한과 자원의 이전이 소외된 자들의 내적 도전뿐만 아니라 공화국의 큰 틀로부터 제기되는 외적 도전에 대항하는 지역의 성채가 되는 것을 막는 안전장치가 있어야 한다.[39] 다른 한편으로 하비(D. Harvey)는 국가와 지방의 중첩적 통제기제를

그 이후의 투쟁에서 성공을 위한 뒷받침이 되기도 한다. 역사는 얼마나 많은 패배들과 시행착오들이 쌓여 이루어진 것이던가.

38 로베르토 웅거, 앞의 글(2012), 352쪽 이하.

마련하여야 한다고 한다.[40] 통일과정에서 지방자치에 대한 제도개혁을 설계할 때 이러한 안전장치들을 얼마나 확보해나가는지가 중요하다.

IV. 통일과 지방자치 제도화의 과제

1. 단계적 통일방안 : 국가연합단계를 거쳐 연방제의 단계로

남북 통일방안의 문제는 지방자치의 구현형태에도 영향을 미칠 수밖에 없을 것이다. 가능한 통일방안과 관련해서는 민족공동체 통일방안, 합의형 통일방안과 흡수형 통일방안, 연방제통일방안, 고려연방제, 국가연합, 낮은 단계의 연방제 방안뿐만 아니라 중립화통일론을 포함하여 남과 북, 각 정당과 민간단체, 민간인 등 제안주체에 따라서 다양한 내용이 제기되어 있고[41] 예멘이나 키프로스의 통일방안, 유럽연합의 통합방안 등도 거론될 수 있다.[42] 그밖에도 1연방 2국가 2체제, 1민족 1국가 2체제 등의 민족과 체제에 따른 분류방식도 있다. 중립화통일론을 논외로 하고 넓은 범위에서 보면 통일방안과

---

39 그러한 안전장치의 형태는 권력 이전의 범위와 기간에 비례한다고 하면서 다양한 안전장치가 있을 수 있음을 시사하고 있다. 이점에 대하여 자세한 것은 로베르토 웅거, 앞의 글(2015), 543쪽 이하.

40 자본주의적 생산양식은 시공간 모두에 걸쳐 스스로를 전개해나간다는 점을 주목할 필요가 있다. 하비에 따르면, 자본주의의 진화와 관련되는 것은 ①기술과 조직 형태, ②사회적 관계, ③제도적·행정적 장치, ④생산과 노동 과정, ⑤자연과의 관계, ⑥일상생활과 종의 재생산, ⑦세계에 관한 정신적 개념 등 일곱 개의 활동 영역이다. 이 영역들은 그 어떤 것도 지배적이지 않으며 각각의 영역은 항상 다른 영역들과의 역동적인 상호 작용 속에서 '공진화(共進化, co-evolution)'한다. 자본의 공세에 맞서는 반자본주의 운동은 그러한 영역들 가운데 그 어떤 영역에서도 먼저 시작할 수 있으며 먼저 시작된 영역에서의 변화의 움직임이 서로를 추동하며 강화하는 방식으로 다른 영역으로 전파하면서 모든 영역들이 함께 변화할 때 반자본주의 운동은 성공할 수 있다. 그 과정에서 자본의 수수께끼를 풀어 그 비밀을 드러내는 비판적 지식인의 역할이 중요하다. 데이비드 하비, 이강국 옮김, 『자본이라는 수수께끼』, 창비, 2012, 220쪽 이하.

41 김병오, 앞의 글, 321쪽 이하.

42 이규창, 「남북법제통합의 기본원칙 및 방향과 과제」, 『저스티스』 통권 제122호, 한국법학원, 2011, 65쪽 이하.

관련해서는 다음과 같이 단계를 구분해 볼 수 있을 것이다 : 화해협력단계-
(평화체제구축단계)-국가연합-연방제의 단계. 남북이 통일로 가기 위해서
는 우선 화해협력단계를 거쳐 정전협정을 평화협정으로 교체하는 평화체제
구축단계가 선행되어야 하고 이후에 국가연합단계나 연방제 단계로 진행될
수 있을 것이다.

국가연합제 단계에서 국가연합(Confederation)은 남북 양국이 조약에 의
하여 결합하고 조약에 따라 구성된 공통기관이 조약에 정해진 범위 내에서
국가와 같은 기능을 행사하는 형태이다. 구성원인 국가들이 각자 외교와 군
사권을 행사함을 원칙으로 하나, 조약으로 정한 테두리에서 공동보조를 취한
다. 국가연합 그 자체는 국가로서 인정되지 않고 각 구성 국가들이 국제법상
국가이다. 이는 1민족 2국가 안으로 남북한이 각 독립한 국가로서 외교와 군
사, 내정의 권한을 유지한다. 이는 북측의 낮은 단계의 연방제안과 유사하다.
실제로 2000년 6.15 남북공동선언에서 남측의 연합제안과 북측의 낮은 단계
의 연방제안에 공통점이 있음을 인정하고 통일을 지향하기로 하였고 10.4 남
북공동선언에서 이를 확인한 바 있다.[43] 그러나 남한의 연합제안은 2국가 2
체제 2제도를, 북한의 낮은 연방제안은 1국가 2체제 2제도를 상정하는 것이
어서 2체제 2제도라는 점에서는 내용상 상호 접근하면서도 엄격히 말하면 2
국가와 1국가를 전제한다는 점에서 차이가 있으나 북한이 '느슨한 연방제' 또
는 '낮은 연방제'라는 표현을 사용하여 상호 수렴될 수 있음을 인정하고 있
다.[44] 이 글에서는 두 방안의 차이에 중점을 두기 보다는 남북이 상호 체제와

---

43 2000년 6.15 남북공동선언은 모두 5개항으로 구성되어 있고 제2항에서 "남과 북은 나라의
    통일을 위한 남측의 연합제안과 북측의 낮은 단계의 연방제안이 서로 공통성이 있다고 인정하
    고, 앞으로 이 방향에서 통일을 지향시켜 나가기로 하였다"고 규정하여 모호한 면이 있다.
    이후 2007년 10월 4일 10.4 남북공동선언에서 6.15 공동선언의 적극 구현을 선언한 바 있다.

44 1991년 노태우 정부가 발표한 '한민족 공동체 통일방안'은 최초로 북한을 공존의 대상으로
    인정한 체계적 통일안이며 대결과 경쟁을 지양하는 국가연합의 안이었다. 북의 김일성도 고
    려연방제를 수정하여 외교와 국방까지도 독자적으로 행사하는 국가연합적 연방제인 이른바
    '느슨한 연방제'를 제안한 바 있다. 이에 대해서는 정태욱, 「한반도 평화협정 관련 논의의

제도를 인정하는 전제에서 출발하자고 선언한 것에 주목한다.[45] 남과 북이 분단체제를 극복하고 통일이라는 목표를 상정한다면 화해협력단계를 거쳐 최소한 국가연합의 단계라도 마련하는 것이 현실적이고 바람직하다. 이는 남북한 다수민중과 흡수통일저지를 일차 목표로 삼는 북의 기득권층이나 흡수통일의 비용을 염려하는 남의 기득권층에도 차선의 방안이라는 점에서 그러하다.[46]

물론 두 개의 상이한 체제가 국가연합을 형성한다는 것도 쉬운 일은 아니다. 그러나 현재로서는 남북이 상대방의 체제와 제도를 부정하고서는 평화적인 통일을 이루기는 어려울 것이므로 일단 상대방의 체제와 제도를 인정하는 전제에서 외교와 군사, 내정을 각자 독립적으로 운영하는 국가연합을 하되 남북이 공동으로 참여하는 기구를 두어 외교, 군사, 내정에 대한 상호합의를 해나가는 것이 현실적인 평화통일의 방안이라고 본다. 다만 그렇게 될 경우 남북이 외교, 군사에 관해서는 특별한 합의가 있어야 한다. 특히 군사력의 보유 및 군축에 대한 신뢰할만한 합의와 이행이 전제되지 않고서는 상황변화에 따라 무력행사의 가능성이 남아있기 때문이다.

독일의 경우는 국가연합으로 합의하고 나서 동독이 급작스럽게 붕괴하는 바람에 곧 서독에 흡수통일되는 과정을 거쳐 곧바로 연방제로 이행하였으나[47] 남북이 독일처럼 흡수통일되기는 어렵다는 점을 감안하여야 한다.[48] 물

전개과정과 시사점」, 『법학연구』 제19집 제2호, 인하대학교 법학연구소, 2016, 243쪽 이하.

45 북한이 1960년대 이래로 주장해 온 연방제는 시대변화에 따라 변화하여 왔으나 통일과정에서 가장 어려운 문제인 체제와 지도자의 문제를 건드리지 않고 현존하는 상이한 정치제도의 존재를 인정하고 두 정부의 독자적인 활동을 인정하는 상태에서 과도적인 조치로서 두 정부가 인정하는 동수의 대표로 하나의 조정기구 격인 최고민족연방회의를 만들고 이를 통하여 궁극적인 통일을 하자는 내용이다. 이에 관해서는 김병오, 앞의 글, 321쪽 이하.

46 차선책으로서 이러한 지적은 백낙청, 『한반도식 통일, 현재진행형』, 창비, 2007, 94쪽.

47 한종수, 「독일의 국가연합과 한반도 통일방안」, 『국제정치논총』 제42집 제2호, 한국국제정치학회, 2002, 175쪽 이하.

48 그러한 의미에서 백낙청 교수는 6.15 공동선언이 체제 문제를 남측의 시민참여의 양과 질에

론 독일 통일 전에 서독은 이미 연방제국가였다는 점에서 우리와 차이가 있고 독일이 연방제국가였기 때문에 상대적으로 통일이 더 수월하게 진행되었다는 점을 이유로 하여 우리의 경우에도 남한이 통일 전에 개헌을 통해 연방제로 가자는 주장도 있다.[49] 그러나 그렇다고 하여 외교, 군사, 내정을 통합하는 연방제로 이행할 수 있을지는 미지수이다. 상호합의가 쉽지 않을 것이기 때문이다. 그러므로 가능한 방안으로서 통일한국은 국가연합단계를 거쳐 최종적으로는 연방제 방안으로 가는 것이 바람직하다.

연방제 단계에서 생각해 볼 수 있는 것으로서 다양한 방안이 있을 수 있으나 오랜 분단에서 오는 이질감과 체제갈등을 극복하고 예멘과 같은 재분단의 상태로 가지 않기 위해서는 현재와 같이 남북이 가지고 있는 광역자치단체로서 도의 경계를 활용하여 남북 모두 국가성을 띠는 몇 개의 주들이 각자 가진 주권을 연방에 이양하는 형태를 중심으로 하는 연방제국가로 가는 것이 갈등을 최소화하는 방안으로 생각한다.[50]

만일 국가연합단계를 지나 연방제 단계로 이행한다면 각 지역구 주민을 대표하는 하원과 최소한 남과 북의 지역을 대표하는 의원들로 구성되는 상원으로 이루어진 양원제는 불가피할 것으로 보인다. 물론 통일이 이루어지기 전

따라 얼마든지 달라질 수 있는 문제로서 남겨둔 것이야말로 그 선언이 민주적 성격을 갖는다는 점을 증명한다고 본다. 이러한 관점은, 체제 문제를 결정할 주권적 주체가 남북한의 정부라기보다는 남북한의 인민들이라는 점을 강조하고 있다는 점에서 통일논의를 민주적 방향으로 한 걸음 크게 진전시켰다는 평가를 받기도 한다. 이에 대해서는 최원, 앞의 글, 423쪽 이하.

49 홍정선, 「헌법 개정의 방향 : 지방분권을 중심으로」, 관학 공동학술세미나 : 연방제 수준의 자치분권을 위한 헌법적 과제, 더불어민주당 지속가능제주발전특별위원회/제주특별자치도의회/제주특별자치도/(사)한국입법정책학회/제주대학교 법과정책연구원, 2017.6. 홍정선 교수는 통일시대를 대비하여 「독자성 강한 지방정부(지방자치)」를 보장하는 방안으로 연방국가의 주(예: 독일의 란트)에 비견될 수 있는 지방정부(지방자치)를 헌법에서 보장하는 방법을 제안하고 입법권과 행정권, 사법권까지 분권하는 내용을 제시하고 있다.

50 이에 대하여 자세한 것은 2018년 9월 14일 건국대 통일인문학 학술대회에서 오동석 교수의 토론문, 「통일 이후 아닌 통일로 가는 지방자치」, 3쪽. 그 밖에 공간적 다원성을 토대로 하는 민주적 연방주의에 관해서는 이국운, 앞의 글(2012), 21쪽 이하.

단계에서 통일에 대비하여 남한만이라도 개헌을 통하여 지방에 영향을 미칠 수 있는 법률이나 의안에 대하여 심의·의결하고 지방의 의사를 대변할 수 있는 상원제도의 도입을 고려해 볼 필요가 있다. 상원제도로는 주로 지역대표형 참의원제도가 논의되고 있으나[51] 의회의원선출과 의회운영에 따른 비용문제 등을 고려한다면 독일식 참사원제도와 같은 상원제도의 도입도 참조할 만하다.[52]

2. 지방자치의 다양한 가능성 인정

통일의 방식과 단계에 따라 지방자치 역시 제약을 받을 수는 있으나 국가연합단계에서는 2국 체제이므로 지방자치제도에 대해서도 각국이 독자적인 방식을 취할 가능성이 크다. 국가연합의 경우에는 남북 각국이 각자 외교, 군사, 내정에 관한 권한을 갖고 있기 때문에 각자 독자적인 지방자치제도를 가지는 것을 용인할 수밖에 없을 것이다. 물론 이 경우도 남북의 합의에 따라 지방자치에 대해서는 서로 양보할 여지가 없는 것은 아니지만 국가연합 단계에서는 남북 각자에게 맡겨 자율적으로 운용하되 상호 접근 가능성에 대하여 지속적인 논의과정이 있어야 한다. 국가연합의 단계를 지나면서 각자의 체제와 제도에 대하여 인정하고 상호 교류와 이동을 자유롭게 하는 단계에 이르게 되면 어느 체제와 제도에 대한 선호에 따라 선택의 가능성이 생기게 되거나 상호 체제와 제도의 접근이 가능하게 될 것이다.

통일은 남과 북의 제도에 상당한 영향을 미칠 것이다. 남북이 어떠한 통일방식에 따르느냐에 따라 또는 남북한이 합의하는 통일조약의 내용에 따라 어느 한쪽의 제도는 폐기될 운명에 처하게 될지도 모른다. 지방자치의 본질적

---

51 이국운, 앞의 글(2017), 77쪽 이하.

52 지방분권형 개헌에 관한 자세한 논의에 대해서는 문병효, 「지방분권과 개헌」, 「토지공법연구」 제79집, 한국토지공법학회, 2017, 15쪽 이하.

인 부분에 대한 제도보장을 핵심으로 하는 칼 슈미트식의 제도보장이론은 우리 실정에 맞지 않고 그대로 적용하기는 어려우므로 남북 합의에 의해 성립하는 헌법에 의하여 지방자치의 내용과 수준이 보장된다고 봄이 타당하다. 만약 국가연합의 단계를 지나 외교와 군사권을 연방정부에 이전하고 연방국가의 형태의 단계에 이른다면 각자의 지방자치제도에 관한 구체적인 내용에 대하여 연방국가의 조정기구가 될 연방의회에서 합의를 할 여지가 있다. 그러나 어떠한 형태로 합의하게 될지는 정치적으로 결정되어야 할 것이며 남북이 각자 가지고 있던 지방자치의 제도는 제도로서 당연히 보장되는 것이 아니라 상호 합의에 의한 헌법문서에 의하여 보장되는 것이다.[53] 즉, 연방의 주별로 지방자치제도에 대한 다양한 제도설계의 가능성이 인정되어야 한다. 각 연방 주들이 어떤 체제와 제도를 갖는지 여부는 연방 주들의 합의문서인 연방헌법과 법률에 반하지 않는 범위에서 연방 주들의 민중들이 자율적으로 참여하여 결정할 수 있도록 하는 것이 바람직하다.[54] 다만 남북 2개의 주로 구성되는 연방제 형태에 비하여 남북을 몇 개의 주로 나누는 형태의 연방제의 경우에는 지방자치의 모습도 다양한 형태로 나타날 가능성이 크다.

다만 지방자치제의 다양한 가능성이 인정된다고 하더라도 남북이 공히 중앙집권적인 권력구조에서 탈피하여 지방분권적 구조로 개조하려는 노력은 필요하다. 남한의 경우 지방자치가 재개된 지 30년이 되어가고 있으나 입법권과 행정권, 사법권, 재정권이 여전히 중앙에 집중되어서 지방에 대한 각종 통제 메커니즘이 작동하고 있고 북한의 경우도 당과 중앙에 권력이 집중되었고 지방인민위원회는 상급인민위원회와 내각, 최고인민회의 상임위원회에 복종한다(북한 헌법 제152조). 그러므로 남북 공히 현재와 같이 중앙에 과도

---

53 독일식 제도보장론에 대한 연혁적 배경과 비판에 대해서는 오동석, 「지방자치의 제도적 보장론 비판」, 『공법연구』 제29집 제1호, 한국공법학회, 2009, 219쪽 이하.

54 연방제의 방식은 독일식(16개 주)이나 영국식 연방제(잉글랜드와 웨일즈, 스코틀랜드, 북아일랜드), 미국식 연방제(50개 주), 브라질(26개 주) 등 다양한 방식이 있을 수 있다.

한 권력 집중을 가능하게 하는 구조에서 벗어날 필요가 있다.

남한의 경우 87년 헌법체제 하에서 지방자치가 재개되었으나 권한의 중앙집중과 중앙통제 메커니즘으로 인하여 자율성이 제약되었다. 그동안 지방분권형 개헌의 필요성이 19대 국회와 20대 국회에서 제기되었고 최근에는 대통령개헌안에서도 지방분권형 개헌을 내용으로 하는 안이 제시되고 지방분권을 목표로 하는 내용이 포함된 바 있다.[55] 그밖에도 지방분권에 대한 새로운 패러다임을 제시하고 현행헌법이 가진 한계를 극복하려는 지방분권형 헌법개정안 연구 등도 주목할 만하다.[56, 57] 물론 개헌을 통하여 지방자치와 관

---

55 2018년 문재인 대통령의 개헌안이나 국회의 개헌안 등에서도 "대한민국은 지방분권국가를 지향한다" 또는 "대한민국은 지방분권국가이다"라는 문구를 발견할 수 있다.

56 이국운 외, 지방분권형 헌법개정안 요구, 전국 시도지사협의회/전국시장군수구청장협의회/전국시도의회의장협의회/전국시군자치구의회의장협의회 후원(2015.9). 그 주요 내용을 살펴보면 다음과 같다:
 − 헌법 전문을 개정하여 "자율 조화 분권을 바탕으로..."로 변경함
 − 헌법 제1조 제3항을 추가하여 "지방분권에 기초한 복지국가 지향한다."
 − 헌법 제4조를 개정하여 '지방분권적 평화통일정책'을 수립, 추진함
 − 주민으로서의 자치권 신설
 − 제2장 '국민의 권리와 의무' 다음에 제3장 '통치의 원리와 구조'를 신설하여 중앙집권적 구조로부터 공간적, 기능적 권력분립구조로 개편함
 − 입법권을 지방분권화함. 국회는 전국적으로 통일성의 유지 확보가 필요한 사무에 대해서는 국회가 입법권을 보유하고 그 밖의 사무에 대해서는 광역 및 기초자치의회가 입법권을 행사하도록 규정
 − 행정권, 조세권, 재정권의 지방분권화
 − 헌법재판권 및 사법권의 기능적 분권화
 − 대통령 4년 중임제와 부통령제 신설
 − 지역대표형 참의원과 민의원의 양원제 채택
 − 지방분권 평의회 신설
 − 헌법기관 구성의 지방분권화
 − 지방자치단체 및 지방의회, 자치정부의 헌법기관화
 − 자주입법권의 확대
 − 직접민주제의 도입
 − 헌법개정절차의 이원화 등

57 그밖에도 최근 개헌에 관한 논의과정에서 다양한 방안이 제시되고 있는 바, 최우용 교수도 개헌안에 포함될 내용으로서 헌법개정안에 담길 내용으로써 분권국가의 천명, 주권재민의 이념 및 주민으로서의 자치권 명시, 사무배분기준 명확화, 중앙정부와 지방자치단체 간 관계

련한 모든 문제가 해결되는 것은 아니나 입법권의 배분과 상원제도의 도입, 사무배분, 재정조정을 포함한 재정의 이전 등에 관한 내용은 반드시 포함될 필요가 있다. 그중에서도 특히 지금과 같은 중앙집권적인 권력구조를 가장 크게 바꿀 수 있는 제도로는 무엇보다도 상원제도를 포함한 상하 양원제도로의 의회구성을 개편하는 것이라고 본다. 지방자치단체를 대표하는 상원제도의 구성과 관련해서는 다양한 의견이 대두되어 있고 연방제의 도입을 전제로 상원제도를 논의하는 경우도 있다.[58] 앞서 보았듯이 이는 통일과정에서 통일 방안 및 단계와 밀접한 관련이 있다.

3. 남북한 지방자치법제의 단계적 통합

현재의 북한과 남한은 상호 이질적인 체제를 가지고 있을 뿐만 아니라 지방자치법제도 상당한 차이를 보여주고 있다. 남북 지방자치법제가 최종적으로 통합된다고 하는 것은 그러한 체제와 제도의 차이를 극복해야만 가능할 것이다.

남북 헌법은 모두 지방자치에 관한 규정을 두고 있다. 남한 헌법은 주민복리 사무에 관한 자치권과 법령의 범위 내의 자치입법권 인정, 지방자치단체 종류, 지방의회의원의 선거와 지방자치단체장 선임방법, 지방자치단체 조직과 운영 등에 관한 법률유보를 규정하고(제117조와 제118조) 이에 따라 지방자치법이 그에 관한 구체적인 규정을 두고 있다. 북한 헌법은 지방인민회의

규정, 자치입법권의 보장, 자주재정권의 보장, 지방자치권의 침해에 대한 지방자치단체의 제소권 보장, 지방자치단체의 종류 명기, 지방자치단체에 대한 감사체제에 대한 기준 확립의 필요성, 지방자치단체의 국정에의 참가를 위한 지역대표형 '양원제국회'에 대한 규정 정비, 지역균형 발전을 위한 국가의 의무 및 지방정부의 참여보장 확대조항 신설 등을 제안하고 있다. 최우용, 「지방분권을 위한 헌법적 과제」, 연방제 수준의 자치분권을 위한 헌법적 과제 세미나, 제주특별자치도/한국입법정책학회, 2017. 6. 22.

58 지역대표형 참의원을 전제로 미국식 4년 중임제 대통령제를 주장하는 견해로는, 이국운, 앞의 글(2017), 77쪽 이하.

와 지방인민위원회를 규정하고 그 구성과 임무, 권한 등을 상세히 규정하고 있다(제137조 내지 제152조).

그러나 북한은 사회주의 체제에서도 특수한 중앙집중적 권력집중의 시스템을 가지고 있다. 1972년 북한헌법 제9조가 "조선민주주의공화국에서 모든 국가기관들은 민주주의중앙집권제원칙에 따라서 조직되며 운영된다"고 규정한 이래 현행 북한헌법 제5조에서도 동일한 내용이 규정되어 있다. 이에 따라 북한은 민주주의 중앙집권제(democratic centralism)의 원칙에 따라 대표기관에 권력이 집중되고 권력분립보다는 통일성이 강조된다. 그밖에도 당의 영도의 원칙, 수령의 영도원칙에 따라 당과 수령에 권한이 집중되는 구조를 가지고 있다. 민주주의 중앙집권제 원칙과 당의 영도원칙, 수령의 영도원칙에 영향을 받아 지방자치단체의 중앙권력 견제기능은 법적, 제도적, 이념적으로 인정되지 않는다. 북한의 지방자치는 초기의 중앙집권적 구조에서 1972년 경제적 이유로 한 지방분권 시작기, 1998년 이후 역시 경제적 어려움이 가중되어 중앙정부가 해결하기 어려워짐에 따라 지방이 경제자립, 자율기능을 확대하게 되는 지방분권 확대기로 구분된다.[59] 경제적 이유로 지방분권이 확대되어 지방인민회의와 지방인민위원회의 권한이 확대되긴 하였으나 중앙집권적이고 당과 수령에 권한이 집중되는 시스템이라는 점에서는 변함이 없다.

이러한 점을 감안할 때 남과 북의 지방자치법제는 사실상 화해하기 어렵다. 남북 통일과정에서 남과 북의 법제의 차이를 극복하는 일은 결코 쉽지 않은 일이다. 그렇다면 통일을 위한 전제로서 체제와 제도의 차이를 인정하는데서 출발한다면 남북이 어느 일방의 단일한 체제를 강제하여 통일하기도 어렵다.

남북의 통일이 남북 2개의 주로 구성된 연방제의 방식이건 여러 개의 주로

---

[59] 자세한 내용에 대해서는 송인호, 「북한 지방자치법제에 대한 고찰」, 『연세법학』 제21호, 연세법학회, 2013, 25쪽 이하.

이루어진 연방제 방식이건 연방제로 통일될 경우에는 지방자치와 관련하여 서도 연방 차원에서 각 주들이 입법권을 행사함에 있어서 준수하여야 할 테 두리를 마련하는 것은 불가피한 일이다. 물론 초기에는 각 연방 주들에게 지 방자치법제의 독자성을 인정할 필요가 있을 것이나 점차 연방 차원에서 전체 적으로 남북이 수렴가능한 틀을 법제화하는 단계를 거칠 필요가 있다. 이 경 우 각 주들은 연방차원의 통일된 테두리 내에서 가능한 입법을 하게 될 것인 데 어느 정도 수준의 다양성을 허용할 것인지는 연방 주들의 합의에 따라 결 정될 것이며 이후 개정과정을 거쳐 새로운 방향으로 나아가는 것도 가능할 것이다. 무엇보다도 연방을 구성하는 각 주들이 준수하여야 할 기본원칙들이 규정될 것이다. 현재 여러 문헌에서 지방자치의 기본원칙과 내용들에 대한 의견이 분분하지만[60] 구체적인 지방자치법제는 남북의 연방제 정치적 구조 하에서 타협으로 이루어질 수밖에 없는 정치적인 문제이다.

4. 지역균형발전정책과 재정조정의 필요성

남북이 통일된 이후 각 지역 주민들의 삶의 질이 보장되기 위해서는 지역 의 균형발전이 필수적이고 이는 재원의 적절한 배분을 통하여 뒷받침되어야 한다.

2018년 9월 현재 서울과 수도권 집중은 갈수록 심화되어 서울의 집값은 천정부지로 뛰어오르고 지방의 박탈감은 커져가고 있다. 서울로 가야만 부와

---

60 일례로 남북이 대등한 입장에서 합의하는 통일보다는 남한주도의 통일과 우리 헌법의 핵심가 치가 통일 이후에도 유지되는 것을 전제로 출발하거나(이규창, 앞의 글, 61쪽 이하) 지방자치 조직법제에 대한 기본방향으로 단계적, 구체적 통합전략, 남북 실사를 토대로 단계적 법제운 영방식의 조정, 다원주의적 민주주의에 입각한 조직개편을 들고 있고 지방자치법제의 통합적 개편방안으로는 주민본위의 주민자치를 본위로 하는 법제, 법제의 종합, 체계성, 통일성, 상향식 상호교류와 협력 등을 들고 있다(김학수, 「통일한국을 대비한 남북한지방자치법제의 비교와 통합적 개편방안」, 「법학연구—부산대학교」 제59권 제1호, 부산대학교 법학연구소, 2015, 143쪽 이하).

권력을 얻을 수 있는 현재와 같은 서열화된 권력구조를 타파하지 않는 한 지방의 식민화는 그치지 않을 것이다. 지방자치와 지방분권은 이를 해결하는 하나의 방안은 될 수 있으나 지방분권이 지역균형발전을 보장하는 것은 아니다. 지방분권은 지방자치단체에 자율적인 권한을 배분하는 것일 뿐 지방에 권한을 배분한다고 하여 모든 지역이 균형있게 발전한다고 단정할 수 없다. 서울과 경기도 등 수도권의 지방자치단체들도 지방분권에 의하여 자율적인 권한을 획득하게 되므로 수도권에 집중된 자원을 활용하여 더욱더 집중이 심화될 가능성도 배제할 수 없다. 즉, 지방분권만으로 수도권 집중의 폐해를 막고 지방분산을 실현시키기는 어렵다. 각 지방의 인적, 물적 토대가 다르고 국가 전체적으로 자원이 고루 배분되어 있지 않기 때문이다. 각 지방은 국토 전체에서 차지하는 위치와 지형에 따라 각자의 특성이 있고 산업과 자원의 분포도 다르다. 어느 지역이나 동등하게 발전한다는 것은 현실적으로는 상정하기 어렵다. 그러므로 각 지역의 특성을 고려하되 그 지역의 구성원들이 기본적인 삶의 질을 향유할 수 있는 토대가 갖추어지게 하는 것이 중요하다. 그러므로 국가균형발전 전략이 필요하고 그러한 역할을 국가가 할 수 있어야 한다. 중앙집중화된 국가에 이를 기대하기 어렵다면 국가균형발전전략이 가능하도록 시스템을 제도화하여야 한다. 지방의 식민화를 방지하기 위해서는 현재의 국회 외에 상원제를 두어 지방의 의사가 관철되게 하는 구조를 가지게 하는 것도 하나의 방안이 될 수 있다.

국토부의 정책대로 주택의 공급만을 늘리는 것은 수도권 밀집을 더욱 심화시킬 뿐 서울의 집값이 잡히지 않는다. 수도권 집중을 근본적으로 해결하기 위해서는 교육과 일자리를 지방에 분산하여야 한다. 이를 위해서는 국가 공공기관을 지역에 분산하는 것뿐만 아니라 수도권에 밀집된 대학에 집중되는 대학의 서열구조와 경쟁교육을 타파하도록 하는 등 다양한 방안을 추진할 필요가 있다. 지역 간 균형발전과 관련해서는 헌법전문의 '국민생활의 균등한 향상'이나 헌법 제120조 제2항의 "국가는 그 균형있는 개발과 이용을 위하여 필요한 계획을 수립한다"는 규정이 근거가 될 수 있다.

이와 관련하여서는 독일 기본법 제72조 제2항에 규정된 연방지역에서 '동가치의 생활관계를 창출하도록 하는 것(die Herstellung gleichwertiger Lebensverhältnisse)' 과 관련된 내용이 참조할 만하다. 독일의 어느 지역에 살더라도 일자리와 교육, 문화, 체육시설 등 인프라를 동등한 수준으로 향유할 수 있도록 하는 것을 목표로 하여 인구 기준당 시설투자 등 재원배분을 골고루 하는 것이다. 독일의 재정조정제도를 참조할 만하다. 우리도 2018년 문재인 대통령의 헌법개정안 제124조에서 국가와 지방의 사무에 적합한 조세배분을 규정하고(제3항) 재정조정제도를 법률로 정하도록(제4항) 명시적 규정을 둔 바 있다.[61] 현재 제도화되어 있는 지방교부금도 재정조정의 중요한 수단이기는 하나 국세의 20% 수준에 머물고 있다. 그 정도 수준으로는 국세와 지방세의 비중 8:2나 서울집중과 수도권과 지방간의 격차 확대 현상을 막기에는 역부족이다. 보다 근본적인 재정조정제도의 마련과 함께 지방에 대하여 지방거점 중심 대학에 대한 투자확대와 문화, 복지에 대한 적극적인 투자, 공공기관의 분산정책 및 지역인재의 고용정책 등을 같이 시행하는 것이 필요하다.

---

[61] 2018년 문재인 대통령 개헌안 제124조
①지방정부는 자치사무의 수행에 필요한 경비를 스스로 부담한다. 국가 또는 다른 지방정부가 위임한 사무를 집행하는 경우 그 비용은 위임하는 국가 또는 다른 지방정부가 부담한다.
② 지방의회는 법률에 위반되지 않는 범위에서 자치세의 종목과 세율, 징수 방법 등에 관한 조례를 제정할 수 있다.
③ 조세로 조성된 재원은 국가와 지방정부의 사무 부담 범위에 부합하게 배분되어야 한다.
④ 국가와 지방정부, 지방정부 상호 간에 법률로 정하는 바에 따라 적정한 재정조정을 시행한다.

V. 결론

앞에서 통일의 의미와 지방자치의 역할, 대안으로서 분권화, 지방자치의 제도화 방향에 관하여 고민해 보았다. 기존의 통일담론은 민족주의와 국가주의에 치우쳐 바람직한 통일담론의 형성과 통일운동을 저해하였으며 통일의 주체라고 할 수 있는 남북의 인민(국민)이 배제된 채 남북이 각자 자신의 권력강화를 하는 수단으로 이용되어 왔다. 남한 내의 통일논의는 자유민주주의와 자유시장을 전제로 하고 북한의 통일논의 역시 사회주의체제를 중심으로 하는 논의가 주를 이루었다. 남북은 헌법상으로도 화해하기 어려운 구조를 가지고 있다. 이러한 상황에서 진행되는 기존의 통일담론은 체제위주의 통일을 의미하고 결국 상호간에 통일주도권을 다투는 결과를 가져왔다. 그러나 통일은 물리적인 결합만이 아니라 분단에 의한 상처를 치유하고 갈등을 해소하는 분단극복의 과정이며 사람이 살만한 세상을 만들어가는 과정이라는 점에서 인문학적 의미를 갖는다.

지방자치는 통일과정에서 뿐만 아니라 통일 이후에도 중요한 역할을 할 수 있다. 지방자치는 헌법적 가치를 공유하고 실현하여야 하며 분단을 극복하고 통일의 인문학적 의미를 실현하는 역할을 하여야 한다. 지방자치와 분권에 대해서는 부정부패의 가능성, 자본에 대한 통제 약화 등의 이유로 비판이 제기될 수 있지만 앞서 보았듯이 분권화를 통해 지방에 특권을 고착화하는 것을 피하기 위해서는 지방에 대한 권력이양의 국면마다 그에 상응하는 안전장치가 필요하다.

남북이 통일로 가기 위해서는 우선 화해협력 단계를 거쳐 정전협정을 평화협정으로 교체하는 평화체제구축 단계가 선행되어야 하고 이후에 국가연합단계나 연방제 단계로 진행될 수 있을 것이다. 연방제로 가게 될 경우 연방의 주별로 지방자치제도에 대한 다양한 제도설계의 가능성이 인정되어야 하며 연방 주들의 합의문서인 연방헌법과 법률에 반하지 않는 범위에서 연방 주들의 민중들이 자율적으로 참여하여 결정할 수 있도록 하는 것이 바람직하다. 다만 남북 공히 현재와 같이 중앙에 과도한 권력 집중을 가능하게 하는 구조에서 벗어나도록 제도를 설계할 필요가 있다. 남북 통일과정에서 남과 북의 지방자치법제의 차이를 극복하는 일은 결코 쉽지 않은 일이나 점차 연방 차원에서 전체적으로 남북이 수렴가능한 틀을 법제화하는 단계를 거칠 필요가 있다. 이 경우 어느 정도 수준의 다양성을 허용할 것인지는 연방 주들의 합의에 따라 결정되어야 할 것으로 본다. 또한 통일과정에서 뿐만 아니라 통일 이후의 지방자치는 주민들이 스스로 자율적인 삶을 누리는 해방공간이자 삶을 향유하는 복지의 토대가 되어야 하기 때문에 지역균형발전도 매우 중요하다. 재정조정의 강화와 수도권집중을 완화하는 강력한 조치들을 포함하여 지역균형발전을 위한 노력을 함께하여야 한다.

현재 진보정치의 이름으로 행해지는 규제와 재분배 정책들만으로는 문제가 근본적으로 해결될 수 없다. ─물론 이것만이라도 제대로 한다면 그나마 다행이겠지만─ 생산과 정치를 재편하려는 시도를 포기하고 사회적 약자 보호와 경제적 유연성의 화해라는 명분으로 후퇴함으로써 정치와 제도개혁의 프로그램은 공동화되고 있다. 시장경제의 제도적 형식에서 혁신과 제도적 실험주의를 작동시키고 민주주의를 심화시켜 강화된 민주주의를 추구하지 않는다면 희망은 사라지고 말 것이다. 변혁을 추진하는 실재적인 사회적 힘의 원천은 보통사람들이다.[62] 제도와 이데올로기는 항구불변의 기반이 아니라 갈등의 봉합에 불과하며 투쟁이 정지되거나 억제된 상태에서 결정체로 남아 있는 것이라고 한다.[63] 투쟁과정은 구조와 인간 사이에 끊임없는 교차지대를

---

62 이상의 내용에 대해서는 로베르토 웅거, 앞의 글(2012), 380쪽 이하. 웅거는 변혁을 추진할 수 있는 실재적인 사회적 힘은 선도적인 생산과 학습의 섬들로부터 배제되어 있으면서도 이러한 섬에 진입하려는 근로대중의 욕구라고 하고 있으나 여기서는 계급을 표현하지 않고 보통사람으로 표현하기로 한다. 웅거의 생각처럼 근로대중이 변혁의 주체가 될 것이나 촛불혁명에서 보듯이, 변혁이 성공하기 위해서는 보통사람들의 참여와 동의를 이끌어 내는 것이 중요하기 때문이다.

건설하는 작업을 요한다.[64] 이 투쟁에서 모든 것들이 보통사람들이 열망하는 방향으로 가도록 하기 위해서는 그들이 스스로 주체임을 자각하여 연대하고 적극 참여하여야 한다.[65] 이는 통일로 가는 과정에서 인문학적 의미에서의 통일을 성취해내기 위하여 절대적으로 필요한 조건이다.

---

63 로베르토 웅거, 위의 글(2012), 44쪽 이하.

64 로베르토 웅거, 위의 글(2012), 27쪽.

65 그러한 의미에서 주체로서의 인간의 각성 또는 깨어있는 자(the self awakened)가 필요하다. 그런 의미에서 웅거의 실용주의와 급진민주주의 프로젝트에 관해서는 그의 책, 로베르토 웅거 지음, 이재승 옮김, 주체의 각성(The Self Awakened)(2012)와 로베르토 웅거 지음, 이재승 옮김, 민주주의를 넘어(Democracy realized)(2017)을 참조할 것.

참고문헌

Stephen Holmes, Passions and Constraint—On the Theory of Liberal Democracy, University of Chicago Press, 1995.

김도식, 「통일인문학'의 개념분석」, 『통일인문학』 제51집, 건국대학교 인문학연구원, 2011.

김성민, 「통일을 위한 인문학의 역할」, 건국대학교 인문학연구원 통일인문학연구단 엮음, 『소통, 치유, 통합의 통일인문학』, 선인, 2009.

김학수, 「통일한국을 대비한 남북한지방자치법제의 비교와 통합적 개편방안」, 『법학연구—부산대학교』 제59권 제1호, 부산대학교 법학연구소, 2015.

데이비드 하비, 이강국 옮김, 『자본이라는 수수께끼』, 창비, 2012.

_____, 황성원 옮김, 『자본의 17가지 모순』, 동녘, 2015.

로베르토 웅거, 이재승 옮김, 『민주주의를 넘어(Democracy realized)』, 앨피, 2017.

_____, 이재승 옮김, 『주체의 각성』, 앨피, 2012.

_____, 추이 즈위안 엮음, 김정오 옮김, 『정치』, 창비, 2015.

문병효, 「지방분권과 개헌」, 『토지공법연구』 제79집, 한국토지공법학회, 2017.

박민철, 「남북 통합의 이념적 토대로서 민주주의: 해방정국의 민주주의 담론 분석과 그 재구성을 중심으로」, 『통일인문학』 제72집, 건국대학교 인문학연구원, 2017.

_____, 「연방제 통일방안에 대한 인문적 성찰과 통일론의 방향성」, 『통일인문학』 제61집, 건국대학교 인문학연구원, 2015.

박솔지, 「포스트 통일담론의 이념형, 민주주의」, 『통일인문학』 제72집, 건국대학교 인문학연구원, 2017.

백낙청, 『한반도식 통일, 현재진행형』, 창비, 2007.

김병오, 『민족분단과 통일문제 : 현대 한국사의 재조명』, 도서출판 한울, 1985.

서보혁, 「보편주의 통일론과 인권·민주주의 친화형 남북관계의 탐색」, 『세계지역연구논총』 제32집 제1호, 한국세계지역학회, 2011.

송인호, 「북한 지방자치법제에 대한 고찰」, 『연세법학』 제21호, 연세법학회, 2013.

양창렬, 「자크 랑시에르 : 제도도 이념도 아닌 민주주의론」, 『진보평론』 제68집, 진보평론, 2016.

오동석, 「일제하 '지방자치' 관련 법제의 변화」, 『법사학연구』 제30호, 한국법사학회, 2004.

_____, 「지방자치의 제도적 보장론 비판」, 『공법연구』 제29집 제1호, 한국공법학회, 2009.

이국운 외, 지방분권형 헌법개정안 요구, 전국 시도지사협의회/전국시장군수구청장협의회/전국시도의회의장협의회/전국시군자치구의회의장협의회 후원, 2015.9.

이국운, 「민주적 연방주의와 평화」, 『법학연구—부산대학교』 제53권 제2호, 부산대학교 법학연구소, 2012.

_____, 「시민 정치를 통한 헌정 제도의 재구성 전망 : 공간적 권력분립을 중심으로」, 『법과 사회』 제54호, 법과사회이론학회, 2017.

이규창, 「남북법제통합의 기본원칙 및 방향과 과제」, 『저스티스』 통권 제122호, 한국법학원, 2011.

이영란, 「통일 이후 동독지역 주민의 상대적 박탈감 : 포커스인터뷰 분석을 중심으로」, 『한국사회학』 제39집 제1호, 한국사회학회, 2005.

정태욱, 「한반도 평화협정 관련 논의의 전개과정과 시사점」, 『법학연구』 제19집 제2호, 인하대학교 법학연구소, 2016.

최우용, 「지방분권을 위한 헌법적 과제」, 연방제 수준의 자치분권을 위한 헌법적 과제 세미나, 제주특별자치도/한국입법정책학회, 2017. 6. 22.

최 원, 「통일과 민주주의 : 에트노스와 데모스의 변증법」, 『시대와 철학』 제26권 제1호, 2015.

콜린 크라우치, 이한 옮김, 『포스트 민주주의』, 미지북스, 2008.

한종수, 「독일의 국가연합과 한반도 통일방안」, 『국제정치논총』 제42집 제2호, 한국국제정치학회, 2002.

홍정선, 「헌법 개정의 방향 : 지방분권을 중심으로」, 관학 공동학술세미나 : 연방제 수준의 자치분권을 위한 헌법적 과제, 더불어민주당 지속가능제주발전특별위원회/제주특별자치도 의회/제주특별자치도/(사)한국입법정책학회/제주대학교 법과정책연구원, 2017.6.

원문출처

- 김선택의 「분단과 통일, 헌법의 정당성」은 『통일법연구』 제1권, 헌법이론실무학회, 2015에 실린 글이다.

- 박정배의 「통일대비 독일과 예멘의 통일헌법체제에 관한 법적 고찰」은 『법학논총』 제33집, 숭실대학교 법학연구소, 2015(141~161쪽)에 게재된 논문이다.

- 박영균의 「통일헌법의 딜레마와 제헌과정으로서 통일」은 『시대와철학』 제30권 제1호, 한국철학사상연구회, 2019에 실린 글이다.

- 박민철의 「통일헌법의 이념적 기반과 제정의 원칙들」은 『통일인문학』 제76집, 건국대학교 인문학연구원, 2018에 실린 글이다.

- 김현철의 「이소노미아」는 『법철학연구』 제21권 제1호, 한국법철학회, 2018(81~110쪽)에 게재된 논문이다.

- 이재승의 「통일과 경제질서」는 「통일과 경제질서-웅거의 자유사회주의 비전-」, 『민주법학』 제68호, 민주주의법학연구회, 2018에 실린 글이다. 2018학년도 건국대학교 KU학술연구비의 지원을 받은 논문이다.

- 정철의 「통일헌법의 권력구조」는 『법학논총』 제25권 제2호, 국민대학교 법학연구소, 2012에 실린 글이다.

- 최관호의 「통일과정에서 형사법 조정」은 〈통일인문학 제35회 국내학술심포지엄 – '통일한반도의 헌법적 이념과 구현방안'〉에서 발표된 「통일과정에서의 형사법 정비」를 기반으로 작성된 것이다.

- 문병효의 「통일과 지방자치」는 『민주법학』 제69호, 민주주의법학연구회, 2019에 실린 글이다.

저자 소개

김선택   고려대학교 법학전문대학원 교수
헌법학을 전공했으며 현재 고려대학교 법학전문대학원 교수로 있다. 독일 쾰른대학교 법학부에서 「기본권해석」 논문으로 법학박사학위를 받았다. 주요 논문으로는 「헌법과 통일정책」, 「통일헌법 논의의 Prolegomena」, 「자유민주적 기본질서와 통일」, 「시민교육의 기초로서의 헌법적 합의」 등이 있다.

박정배   대전광역시지방경찰청 송무관, 법학박사
법학을 전공했으며 법학박사로서 현재 대전광역시지방경찰청 송무관으로 있다. 주요 논문으로는 「통일한반도의 행정통합 법제화 방안의 구상에 관한 고찰」, 「국회입법상 불법에 대한 국가배상책임에 관한 고찰」, 「통일대비 독일과 예멘의 통일헌법체제에 관한 법적 고찰」, 「통일독일의 행정통합 법제화에 관한 고찰」이 있다.

박영균   건국대학교 통일인문학연구단 HK교수
정치사회철학을 전공했으며 현재 건국대 통일인문학연구단 HK교수로 있다. 연구 관심분야는 현대정치철학, 통일인문학 등이며 주요 논문으로는 「분단의 트라우마에 대한 시론적 성찰」, 「분단의 아비투스에 관한 철학적 성찰」, 「남북의 통일원칙과 통일과정의 기본가치」, 「위험사회와 통일한반도의 녹색 비전」 등이 있다.

박민철   건국대학교 통일인문학연구단 HK교수
철학을 전공했으며 현재 건국대 통일인문학연구단 HK교수로 있다. 「헤겔철학의 한국적 수용」으로 박사학위를 받았으며 연구 관심분야는 한국 근현대철학, 한국현대사상사, 통일인문학 등이다. 주요 논문으로는 「한반도 통일과 민족체성 문제: 1990년대 이후 남북 철학계의 민족 · 민족주의의 이해」, 「통일의 동력으롯 민족이라는 새로운 '환상체계'」 등이 있다.

김현철 이화여자대학교 법학전문대학원 교수

법철학을 전공했으며 현재 이화여대 법전원 교수로 있으며, 법철학, 생명의료법, 법교육 분야를 연구하고 있다. 주요 저서로는 『법철학:이론과 쟁점』(공저)와 『생명윤리와 법』(공저) 등이 있으며, 주요 논문으로는 「자연주의적 자연법 이론의 가능성」, 「생명정치, 생명권력, 생명법」, 「헌법교육에서 무엇을 가르칠 것인가」 등이 있다.

이재승 건국대학교 법학전문대학원 교수

법철학을 전공했으며 현재 건국대 법전원 교수로 있다. 연구관심분야는 법철학, 정치사상사, 법제사, 국가폭력 등이며, 주요 저서로는 『법사상사(방송대출판부)』와 『국가범죄』가 있고, 역서로는 『주체의 각성(옹거)』, 『죄의 문제(야스퍼스)』, 『민주주의를 넘어(옹거)』가 있다.

정 철 국민대학교 법과대학 교수

헌법, 사회보장법을 전공하였으며 현재 국민대학교 법과대학 교수로 있다. 논문으로는 「국민안전과 존엄을 위한 의료법제의 정비」, 「헌법이 지향하는 복지국가」, 「사회보장의 헌법적 실현방식」 등이 있다.

최관호 순천대학교 공공인재학부 교수

형사법을 전공하였으며 현재 순천대학교 공공인재학부에서 교수로 있다. 주요 논문으로는 「위법하지만 구속력 있는 명령'에 복종한 행위의 위법성 판단」, 「이적동조죄의 불법성과 불복종」, 「해상에서의 해적행위에 대한 형법의 적용범위」 등이 있다.

문병효 강원대학교 법학전문대학원 교수

행정법, 재정법, 세법을 전공하였으며 현재 강원대학교 법학전문대학원 교수로 있다. 주요 저서로 『세월호가 남긴 절망과 희망, 그날 그리고 그 이후』(공저) 등이 있고 논문으로는 「고준위방사성폐기물 관리시설의 입지선정정차 및 유치지역지원에 관한 법률안에 관한 검토」, 「지방분권에 있어서 재정의 역할」, 「국가재정법 10년 결산, 한계와 개혁과제」 등이 있다.